读客文化

大萧条
前夜的繁荣与疯狂

［英］比尔·布莱森 著

间 佳 译

ONE SUMMER

AMERICA 1927

BILL BRYSON

江苏凤凰文艺出版社

JIANGSU PHOENIX LITERATURE AND
ART PUBLISHING

图书在版编目（CIP）数据

大萧条前夜的繁荣与疯狂 /（英）比尔·布莱森
(Bill Bryson) 著；闫佳译 . -- 南京：江苏凤凰文艺
出版社，2021.10（2022.1 重印）
书名原文：One Summer:America 1927
ISBN 978-7-5594-6013-4

Ⅰ . ①大… Ⅱ . ①比… ②闫… Ⅲ . ①美国 – 历史 –
1927 – 通俗读物 Ⅳ . ① K712.520.9

中国版本图书馆 CIP 数据核字 (2021) 第 110527 号

大萧条前夜的繁荣与疯狂

〔英〕比尔·布莱森　著　　　闫　佳　译

责任编辑　　丁小卉
特约编辑　　贾育楠
装帧设计　　于　欣
责任印制　　刘　巍
出版发行　　江苏凤凰文艺出版社
　　　　　　南京市中央路 165 号，邮编：210009
网　　址　　http://www.jswenyi.com
印　　刷　　三河市龙大印装有限公司
开　　本　　890 毫米 ×1270 毫米 1/32
印　　张　　16.5
字　　数　　367 千字
版　　次　　2021 年 10 月第 1 版
印　　次　　2022 年 1 月第 3 次印刷
标准书号　　ISBN 978-7-5594-6013-4
定　　价　　69.90 元

江苏凤凰文艺版图书凡印刷、装订错误，可向出版社调换，联系电话：010-87681002。

很少有非虚构作家，甚至可以说很少有小说家能像布莱森一样讲故事。这本书里讲了许多非常有趣的真实历史事件。绝对是本年度最佳通俗读物！

——《观察家报》

比尔·布莱森，毫无疑问是个讲通俗故事的大师级人物。回顾他的写作生涯，他一直都能用最清晰、漂亮的语言，来叙述最深奥晦涩的事情。在这本书里，他再一次证明了自己对高难度写作材料的驾驭能力……没有比这本更有趣的通俗历史书了。

——克雷格·布朗《星期日邮报》

太阳底下无新事，当今世界恰恰是书中那段引人入胜的历史的回声。布莱森开创了一个非虚构写作的新类型：通过短短一个夏天发生的故事，串联起一个时代的历史。从这本书中，你既能学到海量的历史知识，又可以单纯、轻松地享受阅读的快感。

——马特·里德利《泰晤士报》

好读得让人上瘾！

——《华尔街日报》

比尔·布莱森在这本书里沿着美国历史的小道一路奔跑，沿途偶尔停下来，看看某个驿站的风景和故事。

——埃利卡·瓦格纳《金融时报》

这本书兼顾了知识性和娱乐性，完美抓住了当时"咆哮的20年代"所拥有的时代精神。

——《华盛顿邮报》

非常欢乐有趣的一本书，可读性极强。这本书讲的并不是1927这一年的历史，而是用一种让我们惊叹的方式，呈现出来的千奇百怪的人性。

——《芝加哥论坛报》

读这本书，像是进行一场迷人、美妙的喧嚣之旅，作者的写作方式和"时间"这件事本身一样充满活力、生生不息。

——《纽约时报》

这本书里的人物，古怪反常，有趣可爱，个性鲜明；这本书里的故事令人印象深刻，有很多值得深挖的记忆点……极其好玩的一本书。

——《卫报》

本书献给安妮、比利和格雷西，
并谨此纪念茱莉娅·理查森。

目 录

第五部分　1927年9月

楔　子

　　1927 年复活节前夕，一个温暖的春夜，纽约城里住在高楼大厦上的人们惊呆了：全新的雪莉荷兰酒店公寓（Sherry-Netherland）塔楼外的木质脚手架着火了，而消防员又无法把水送到那么高的地方去。

　　第五大道聚满了来围观的人群，这是近几年来纽约城最大的一场火灾。总高38层的雪莉荷兰酒店公寓是当时最高的住宅建筑，尚未拆卸的脚手架覆盖了最高处的15层塔楼，足够让楼顶燃起壮观的火焰。从远处看，大楼就像一根刚刚点燃的火柴。32千米之外仍能清晰地看到浓烟。快结束时场面更为戏剧化，脚手架燃烧的部分，大约有15米那么高，从150米高的地方落了下来，带着阵阵的火花噼啪作响地落在大街上，引得围观者发出惊叹的叫声，也为正在街上劳累的消防员们带来不少危险。燃烧的余烬落到邻近建筑物的屋顶，点燃了另外4座大厦。消防员将水管对准雪莉荷兰酒店公寓的楼顶喷射，但这多多少少是种象征性的姿态，因为水流最多能射三四层高。好在大楼尚未竣工，无人居住。

20世纪20年代的美国人特别喜欢看大场面，到上午10点人群已经聚集到大约10万人，对一场自燃事件来说这真是场盛大的聚会。为了维持秩序，现场来了700名警察。按《纽约时报》的说法，一些有钱的围观者刚从晚上的狂欢活动里抽身，就到街对面的广场酒店订了房间，举办"即兴火灾舞会"。市长吉米·沃克（Jimmy Walker）也抽空来看了一眼，途经耷拉着消防软管的街面时弄了一身泡沫。片刻后，一块3米长的木板落在他身边的路面上，他立刻接受了撤回的提议。火灾让雪莉荷兰酒店公寓的上半截遭受了大面积损失，但好在并未往下蔓延，大火在午夜时分熄灭了。

火焰和烟雾为克拉伦斯·钱伯林（Clarence Chamberlin）、伯特·阿科斯塔（Bert Acosta）带去了有趣的消遣。那天上午9点30分，两人从长岛罗斯福机场驾着一架小飞机起飞，在空中兜起了圈子。他们试图打破两年前两名法国飞行员创造的世界耐力飞行纪录。这一方面是国家荣誉问题——美国本是航空业的发源地，而今却无可救药地落在了欧洲小国后面；另一方面，也是为了证明飞机能在半空中待足够长的时间，完成真正的长途飞行。

钱伯林事后解释，这次演习的技巧是通过调节节流阀和燃料混合物，让飞机刚好能够飞起来，从而实现长途飞行。钱伯林说，这就叫靠着"饿不死也吃不饱的口粮"维持它。起飞之后第三天中午快到1点时，他和阿科斯塔终于降回地面，那时候燃油彻底消耗一空，他俩真正是靠着"空气"在飞。他们连续飞行了51小时11分

25秒，比此前的纪录长了将近6小时。

他们面带笑容地从飞机里钻出来，向地面欢呼的大批群众致意。20世纪20年代人们对于任何事情都很喜欢凑热闹。两名凯旋的飞行员又累又僵，还非常口渴。原来在出发前地勤因太兴奋而分了心，给他们的水壶里装满了肥皂水，所以两人整整两天滴水未进。撇开这点不说，这次飞行大获成功——登上了4月15日耶稣受难节《纽约时报》上的长篇报道，标题横跨整页：

飞行员创造了51小时的飞行纪录

没有食物和水的日与夜

在疲惫中成功着陆，渴望飞往巴黎

这两位飞行员飞了6600千米，比从纽约到巴黎的直飞距离多800千米。同样惊人的是，他们设法携带了1420升的燃料（在当时看来，这对飞机而言是庞大的负荷）飞上了天，而且只借助了365米长的跑道就顺利升空。所有这一切都鼓舞了那些渴望飞越大西洋的人，而在1927年春天像钱伯林和阿科斯塔这样的人很多。

有点讽刺的是，有一件事让美国的航空业远远落后于欧洲诸强，但在其他诸多领域却让它遥遥领先了，这就是第一次世界大战。1914年之前几乎从没人想过飞机可用于战争。法国空军仅有30多架飞机，这比全世界其他各国的空中力量加起来还要强。德国、英国、意大利、俄罗斯、日本和奥地利空军的飞机都不超过4架，美国只有2架。但随着战争的爆发，军事指挥官们迅速看到了飞机的价值——侦察敌军动向、指挥炮火，以及种种作战的新方向和新方式。

早些年里，机载炸弹往往就是装满了汽油或煤油的红酒瓶子，附带简单的雷管，也有少数的飞行员投掷手榴弹。还有一段时间，一些人投掷名为"箭弹"的特制飞镖，它能刺穿士兵的头盔，或者以其他方式给地面壕沟里的可怜人带去痛苦和惊恐。一如从前，只要涉及杀戮技术就迅速进步。到1918年，欧洲各国已经投掷了总计1吨重的航空炸弹。在第一次世界大战的整个过程中，德国如雨点般抛下了100万枚炸弹，总重量约达27 000吨。那时候的炸弹爆炸位置很不精确——炸弹从3000米的高空落下，很难击中目标，甚至会相差800米。但不管炸弹落在什么地方，造成的心理影响都相当大。

超重的炸弹负荷要求飞机的机型更大，功率更大。反过来，这又刺激发展出更敏捷、更灵巧的战斗机，以便于为轰炸机提供护卫或进行攻击。这进一步带来了著名的空中混战，为新一代的航空进步奠定了基调。空战产生了对飞机近乎无止境的需求。4年里，4个主要作战国在空中舰队上花了10亿美元——这个数字非常惊人，几乎全是从美国借来的。一穷二白的法国用4年时间建立了完整的航空产业，雇用了近20万人，生产出近7万架飞机。英国制造了55 000架，德国制造了48 000架，意大利制造了20 000架——而就在几年前，俄亥俄州两兄弟开的一家自行车店就是整个世界的航空业。比较起来，这实在是长足的发展。

截至1914年全世界死于空难的人大概有100个，如今有数以千计的人死在飞机上。到1917年春天，英国飞行员的预期职业寿命为8天。短短4年里，总共有30 000～40 000名飞行员战死或受了重伤而丧失工作能力。就连战前的空中培训也并不比实际作战更安全，至少有15 000人是在飞行学校里发生事故丧命或受伤的。美国飞行员处在特别不利的地位。美国1917年4月才参战，此前没有任何一名美国军方官员见过战斗机，根本不知道如何进行指挥。探险家海勒姆·宾厄姆（Hiram Bingham）是马丘比丘的发现者，后来成为耶鲁大学的教授，他向军方毛遂自荐当培训师，军队给他授了中校军衔，让他负责整个培训计划，但这并不是因为他掌握着什么有用的经验，仅仅是因为他知道如何驾驶飞机。许多新飞行员的指导员也才刚刚学会开飞机。

美国付出了巨大的努力想在航空业里迎头赶上，但最终徒劳无功。国会拨款6亿美元想把空军建立起来，宾厄姆在回忆录里写道："进入战争时空军只有两座小小的机场，48名军官，1330名士兵，225架飞机，但没有一架飞机适合飞越战线。经过1年半的努力，空军拥有了50座机场，20 500名军官，175 000名士兵和17 000架飞机。"遗憾的是，这17 000架飞机里几乎没有一架能飞到欧洲去，因为所有可用的飞机都需要用来运输部队。所以，美国飞行员抵达前线后大多驾驶的是从友军借来的、拼凑起来的飞机。基本上可以说，他们在没怎么接受过训练的条件下，开着二手飞机跟经验丰富得多的敌人展开了当时最为危险的战斗。但志愿飞行员从没缺过人手，以209千米的时速升至4千米的高空，翻滚着猛冲进搏命的空战，让许多飞行员感觉刺激得几近上瘾了。在此之前，人们几乎无法想象这种挑战是多么浪漫，多么富有魅力。飞行员是那个时代最英勇的人。

很快，战争就结束了，飞机和飞行员突然之间又毫无价值了。

美国立刻取消了1亿美元的飞机订单，政府对飞行几乎丧失了兴趣。其他国家也同样下了狠手裁减空军规模。对还希望飞上天空的飞行员来说，可选的出路很少，形势严峻。许多人因为找不到更好的事情可做，只得参加商业化的活动。巴黎的老佛爷百货商店宣称，凡是有人能把飞机降落在自家大厦楼顶，就奖励25 000法郎——却完全没想过这事儿有多么愚蠢。这样的挑战再鲁莽不过了：楼顶只有27米长，四周还围着1米高的栏杆，着陆的难度和危险度都提升了好几级。但前空战王牌飞行员朱尔·韦德里纳（Jules Védrine）还是决定冒险一试。韦德里纳在屋顶安排了人手，等他飞到以后就让那人抓着机翼往下拉。小伙子们成功地阻止了飞机跃出楼顶跌入楼下歌剧院广场上成群结队看热闹的人群里，但代价是他们把飞机引到了百货商店电梯间的砖墙上。飞机摔成了碎片，韦德里纳从残骸里毫发无损地走了出来，仿佛一位变出了惊人戏法的魔术师。可惜没有谁能长久维持这样的好运气，3个月后他尝试从巴黎飞往罗马，相比而言，这次还是保守的尝试，但他却在事故中丧命。

韦德里纳死在法国的一座机场，尴尬地说明了有关飞机的真实情况：尽管速度和机动性有了大幅提升，但仍然非常危险，不适合长距离飞行。他坠机后不到一个月，美国海军便在一次演习中无意间向世人证明了飞行安全的重要性。海军在一次欠缺考虑的任务中派出三架柯蒂斯水上飞机，从纽芬兰途经亚速尔群岛前往葡萄牙。他们在沿线派驻了66艘船，一旦任何一架飞机碰到麻烦，都能提供协助。这或许说明了海军本来对该演习的信心就不大足。多亏事先有准备，一架飞机还没飞到纽芬兰就迫降在海面上，急需营救。另外两架飞机很快就掉进海里，只得被拖着前往亚速尔——还有一架中途沉没了。这次演习总共派出了三架飞机，最终只有一架到了葡萄牙，还花了11天。如果说这次演习是为了展示飞机还没准备好海上远程航行，那目的算是达到了。

一次性飞越大洋似乎是完全无法实现的宏大目标。在1919年夏天两名英国飞行员却完成了这一壮举，让包括飞行员在内的所有人都倍感惊讶。这两位勇士分别是约翰·阿尔科克（John Alcock）和亚瑟·布朗（Arthur Whitte Brown），他们本应更出名些才对。那次飞行是史上最大胆的一次冒险，只可惜现在已经被人们遗忘了。当时这件事其实也并不太引人瞩目。

26岁的阿尔科克负责驾驶飞机，23岁的布朗是领航员，两人都在曼彻斯特长大。布朗的父母是美国人，20世纪初西屋公司送布朗的父亲到英国建厂，他们全家也就留在了当地。虽说布朗从未在美国居住过，却说着一口美式英语，直到前不久才放弃了自己的美国国籍。他和阿尔科克几乎并不认识，此前总共才一起搭档飞了3次，却于1919年6月在纽芬兰岛上的圣约翰，一同挤进了维克斯维米型双翼飞机方方正正的迷你开放式座舱，一头扎进了大西洋那险恶的灰色天空中。[1]

1　伦敦科学博物馆就展示着一架维克斯双翼飞机，可惜少有人注意。希思罗机场的阿尔科克和布朗纪念碑，在他们完成壮举的35年后才被竖立起来。我从伦敦图书馆借阅了格雷厄姆·华莱士（Graham Wallace）记录那次飞行的经典作品《阿尔科克和布朗的飞行》（*The Flight of Alock&Brown*，14-15 June 1919），发现17年来借阅这本书的只有我一人。——作者注（后文如无特殊标注，均为作者注释）

也许再不会有飞行员敢驾驶不够坚固的飞机去冒险了。维克斯维米型飞机比装了发动机的箱式风筝强不到哪儿去。尽管又是雨又是冰雹又是大风雪的，但阿尔科克和布朗在极端恶劣的天气中却飞行了4个小时。闪电照亮了他们四周的云，大风吹得他们在空中猛烈地摇晃。一条排气管裂开了，火舌顺着飞机表面的蒙布"舔"了起来，发出了任谁都可以理解的警报。布朗不得不前后6次爬上机翼，徒手清理进气口结的冰。此外的大多数时间，他都在帮阿尔科克擦护目镜——因为阿尔科克紧握着操纵杆的手片刻也不能松开。在云雾里飞了数个小时，两人彻底失去了方向。有一刻，他们钻进一片晴空，惊讶地发现自己离海面不到18米，而且还是侧着飞的，机身跟水面保持垂直。靠着为数不多的导航方法，布朗发现不知何时他们弄错了方向，正在朝着加拿大往回飞。真的再也不会有比这更令人毛骨悚然、茫无头绪全靠感觉在坚持的飞行了。

在分不清东西南北地乱飞了16个小时以后，爱尔兰奇迹般地出现在他们视野之中，阿尔科克迫降在了一片沼泽地里。他们飞了3042千米，仅为纽约到巴黎距离的一半多一点，但仍然是一桩非凡的成就。他们毫发无损地从报废的飞机里挣扎出来，却没人为他们庆祝。因为他们从纽芬兰出发的消息延时了，爱尔兰没人等着他们到来，这就打消了一切的兴奋和期待感。最近的城镇是克利夫登，发电报的姑娘业务不怎么娴熟，只能勉勉强强地传出简短、模糊的消息，这也给他们增加了不少困扰。

阿尔科克和布朗设法回到了英国，获得了英雄般的欢迎——奖牌和国王的封爵，但他们很快就回到了从前平静的生活，世界彻底遗忘了他们。半年后，阿尔科克在法国出了飞行事故，他在迷雾中撞上一棵树丢了性命。布朗则再也不飞了。直到1927年，人们开始热切地期望飞越大西洋，可他们两人的名字已没人记得。

巧合的是，几乎跟阿尔科克和布朗完成这次具有里程碑意义的飞行同一时期，纽约一位跟航空事业毫无关系的商人（他只是喜欢飞机而已）却提出了一个改变整个飞行界的计划，创办了后世称为"飞越大西洋大赛"（Great Atlantic Air Derby）的活动。这人名叫雷蒙德·奥泰格（Raymond Orteig），来自法国，是纽约的酒店大亨。受第一次世界大战飞行员事迹的启发，奥泰格设立了25 000美元的奖金，奖给未来5年第一个不间断完成纽约到巴黎（反着飞也行）飞行的人。这是一笔慷慨的邀约，但完全稳妥——因为它显然超越了当时任何飞机单次航行的最大里程。一如阿尔科克和布朗痛苦地证明，光飞上一半的距离就已经达到技术和好运的极限了。

当时没人接受奥泰格的挑战，但到1924年他旧事重提的时候，事情似乎有那么一丝有望实现的可能。风冷发动机的研发极大地提高了飞机的航行里程，也让飞机变得更加可靠。这也是美国对该时期航空技术所做的一大贡献。而且，市面上还有大把才华横溢却经常无处大展身手的航空工程师和设计师急于证明自己的能力。对许多人来说，拿下奥泰格的奖金不光是最合适的挑战，也是当前唯一的挑战。

第一个出面迎战的是了不起的法国飞行员勒内·丰克（René Fonck），他的搭档是俄国流亡设计师伊戈尔·西科尔斯基（Igor Sikorsky）。没有谁比西科尔斯基更需要成功来证明自己了，他曾是欧洲的顶尖飞机设计师，但1917年俄国革命之后，他失去了一切，只身逃到了美国。1926年，时年37岁的他靠教俄国移民化学、物理课为生，有条件的时候也设计飞机。

西科尔斯基喜欢设备齐全的飞机，第一次世界大战前他曾设计过一架模型机，自带洗手间和"散步台"，叫法真是高抬了这个小台子。而现在他为飞越大西洋设计的飞机是最为豪华的，它拥有皮革配件、沙发、椅子、厨房设施，甚至还有一张床，总之它能为4名机组人员提供种种舒适和优雅的生活环境。他的设想是，不光简简单单地飞越大西洋，还要有型有款地飞越它。西科尔斯基得到了一群投资人的资金支持，这伙人自称"阿尔戈英雄"[1]。

飞行员方面，他们选择了第一次世界大战中法国的王牌飞行员勒内·丰克。丰克击落了75架德国飞机——他自己则说超过120架，考虑到他是战争最后两年才开始飞行的，这样的成绩就更了不起了。战争刚开始的两年，他在法国挖战壕，好不容易说服了法国空军给他上航空学校的机会。丰克不光擅长击落敌机，更无比擅长躲避他人的伤害。在他参加的所有战斗中，丰克的飞机只被敌人的子弹击中过一次。遗憾的是，打空战所需的技能和勇气跟成功飞越茫茫海洋所需的不见得是一回事。

这时候，丰克表现出了对事前准备工作常识的欠缺。首先，他在飞机还没经过充分测试之前就要动身，这让西科尔斯基感到绝望。接下来，更糟糕的一点是，他明显给飞机加上了额外的负担。他填装了多余的燃料，多带了一套应急设备，两台收音机，备用衣

1　阿尔戈英雄：指希腊神话中跟随伊阿宋乘坐快船"阿尔戈号"取金羊毛的50位英雄。——译者注

服，给朋友和支持者们的礼物，外加大量的食物、饮料，包括葡萄酒和香槟。他甚至打包了抵达巴黎后准备在庆功活动上吃的淡水龟、火鸡和鸭子等，就好像法国供不起他们这些东西似的。飞机总共装了12吨东西，远远超过了设计负荷——也超过了它的能力极限。

9月20日传出消息，说两名法国少校皮埃尔·魏斯（Pierre Weiss）和一位叫沙勒（Challe）的上尉一次性地从巴黎飞到了波斯（现伊朗）的阿巴斯港，两地距离5200千米，几乎跟纽约到巴黎一样远。丰克为此兴高采烈，认为这表明了法国飞行员先天具有优越性，坚持立刻出发。

第二天一早，在众目睽睽之下"西科尔斯基号"被推到了起飞位置，三台银色的强力发动机转动起来。因为太匆忙了，甚至都没来得及给飞机起个新名字。但是几乎从一开始，它就在跑道上行动迟缓，看起来不太对劲。20世纪20年代的机场基本上就是一块空地，哪怕罗斯福机场也并不比大多数机场更好。飞机需要一条特别长的跑道，它必须翻过两条泥土路，而这两条路都没事先平整过，这痛苦地提醒人们此次活动准备得有多么轻率。随着"西科尔斯基号"在第二段跑道上加速腾起，起落架脱落了一部分，弄坏了左方向舵，解体的轮子弹了出去。即便如此丰克还是要强行起飞，他打开油门不断加速，差一点儿就飞上天了。只可惜还是不够快，飞机冲到跑道末端也没能离开地面，笨手笨脚地摔下了6米高的地基，从围观人们的视野中消失了。

有好一会儿，围观的人群都呆若木鸡地站着——现场安静得能听见鸟叫，为即将发生的灾难带去了奇怪的凝重气氛。紧接着，可怕的事情发生了——10 800升的航空燃料发生了大爆炸，空气中腾起15米高的火球。丰克和领航员劳伦斯·柯廷（Lawrence Curtin）逃出了机舱，幸免于难。但另外两名机组人员活生生烧死在了座位上。这起事故震惊了整个飞行界，人们都吓坏了，但又病态地渴望见识更多奇迹。

西科尔斯基遭受了经济和情感上的双重打击。这架飞机的制造费已经花了10多万美元，但金主们只支付了极少部分费用。而现在飞机没了，他们拒绝付全款。西科尔斯基未来会找到一份设计直升机的新事业，但此时，他和丰克的飞机连同梦想都完蛋了。

就时机而言，其他想尝试飞越大西洋的飞行员也来不及了。在每一年中，飞机能够尽可能安全地从北大西洋上空掠过的时间只有短短几个月。人人都只能等到来年春天再说。

春天来了。美国有三支飞行队伍正在筹划，全都配有最出色的飞机、最老练的机组人员。光从飞机的名字"哥伦比亚号"、"美洲号"和"美国老兵号"，就知道民族自豪感有多重要。最初的领跑者是"哥伦比亚号"，这是一架单翼飞机，钱伯林和阿科斯塔刚在复活节前用它创造了耐力纪录。但这次里程碑式的飞行结束两天后，一架让人印象深刻的昂贵飞机就被推出了位于新泽西州哈斯布鲁克高地的厂房。它就是"美洲号"，配备有三台功率强劲的引擎，机内空间可搭乘4人。"美洲号"团队的领头人是37岁的海军中校理查德·伯德（Richard Byrd），他似乎是个生来就要当英雄的男人。伯德英俊倜傥，来自美国一个最古老、最杰出的家族，伯德家族自乔治·华盛顿时代起就一直是弗吉尼亚州的名门望族，伯德的弟弟哈里是弗吉尼亚州州长。在1927年，理查德·伯德作为冒险家声名远扬。前一年的春天，他和飞行员弗洛伊德·贝内特（Floyd Bennett）一起制造了一架飞机，并首次飞越北极（我们现在知道，其实很早就有人对此事提出了质疑）。

多亏了费城、纽约两地百货商店的老板罗德曼·沃纳梅克（Rodman Wanamaker），伯德这一回的远征在当时是资金最充足的，按照他们自己的说法，也是最爱国的。沃纳梅克掏了50万美元，还从其他富商手里筹集了更多资金，但数额不明。通过沃纳梅克，伯德控制了罗斯福机场的租赁权，这是纽约唯一一处有着足够长的跑道可供飞越大西洋的特制飞机起降的机场。没有伯德的许可，其他任何人都别想去争夺奥泰格的奖金。

沃纳梅克坚持机组人员应当全是美国人。这有点儿讽刺，因为飞机的设计师是安东尼·福克（Anthony Fokker），这个意志坚定、不容易对付的家伙是荷兰人，而且飞机本身也有一部分是在荷兰制造的。虽然少有人提及，但更糟糕的地方是，第一次世界大战期间福克在给德国人造飞机。他甚至接受了德国国籍。为了保证德国的空中优势，他发明了同步机枪，让子弹能从螺旋桨旋转着的叶片空隙飞出去。在此之前，所有的飞机制造商只能在螺旋桨上包裹装甲，指望打在叶片上的子弹不会往后弹。除此之外，唯一的办法是把机枪安在远离螺旋桨的地方，可这又意味着飞行员无法重新装弹或清除卡壳，这两种情况又都出现得很频繁。有一段时期，福克的机枪带给德国飞行员绝佳的优势，因他而死的协约国士兵恐怕比因其他任何人死得都多。可此刻，他却坚持说自己从来没真正支持过德国。"在这场争夺战中，我的国家始终保持中立，在一定意义上我也是这样。"他在自传《飞翔的荷兰人》[1]里这样写道。他从未解释过他所谓的保持中立是哪种意义上的中立，因为毫无疑问，他在任何意义上都绝不是中立的。

伯德一直都不喜欢福克，到1927年4月，两人的敌意彻底公开了。起飞当天晚上6点，福克和机组的三名成员——副驾驶员弗洛伊德·贝内特、导航员乔治·诺维尔（George Noville）及伯德本人，迫不及待地挤进了机舱。这轮首飞由福克驾驶。飞机平稳起飞，在空中表现完美，但当"美洲号"准备着陆的时候，在无法摆脱的重力作用下，很明显机头往前倾，鼻子先歪了下去。可问题在于，由于机身的中间部分塞着满满当当的大油箱，机舱前面的四个人没有办法撤到后边重新分配载重。

福克围着机场盘旋，琢磨自己接下来怎么办（或者这么说，他琢磨着自己这一回是真没办法了），并尽量小心翼翼地开始着陆。接下来到底发生了些什么，一时间变得极具争议性。伯德坚称福克放弃了驾驶，想尽一切办法保住自己的性命，而让其他人听天由命。福克极力否认这一点："谁也没法从坠毁的飞机里跳出去。""也许伯德太兴奋，幻想出了这一切。"福克在自传里痛苦

---

1 《飞翔的荷兰人》（*Flying Dutchman*），此书名一语双关，亦可作"漂泊的荷兰人"解。按维基百科上的说法，飞翔的荷兰人是传说中一艘永远无法返乡的幽灵船，注定在海上漂泊航行。传说，航海者若是碰上了这艘幽灵船，就是注定失事的征兆。——译者注

地讽刺。残存的坠机影像记录短暂又模糊不清，它显示飞机迫降动作很粗野，鼻子先着地，接着又打了个滚儿，像小孩子翻跟头似的。福克和其他所有乘客一样，只能咬牙挺住，没有其他办法。

从纪录片中看飞机的损伤很小，但实际上情况非常糟糕。一片螺旋桨叶撕开了机舱，插进了贝内特的胸腔，他血流如注，严重受伤。诺维尔痛苦地想起了福克曾有两名手下死于火灾，掀开飞机上的覆盖层闯出了一条生路。伯德紧随其后，他对福克怒不可遏，据说他都没注意到自己的左胳膊断了，像树枝一样挂在肩膀上摇摇晃晃。而福克毫发无损，站在那儿朝伯德大吼，怪罪他使飞机超载毁了这次处女航。

这次事故在伯德的阵营引发了严重的积怨，让团队的计划拖延了好几周。贝内特被匆忙送去了哈肯萨克市的医院，此后10天都在死亡的边缘挣扎。考虑到生命安全，他再也没回团队。这架飞机几乎需要彻底重造——后来也的确做了大幅度调整，让载重分配得更合理。但就眼下看来，伯德的团队出局了。

这样就还剩下另外两支美国飞行队了，可惜命运对它们也并不垂青。4月24日，也就是伯德坠机8天后，钱伯林听人劝说，把飞机的所有者查尔斯·莱文（Charles A. Levine）9岁的女儿，还有布鲁克林商会一位官员的女儿带上了飞机，到长岛上空短暂地飞翔了一番。钱伯林的小乘客们享受到了一次远超预料的兴奋之旅，因为起飞过程中起落架断开了，机身后面只剩了一个轮子，也就是说钱伯林只能靠一个轮子着陆了。他近乎完美地完成了着陆，没有伤着自己，也没伤着乘客，但机翼撞到了地面，飞机受损了，"哥伦比亚号"的飞行计划也就大幅延后了。

现在，希望落到了弗吉尼亚州汉普顿路海军空军基地的两位备受欢迎的军官诺埃尔·戴维斯（Noel Davis）和斯坦顿·伍斯特（Stanton H. Wooster）身上。戴维斯和伍斯特都是聪明能干的飞行员，他们驾驶的是一架由宾夕法尼亚州布里斯托尔湾制造的"基斯通探路者号"（Keystone Pathfinder）飞机，簇新闪亮，靠3台莱特旋风系列发动机提供动力。可惜外界不知道的是，在快交货的时候飞机比预定计划超重了520千克。戴维斯和伍斯特驾驶飞机做了一连串试飞，每次都小心翼翼地增加载油量，还没出现什么问题。在4月26日，钱伯林紧急迫降两天后，他们安排了最后一轮的试飞。这一次，他们将以7.7吨重的满负荷条件起飞，比此前飞机的载重量要多1/4。

来为他们加油打气的人里有戴维斯年轻的妻子，她怀里还抱着两个襁褓中的儿子。伍斯特的未婚妻也在场。这一次，飞机挣扎着升空了，可尽管来到了空中，飞行高度还没机场尽头的一排树高。伍斯特转了个急弯，飞机失控摔在地上解体了。戴维斯和伍斯特当场死亡。至少从眼下看来，美国人已跟竞争无缘了。

更糟糕的是，欧洲人的进展却相当不错。美国飞行员们把所有的心思投入陆上飞机中，意大利人却选择了另一条路。他们认为水上飞机才是未来的发展趋势。水上飞机有很多优势，比如不需要停机坪，因为它们可以停放在任何合适的水体之上。水上飞机可按"跳岛游"的方式横渡大洋，顺着河流深入丛林密布的大陆，停在沿岸没有起降空地的地方——都是传统飞机做不到的。

意大利飞行员弗朗切斯科·皮内多（Francesco de Pinedo）最出色地诠释了水上飞机的多功能性和实用性。皮内多是那不勒斯市一位律师的儿子，受过良好教育，本来正要走专业人士的道路，却无意中接触到飞行，他立刻全身心地爱上了它。1925年，在机械师埃内斯托·坎帕内利（Ernesto Campanelli）的陪伴下，皮内多从意大利飞到了澳大利亚，返程时又途经了日本。他们使用了长度相对较短的跳跃式完成了这次航行，跟陆地始终靠得很近，用了7个月才走完。这趟54 718千米的航程用任何标准来看都可谓壮举，皮内多成了英雄。1922年上台掌权的贝尼托·墨索里尼授予他各种荣誉。墨索里尼被飞行迷住了——为了速度、为了胆量、为了占据技术优势的潜力。在墨索里尼眼里，粗壮的那不勒斯小个子皮内多神奇地体现了所有这些特质，成了自己的空中特使。

1927年春，已创办4年的《时代周刊》正陶醉于陈词滥调之中，它形容皮内多是个"黑黝黝的法西斯王牌飞行员"——《时代周刊》几乎把所有从阿尔卑斯山以南来的人都形容为"黑黝黝"。皮内多的皮肤其实并不怎么黝黑，也算不上是王牌飞行员，战争中他主要执行侦察任务，但他的确是一个忠实的法西斯分子。他穿着一身黑衬衫，抹着锃亮的发油，高扬着下巴，站立时用拳头贴着屁股，这姿态近乎滑稽，但完全是傲慢法西斯分子的典型。要是他还待在欧洲，这算不上什么问题，可惜1927年春天他到了美国。更糟的是，他还以最英勇的形式展现了这副模样。

美国的飞越大西洋候选人还在努力地准备飞机，皮内多已经高效地从非洲沿岸、佛得角群岛、南美和加勒比地区一路飞到了美国。这是飞机第一次由东向西穿越大西洋，虽然不是持续地一次性完成的，但也堪称壮举。3月下旬，皮内多抵达美国的新奥尔良，并在全美各地奢华地巡游。当然，不见得总是受到欢迎。

很难说清他到底是个什么样的人。一方面，他毫无疑问是个天才飞行员，哪怕接受一两场游行的喝彩也当之无愧；另一方面，许多美国人认为他代表了对美国造成威胁的力量。恰好，这时候美国的飞行努力正遭受了一次又一次的挫折，皮内多在全美各地的庆功活动似乎显得有点不合时宜。

新奥尔良巡游之后，皮内多向西行至加利福尼亚州，停驻在沿岸的加尔维斯顿、圣安东尼奥、温泉城等地补充燃料，接受小部分支持者以及大群好奇围观者的欢呼。4月6日，在前往圣迭戈市民招待会的途中，他降落在凤凰城西侧沙漠里一座名叫罗斯福湖的水库上。就连这种偏远地带也围着一群观众，众人恭敬地守着飞机给他加油，一名叫约翰·托马森（John Thomason）的青年却点燃了一支香烟，不假思索地把火柴扔进了水里。水面满是油和航空燃料，立刻燃起一场大火，所有人吓得四散而逃。几秒钟内，皮内多心爱的飞机就被大火吞噬，工人们只能跳进水里逃命。

当时皮内多正在湖边的饭店吃午饭，抬头看到自己停飞机的地方冒起了黑烟。整个飞机全毁了，只剩下引擎，沉到了18米深的湖底。意大利媒体本就对美国的反法西斯主义情绪过敏，此刻得出结论：这是背信弃义的破坏行为。"反法西斯主义的卑鄙犯罪"——一份报纸的文章标题痛斥道。"反法西斯主义者们的可憎行为"——另一份报纸遥相呼应。美国驻意大利大使亨利·弗莱彻

（Henry P. Fletcher）写了一封道歉信给墨索里尼，说失火是"愚蠢的犯罪行为"，并承诺"很快会找到罪犯，并绳之以法"。可这封信，把局面搞得更加糟糕。事后好些天，一名《泰晤士报》通讯员从罗马发来报道，意大利的市民们只谈论"他们的英雄、他们的超人、他们的半神、他们亲爱的皮内多"这一次遭受的可怕挫折。最终，各方冷静下来，并接受了这次事件纯属意外的结论，但怀疑的情绪仍在民众心底酝酿。从此以后，一群身着黑皮衣、脚踏黑皮靴的法西斯分子主动担当了皮内多、机组人员及其财产的警卫员。

皮内多留下副手从湖里打捞引擎并弄干，自己向东前往纽约等待意大利再发来一架替代飞机。墨索里尼答应立刻派遣。

当然，皮内多可能不知道，他生活和飞行里的麻烦才刚刚开始呢。

全世界的注意力转移到巴黎，5月8日黎明，穿着笨重飞行服、上了年纪的两名男性走出了勒布尔歇机场的行政大楼，接受祝福人群饱含敬意的掌声。这两个人分别是查尔斯·南杰瑟（Charles Nungesser）上尉和弗朗索瓦·科利（François Coli）上尉，他们步履僵硬，稍微有点不大自然。笨重的飞行服让他俩显得像是穿着宽大防雪服的小男孩，但考虑到两人打算在开放驾驶舱里飞行5800千米，这么穿也是必需的。

许多祝福他们的人穿着晚礼服等了一整夜。《纽约时报》把现场比喻成游园会。在送行队伍里，有南杰瑟的朋友拳击手乔治·卡彭铁尔（Georges Carpentier）和歌手莫里斯·谢瓦利埃（Maurice Chevalier）。谢瓦利埃还带着自己的情妇——著名女歌手和演员蜜丝婷瑰（Mistinguett）。

南杰瑟和科利是战争英雄，通常来说也是临危不惧的人，可今天有些不同。46岁的科利是一个令人尊敬的人物——46岁还活着而且继续翱翔天际的飞行员可不多。他戴着黑色的皮眼罩，盖住失去的右眼——这是他在空战里受过的5次伤之一。不过这跟南杰瑟受过的伤比起来就不算什么了，没有谁在战争里比南杰瑟受过的伤还多，至少没谁受过那么多伤还能活下来。南杰瑟受过的伤实在太多了，战后他甚至在名片上列了一份伤病清单：6次颌骨骨折（4次上颌骨、2次下颌骨），颅骨和上颚骨折，子弹贯穿了嘴和耳朵，手腕、锁骨、脚踝和膝盖错位，牙齿被打掉，上身留着多枚弹片，多次脑震荡，多次腿骨折，多次内伤，至于挫伤则"不胜枚举"。他曾在一次车祸中受了重伤，同伴身亡。很多时候，他伤势太重，只能被机组成员抬到飞机边，小心翼翼地放进驾驶舱。尽管受过这么多伤，南杰瑟击落过44架飞机，按他的说法其实更多。法国飞行员里超出此数字的只有勒内·丰克。南杰瑟得过的奖章也很多，佩戴在身上一走路便叮当作响，他把这些也都列在了名片上。

和其他许多飞行员一样，战争结束带给南杰瑟的只有损失。他在阿根廷高乔当过一阵牧民，在美国和朋友沙雷特侯爵（the Marquis de Charette）一起做过示范飞行，并出演过一部叫《雷霆战机》（The Sky-Raiders）的电影，该片在罗斯福机场拍摄，此刻奥泰格奖金的竞争者们都聚集在那儿。

凭借高卢人的魅力，以及挂了整整一胸膛的奖章，南杰瑟对女性来说有着不可抵挡的魅力。1923年春，他和纽约年轻的社交名媛孔苏埃洛·哈特梅克（Consuelo Hatmaker）订了婚。19岁的哈特梅克小姐是从一群活力四射的女性里脱颖而出的。她的母亲内利·桑兹（Nellie Sands）是著名的大美女，把三任丈夫玩弄得团团转，这其中就包括哈特梅克小姐的父亲老哈特梅克先生。在1921年，桑兹抛弃了老哈特梅克。这位茫然不知所措但又好心肠的绅士反对女儿的婚事，理由很站得住脚——南杰瑟一贫如洗、伤病缠身、举止粗鲁、没有工作，还是个法国人。不过，就这一点老哈特梅克先生也没有得到前妻的支持：桑兹女士不仅认可女儿和南杰瑟的婚事，而且宣布自己也将在同一时间跟新情人威廉·沃特斯（William Waters）船长结婚。这位和蔼可亲的美国船长没什么名气，一辈子似乎只有两次引起了全世界的关注：一次是他跟桑兹女士结婚，另一次是几年后两人离婚。所以，母女俩在法国布列塔尼的迪纳尔举行了一场联合婚礼，此时距1927年春天查尔斯·南杰瑟最后一眼凝视故土并不太久。

哈特梅克小姐和南杰瑟的婚姻并不成功。女方一开始就宣布自己不会住在法国，而男方则不屑于定居别处。他们迅速分手，1926年便离婚了。但南杰瑟显然有些后悔了，因为他公开对朋友们说，英雄般的凯旋或许能帮他跟甜美的孔苏埃洛，以及和她同样甜美的财产重新团聚。丰克的不幸让南杰瑟的雄心得到资助——去年秋天丰克的飞机坠毁后，南杰瑟说服了飞机制造商皮埃尔·莱维塞尔（Pierre Levasseur）向他提供一架飞机，以恢复法国的荣光。一笔法国人提供的奖金由一位法国飞行员开着一架法国飞机赢回来，显然能提升法国的威望。科利欣然以领航员身份参加。他们把自己的飞机叫作"白鸟"，并将机身漆成白色，以便在海上降落时更容易被发现。

事实证明，从巴黎启程是一件充斥着爱国虚荣心的事，许多因素都注定了他们的失败。因为从巴黎起飞意味着要逆风而行，逆风会减缓飞行速度大幅提高油耗。飞机采用了水冷式的洛林-迪特里希（Lorraine-Deitrich）引擎，皮内多飞往澳大利亚用的就是这一款，所以它足够靠谱儿，只不过这不是一款为长距离逆风海上飞行设计的引擎。他们怎么算都只能携带差不多够飞40小时的燃料，所以完全没有失误的余地。南杰瑟似乎知道自己在做的事情近乎不可行。5月8日，他走向飞机时向送行的人群虚弱地笑了笑，看起来精神恍惚。

　　为了集中自己的注意力，他通过静脉注射了咖啡因，这对他的神经可没好处。相比之下，科利显得很放松，但他跟南杰瑟的看法一样：飞机超载了，应当减负。他们决定放弃大部分的干粮，外加救生衣和一艘充气小艇。这一下，如果迫降他们就完全没有救生设备了，除了一套用来蒸馏海水的精巧装置、渔线和鱼钩，还有少许组合奇妙的食物：三罐金枪鱼，一罐沙丁鱼，十几根香蕉，一千克白糖，一瓶热咖啡，还有白兰地。就算卸载了物资，飞机的重量仍然有近5吨。它之前从来没有载重这么大起飞过。

　　准备就绪之后，科利和妻子拥抱告别，接着和南杰瑟挥手向祝福的人群致意，登入机舱。凌晨5点15分他们起飞了。勒布尔歇机场的跑道有3千米，他们几乎要把它用完。飞机以低得可怕的高度掠过宽广的草坪，但速度慢慢提升了起来。过了一段时间，它短暂地抬升了，紧接着又降下来，轻快地又前进了275米，这才最终勉勉强强地进入半空。飞机的总工程师一路跟着跑了大半程，跪倒在地哭了起来。能起飞就算是一场胜利了。截至此刻，大西洋竞赛里终于有一架飞机能起飞了，观众发出阵阵喝彩。"白鸟"痛苦地缓缓上升，进入了西边天际的乳白色阴霾中，一路飞到了英吉利海峡。1小时27分钟后的早晨6点48分，南杰瑟和科利来到了诺曼底埃特尔塔的白垩岩悬崖海岸。4架护航的飞机点点机翼，向"白鸟"致敬后离去，剩下它独自前往英伦三岛及其后冰冷的大西洋。

整个法兰西都屏住呼吸，静心等待。

第二天传来了好消息：这两名飞行员成功了。"南杰瑟倒了！"巴黎人的报纸《不妥协派报》（*L'Intransigeant*）太过兴奋，以致于把"到了"错写成了"倒了"。而其竞争对手《巴黎新闻报》（*Paris Presse*）援引了南杰瑟登陆之后向美国民众发表的第一句话。报道称，南杰瑟稳稳当当地降落在了纽约港，把飞机停在了自由女神像之前。报纸骄傲地指出，这座雕像来自法国。上岸后，两名飞行员受到了全城热烈的欢迎，在第五大道游行时，彩带将他们团团包围。

喜讯让巴黎几乎停滞。钟声响起，陌生人热泪盈眶地相互拥抱。只要有人拿出报纸，就会聚起人群。皮埃尔·莱维塞尔发去贺电。在马赛，科利母亲的家里，人们打开香槟。"我知道我的儿子会成功的，因为他是这么告诉我的。"科利的母亲说，脸上还挂着喜悦而欣慰的泪花。

可没过多久，人们发现这两则新闻不仅仅是误报，而且是纯属虚构。南杰瑟和科利并未抵达纽约。实际上他们失踪了，可怕地失踪了。

随后展开了大规模的海上搜寻行动。海军舰艇纷纷出动，商船也接受指示保持警惕，海军飞艇"USS洛杉矶号"奉命从空中进行搜寻。从勒阿弗尔出发途经纽约的邮轮"法国号"接受了法国政府的指示，顺着比常规航线偏北的海域前进，尽管有碰到冰山的危险，他们还是希望能碰到漂浮的"白鸟号"。在罗斯福机场，罗德曼·沃纳梅克拿出25 000美元的奖金，说只要有人找到失踪的飞行员，无论生死都可领奖。

有那么一两天，人们指望着南杰瑟和科利随时会冒出来，胜利而归。但每过去一个小时，事态就越发不利，再加上当时的天气也从阴冷变成了可怕。浓雾笼罩了整个大西洋东部，从拉布拉多半岛到大西洋中部各州的北美海岸全都隐没在雾里。纽约港入口处的安布罗斯浮动灯塔管理员报告说，成千上万的鸟在一年一度地向北迁徙中迷了路，只要能抓得住的灯塔表面，都被它们占据了。在新泽西州的桑迪胡克，4盏探照灯不休不眠地扫过天空，只可惜毫无意义——因为光柱刺不透遮天蔽日的黑暗。在纽芬兰，气温骤降，甚至还下了一阵小雪。

因为不知道两位飞行员在最后关头放弃了储备物资，评论家指出，南杰瑟和科利有足够的食物可维持几个星期。按照设计，他们的飞机可以永远浮在水面上。两年前，美国飞行员约翰·罗杰斯（John Rodgers）中校和三名机组人员在从加利福尼亚飞往夏威夷的途中飞机失事，在太平洋上漂浮了9天，别人都以为他们死了，最终却被一艘潜艇救起。这一回，许多人也把希望寄托于此。各地都出现了南杰瑟和科利的传闻——冰岛、拉布拉多，以及任何有若干艘船经过的海域。爱尔兰有三个人报告说看见了他们，这给了一些人信心。可另一些人却觉得，在一个有300万人口的国家里，只有3个人看见可算不上多。在纽芬兰，主要是格雷斯港附近，有16人报告说听到甚至看到了飞机，但没有一人能给出明确的说法。此外，加拿大的新斯科舍省，美国的缅因州、新罕布什尔州，甚至南至华盛顿港、长岛都传出了类似的报告。

加拿大有个猎人带来了一条南杰瑟签名的字条，但经核实，字条的文笔像是没受过什么教育的人写的，字迹也跟南杰瑟的不同，倒很像是猎人自己的。此外还发现了瓶中信，一直到1934年这类信件仍偶有浮现。只有一样东西始终没有出现："白鸟号"或者两位飞行员的踪迹。

法国传出谣言说美国气象局对法国人隐瞒了重要信息，好让美国飞行员保持优势。美国大使迈伦·赫里克（Myron Herrick）向华盛顿发电报说，美国飞机这时候飞来不太明智。

对法国航空界来说，这绝对是悲剧的一星期。南杰瑟和科利从勒布尔歇机场起飞的同时，另一架雄心勃勃的法国飞机——现在几乎被世人遗忘了，不过在当时也几乎没什么人留意，载着3名飞行员皮埃尔·圣罗曼（Pierre de Saint-Roman）、埃尔韦·蒙内瑞斯（Hervé Mouneyres）和路易斯·珀蒂（Louis Petit）从非洲西海岸的塞内加尔出发，前往巴西。在离巴西海岸仅有193千米的地方，他们用无线电发送了好消息，说还有一个多小时就能抵达，《时代周刊》的一位通讯员这样报道。但这是最后一次收到他们的消息。飞机残骸至今无人发现。

9个月里，为了争取飞越大西洋，已经有11个人断送了性命。可就在这个时间点，所有人都诸事不顺的节骨眼儿上，有个外号叫"皮猴儿"的西部瘦高年轻人宣布自己打算孤身飞越大西洋。他的名字就是查尔斯·林德伯格（Charles Lindbergh）。

一个最不同寻常的夏天马上就要开始了。

1927年
5月

1927年春天，一个闪亮的奇异物体划过了天空。

——F. 斯科特·菲茨杰拉德

01

八卦小报的黄金年代

世纪之案：斯奈德-格林谋杀案

在10天之前，还没有人听说过林德伯格。《纽约时报》仅在谈论"未来的大西洋航班"时提到过他一次，还拼错了名字。如今林德伯格一夜成名，不管他出现在哪栋大楼，人群都将那里围得水泄不通，服务员为了他餐盘里剩下的玉米棒也会打上一架。

1927年春夏之交，让全美最为震惊的新闻是一桩可怕的谋杀案，它发生在长岛的一个普通家庭。巧合的是，案发现场离罗斯福机场很近，力争飞越大西洋的飞行员正聚集此地。报纸兴奋地把案件称为"窗帘吊锤谋杀案"。故事是这样发生的。

1927年3月20日深夜，皇后区一个宁静的中产阶级社区里，艾伯特·斯奈德（Albert Snyder）和太太并排睡在他们位于第222号大街家里的两张单人床上。斯奈德太太听到楼上的走廊里传出了动静，她起身查看，发现卧室门外有个大个子男人——她对警察说那是个"巨人"。"巨人"正操着外国口音对另一名男子说话，斯奈德太太在黑暗中看不到另一名男子。还来不及有所反应，"巨人"就抓住了她，狠狠地殴打她，令她昏迷了整整6个小时。而后"巨人"与同伙来到艾伯特·斯奈德的床边，用挂壁画的金属线勒死了这个可怜人，还用窗帘的吊锤打了他的脑袋。窗帘吊锤点燃了公众的想象力，案件也因此得名。两名恶棍随即将房里所有的抽屉翻了个遍，带着斯奈德太太的珠宝逃跑了，但他们在楼下的桌子上留下了一份意大利语的报纸，为其身份留下了线索。

次日，《纽约时报》对此案兴趣颇高，但也困惑不解，它刊登了大篇幅报道，标题是：

美术编辑在床上遇害
妻子被绑，房子被翻！警方认为作案动机神秘

报道指出，来自圣玛丽医院的文森特·贾斯特（Vincet Juster）医生为斯奈德太太做了检查，发现她身上没有一个受伤之处可以解释她为何昏迷了6小时。事实上，医生发现她毫发未损。贾斯特医生试探性地提出，或许她长时间昏迷并不是因为真的受了伤，而是因为事件带来的心理创伤。

这时候，警探对斯奈德太太产生了怀疑。首先，斯奈德家完全没有被人强行闯入的迹象，更何况对杀人越货的珠宝窃贼来说，这家人太不值一提了。此外警探发现，在门外发生暴力扭打期间，艾伯特·斯奈德竟然一直在睡觉——这也很奇怪。斯奈德夫妇9岁的

女儿洛林睡在大厅对面的一间房，也没听见任何动静。窃贼闯入房子，拿出一张无政府主义的报纸整整齐齐地放在桌上读了一阵，之后才上楼——这似乎也挺奇怪。最奇怪的是斯奈德太太的床，她半夜里就是在这张床上醒过来听见走廊外有动静才起身去查看的，但床居然铺得整整齐齐好像完全没人睡过似的。她无法解释这一点，说是脑震荡害的。警探们正为这些异常现象感到困惑时，一名警察无聊地掀起了斯奈德太太床垫的一角，发现了她报告失窃的珠宝。

所有的目光都转向了斯奈德太太。她躲躲闪闪地迎向他们的逼视，最后崩溃地交代了罪行，但她说一切都怪自己的秘密情人，一个叫贾德·格雷（Judd Gray）的畜生。

斯奈德太太被逮捕，对贾德·格雷的搜捕行动也正要展开，美国的报民们很快就会异常兴奋起来。

20世纪20年代真可谓是阅读的好年景——很有可能是美式生活里阅读量最巅峰的10年。很快，无线电广播就会取而代之，但眼下这一刻，阅读仍然是大多数人打发空闲时间的主要方法。每年美国出版商会出版近1.1亿册书籍，1万多个品类，比10年前差不多增长了一倍。有些人或许会对这浩如烟海的书籍望而生畏，不过，一种有益的新事物开始亮相——读书俱乐部。1926年每月读书会（The Book-of-the-Month Club）成立，次年文学公会（Literary Guild）也创办了，两者都立刻引起了巨大反响。作家们受到了现在绝无可能有的推崇。辛克莱·刘易斯回到家乡明尼苏达州埋头撰写1927年春出版的小说《孽海痴魂》（*Elmer Gantry*）时，方圆十里的人都跑过来，只为了看他一眼。

不管怎么说，20世纪20年代都是报纸的黄金时代。这10年中报纸销量上升了约20%，达到每天发行3600万份——相当于平均每户人家订阅了1.4份报纸。光是纽约市就有过12种日报，其他所有提得起名号的城市也至少有两三种。不仅如此，在许多城市，读者还可以从一种彻底改变人们对日报期待的全新出版物里获取新闻了，这就是小报。小报专注于报道犯罪事件、体育新闻、名人八卦，并为这三者赋予了远超从前的重要性。1927年的一项研究发现，小报把1/4到1/3的篇幅都用于犯罪报道，最多的时候比严肃报纸高了10倍以上。正因为有了如此巨大的影响力，一起像艾伯特·斯奈德被谋杀这样琐碎平淡的案件都能成为全国性新闻。

小报不管是作为一种版式形式，还是作为一种提炼新闻甚至传播淫秽内容的媒介，在英格兰已经出现了25年，可从未有人想过让它在美国大放异彩。直到来自《芝加哥论坛报》（*Chicago Tribune*）出版世家的两位年轻人罗伯特·麦考密克（Robert R. McCormick）和他的表弟约瑟夫·帕特森（Joseph Patterson）于第一次世界大战期间在英格兰服役时看到了伦敦的《每日镜报》（*Daily Mirror*），才决定等和平降临时也在家乡提供类似的服务。1919年6月两人在纽约推出了《每日新闻画报》（*Illustrated Daily News*），每份售价两美分。小报的概念并未立刻变成大热门，该报的发行量曾一度跌至11 000份。但渐渐地，《每日新闻画报》建立了忠诚的读者群。到20世纪20年代中期，它已经成为全美最畅销的报纸，发行量达到一百多万份，是《纽约时报》的两倍多。

如此欣欣向荣的局面不可避免地激发了效仿者。先是在1924年6月出现了《纽约每日镜报》（*New York Daily Mirror*），发行人是威廉·赫斯特（William Randolph Hearst），3个月之后又出现了更糟糕的《晚间图文报》（*Evening Graphic*）。创办《晚间图文报》的是一位名叫贝尔纳·麦克菲登（Bernarr Macfadden）的商人，他留着怪里怪气的蓬松头发。差不多50年前他来到了这世上，是密苏里州一个平凡的农家孩子，原名伯纳德·麦克菲登（Bernard MacFadden）。改名之后的麦克菲登长成了个强壮而充满怪异信念的人。他不喜欢医生、律师，也不喜欢穿衣服。他积极地投入健美、素食等活动当中，强烈地主张乘客有权享受到得体的铁路服务，以及裸体的权利。他和妻子定居在新泽西州恩格尔伍德，夫妻俩常常在草坪上裸体锻炼，让邻居目瞪口呆。他们的邻居中有个人叫德怀特·莫罗（Dwight Morrow），在本书的故事里会变成关键人物，原因后面会揭晓。麦克菲登痴迷于健身，他有一个女儿因为心脏病去世了，他却评论说："她走了更好，因为她只会给我丢脸。"他80多岁的时候，你还能看到他扛着一袋18千克的沙子绕着曼哈顿行走，以此强身健体。麦克菲登最终活到了87岁。

身为商人，麦克菲登似乎一辈子都信奉如下主张：绝不向公众兜售其不知情的东西，那么做太愚蠢了。他的发家来自三次不同的投资。他创设了一门科学，并称之为"健身学"（Physcultopathy），严守素食和锻炼的两大原则，并向勇敢的人宣传裸体的好处。这场运动带来了一家成功的养生农场连锁企业，外加相关出版物。1919年随着出版业务的蓬勃发展，麦克菲登又产生了另一个创新念头：忏悔杂志。他在这方面的经典之作是《真实故事》（*True Story*），很快实现了220万册的月销量。《真实故事》里所有的故事都生动而有趣，"有一股兴奋的暗流在涌动"——一位评论家读完后心满意足地说。麦克菲登骄傲地吹嘘说，《真实故事》里没有一个字是编出来的。这种说法给麦克菲登惹上了一点法律上的小麻烦：1927年，一篇名为《真情之吻》（*The Revealing Kiss*）的文章以宾夕法尼亚州斯克兰顿为故事背景，却偏巧包含了这座正义小城里8位可敬市民的名字，他们提起了诉讼，麦克菲登不得不承认《真实故事》里的故事其实完全不真实，而且从来也不曾真实过。

小报风靡一时之际，麦克菲登推出了《晚间图文报》。这份小报最突出的特点是毫不关心真相，甚至也不在乎公认的现实。它虚构采访从未见过的人，刊登的报道也来自假托的作者。1926年，默片时代最出名的演员鲁道夫·瓦伦蒂诺（Rudolf Valentino）去世之后，《晚间图文报》发表了一系列据称是他写于阴间的文章。它还创造了新颖的插图形式，自称为"合成照片"（composograph）：它把新闻人物的脸叠加在模特的身体上。1927年年初，爱德华·布朗宁（Edward W. "Daddy" Browning）和他飘忽不定的年轻新娘（众人亲切地称其为"桃子"）拉开了一场离婚诉讼。在此期间，《晚间图文报》最出名的虚构作品腾空出世：它刊登了一幅"桃子"裸体站在证人席上的照片，没有附加任何文字来说明此照片是虚构的。那一天，《晚间图文报》多卖了25万份。《纽约客》称它是"四不像的霉菌"，但从霉菌的角度来看，它真的太成功了。到

1927年《晚间图文报》的发行量已接近60万份。

对于传统的报纸而言，这是个严峻且令人担忧的数字。大部分报纸的应对方式是让自己在精神甚至形式上都变得更像是小报。就连一直以来注重庄严与郑重的《纽约时报》也在这10年里花了大量篇幅，用近乎狂热的挑逗语调报道情色消息。所以，一旦像艾伯特·斯奈德被谋杀这样的案件出现，所有的报纸全都表现出了同样的癫狂姿态。

相比之下，犯罪者异常蠢笨、毫无吸引力和想象力这一点反倒无关紧要了。当时的新闻人达蒙·鲁尼恩（Damon Runyon）将其戏称为"蠢货谋杀案"。案件事关情欲、不忠、狠心的女人、一枚用来绷直窗帘的吊锤，这就足够了，这些就是能让报纸大卖的东西。斯奈德–格雷谋杀案获得的报道力度远超同一时期的其他任何案件，直至1935年才被布鲁诺·豪普特曼（Bruno Hauptmann）绑架林德伯格的孩子一案超过。但就对社会流行文化的影响而言，就连"林德伯格绑架案"也远远比不上这件事。

20世纪20年代美国的审讯往往异常快速。格雷和斯奈德太太被逮捕后不到一个月就受大陪审团提审，站上了被告席。皇后区的法院大楼是长岛市区里一栋庄严的古典风格建筑，此刻也弥漫起了狂欢的气氛。来自全美各地的130家报纸派出了记者，连遥远的挪威也来凑热闹。西联公司（Western Union）架起了有史以来最大的电报交换机——比总统就职典礼、职业棒球总决赛上用的还要大。法院外面，沿途摆起了餐车，纪念品小店以10美分的价格出售吊锤形状的胸针。成群结队的人每天都来看热闹，希望能搞到旁听席的座位。进不去的人则站在大楼外面眼巴巴地盯着它，迫切想知道楼里进行的那些自己看不到也听不到的重要裁决。富人和时尚人士也纷纷露面，包括昆斯伯里侯爵[1]，以及最高法院一位法官的妻子。有幸坐进法庭的人获允在每天聆讯结束后上前观看涉事证物：凶手用过的窗帘吊锤、挂壁画的金属线、装麻醉剂氯仿的瓶子。

《纽约每日新闻报》和《纽约每日镜报》刊登的审讯新闻曾多达一天8篇，如果当天揭露了什么特别吸引人的细节，比如，露丝·斯奈德在案发当晚穿着血红色的睡衣迎接贾德·格雷，就会立刻印刷专刊，这阵势就跟要宣战了似的。对那些着急得没法耐下性子阅读文字的人，《纽约每日镜报》在3个星期的审讯期间提供了160幅照片、图表和其他插图，《纽约每日新闻报》配图则达到了200幅。爱德华·赖利（Edward Reilly）担任了一阵格雷的律师，没过多久，他就因为替"林德伯格绑架案"中的布鲁诺·豪普特曼（Bruno Hauptman）辩护而声名狼藉，但赖利是个不靠谱的酒鬼，案件开审后不久就被解雇了，要不就是他主动辞职的。

在那三个星期中的每一天，陪审员、记者和观众都鸦雀无声，全神贯注地倾听着艾伯特·斯奈德的惨剧。故事开始于10年前，《摩托艇》（*Motor Boating*）杂志寂寞的秃顶美术编辑艾伯特·斯奈德对办公室秘书露丝·布朗（Ruth Brown）产生了迷恋。露丝心气高，但并不怎么聪明。她比斯奈德小13岁，对他也不怎么感兴

1　昆斯伯里侯爵（Marquess of Queensberry），是现行拳击规则的制定者。——译者注

趣。但两人约会三四次之后，斯奈德送给她一枚口香糖大小的订婚戒指，露丝矜持的防线崩溃了。"我没法放弃那枚戒指。"她无奈地向朋友解释。两人认识4个月后结了婚，搬进了斯奈德位于皇后区的家。哪怕按照不幸婚姻的标准来看，他们婚后的幸福时光也十分短暂。斯奈德渴望安静的家庭生活，露丝却想要光彩夺目的喧嚣热闹。斯奈德不肯取下前一位心上人的照片，惹恼了露丝。结婚才两天，她就跟朋友说自己并不怎么喜欢丈夫。10年无爱的婚姻就这么拉开了序幕。

露丝频频独自外出。1925年，在曼哈顿的一家咖啡馆她遇到了贾德·格雷，格雷是贝安·朱莉紧身胸衣公司的推销员。两人很快有了私情。格雷看起来不像宵小之辈，他戴着粗框眼镜，体重只有54.4公斤，叫露丝"妈咪"。在不曾沾染桃色绯闻的世界，他在主日学校教书，在教堂唱诗班唱歌，为红十字会筹措资金。

因为对自己的婚姻愈加不满，露丝欺骗不知情的丈夫签下一份带双重赔偿条款的寿险保单，万一丈夫遭遇暴力事件，露丝便可领到近10万美元的赔偿金。此后，她一直坚持不懈地确保此事发生。她在丈夫晚上喝的威士忌里下毒，又在他吃的蛋奶水果点心里下毒。当然，记者们对此事也大书特书。可毒药没能放倒斯奈德先生，她便又碾碎了安眠药放进蔬果汁，并假称为了健康让他服了氯化汞[1]，甚至还试着用煤气熏死他，只可惜，事实证明毫不知情的斯奈德先生坚不可摧。无奈之下，露丝只好向贾德·格雷求助。

1　氯化汞：俗称升汞，室温下为白色晶体，是实验室常用试剂。可溶于水且易升华，毒性极大，会引起汞中毒。——译者注

他们一起设计了一场自以为完美的谋杀。格雷先搭乘火车前往纽约州中部的雪城，入住奥内达加酒店，并确保有很多人看见自己，之后悄悄搭乘返程列车回到城里。离开酒店后，他安排了一个朋友去自己的酒店房间把床弄脏，让房间看起来是有人住过的样子。他还留下了信，让朋友等他走后再寄出。不在场证据就绪之后，格雷在深夜来到皇后区斯奈德的房子前。露丝坐在厨房里等着，穿着那件很快就要出名的红色睡衣，把格雷放进屋。按计划，格雷潜进夫妇俩的卧室，用露丝事前放在梳妆台前的窗帘吊锤砸碎艾伯特·斯奈德的脑袋。可惜事情并未完全按计划进行。格雷胆战心惊、试探性地敲了第一锤，反倒惊醒了受害人。看到一个奇怪的小个子男人站在自己身边用钝器敲击自己的脑袋，斯奈德先生困惑不解，因为疼痛发出了叫喊，也相当有力地给予了还击。他一把拉住格雷的领带，让格雷喘不过气来。

　　"妈咪，妈咪，看在上帝的分儿上，快救我！"

　　露丝·斯奈德从挣扎的情人手里夺过吊锤，猛地砸在丈夫头盖骨上，斯奈德先生便没了动静。之后，她和格雷把氯仿倒进斯奈德先生的鼻孔，用金属线勒死了他——这两件事中露丝都帮了忙。之后，他们拉开整个屋子的抽屉和橱柜，让它看起来像遭了劫。但两人似乎都没想到要把露丝的床弄得像是有人睡过。格雷松垮垮地绑起露丝的脚踝和手腕，让她舒服地躺在地上。他还设计了最狡猾的一招：在楼下的一张桌子上摆了份意大利文报纸，好让警察以为入侵者是外国颠覆分子，就像马萨诸塞州等着被处决的萨科和万泽蒂——这两人都是臭名昭著的无政府主义者。[1]事情都办好以后，格雷吻别了露丝，打了一辆出租车进城，搭乘火车回到雪城。

格雷以为，就算自己受到怀疑，警方也证明不了什么，因为480千米之外的雪城有他确凿的不在场证据。遗憾的是，长岛的一位出租车司机记住了格雷，因为格雷搭车的车费是3.50美元，却只给了5分钱的小费，哪怕在20世纪20年代，用5分钱来表示感谢也太小气了些，所以司机迫不及待地想要指证他。警方在奥内达加酒店追踪到了格雷，面对警方的怀疑格雷表现出一脸惊讶的样子："这是怎么回事？我连超速罚单都没吃过。"他自信满满地说自己整个周末一直在酒店。不幸但也很有趣的是，他居然把返程的火车票的票根扔在了废纸篓里。一名警察把票根翻检出来并质问他，格雷立刻招供。听说斯奈德太太把罪责都推到自己身上之后，格雷歇斯底里地坚称她才是主谋，而且，是斯奈德太太威胁自己要向他妻子告发他的不忠，逼迫自己与她合作的。很明显，他和斯奈德太太的情分走到了尽头。

正因为民众对这次审判的兴趣如此浓厚，整个事件里没有任何一方面遭到忽视。读者可以了解到，主审法官汤森德·斯卡德（Townsend Scudder）每天晚上回到在长岛的庄园时，他养的125只宠物狗会冲出来欢迎他，然后由他亲自喂食。还有人注意到并郑重地加以报道的是所有陪审员的年龄加起来正好500岁。露丝·斯奈德的一位律师达纳·华莱士（Dana Wallace）受到了特别关注，因为

1　这是美国20世纪20年代又一著名大案。详情见本书后文。——译者注

他是"玛丽·塞莱斯特号"货轮老板的儿子。而这艘船于1872年被人发现漂流在大西洋上，全体船员神秘地消失了——当时这件事情挺出名的。一位叫塞拉斯·本特（Silas Bent）的记者仔细测量了报纸专栏的尺寸，发现用于斯奈德-格雷谋杀案的报道篇幅比"泰坦尼克号"沉没还要多。

各色名人观察家们撰写了分析和评论，包括悬疑作家玛丽·莱因哈特（Mary Roberts Rinehart）、剧作家本·赫克特（Ben Hecht）、电影导演格里菲斯（D. W. Griffith）、女演员梅·韦斯特（Mae West）、历史学家威尔·杜兰特（Will Durant）。杜兰特写的《哲学的故事》（*Story of Philosophy*）当时竟也火爆一时，虽说跟斯奈德-格雷谋杀案的审讯并无明显联系。同时莫名其妙地出现的，还有一位名叫瑟斯顿（Thurston）的魔术师。三位牧师也加入评论队伍里，分别是：比利·桑戴（Billy Sunday）、艾梅·麦克弗森（Aimee Semple McPherson）和约翰·斯特拉顿（John Roach Straton）。斯特拉顿以憎恨一切著称，按一位他的同时代人描述，他憎恨"玩纸牌、喝鸡尾酒、贵宾犬、爵士音乐、戏剧、低胸礼服、离婚、小说、闷热的房间、克拉伦斯·丹诺[1]、暴饮暴食、自然史博物馆、进化、浸会教堂里出现标准石油公司的大人物、职业拳击、演员、裸体艺术、打桥牌、现代主义和赛狗"。现在斯特拉顿又开心地往这份清单里加上了露丝·斯奈德和贾德·格雷。在他看来，处决他们两人的速度还不够快。而同为牧师的麦克弗森比较温

1　克拉伦斯·丹诺（Clarence Darrow）：当时美国著名的民权律师。——译者注

和，他为两人进行祈祷，并希望上帝教导各地的年轻人牢牢记住："我希望妻子就像母亲，而不是红发辣妹。"

评论家埃德蒙·威尔逊（Edmund Wilson）在一篇文章中发问，为什么一宗如此平淡又缺乏想象力的谋杀案引发了这么热切的关注呢？可惜他忘了停下来反思一下——同样的问题也可以用来质问他写的文章啊。在他看来，此案基本上是"老套主题"的另一个例子："狼子野心的女人对顺从的男人发号施令。"当时人们几乎一致认为犯罪的是露丝·斯奈德，贾德·格雷是个上了当的倒霉鬼。格雷收到了大量满怀同情的信件，塞满了皇后区监狱两间相邻的号子。

报纸努力想把露丝·斯奈德描绘成一个邪恶的妖妇。"她天生的金发呈现出完美的大波浪形状。"一位观察家刻薄地写道，仿佛就凭这一点就可以证明她有罪似的。《纽约每日镜报》说她是"铁石心肠的女人"。其他刊物称她为"人面蛇心"的"冷酷女子"，甚至亢奋过度地说出了"北欧吸血鬼"这样的话。几乎所有报道都死盯着露丝·斯奈德致命的美貌，但这要么是出自幻觉，要么是选择性夸张。1927年时露丝·斯奈德已经36岁了，她身材臃肿，满脸倦容。她的皮肤长了斑，总带着一脸怒容。坦率些的评论家怀疑她根本就不曾有过什么吸引力。《纽约客》的一名记者暗示："到目前为止，还没有人成功地分析出人们对露丝·斯奈德的兴趣到底来自何方……她无法抗拒的魅力恐怕只有贾德·格雷看得见。"格雷则戴着一副沉重的圆框眼镜，看起来显得充满难以置信的机智、学究气，比35岁的实际年龄老成许多。在照片里，他总是一副难以置信的表情，就好像无法相信自己怎么落到了这般境地。

为什么这桩谋杀案吸引到了如此热烈的关注，在当时就很难说清，现在更是不可能了。那一年，就在纽约，就有大量其他更"精彩"的谋杀案能够激起关注。其一是报纸戏称的"格雷夫森德湾保险谋杀案"，一个名叫本尼·戈尔茨坦（Benny Goldstein）的人制订了一套计划，假装自己在布鲁克林的格雷夫森德湾溺水，好让朋友乔·莱夫科维茨能收到75 000美元的保费，之后两人对半分。可莱夫科维茨对此计划做了一项重大调整：他没把戈尔茨坦送到新泽西州的海滩上，而是在格雷夫森德湾把戈尔茨坦扔出了船，确保他真正淹死。戈尔茨坦不会游泳，所以肯定是死了，莱夫科维茨一个人独吞了所有的钱。只可惜还来不及享受，就被抓住定罪了。

　　对比来看，斯奈德-格雷谋杀案笨手笨脚又老套，再加上两名被告完全供认不讳，甚至不能带来精彩的法庭辩论。一点儿都不夸张地说，它最终还是成了著名的"世纪之案"，对流行文化造成了非同一般的影响，尤其是影响了好莱坞、百老汇，以及轻小说的煽情结尾。电影制片人阿道夫·朱克（Adolph Zukor）拍了一部电影《需要杀戮的女人》（*The Woman Who Needed Killing*），但后来这一标题被淡化处理了。为《先驱论坛报》（*Herald Tribune*）报道庭审过程的记者苏菲·崔德威尔（Sophie Treadwell）写出了戏剧《身不由己》（*Machinal*），在商业上大获成功，评论口碑也相当不错。在崔德威尔的剧作中，贾德·格雷的戏份由一名很有前途的年轻演员扮演，这人就是日后的克拉克·盖博（Clark Gable）。小说家詹姆斯·凯恩（James M. Cain）对此案非常着迷，两本书都将它作为核心剧情：《邮差总按两次铃》（*The Postman Always Rings*

Twice）和《双重赔偿》（*Double Indemnity*）。1944年，比利·怀尔德（Billy Wilder）巧妙地根据《双重赔偿》拍出了同名电影，由弗莱德·麦克莫瑞（Fred MacMurray）和芭芭拉·斯坦威克（Barbara Stanwyck）主演。这部作品开创了"黑色电影"流派，成为一代好莱坞情节剧的模板。《双重赔偿》骨子里就是斯奈德-格雷谋杀案，只是对话更精彩，演员更好看。

可怜的艾伯特·斯奈德被谋杀一案还有另一个不同寻常的特点：凶手被抓住了。在20世纪20年代的美国这种情况并不多见。1929年，纽约接到报案的谋杀案有372桩，其中115桩无人被捕，就算抓到了人，定罪率也不到20%。全美范围内，按大都会人寿保险公司的调查数据，1927年全美2/3的谋杀案悬而未决。请注意，最准确的记录是保险公司留下来的，而不是警察局。其他一些地方的破案率，甚至连这点可怜巴巴的比例都达不到。在某些年份，芝加哥出现了450~500桩谋杀案，然而成功结案的数量远远低于1/4。总体而言，根据该调查的统计推算，全美的重案犯中10个有9个逍遥法外。100个凶手里只有一个被处以死刑。所以，露丝·斯奈德和贾德·格雷必然是真真正正的无能，才会在作案后被指控、被定罪，最终还被处决。事实也确实如此。

5月9日下午晚些时候，律师做了结案陈词，12人的陪审团闭门决议。这12个人全是男性，因为1927年纽约州禁止女性旁听谋杀案。1小时40分钟后，陪审员慢吞吞地走出来宣告判决结果：两名被告一级谋杀罪名成立。露丝·斯奈德在座位上痛苦地哭了起来。贾德·格雷满脸通红，狠狠地盯着陪审团，但并无恨意。斯卡德法官宣布下周一量刑，这其实只是一种形式，一级谋杀罪的刑罚就是电刑处死。

一如斯奈德-格雷谋杀案必然的结局，另一个更精彩的故事在纯粹的巧合中开始上演。庭审结束后3天，就在不远的地方，一架名叫"圣路易斯精神号"的银色飞机从西面俯冲向长岛，降落在毗邻罗斯福机场的柯蒂斯机场。飞机上下来一个笑嘻嘻、几乎无人认得的明尼苏达州年轻人。

查尔斯·林德伯格（Charles Lindbergh）时年25岁，但看起来像是刚满18岁。他身高1.88米，体重58公斤，健康得叫人无法置信。他不抽烟，不喝酒，连咖啡、可乐也不碰，还从来没跟人约会过。他有种奇妙的幽默感，喜欢冒险到了近乎残酷的地步。

有一回，他在朋友的水壶里装满煤油，乐滋滋地站在一旁看着朋友一饮而尽。这位朋友后来进了医院。他出名的主要原因是他多次成功地从快要坠毁的飞机里跳伞逃命，比任何活着的飞行员跳伞逃命的次数都要多。他完成过4次紧急跳伞，其中一次距离地面仅有106米，第5次是飞机迫降在明尼苏达州的沼泽地里，而他毫发无伤地爬了出来。眼下，距离他第一次单独飞行才4年。聚集在长岛的飞行业内人士普遍推测，他成功飞越大西洋的机会差不多是零。

斯奈德-格雷谋杀案的故事已经从头版上消失了，人们现在需要新的故事，而这个颇具神秘色彩的、自信满满的中西部年轻人看起来有几分意思。一个问题随之横扫记者圈：这小子是什么人？

02

林德伯格与早期美国航空业

"圣路易斯精神"号的诞生

林德伯格家族原来姓曼森（Månsson）。林德伯格的祖父是一个倔强的瑞典人，面容虽饱经沧桑，却搭配着一蓬华丽的胡子，1859年在突兀又可疑的情况下来到美国，改姓为"林德伯格"。

就在那之前，林德伯格的祖父还是一位从方方面面看都挺可敬的公民，住在瑞典最南边靠近波罗的海于斯塔德市的一座村庄里，结了婚育有8个孩子，按说生活应是心满意足的。1847年，他40岁时入选了国会议员，大量时间里他都待在北方600千米之外的斯德哥尔摩。此后，他的人生就一反常态，变得错综复杂起来。他跟一个比自己小20岁的女服务员有了私情，还生下了私生子：林德伯格的父亲。同一时间，林德伯格的祖父又为一些密友做了不正规的银行贷款担保，卷入了金融丑闻。如今已说不清当年的指控到底有多严重。在美国的林德伯格家族始终坚称，整件事是林德伯格祖父的政敌捏造的。但可以肯定的是林德伯格的祖父1859年匆忙离开了瑞典，并未回应针对自己的指控，他放弃了原来的家庭，并改名奥古斯特·林德伯格（August Lindbergh），跟情妇和庶出的儿子定居在明尼苏达州的农村。关于这些事情，林德伯格在各种作品和自传里全都语焉不详，甚至略过不提。

林德伯格（Lindbergh，意思是"椴树山"）的祖父选择定居在小镇索克森特，也就是后来小说家辛克莱·刘易斯的故乡，但当时可算是世外之境，远离文明都市。到索克森特两年之后林德伯格的祖父受了一次可怕的重伤，他在锯木厂工作时，脚下一滑倒在了呼啸转动的刀片上，后果可想而知。刀片从他的肩膀穿过了上半身，捅出了一个大洞，内脏器官都露了出来。一个目击者描述，能看见这可怜人怦怦跳动的心脏，而他的胳膊跟身体之间仅靠几根白花花的筋腱相连。锯木厂的工人们为林德伯格的祖父包扎好伤口，把他送回了家。他在痛苦中悄无声息地躺了三天，等着医生从64千米之外的圣克劳德赶来。据说，等医生终于赶到为他截肢、缝合撕裂的腔体时，林德伯格的祖父几乎一声都没吭。出乎意料的是，林德伯格的祖父挺了过来，又活了30年。斯多葛学派的清心寡欲成了林德伯格一家最注重培养的德行。

林德伯格的父亲到美国时还是个襁褓中的婴儿，只会说瑞典语，名叫卡尔·奥古斯特·曼森（Karl August Mansson）。长大以后，他变成了一名阴郁的魁梧男子，并改名查尔斯·奥古斯特·林德伯格。青年时代，林德伯格的父亲精于诱捕麝鼠。麝鼠的毛皮可制成夹克和披肩，并打着更加诱人的"哈德逊海豹皮"的名号出售。林德伯格的父亲靠着这档买卖挣到了足够的钱，就读于密歇根大学法学院。取得执业资格后，他在明尼苏达州的利特尔福尔斯开了一家律师事务所，结了婚，生下3个女儿，生活过得挺富裕，在镇外大约2.5千米的地方造了座硕大的木屋，俯瞰着密西西比河。一切本来顺顺利利，可1898年春天他的妻子因为切除腹部增生的肿瘤突然去世了。

3年后，林德伯格的父亲再婚——第二任妻子来自底特律，是个年轻漂亮热情的化学老师，刚在利特尔福尔斯高中谋到教职。在当时的利特尔福尔斯，伊万杰琳·兰德（Evangeline Lodge Land）可算是一位接受过良好教育的女性。她同样毕业于密歇根大学，但比丈夫更热爱学术，不久后还到哥伦比亚大学读了研究生。除了外貌都极其出众之外，林德伯格夫妇可谓毫无共同之处。林德伯格的父亲很英俊，但严厉做事一板一眼。他的妻子爱生气，为人苛刻。1902年2月4日他们生下了林德伯格，给他起名为查尔斯·奥古斯都·林德伯格，听起来更精致典雅。林德伯格从他的父亲那里继承了带着酒窝的下巴、永远蓬乱的头发，从他的母亲那里继承了爱做白日梦的性子，并兼具两人的刚愎顽固。夫妇俩就生了他这么一个孩子。林德伯格在一个舒适、照看得当的家庭长大，家里雇用了3名仆从，只可惜家里缺乏温情。而他从来没有"查理"或者其他更轻松、更亲近的小名。他的父母几乎不会表达情感。林德伯格和他母亲从不拥抱，到了睡觉时间，母子会握手道晚安。不管是孩提时代还是成年之后，林德伯格给父亲写信的落款都是"你真诚的，C. A. 林德伯格"，就好像收信人是他的资金管理人。

林德伯格是个害羞、爱做梦的男孩。他在利特尔福尔斯没怎么给人留下印象，1927年记者到镇上打听他童年时代的趣事时，他的同学们几乎什么也想不起来。成年后，林德伯格说完全不记得少年时代的日常生活了。他第一次努力写的自传《我们》（*We*），有关童年的描写只有18行字。

1906年，林德伯格还不到5岁，他父亲当选了共和党国会议员，这意味着林德伯格要在自己喜欢的利特尔福尔斯和讨厌的华盛顿之间往返穿梭了。所以他的童年忙忙碌碌，又有些颠三倒四。他拥有其他孩子只能在梦里碰到的经历：他曾在白宫的地板上、国会大厦的大厅里表演，11岁时参观了巴拿马运河，跟西奥多·罗斯福的儿子们同校。但他到处搬家，很难真正参与任何事情。

随着岁月的流逝，林德伯格的父母愈加疏远。为他作传的斯科特·伯格（A. Scott Berg）记述，至少有一次，林德伯格的母亲得知丈夫跟速记员睡觉后，拿出一把枪直指他的脑袋。还有一次，林德伯格的父亲愤怒地殴打了妻子。到林德伯格10岁时父母永久性分居了，为林德伯格父亲的政治生涯考虑，他们选择对此保密。林德伯格高中毕业前曾在11所不同的学校就读，可成绩始终平平。1920年秋天，他进入威斯康星大学就读，希望能成为一名工程师。林德伯格能坚持下去的原因很大程度上靠的是母亲帮他写论文，但最终连这也不管用了。大二读了一半时他退学了，还唐突地宣布打算做个飞行员。从他父母的角度来看，这真是个叫人痛心的愿望。当飞行员收入微薄，极不安全，又提供不了稳妥的前途——而在美国这三方面又极其重要。

20世纪20年代，在重要技术领域，美国落后于欧洲诸国最多的就是航空业了。早在1919年，欧洲就有了第一家航空公司——荷兰皇家航空公司（KLM），其他企业也迅速跟进。同一年，伦敦和巴黎之间推出了每日航班，光是这一条航线，每星期就有千余名乘客。到了20年代中期，你差不多可以飞到欧洲任何地方：从柏林到莱比锡，从阿姆斯特丹到布鲁塞尔，从巴黎到遥远的君士坦丁堡（中途会停在布拉格和布加勒斯特）。到1927年，法国有9家航空公司，英国航空公司一年差不多要飞160万千米，德国安全地把151 000名乘客送达目的地。而在美国，截至1927年春天到来时，定期客运航班的数量还是零。

航空在美国几乎完全不受监管。全美没有颁发飞行执照的制度，对培训也没有要求。任何人都可以买一架飞机，在任何条件下合法地搭载付费乘客。美国在飞行方面的管理实在太过松懈，甚至连飞行事故、死亡人数都未统计。最权威的数据来源是《飞机年鉴》（*Aircraft Year Book*），但它也靠着剪报汇总数据。这本大部头的作品未署名，但其作者们毫不怀疑，没有制度的规范阻碍了航空事业的进步，造成了许多不必要的死亡。他们写道："（第一次世界大战）停战以来，飞机首次进入民用领域，它既可以由熟练、负责的人驾驶，也可以由生疏、不负责的人操纵。保守估计，飞行事故已经导致300人遇难、500人受伤——如果国家制定政策、对商业飞机运营加以监管的话，这些事故本来都可以避免的。"

没有航空公司的招聘，美国飞行员只好逮到什么工作就做什么工作——给农作物喷洒农药，在乡下市集上搭人试乘，为观众表演特技和杂耍，拖着广告横幅跨越长空，在空中拍摄照片，运送邮件（这项业务在美国开展得欣欣向荣）。这当中，运送邮件在经济上最有保障，但危险性又最大：最初的40名航空邮递员有31人死于坠机。而在整个20年代飞行事故都很普遍。飞行员要在各种天气状况下飞行，还经常得在完全没有导航设备的条件下夜间飞行。1927年3月《科学美国人》（*Scientific American*）杂志刊出一篇文章，说"看不见的电波指引着欧洲城际航班的飞行员"，羡慕地称赞欧洲飞行员居然可以靠着无线电信号立刻锁定自己的位置。相比之下，美国飞行员全无头绪，为了寻找小镇只能寄希望于有人在建筑物顶上留下了它的名字。如果不幸没有（一般都没有），飞行员只好冒险低空掠过当地火车站，以求看清站名。至于天气预报，飞行员大多是提前打电话给沿线的铁路站台，请售票员把头探出窗外，看看当时是个什么情形。

美国民用航空的各个领域都存在诸如此类的缺陷。直至1924年，全美第四大城市底特律还没有一座机场，1927年时旧金山和巴尔的摩仍然没有机场。圣路易斯的兰伯特机场因地处美国大陆心腹地带，是最为重要的一座机场，可它之所以能修起来，完全是因为市长艾伯特·兰伯特（Albert B. Lambert）热爱飞行，愿意自掏腰包。纽约大都会地区有4座机场，三座在长岛，一座在斯塔滕岛，但都是私人所有或由军队把持，只提供最基本的设施。没有一座机场设有控制塔，全美国的机场都没有。

直到1925年，美国总算开始试探着解决自己在航空领域的不足了。此事的主要负责人是德怀特·莫罗。此人是纽约的银行家，对飞行一无所知，但因为是柯立芝总统的朋友，就被任命主持总统飞行理事会，主要目的是调查美国航空业的安全和效率问题。纯属巧合的是，1929年莫罗成了查尔斯·林德伯格的岳父。倘若10年前有人告诉莫罗他在马萨诸塞州史密斯学院就读的聪明女儿将嫁给一位航空邮递员兼特技飞行员，他肯定会目瞪口呆。如果莫罗进一步得知这位飞行员将会成为全世界最著名的英雄，他恐怕会吃惊得无法形容。不管怎么说，多亏了莫罗的努力，在1926年5月20日柯立芝总统签署通过了《商业航空法案》（*Air Commerce Act*），恰巧也是林德伯格飞越大西洋的前一年。法案规定飞行员要接受最低技术水平的训练，用于跨州贸易的飞机需要做检查，商务部要跟踪事故死亡情况。虽然内容不多，但总算开了头。

就在这散漫而危险的世界，林德伯格学会了飞行。他的第一次飞行，其实也是他第一次近距离体验飞机，是1922年4月9日在内布拉斯加州林肯市的一所飞行学校里，此时他的20岁生日才过去两个月。他立刻拜倒在了航空飞行的魅力之下。几乎就在同一时间，他开始了一段短暂又冒险的特技飞行员生涯。一个星期之内，他上了机翼行走；一个月之内，未经任何事前培训，他就从惊悚的高度跳伞降下，取悦围观群众。在执行这些任务的过程中，他还以完全不正规的方式学会了飞行。事实证明，他精通此道，非比寻常。和大多数年轻人一样，林德伯格很会搞一些吸引眼球的莽撞蠢事。巡回表演的部分工作是要用飞行技能吸引当地人的眼球，在得克萨斯州的伍德营，林德伯格决定从镇上的大街起飞——这可是个雄心勃勃的挑战，因为大街两旁的电线杆相距仅为14米，他飞机的翼展则为

13米。提速过程中，他碰上坑洞颠簸了一下，翼尖挂在了电线杆上使飞机原地转了方向，从一家五金店的前窗擦了过去。他没受伤，围观的路人也没有一个受伤的，这实在是个奇迹。

巡回表演带给林德伯格大量实践经验，两年中他飞行了700多次，但从未接受过专门的技术训练。1924年，他报名参加了陆军空中预备队的一年期课程，希望弥补这一不足。该课程提供当时最先进、最具挑战性的培训。他第一次以全班第一名的成绩毕业，获得了上尉军衔。可惜，1924年5月林德伯格的父亲因为神经系统疾病过世，他骄傲的成绩也就哑了火。由于军队里没有空余岗位，他找了一份从圣路易斯运送邮件到芝加哥的工作，开着性能不稳定的廉价飞机穿越种种逆境，获得了丰富的经验。凭借此种别具一格的磨炼过程，到1927年春天林德伯格已经成为一名远比竞争对手更娴熟、更有天赋的资深飞行员。此后发生的一件件事情都说明，在25岁的年纪没有任何飞行员能比林德伯格更优秀。

从许多方面看，林德伯格1927年取得的最大成就不是飞越了大西洋，而是找到了一架能飞越大西洋的飞机。不知怎么的，他设法说服了包括前面提到的艾伯特·兰伯特在内的圣路易斯9名一毛不拔的商人支持自己，还让他们相信一架名为"圣路易斯精神号"的飞机，对本城商业前景有着莫大的好处。这个主张其实很值得怀疑，支持者们更有可能碰到的情形是：一名理想主义的年轻人白白死掉了，而他们与之扯上了关系。可这个念头就算他们想过，似乎也并没有产生困扰。到1926年深秋，支持者们许诺为林德伯格提供13 000美元的资金，再加上他自己存的2000美元——从任何角度考虑，这都不是一笔充裕的本钱。但林德伯格希望，如果走运，那这笔钱就够他弄到一架能跨越大洋的单引擎飞机了。

1927年2月初，林德伯格搭乘火车前往纽约与"哥伦比亚号"飞机的东家查尔斯·莱文会面。两个月后，钱伯林和阿科斯塔就将驾着这架飞机创下世界耐力飞行纪录了。这次会面钱伯林也在场，此外还有脾气好、才气高的飞机设计师朱塞佩·贝兰卡（Giuseppe Bellanca），不过两人都没说太多话。

见面的地点是曼哈顿伍尔沃斯大厦的办公室。莱文听了林德伯格的提议，同意按15 000美元的价格把飞机卖给他，这件事相当令人意外，因为直到那一刻钱伯林还打算自己开着飞机到巴黎去呢。价格是很公道的，这架飞机无疑位居当时世界上最优秀的飞机之列，甚至只有它有能力载着林德伯格去欧洲。林德伯格自然心花怒放，回到圣路易斯开出了支票并确定支持者们也认可。之后，他再一次回到纽约完成交易。就在林德伯格交出现金支票全额购买的时候，莱文轻描淡写地说虽然自己很乐意按约定继续交易，但必须保留选择机组人员的权力。

林德伯格大吃一惊。这个主张太荒唐了，他不可能买下一架飞机，又让莱文指定飞行员完成飞行来收获一切荣耀。林德伯格这才发现，在做生意方面查尔斯·莱文是个惹人恼怒的天才，此前此后也有许多人产生同感。凡是跟莱文打过交道的人，都出于这样或那样的原因怀疑他、鄙视他。6月没过完时，贝兰卡也将结束与莱文的合作关系。林德伯格拿回了支票，搭着火车落寞地回到了圣路易斯。

林德伯格眼下的局面实在堪忧。绝望之下他打电话找到圣迭戈规模极小的瑞安航空公司（Ryan Airlines），询问能不能为飞越大西洋专门造一架飞机，如果能，要花多少钱，多长时间。回复来得很快，并出乎意料地令人振奋。瑞安航空公司可以在60天内造好飞机，价格是6000美元，引擎安装额外算钱。原来瑞安航空公司对这笔生意的需求之迫切，不亚于林德伯格对飞机的需求。

2月23日，林德伯格25岁生日才过去不到3星期，离他动身飞往巴黎还有3个月，林德伯格赶到圣迭戈瑞安航空公司的工厂，见到了老板B. F. 马奥尼（B. F. Mahoney）和总工程师唐纳德·霍尔（Donald Hall），他们也只比林德伯格大一点点。虽然公司名字还是瑞安，但几个星期前刚卖给了马奥尼——因为时间太紧，公司还来不及改名。唐纳德·霍尔也才加入公司一个月，可他对林德伯格而言是真正幸运的突破口，因为霍尔是一位既有天分也很勤奋的设计师，这两点都是林德伯格急需的。

接下来的两个月，瑞安公司的所有员工——共计35人——全力以赴地动手制造林德伯格的飞机。霍尔一直干到筋疲力尽，曾一度连轴转了36个小时。若非如此，这架飞机不可能这么快就造好，但那时的瑞安有太充分的理由卖力工作。瑞安一直没有订单，林德伯格来的时候公司正濒临破产。很难想象员工们对这个中西部来的瘦高年轻人有些什么看法：林德伯格天天围着他们转悠，用不耐烦但又竭力克制的态度怀疑他们的一举一动。不过，林德伯格和霍尔相处得非常好，这才是最重要的。

"圣路易斯精神号"以当时的瑞安M-2机型为基础，但为让飞机适合跨洋飞行必须做很多调整。由于燃油负荷超乎寻常，霍尔要重新设计机翼、机身、起落架和副翼，每一项都是大任务。当然，他们做的很多事情纯属兴之所至，要不就是靠猜测——有时大胆得叫人咋舌。一开始，他们对从纽约到巴黎的大圆弧航线到底有多远并无概念，就去公共图书馆找到地球仪，用一根绳子进行测量推算。靠着这样的手段他们造出了历史上最伟大的一架飞机。

林德伯格不愿夹在发动机和燃料箱之间，因为此前已经有太多飞行员在迫降时这样惨死。故此，主油箱放在飞机前头通常设置驾驶舱的位置，而驾驶舱则往后挪。这种设计遮挡了林德伯格前方的视野，但这对他来说倒没有你所想的那么困扰。起飞时，由于飞机要往后仰，他反正也看不到前面的地面，而一旦升空，他要飞越的则是空无一物的大洋。他可以靠着"蟹行"稍微弥补这一缺点，也就是往前飞时略微侧转，驾驶舱的一侧就暂时变成了前窗。即便如此，从前当过潜艇水手的机械师查理·伦道夫（Charlie Randolph）还是为飞机安装了一台简单的潜望镜以防万一，不过林德伯格从没用过。

成品飞机怎么形容都好，反正绝非高档货。林德伯格靠着两块脚踏板操纵飞机，两腿之间还有一根棍。仪表盘上有10种简陋仪表——算上时钟的话，也可以说是11种。但燃油表却全无踪迹。林德伯格觉得燃油表不够可靠。他将手动计算自己的油耗，尽管这基本上可算是超难度计算题了：要么他的燃油足够，要么不够。这架飞机也没有刹车，1927年时几乎所有的飞机都没这东西。大多数情况下这样装备没什么问题，但后来每当林德伯格降落时就有人群蜂拥至跑道上，这就叫人甚感不安了。

飞机的框体覆盖以秘鲁棉，涂上了6层含铝颜料——这是一种芳香清漆，能让棉层缩小，使之紧紧地包裹着木制和钢管骨架。虽然"圣路易斯精神号"看起来充满金属质感，报纸也经常如此报道，但它其实只有机鼻整流罩部分是纯金属。飞机内外只隔着一层薄薄的蒙布，机舱里的声浪震耳欲聋，它看起来单薄得叫人不放心，就有点像是顶着帐篷飞越大海。林德伯格和其他打算飞越大西洋的竞争对手们有点儿太着急了，有一项很了不起只可惜从来没得到过什么关注的发明尚未问世，也就是美国铝业公司发明的新型无腐蚀性铝材"铝衣合金"，当年年底就将推出。其后的80年，直到碳纤维问世之前，地球上制造的几乎所有飞机都使用铝衣合金覆面，但1927年夏天的情况却完全不是这样。林德伯格好歹有了一副金属螺旋桨，它比前不久还在使用的木质螺旋桨更可靠、更防裂。美国飞行员跟欧洲对手们比起来还有一点优势，只不过当时没人明白。他们都使用加利福尼亚生产的航空燃料，这种燃料燃烧更干净、续航里程更长。没人知道它为什么更优越，因为直到20世纪30年代人们才理解辛烷值，但靠着它大部分美国飞机都飞越了大洋——而其他飞机却在海上失踪了。

装备完整的"圣路易斯精神号"，就像后人时常评说的，比会飞的油箱好不了多少。虽然它比几年前的飞机外形更为圆滑，却仍存在很多天然的短板：引擎的气缸外凸，支柱和拉索过多，更重要的是它还是用固定起落架——两个轮子悬空在风中拖曳，就像是胳膊伸出了车窗。为了最大限度地提高飞行里程，它摒弃了每一盎司不必要的重量。林德伯格没带任何不必要的东西。据报道，他甚至把地图的白边都剪了。

因为许多设计都有妥协,飞机不如理想中那么稳定,这让霍尔感到极为困扰。但此刻没时间让它变得更好了,林德伯格相信多付出些驾驶的精力,有助于他保持清醒(大概这也是对的吧)。"林德伯格并不想要一架创新的飞机。"美国国家航空航天博物馆的亚历克斯·斯宾塞(Alex Spencer)说,"他只想要经过了实践考验的技术。"

只有223马力的莱特J-5旋风式发动机是全新设计的,它是这架飞机上唯一使用的最新技术。J-5发动机采用空气冷却,比传统的水冷式发动机更简单、更轻便、更可靠。它还有另外两个好处:它是当时全世界第一台整合了塞缪尔·海伦钠冷阀的机器,解决了排气阀过热自燃的问题;而且带有自润滑摇臂,可数小时安心运作无碍。1926年,理查德·伯德在飞往北极的飞机上首次使用了J-5,它出色地完成了任务。讽刺的是,一如我们在后文所见,伯德恐怕从未到过北极附近。

4月28日,林德伯格首次试飞,此时距他下单刚好两个月。飞机表现好得超出他的预期,它灵敏、快速——首次飞行的时速高达206千米。它从地面昂扬地跃入半空,至少负荷轻的时候是这样。接下来的十几天,林德伯格又做了22次试飞,大多数是5~10分钟的短暂飞行。在5月4日的一系列尝试中,他逐渐把载油量从140升提高到1130升,但距离他飞越大西洋所需的1700升,仍然少了570升。因为燃料满缸着陆太危险,他不敢再进一步。飞机的全负荷实验,只有唯一的一次——也就是飞往巴黎那次。

林德伯格此刻已经跃跃欲试。纽约传来消息，说伯德的"美洲号"和莱文的"哥伦比亚号"都打算启程了，只不过，糟糕的天气拦住了他们。接下来的消息是南杰瑟和科利离开巴黎，在前往美国的路上了。林德伯格暗中考虑彻底改变计划，尝试第一个驾驶飞机飞越太平洋，途经夏威夷飞往澳大利亚。这个挑战太过冒险，百分之百要害死他。不过，听到南杰瑟和科利失踪、估计已死亡的消息，他立刻放弃了这个念头。如果他能赶在风暴横扫大陆之前到达纽约，他就还有机会。

　　5月10日下午，加利福尼亚时间下午快4点时，林德伯格钻进了自己崭新的飞机驾驶舱起飞了。等舒适地进入半空，他便将机鼻指向东方，怀着青年人特有的信心，朝着圣路易斯以及美国多年来罕见的一轮恶劣天气飞去。

03

密西西比河洪灾

"神奇小子"：作为商务部部长的胡佛

大多数人恐怕都没经历过那样的日子。连续几个月全美的大部分地区雨水不断，有时雨量超乎寻常。南伊利诺伊地区3个月里雨水积了610毫米深，阿肯色州部分地方超过了914毫米。无数条河流淹没了堤岸——加利福尼亚州圣哈辛托河，俄勒冈州的克拉马斯河、威拉米特河和安普瓜河，爱达荷州的斯内克河、佩埃特河和博伊西河，科罗拉多州的科罗拉多河，堪萨斯州的尼欧肖河和弗迪格里斯河，阿肯色州的圣弗朗西斯河及沃希托河，南部的田纳西河和坎伯兰河，新英格兰的康涅狄格河。1926年的夏末到次年春天，美国48个州的降雨量，按计算，足以构成一个边长为402千米的水立方体，水量极大。可这才只是个开始。

4月15日是耶稣受难日，一场特大风暴袭击了美国中部，降雨持续时间之长、雨量之大，凡经历过的人都难以忘怀。从蒙大拿州西部到西弗吉尼亚州，从加拿大到墨西哥湾，大雨倾盆只能用诺亚洪水来形容。多数地方的降雨量达到150~200毫米，有些地方甚至超过了304毫米。一时间，几乎所有的水都涌进了本已满溢的小溪与河流，卷挟千钧之力，奔赴北美中部大动脉——密西西比河。密西西比河及其支流负责美国40%的排水量，覆盖面积近259万平方千米，跨越美国31个州以及加拿大的两个省，有史以来从未如此竭尽全力地奔淌。

河流行将泛滥的样子不祥得令人恐惧，密西西比河展现出残酷而湍急的愤怒样子，哪怕铁石心肠的旁观者也会觉得难受。密西西比河的整个上游，人们站在两岸，寂静无声地看着水面漂来各种东西——树木、死牛、谷仓顶，暗示了更北方的惨状。圣路易斯河的排水量达到了每秒57 000立方米的惊人速度——是1993年大洪水时的两倍。就算你不是专家，也一望而知：这样的场面挺不了多久。河流两岸，男人们成群结队地用铲子和沙袋加固防洪堤坝，但水流压力还是太大，根本挡不住。4月16日，密苏里州东南部，在一个叫多瑞纳的河流大拐弯处，第一座大坝溃堤了。366米长的土堤突然决了口，相当于整个尼亚加拉大瀑布的水量喷涌而过，几千米之外都可听见轰鸣。

不久，上上下下的堤坝都被河水像扯衬衫扣子那样撕开了。密西西比州芒兹兰丁（Mounds Landing）溃堤时，被荷枪实弹的军队押着坚守岗位的100名黑人工友转眼就被大水冲走，踪迹全无。出于不便说明的原因验尸官只记录了两人死亡。有些地方，大水一下子就漫过大地，快得让人根本来不及逃命。在密西西比州温特维尔，23名躲在房子里的妇女和儿童被洪水冲走丧生。

5月的第一个星期，洪水肆虐了从伊利诺伊州到新奥尔良长达800千米的河道，有些地方河面甚至宽达240千米。总受灾区域相当于苏格兰的面积。从空中看，密西西比河谷就像新形成的一汪大湖。大洪水的统计数据创下的纪录令人胆寒：6 705 895公顷良田被淹，203 504座建筑受毁或垮塌，637 476人无家可归。冲走的牲畜数量也统计得很精确：50 490头牛、25 325匹马及骡子、148 110头猪、1 276 570只鸡和其他家禽。很奇怪，有一样东西却未得到准确的记录，那就是丧生的人数，这数字少说上千，甚至数倍于此。这里缺乏严谨的数据，因为遭灾的人大多是穷人和黑人。对牲畜的损失记录比人命周全，这个事实不免叫人吃惊。所以，在受灾地区之外，大多数的日子里媒体对洪水的报道远远少于斯奈德-格雷谋杀案，这一点也就没那么令人震惊了。

　　尽管缺乏全国人民的关注，但从受灾程度、持续时间和受灾人数来看，1927年密西西比河大洪水都是美国历史上最惊人的自然灾害。经济损失大到无法估量，据估计为2.5亿~10亿美元。放眼美国历史，这次洪灾致死人数不算最多，但它比其他任何一场天灾都破坏了更多人的生活与财产，持续时间也更长，密西西比河洪灾总共持续了153天。

　　好在美国碰上了一位坚如磐石的人物，他在这样的危急时刻挺身而出。类似"超人"，在私下里别人用这个词形容他，他还挺受用的，他的名字就是赫伯特·胡佛（Herbert Hoover）。过不了多久，他会成为备受嘲笑的一任总统。作为一位跟沃伦·哈丁在同一个10年当选的总统，这个成就很"了不起"。但在1927年的春天，他是全世界最值得信赖的人。同时，他也是美国当时有史以来最不讨人喜欢的英雄。而到了1927年夏天，他变得更受信赖，也更不讨人喜欢。

1874年，赫伯特·胡佛出生在艾奥瓦州密西西比河以西48千米外一个叫西布兰奇的小村庄里，他出生时的小白屋至今还矗立在那里。后来他成了来自西部边陲的第一位总统。他的父母是虔诚的贵格会信徒，去世都很早——胡佛6岁时父亲就死于风湿热，3年后母亲又感染伤寒而死。所以之后他就被送到住在俄勒冈州的叔叔和婶婶家。这对阴郁的夫妇本身也是热心的贵格会信徒，他们的爱子刚刚过世，在胡佛的成长岁月，这些死亡的阴影，像是重担一样，无时无刻不沉甸甸地压在他肩上。不管胡佛出生时精气神有多么高昂，青春时代的经历也彻底将之扑灭了。胡佛活到近90岁，一辈子没能体会到哪怕是片刻的真正欢悦——至少没听人说起过。

然而胡佛的叔叔罔顾他的才学，派他去塞勒姆当办公室听差，导致他未能读完高中，但他有着自我提高的蓬勃雄心。1891年，他18岁时通过了刚成立的利兰斯坦福初级大学（斯坦福大学的前身）入学考试。当时，这是一所免费学校。胡佛是斯坦福大学的第一批学生，他学习地质学，还遇到了同样来自艾奥瓦州的妻子卢·亨利（Lou Henry），两人在1899年结婚。毕业后，胡佛接受了自己能找到的唯一工作，到加利福尼亚州内华达市的一座金矿给手推车装填矿石，一周干7天，每天干10小时，时薪20美分——在当时也算是极微薄的薪水。对他的矿工同事们而言，一辈子好像都只能干这份工作了，可胡佛从未因此感到困扰。他一辈子都坚定地相信"个人责任"的概念，也成了这个概念的活化身。

1897年，胡佛20岁刚出头，受聘于古老而庞大的英国比伊克·莫林矿业公司，以总工程师、纠纷调解人的身份在未来10年里勤勤恳恳地踏遍了世界各地：缅甸、中国、澳大利亚、印度、埃及，以及公司有矿产需求的其他所有地方。6年里，胡佛绕了地球5圈。他经历了中国的义和团运动，披荆斩棘地穿越了婆罗洲的丛林，骑着骆驼横跨了西澳大利亚空阔无人的红色沙漠，在克朗代克的一间酒吧里碰到了西部传奇警长怀特·厄普（Wyatt Earp）和著名作家杰克·伦敦，还在埃及大金字塔脚下宿过营。他的经历无比丰富、令人难忘，任何青年人都会欢欣鼓舞，可他却不为所动。在他生命尽头书写的回忆录里，胡佛很不耐烦地承认自己年轻时拜访过许多奇妙的地方，见到过各种美妙的事物，但没有什么可告诉读者的。"期待'浪漫冒险'的读者，不管想看什么，都有一整个图书馆的书可供查阅。"他说。他在书里不带感情地介绍了自己履行的职责——提取矿物。他的生活就是工作，别无其他。

在一线干了10年，胡佛回到伦敦成了比伊克·莫林公司的合伙人。如今，他有了家室，有两个年幼的儿子，搬进了肯辛顿区坎普顿小丘的一栋大房子，是伦敦商界的栋梁之材。他具备了一定的社交能力，但还是很蹩脚。他家的晚宴常常在近乎完全的沉默中进行。"从没听他提到过一句诗、一出戏、一件艺术品。"有人评价道。他只是一个劲儿地积累财富——到他40岁生日的时候差不多挣下了400万美元。

胡佛本有可能以富裕但籍籍无名的状态度过一生，但环境突然变化，意外地把他推到了风口浪尖。第一次世界大战爆发时，胡佛作为杰出的美国人受邀去协助疏散滞留欧洲的12万美国人。他极为高效、卓越地完成了自己的任务，官方便请他前往新成立的比利时救济委员会（Commission for Relief）接受更大的挑战。

比利时已被战争压垮，农田尽毁，工厂关门，德国人又抢走了他们的粮食储备。800万比利时人濒临饿死。在长达两年半的时间里，胡佛每个星期都设法找到并调拨了价值180万美元、总计250万吨的粮食，并将之分发给断炊的人们。这样的成就再怎么夸大也不为过。这是全球有史以来规模最大的救灾工作，而他也借此成为一位当之无愧的国际英雄。据估计，截至1917年，与其他任何历史人物相比，显然胡佛抢救了更多的人命。某热心人士称他是"自耶稣基督以来最伟大的人道主义者"。如此恭维当然有些太过慷慨。于是又有人修改了赞美的标签，胡佛最终以"最伟大的人道主义者"为世人所知。

胡佛声名鹊起原因有二：一来，他以极高的效率履行了自己的职责；二来，他到处宣扬自己的功劳，人尽皆知。慈祥的美国驻法大使迈伦·赫里克，在被占领的法国也有过类似的英雄壮举，但却没得到后人的任何感激，全因为他自己没去争取。相比之下，胡佛一丝不苟地把宣传工作落到了实处：每一桩和自己有关的正面行动都有一篇新闻稿加以报道，将之形容得无比重要。

事实上，胡佛对自己救过的人几乎完全没感情。他拒绝访问任何救济站，也不跟自己帮助过的不幸难民互动。曾有不知情的助手把他带到了布鲁塞尔的施粥站，胡佛躲都躲不及。"再也别让我看到这里的任何人！"他咆哮道。在认识他的人眼里，胡佛也完全没有感情可言。曾有熟人提起，胡佛谈到自己在欧洲的救济工作时总是无动于衷。"他对发生的悲剧场面从未表现出些许的感情，至少，他从来没把这样的感受传递给我。"胡佛的朋友惊叹道。

对任何看似会削弱他威望的事情，胡佛是绝不容忍的。《星期六晚邮报》（*Saturday Evening Post*）曾刊出一篇文章，提出比利时救济委员会纽约办事处才是该委员会最重要且成效最高的部分，而委员会的真正领导人是林顿·贝茨，这观点确实不正确，可胡佛的反应简直近于疯狂。他火速写了一封长信，称文章里包含"46个绝对的不实之词，36个半真半假的论断"，并认认真真按顺序指出了每一个存在争议的地方。他下令纽约办事处不得再独立发布新闻稿，所有稿件都须提前呈交胡佛所在的伦敦办事处审阅，也因此严重地妨碍了委员会的募捐工作。

对胡佛而言，在比利时的工作只是个起步阶段。解决危机成了他的人生要务。美国参战之后，伍德罗·威尔逊总统把胡佛叫回美国，请他担任全美食品监督员，监管美国战时粮食生产的方方面面，确保粮食充足和铲除借此牟取暴利的行为，让每一位公民都吃得饱肚子。胡佛提出了"用粮食打赢战争"的口号，卓有成效地加以推广，给数百万美国人留下如此印象：率领美国打赢第一次世界大战的就是胡佛，再没有任何其他人。战争结束后，他以美国救济署（American Relief Administration）负责人的身份重返欧洲，再次拯救了数百万人，使之免于饥荒。这次的挑战超乎以往，胡佛肩负了4亿民众的福祉。他在30多个国家监督救济工作。仅在德国，美国救济署就开设了35 000个派粮中心，总共为吃不上饭的民众派发了3亿份口粮。

胡佛赶到奥地利时，该国正处于最为危险的境地。"和平的缔造者们竭尽全力让奥地利沦为一个找不到粮食的国家。"胡佛在回忆录里干瘪瘪地说——对一个私下生活里全无幽默感的人而言，他的作品不乏犀利的讽刺之语。胡佛估计，奥地利需要1亿美元的粮食援助才能坚持到来年的收获季，但它连一小部分资金都筹措不到。美国无法帮忙，因为美国法律禁止向敌对国家提供贷款，哪怕战后两国已不再是敌人。为解决这个问题，胡佛安排美国给英国、法国和意大利贷款4500万美元，再让上述国家把钱借给奥地利，奥地利再用这些钱来购买美国的粮食。这一招巧妙地避免了饥荒，又帮助美国农民卖出了多余的农产品。但出于可以理解的原因，几个国家竟因此结下了梁子：事后奥地利没钱偿还，美国国会便坚持让英、法、意还钱，他们指出自己只是从技术的意义上做了中转并未从中受益，而美国农民却因为这4500万美元而富裕了不少。美国国会不为所动，坚持要求还钱，这种做法为美国的繁荣做出了贡献，但对美国的海外知名度和声望却没什么好处。

这些破事儿并未牵连到胡佛身上，怪罪似乎跟他从来无缘。事实上，细想就知道胡佛绝不像大多数同时代人想得那么英勇和崇高。一位名叫约翰·哈米尔（John Hamill）的记者在《两面旗帜下胡佛先生的奇怪事业》（*The Strange Career of Mr. Hoover Under Two Flags*）一书中指称，胡佛在比利时的粮食救济项目中私人渔利颇丰。这一指控从未得到证实（必须说，这有可能是因为它的确毫无根据），但另一项更加严重的指控则是真实的：战争期间，胡佛在商业运作中非法从德国购买化学品。这在战时是一项极其严重的罪行。值得注意的是，他这么做不是因为相关化学品在英国买不到，而只是因为德国的更便宜。德国人犯下大屠杀的罪行，他却支持了德国的经济而不觉得这有什么违背道德之处。眼下"最伟大的人道主义者"，十几年后就会成为美国总统的胡佛，差点儿因为一桩经济罪被带到墙角枪毙掉——想到这一点，不免觉得世事离奇。

1919年，结束了欧洲的工作，胡佛永久地回到美国。他在国外生活了20年，成了自己祖国的陌生人，但他名气太大，两大政党都对他大献殷勤，把他当成潜在的总统候选人。经常有人撰文说，胡佛离开美国太久，连自己是共和党人还是民主党人都搞不清，这其实不是真的，1909年时他就加入了共和党。但他的确对政治不太热心，也从来没参加过总统竞选。1921年3月，他加入了哈丁的内阁担任商务部部长，1923年哈丁突然去世，他又在卡尔文·柯立芝手下担任同一职位。

在两届政府任职时胡佛都特别勤奋认真，可他真的太欠缺讨人喜欢的品质了。他的态度冷漠、自负、挑剔而急躁。他从不感谢下属，不关心他们的幸福或健康，也看不出他有什么友好和热情的地方。他甚至不喜欢握手。柯立芝最喜欢开的玩笑就是一次性地敲响白宫所有的仆人传唤钟，接着藏在窗帘后面，为仆人们赶来后一脸困惑的表情窃窃私笑。可以说他的幽默感像是个发育迟缓的小学男生，但好歹还算是有。但胡佛从无幽默感，一星半点都没有。一位亲信表示，30年来他从没听过胡佛的笑声。

柯立芝对国家的管理一贯极有"节制"。用一位观察家的说法，柯立芝执掌着一届"力争无为"的政府。他的财政部长安德鲁·梅隆（Andrew Mellon），做了大量工作，监督落实旨在提高自己个人财富的政策。梅隆用政府的公费让国内收入署派出最精干的人手为自己准备纳税申报表，好让自己尽量少缴税款。国税局的负责人贴心地呈上了纳税漏洞清单，好供梅隆钻空子。梅隆还非法利用职务之便，推进自己的商业利益——比方说，请国务卿给自己名下的一家公司帮忙揽下中国的工程承包合同。靠着不懈的钻营算计，在任期间，梅隆的个人资产净值增长了一倍多，超过了1.5亿美元，他一手监管的家庭的财富总值达到20亿美元。

反观柯立芝，他每天只工作4小时，其余大部分时间都用来打盹儿了。白宫接待员回忆说："在我的印象中，没有哪位总统像他那么能睡。"不打盹儿的时候，他常常把脚搁在敞开的办公桌抽屉里（这是他一辈子的习惯），数着宾夕法尼亚大道上经过了多少辆车。

所有这一切让胡佛有了充分的理由把触角伸到所管辖的职权领域之外，没有什么比征服新的行政版图更叫他高兴的了。他事事插手——劳资纠纷、监管无线电、规定航空航线、监督国外贷款、缓解交通拥堵、主要河流沿岸水权分配、橡胶定价、落实儿童卫生法规，还有许多多看上去与商业仅有只鳞片甲联系的事情。在同事们心目中，他成了"商务部长兼其他所有事务的副国务卿"。飞机执照制度推出时，由胡佛的部门负责颁发执照。百老汇一位不入流的剧团经理公开邀请高中女生试镜，抗议团体"美国妈妈们"找到胡佛求助，最终获得成功。美国电话电报公司（以下简称AT&T）希望展示一种名为"电视机"的新发明，也是胡佛出现在了摄像机面前。1927年春天，他甚至抽出时间为《大西洋月刊》写了一篇文章，论述如何改善美国的渔业孵化场。"我想说明事实、观察环境、引述实验、确定主张、进行反驳并阐明一切道理。"他在文章的第一段就这样写道。再琐碎的事情，他也忍不住要拿来自我夸耀一番。没为国家问题操劳的时候，他忙着到各地接受荣誉。他一生获得过500多个奖项，包括85所大学颁发的荣誉学位。

柯立芝不怎么喜欢胡佛，也不喜欢大多数人。但对胡佛似乎是特别不喜欢。"6年来，我都没问过，他却不请自来地向我提出意见，而且全都是糟糕的意见！"一听人提到胡佛，柯立芝就这样咆哮。1927年4月，柯立芝发出一份声明，让全世界都昏了头：他宣布绝不会任命胡佛当美国国务卿。1927年4月16日，《纽约时报》的头版标题写道：

总统对胡佛的看法令人感到困惑

白宫宣布：胡佛永远不会成为国务卿，哪怕凯洛格辞职

柯立芝为什么会发出这份声明，又为什么如此斩钉截铁成了困扰美国每一位政治评论员的难题。胡佛本人对这一职位并不垂涎，在任的弗兰克·凯洛格（Frank B. Kellogg）也没有离任打算，两位当事人也跟其他所有人一样摸不着头脑。

萎靡不振的柯立芝虽然百般轻蔑地把他不知疲倦的商务部长叫作"神奇小子"，但他其实也很乐意有人帮自己做了这么多工作。而眼下，密西西比河暴发了史无前例的大洪水，他也只好转身求助于

胡佛。就在他发出绝不把胡佛提升为国务卿的声明一星期以后，柯立芝总统就指定胡佛领导救灾活动应对紧急情况。除此之外柯立芝什么也不做，他拒绝前往灾区，拒绝调拨联邦资金，也不召开国会特别会议。他拒绝上国家电台呼吁私人捐款，拒绝向作家威尔·罗杰斯（Will Rogers）提供一条带着希望和善意的信息，以便罗杰斯在全国广播中宣读。他拒绝提供12张签名照，以便拍卖后救济灾民。

胡佛在名义上把总部设在孟菲斯，但接下来的3个月里全美各地都是他的身影——小石城、纳奇兹、新奥尔良、巴吞鲁日。每当需要一位尊贵的人物出面，胡佛就站在那里。为了履行商务部长的职责，他展现出了总统拒绝表现的政治家风范。是他，通过广播向全国致辞："很难用言语来描绘密西西比河大洪水的威力。"胡佛在孟菲斯向全美通报：

> 就在离我只有两个街区的地方，此刻洪水正以超过尼亚加拉瀑布10倍的速度流过。可这么说似乎还不够让人留下深刻的印象。更骇人听闻的是，维克斯堡的洪水足有1800米宽15米高，而且正以每小时965千米的速度冲过来。洪峰过后，留下受难的20万人。上万民众仍坚守家园，许多人家里的地板都还没干。这就是一场败仗之后的悲惨处境。

更糟糕的情况即将到来。接下来的两个星期，无家可归者的人数飙升到了50万，可胡佛应对自如。他要解决一场巨大的危机，要指导相关权威机构，调派众多部门和单位的人手——红十字会、气象局、公共卫生局、海岸警卫队、退伍军人局、州际商务委员会等。还要直接干预四大政府部门的运作：农业部、财政部和海陆军。从没有过一个不是总统的人一次性地负责这么多事情。方方面面的实务运作都在他的掌控之中。他授权设立了154处难民营，每一处设在哪里、如何运作他都给予了严格的指导：帐篷应该为30平方米，沿街有序架设，街面宽7.5米，每两行帐篷之间留出3米的过道。实际上，出于跟地形相关的实际原因，如此完美的几何构思几乎无法实现。对于食品的数量、医疗保健的制度，以及营地生活的所有其他方面，他都做了类似的规定，只不过很多时候并未严格执行。相当有趣的是，胡佛把营地当成快乐的所在。对许多居住在难民营的灾民，他坚持认为："这是他们这辈子经历过的第一个真正假期。"请记住，这些人才刚刚失去了一切。

和在欧洲一样胡佛并不喜欢自己救济的人，他特别不喜欢路易斯安那州那些身为法国移民的后裔的卡津人，认为他们"跟法国农民简直是一个模子刻出来的"。卡津人一再无视政府发出的通知拒绝迁往地势高的地方，胡佛特别生气，一位农民不得不被"解救"了6次。在路易斯安那州的梅尔维尔，一天晚上，阿查法拉亚河溃堤致使10人丧生，只因为他们不听政府的吩咐——9人来自同一家族：一名妇女，还有她的8个孩子。对胡佛而言，与其说这是悲剧，不如说是让他气愤的由头。"我的结论是，除非水都涌到床底下了，卡津人才肯搬家。"他写道。

反过来说，卡津人也不喜欢他。在路易斯安那州靠近卡那封镇的地方，一个男的带着来复枪，朝乘船途经此地的胡佛大军开了一枪，又趁着众人来不及抓他，消失在了树林里。这人的恨意之浓，或许可以理解。为了疏导洪水，让新奥尔良免遭一劫，大坝需要被炸毁。胡佛的队伍是来视察即将炸毁的大坝的。当时普遍的看法是大坝其实不必炸毁，北部上游溃堤的大坝已经削弱了洪峰，解除了对新奥尔良的直接或潜在威胁。但不管怎么说，炸毁大坝的命令还是下达了。为了让新奥尔良商人放心，新奥尔良市政府承诺全数补偿受影响的人，只可惜从未践言。

一如往常，胡佛是个不知疲倦的公关大师。他搭乘私人列车前往南方，专门划拨了一节车厢给媒体。源源不断的新闻稿流出来，大多专注于强调胡佛的远见卓识和辛苦工作。他还确保每一名共和党参议员都收到一本刊载了赞美自己文章的杂志。至于报纸，不管多小只要有声音质疑或批评他的努力，他就写信去反驳、斥责。有时候他的反驳文章会占据好几页的版面。

胡佛夸口说，自他接手以来最多只有3人死于洪水，"其中一人是个太好奇的观光客"。但事实上至少有150人，甚至可能更多。说到底，他的救灾工作远远谈不上成功。救灾资金经常被浪费或者用错地方，紧急救援物资通常交到最大的地主手里，再由他们分发给佃户。于是一些地主肆无忌惮地向佃户收费，或是把物资挪为己用。经费滥用报告经常提交给胡佛，希望引起他的注意，但他不屑一顾。难民营本身不是舒坦的地方，食物匮乏又不健康，许多居民都患上了糙皮病一类与饮食相关的疾病。毫无疑问，胡佛的新闻稿不会提及这些情况。从某种程度上说，密西西比河大洪水巩固了胡佛大善人的好名声，让他铁定能成为共和党的下一任总统候选人。"一定跑不了！"他挺干脆地对朋友说。

按照事情发展的正常过程，密西西比河大洪水本身并不会给林德伯格造成困扰，但一股强对流碰巧横在了他的飞行路线上。激烈的风暴卷得中西部和西南部一大块地方的天空暗淡无光，龙卷风像恶龙一样肆虐了从得克萨斯州到伊利诺伊州的8个州。在密苏里州的波普勒布拉夫，龙卷风撕裂了整条商业街，致使80人丧生350人受伤。在密苏里州的其他地方，龙卷风夺去了十多人的性命，据报告，得克萨斯州、阿肯色州、堪萨斯州、路易斯安那州和伊利诺伊州也有多人丧生。在圣路易斯，大风造成了极大的破坏，一人被飞起的碎片击中而死。"是个黑人。"《纽约时报》郑重指出。在怀俄明州，突如其来的暴风雪冻死了3个人。两天内，这场风暴总计造成228人死亡，925人受伤。林德伯格抵达圣路易斯的那天上午，大风有所缓和，但取而代之的是起了大雾。

当天布朗队和洋基队在运动员体育场打棒球比赛，球员们抱怨说连身前3米的地方都看不清。观众能看到些什么无人提及，因为比赛的是布朗队，反正也没太多人来观战[1]。即便大雾弥漫，贝比·鲁斯还是打出了一个二垒安打和一个本垒打（本赛季虽然刚开

1　其实，当天下午有1500人到场观战，按布朗队的以往标准看不算太坏。那个赛季里有好几次布朗队比赛时的到场观众还不到500人，还有一次特别凄惨，7月12日他们对战排名最后的红袜队，只吸引了300名观众。那可是座容容量为36 000席的体育场呢。

始不久，却已是他的第8个本垒打），没人怀疑到了夏天他的成绩会好成什么样。最终洋基队以4：2打赢了比赛。

　　密苏里州东部横亘着略带寒意的潮湿雾气，芝加哥正逢热浪袭来，科罗拉多州和北部平原诸州还埋在深深的冰雪里。内布拉斯加州的情况有些怪异，该州部分地区出现降雪，西南角落却刮了两场闷热的龙卷风。天气从未像这样令人不安又奇怪过。林德伯格似乎幸运地一无所知。就算他在兰伯特机场因为大雾碰到过麻烦，他自己也从没说过。事实上，在他公布的所有回忆文章中，他都没怎么提到过恶劣的天气。相反，他对遇上大风暴还挺高兴的，因为风暴拖住了纽约的其他飞行员，直到他追赶上来。不管是当时还是后来，大家似乎都忘了一件事：在当时的天气条件下，大西洋东西两岸只有他一个人胆子够大，敢升空飞行。

　　在圣路易斯，林德伯格钻出飞机跟他的赞助者打了招呼，又睡了会儿觉，在机场附近的路易咖啡馆狼吞虎咽地吃了一盘牛排和4个鸡蛋，之后又上了天。这一回，他的目的地是纽约。到达圣路易斯时，他已经创下了令人惊叹的双重成就：他成了第一个夜晚飞过落基山脉的飞行员，创下了美国飞行员单独不间断飞行的最长时间纪录。如能按计划飞到纽约，他还将打破横跨东西两岸飞行用时最短的纪录。必须指出，正是东海岸的这场大雾让迁徙的候鸟都着了陆，也使得搜寻南杰瑟和科利的行动无功而返。美国东部的所有飞行员，全都没动静。皮内多希望换了飞机之后完成美国各州的巡回飞行，他尝试了3天想从费城飞往纽约，每次都因为降雨和云层太低被迫返回。

04

组建跨洋飞行队

"好运林迪"与他的对手们

对于在1927年首次到访美国的游客来说，最令人惊讶的地方在于这个国家富裕得吓人。美国人是全世界过得最舒坦的。美国家庭摆放着时尚家电和耐用消费品——冰箱、收音机、电话、电风扇、电动剃须刀。而在其他国家，要一代多人以后这些东西才可能成为标准配备。全美总共2680万户家庭，1100万户拥有留声机，1000万户拥有汽车，1750万户拥有电话。每一年，美国新增的电话数量比全英国的总和还多。

全世界42%的商品是美国生产的。美国拍摄了占全世界80%的电影，制造了占85%的汽车。光是堪萨斯州的汽车就比法国的总量还多。当时，黄金储备量是衡量一个国家财富的基本指标，美国的黄金储备量占了全世界供给量的一半，差不多相当于世界上其他所有地区的总和。回顾历史，没有哪一个国家曾经如此富裕，而且还以让人目不暇接的速度越来越富裕。兴旺蓬勃的股市在1927年上涨了33%，胡佛后来称之为"一场大肆投机的狂欢"。但在1927年春天和夏天，他或者其他任何人都没担心过股市。

1927年，林德伯格在空中穿越的美国和今天的美国迥然不同。首先它更广阔，乡村味更浓。当时美国人口仅为1.2亿，今天容纳10个人的地方，当时只容纳了4个人。这1.2亿人尚有一半住在农场或小城镇（相比之下，今天的美国只有15%的农业人口），他们整体上生活在农业社会。

城市布局基本上都挺紧凑，居住舒适，它们还没发展出今天我们所看到的那种郊区辐射冲击波。城市周边也没有太多道路。1927年，人们出行或者货运几乎完全靠铁路和轮船。在大多数地方，高速公路极其罕见。就连刚建成的了不起的林肯高速公路虽然自豪地宣称自己是全世界第一条横贯整个大陆的高速公路，但其连续铺设路面的部分也仅为从纽约到艾奥瓦州西部的路段。从艾奥瓦到旧金山的路段铺设就只有一半了，而在内华达州的路段，用一位当地人的话来说就是"基本上还处在假想状态"，连名义上存在的路旁标记都没有。另外，较短的直达干线，如杰斐逊公路和迪克西公路，已经此起彼伏地出现了，但仍属于迷人的新生事物。提起长途交通的未来，人们想到的不是高速公路，而是在城市之间游弋的飞机和巨型飞艇。

这就是为什么奥泰格奖要奖给一场史诗般的飞行，而非一场公路赛。这也是为什么这一时期的摩天大楼竞相炫耀尖尖的楼顶——

好让飞艇能在上面挂锚。这显然很不明智，想想看要是熊熊燃烧的"兴登堡号"飞艇坠毁在时代广场有多可怕，可似乎没有任何建筑师考虑到这点。就算是常规对接，飞艇也经常要排放大量压舱水以保持稳定，楼下的路人恐怕不喜欢莫名其妙地变成落汤鸡。

建筑师设想旅客前往其他城市还有另外一种可行的方式，即摩天大楼楼顶的机场，其跑道可从高耸的屋顶向外悬挑，或架设在两栋大楼之间。一位爱好幻想的建筑设计师想出了一套方案：修建一种巨大的桌子，把四栋摩天大楼当成四条腿，中间像桌面那样盖上1.6公顷的着陆平台。《纽约时报》也设想了一套更个性化的方法，一篇畅谈未来的文章满怀希望地说："直升机可以直接落在人们公寓窗外的架子上。"

所有这一切，无论是从建筑、航空、金融还是安全的角度来看都无法实现，但似乎无关紧要。那是一个不喜欢让实用观点妨碍幻想的年代。在大受欢迎的《科学与发明》（Science and Invention）杂志上，一名作家满怀信心地预言，过不了多久各个年龄段的人都能穿着机械溜冰鞋轻快地出行。著名建筑师哈维·科贝特（Harvey W. Corbett）预测，摩天大楼会修上数百层，直插云霄，住在上层的人会靠无线电收取食物，却并不具体解释这一设想要怎么运作。罗德曼·沃纳梅克是一个百货公司巨头，也是理查德·伯德的飞行赞助人，他在纽约承办了一场名为"巨人之城"的展览。这场展览表现了在未来世界里，迅捷的空中快车连接了壮观的城市高楼，市民坐在列车的玻璃舱里被发射出去，或是站在载人传输带上体面地从一个地方滑行到另一个地方。不管未来到底怎样，人人都认为它一定技术先进，毫无疑问由美国主导，并且绝对惊险刺激。

奇怪的是，人们对当下反而并不那么肯定。第一次世界大战留下了一个几乎所有人都认为浅薄、腐败和堕落的世界——哪怕是那些因此而非常享受的人也这么想。禁酒令已颁布8个年头了，失败得一塌糊涂。它造就了一个匪帮横行、枪林弹雨的世界，将普通人变成了罪犯。纽约出现了比禁酒令颁布之前更多的酒馆，喝酒仍然是一件不遮不掩的常见行为，据说，柏林市市长拜访纽约时曾问纽约市市长吉米·沃克禁令什么时候才会生效。大都会人寿保险公司报道，1927年因酒精致死的人，比禁酒令实施之前的任何时期都要多。

道德滑坡处处可见，连舞池里也不例外。探戈、狐步舞和查尔斯顿舞都有着强烈的节奏，舞者的四肢翻转带有强烈的性暗示，许多老辈人都内心焦虑地认为这种现象值得警惕。还有一种更糟糕的舞，叫"黑臀舞"（Black Bottom），即舞者的屁股前撅后翘，还不时用手拍打——所有的动作都可耻地集中在一个许多人宁肯没有的身体部位上。就连华尔兹踌躇步也包含了一些纵情声色的元素，成了"音乐前戏"的代名词。迄今为止最糟糕的还得数爵士乐，它被普遍认为是通往吸毒和滥交的跳板。"难道爵士乐的切分音里充满了罪恶？"《妇女家庭杂志》（*Ladies' Home Journal*）上的一篇文章质问道。你不妨把答案押在"是"上。《纽约美国人》（*New York American*）的社论说爵士乐是一种"病态的、刺激神经的、带有性兴奋意味的音乐"。

许多人沮丧地意识到，当时美国的离婚率之高仅次于苏联了。（这里插句嘴，1927年内华达州修改了法规，办理离婚手续不再需要在本州住满3个月，从而成了"闪离"的乐园。）

最让人担心的是年轻姑娘们，她们似乎都自甘堕落，满身龌龊习惯。她们抽烟、喝酒、在脸上涂脂抹粉、留波波头（把头发剪短，烫得圆溜溜的），还穿曲线毕露的丝质礼服。有人计算，一条裙子平均所用的面料，从战前的约18米，一路跌到了战后的区区6米。当时对活泼、崇尚自由的女士统称"雏儿"，这个词起源于19世纪末的英国，最初是用来指妓女的。

电影巧妙地抓住了而且经常主动夸张那个时代的奔放精神。有一部电影，从海报来看为垂涎的观众提供了"美丽的爵士乐宝贝、香槟浴、午夜狂欢、紫色黎明下的爱抚聚会，并在一场让你屏息凝神的绝妙猛烈高潮中结束"。还有一部电影的海报上是"卿卿我我，搂搂抱抱，冷漠的吻，热情的吻，沉迷于享乐的女儿，渴望感动的母亲"。用不了多强的想象力就能把现代女性的肆意行为和露丝·斯奈德的杀戮直接联系起来。报纸的文章经常指出，邪恶的斯奈德太太犯下重案之前，一直喜欢看热门电影。

无奈之下，立法者们试图用法律规定来保障纯洁。威斯康星州奥什科什市的一条地方法律规定，舞伴彼此凝视对方的眼睛便是违法。犹他州的州级立法机关认为，如果女性的裙子在脚踝8厘米以上，就把她们送进监狱——看好了，不是罚款，而是拘禁！西雅图一个名为"清洁书籍联盟"的团体甚至想要查禁理查德·哈里伯顿（Richard Halliburton）的游记书，理由是这些书"鼓吹流浪"。道德性法规在全美各地相继出台，但在几乎所有地方，它们都跟禁酒令一个下场：没人搭理。对于脾性偏保守的人来说，那真是个充满绝望的时代。

所以，当"圣路易斯精神号"降落在长岛，一个看似代表了谦虚、正直和善良的年轻人走出机舱，全美相当多的民众都满怀希望地兴奋起来，注意到了他。

即便到了这一刻，林德伯格似乎仍然是"一个遥远而模糊的对手"，钱伯林后来回忆说。航空界之外的大多数人听都没听说过林德伯格，但他迅速成了公众的宠儿。《纽约时报》的一名记者在他到达长岛24小时后评述说："林德伯格用他腼腆的微笑，不屈不挠的勇气，穿越大洋的猛浪飞行，赢得了纽约人的心。"大批市民涌到机场来看这位被报纸称为"好运林迪"的人，然而这个称呼把林德伯格本人气得要死。他到纽约后的那个星期天，30 000人——和去看洋基队比赛的人一样多，来到柯蒂斯机场，只为了趁着年轻飞行员跟机师说话、在飞机上忙活的空隙看他一眼。紧挨着"圣路易斯精神号"的一家小油漆店的屋顶，因为爬上了太多的人，不堪重负地被压垮了。幸运的是，当时房子里没人，跌落的人伤势也不重。

长岛主要的两座机场——罗斯福机场[1]和规模小得多的柯蒂斯机场并不是什么浪漫的地方，它们伫立在半工业化的沉闷景观中：周围是仓库、低矮的厂房，间或穿插着蔬菜农场和毫无特色的住房开发区。机场本身追求绝对的实用主义，机库和服务大楼粗糙得很，

---

[1] 机场的名字来自西奥多·罗斯福的儿子昆汀·罗斯福，他在第一次世界大战的空战中丧生。林德伯格约略认识此人。他们曾在同一时期就读于华盛顿的西德维尔友谊学校（Sidwell Friends School），只不过昆汀·罗斯福年纪比他大5岁。

外墙油漆都没刷。停机坪坑坑洼洼，布满深色的水坑。大雨下了几个星期，建筑物周围的路上全是湿乎乎、亮闪闪的泥浆。

罗斯福机场的条件相对来说好得多，这要归功于罗德曼·沃纳梅克。9个月前勒内·丰克可怕的坠机事故发生后，他自掏腰包平整了跑道，还为之分了级。这是纽约唯一一条长度足够、可供穿越大西洋的飞机起飞的跑道。沃纳梅克租下它供伯德专用。本来这会给对手们造成威胁，但伯德坚持让其他飞行员都能使用。伯德还尽一切可能帮助对手，比如，他坦率地分享了自己的私人天气报告。他还第一批赶到柯蒂斯机场，跟在机库的林德伯格打招呼，并祝他好运。不过话说回来，伯德当时大幅领先，林德伯格相比之下处在明显的劣势，伯德如此慷慨也很自然。

尽管此刻林德伯格受到了不少关注，其他大多数飞行员和机组人员仍认为他胜算不大。伯德团队的一位成员伯恩特·巴尔肯（Bernt Balchen）在回忆录里提到，当时普遍认为林德伯格赶不上趟。美国航空发展促进协会（American Society for the Promotion of Aviation）的主席也坦言，他认为林德伯格毫无机会，事实上，其他飞行员也一样。

与伯德相比，林德伯格的确低调得惊人。伯德拥有一支40人的团队——机械师、电报员，甚至还有经营私人食堂的厨房工作人员。林德伯格在纽约没有任何帮手。他在圣路易斯的赞助人派了个名叫乔治·斯顿夫（George Stumpf）的年轻人，此人没有任何经验，最多能够跑跑腿做些杂事。莱特公司提供了两名机师，协助他做准备工作。凡是使用他们家引擎的团队，该公司出于利益考虑都给予同样的支持。还派了一个叫理查德·布莱斯的公关人员帮忙处理媒体事务。但莱特公司也觉得林德伯格不是胜算较大的黑马，所以让他们两人同住花园城大酒店的一间房。除此之外，林德伯格完全是一个人在战斗。保守估计，伯德的准备工作花费了50万美元。林德伯格的总花销，包括飞机、燃油、食品、住宿加起来才13 500美元。

虽然伯德是城府挺深的人，不会轻易透露自己的想法，但他去跟林德伯格打招呼时一定还是为自己所见吓了一跳，林德伯格分明还是个孩子。他没有相关经验，他的飞机没有无线电，使用单引擎。然而伯德坚持要求自己的飞机安装3台引擎，还是由一家没人听说过的公司制造的。林德伯格不打算携带救生艇，也几乎没有后备补给。最重要的是，他提出一个人飞，这意味着他要独自一人驾驶一架不稳定又难搞的飞机穿越风暴、云层和黑暗飞上一天半，同时平衡好由14个阀门控制的5缸燃料的用量，并在全无地标的一片虚空里自己进行导航。如果他需要核对自己的位置或记录便条，他得把所有的物件摊在自己的膝盖之间，还得用膝盖夹着操纵杆。如果是在晚上，他还得用牙齿叼着手电筒。这些工作就算分给三名机组人员来干都挺考验人。只要对驾驶飞机有所了解的人，都知道单独一个人干不了。这太疯狂了。

几名新闻记者打算说服林德伯格放弃这近乎自杀般的念头，但无济于事。"他不会听的，"一个人向巴尔肯抱怨，"他是个顽固的北欧佬。"

几年后，林德伯格在自传《圣路易斯精神号》（*The Spirit of St Louis*）里回忆，机场处在颇为肃穆的紧张气氛里。此时离戴维斯和伍斯特在弗吉尼亚州坠机身亡才过了两个多星期，离南杰瑟和科利失踪则不到一星期。美国驻法国大使迈伦·赫里克公开表态，美国飞行员前往法国不是个好主意。更何况，这时候人人都被恶劣的天气给绊住了。一切都令人沮丧。

林德伯格的拘谨也让他跟媒体的关系越来越紧张。记者坚持问他一些与飞行无关的私人问题——你有心上人了吗？你喜欢跳舞吗？林德伯格觉得这些问题尴尬又烦人。摄影师搞不懂为什么不准他们拍些林德伯格闲暇时跟其他飞行员或机师骑马转悠的照片，毕竟，他们只是想让林德伯格看起来正常些嘛。有两名摄影师一度冲进他在花园城大酒店的房间，指望能赶上他剃胡子、读书看报，或是任何让他显出正常可爱孩子气的事情。

5月14日，林德伯格的母亲从底特律赶来祝他一路平安。两人不情不愿地合影留念，僵硬的身体直挺挺地并肩而站，像是才经人介绍认识似的。林德伯格夫人拒绝了所有要她亲吻、拥抱儿子的请求，并解释说自己是"含蓄的北欧人"。就她本人而言，这是句彻底的假话。她轻轻地拍了拍儿子的背说："祝你好运，查尔斯。"而后又来了句不怎么吉祥的马后炮："再见。"两人的羞怯并未难倒《晚间图文报》，它为读者生造出了一张感人的合成照片，把林德伯格和他母亲的脑袋剪下来，放在了姿态更亲昵的模特身上——然而，再巧手的艺术总监对母子两人眼中流露出的疏远决绝的感觉也无能为力。

据报道，所有来自美国的竞争对手——林德伯格的"圣路易斯精神号"、伯德的"美洲号"、钱伯林和阿科斯塔的"哥伦比亚号"

全已做好准备，整装待发。因为人们普遍以为，只等天气放晴，他们就会一同出发，飞越大西洋会变成一场令人兴奋的三人赛跑。事实上，林德伯格不知道，世界上的其他人也不知道，另外两个阵营里的事情进展很不顺。伯德不知为什么一直不愿动身飞往巴黎，他不断地检验、检验、再检验飞机的各个系统，机组人员觉得神神秘秘，暴脾气的飞机设计师托尼·福克（Tony Fokker）气得头发都竖了起来。"在我看来，他把所有能拖延时间的借口都给找遍了。"4年后福克在自传里回忆："我开始怀疑伯德不是真心想完成这场横跨大西洋的飞行。"出乎所有人的意料，伯德把正式动身的时间设在了5月21日，这是一个星期六，动身前还有沉闷的讲演，飞机也要身披彩带。这也就是说，就算天气转好，周末之前他也不会走。

"哥伦比亚号"团队闹矛盾的事情更加令人不快，而且全都因为查尔斯·莱文那争强好胜、难以相处的性格。莱文是个回收废品的商人之子，在第一次世界大战后靠着买卖废旧弹壳赚了些钱。因为弹壳中的黄铜可回收，对航空产生兴趣，他很快就得了个广为人知的绰号："拾破烂飞人。"1927年，他号称有了500万美元家产，但很多人都见过他位于洛克威区（在长岛地产界上不了什么档次）百丽港那极尽朴实的房子，并怀疑他是吹牛皮。

莱文秃头，好斗，矮壮，高约1.68米。他爱穿细条纹双排扣西装，戴宽边帽，样子就像是黑帮的歹徒。他思路敏捷而警惕，一双眼睛总在不停地转悠寻找机会。他的笑容总带苦相。这时他刚刚庆祝了自己的30岁生日。

莱文有两个最大的性格缺陷，一是病态得无法诚实待人，他有时说谎，似乎完全就因为他想说谎；二是难以分清什么是合法行为，什么是非法行为。他有一种让人疏远的致命倾向，经常欺骗自己的生意伙伴。所以，他一次次地被人告上法庭。正是这些法律问题，导致了他后来的一文不名。

与本次飞行直接相关的问题是，莱文受不了自己的带队机长钱伯林。这种情绪很奇怪，因为钱伯林是个和蔼可亲的体面人，也是一流的飞行员。只是他没什么朝气，身上最活泼的东西就是穿衣品位了。钱伯林喜欢时髦的领结，阔腿灯笼裤，再配上一双菱形密布的长袜。但在其他所有方面，他都极度孤僻。钱伯林缺乏活力，一次次地激怒莱文，导致后者公开动起手脚把钱伯林从带队机长的位置上换了下来。"他想'搞掉'我，因为我不是'表演型'的人，大冒险之后上不了戏。"钱伯林在自传里说。

朱塞佩·贝兰卡喜欢而且敬佩钱伯林，所以强烈反对替换机长。但莱文还是另选了劳埃德·贝尔托（Lloyd Bertaud），贝尔托身材魁梧，性格较外向。毫无疑问，贝尔托是个大胆无畏的优秀飞行员，他是加利福尼亚人，孩提时代就自己造了滑翔机，跳下高高的海崖试飞——次次都成功了，但没有一次足够谨慎。贝尔托也同样是个热衷宣传的好手，他最精彩的一出绝技是在开飞机时举行婚礼，牧师则蹲在他和体贴的新娘之间。他的这些冒险之举自然让莱文对他青睐有加。

所以，贝尔托加入了"哥伦比亚号"团队。由于阿科斯塔也在团队里，莱文的飞行员多得连飞机里都坐不下了。莱文把阿科斯塔和钱伯林叫到一起，告诉他们，自己还没拿定主意由谁担任贝尔托的副驾驶员一起飞往巴黎，所以决定在出发的那天上午投硬币决定。阿科斯塔难以置信地盯着他好长一会儿，之后跨过机场，加入了伯德的团队。贝尔托随即宣布，他不愿跟钱伯林搭档，希望能自由选择副驾驶。设计师贝兰卡表示，没有钱伯林就不允许飞机起飞。

1927年时朱塞佩·贝兰卡41岁，比其他所有参与飞越大西洋竞赛的人都年长。他个头矮小，只有1.54米，为人矜持但亲切。他在西西里岛长大，是一家面粉厂老板的儿子，后来到了米兰工程技术研究所学习，对航空产生了兴趣。1911年，贝兰卡和整个大家族（父母加8个兄弟姐妹）移居布鲁克林。他在新居的地下室造出了一架飞机，母亲帮他缝制了亚麻罩布，父亲帮忙搞木工。接着，他把飞机带到一座机场自学飞行，一开始采用短距离的谨慎离地跳跃，接着逐渐增加起跳距离和持续时间，直至最终稳妥升空。贝兰卡是一个才华横溢的创意设计师。他的飞机是全世界范围内首批使用风冷发动机、封闭式机舱的飞机。倒不是为了让驾驶员更舒服，而是出于空气动力学的考虑。并且还尽量从每一个可能的方面让飞机的外观呈流线型。在贝兰卡的飞机上，撑竿的作用不光是撑起机翼，还能增加升力，至少能减少阻力。

不幸的是，贝兰卡是个倒霉的生意人，总为了资金缺乏挣扎。有一段时间，他为莱特公司做设计，但后来莱特决定放弃飞机制造专攻引擎，把贝兰卡心爱的飞机卖给了查尔斯·莱文，这也是贝兰卡最担心的结局。因为贝兰卡只有这架飞机可供展示，无奈只有跟着飞机走。他跟查尔斯·莱文短暂又不幸的交往就此开始了。

这一下，"哥伦比亚号"团队里的所有人开始了无尽的争吵。

莱文坚持认为飞机应携带电台，不是出于安全着想，而是为了让飞行员向过往船只发送报告，他好卖给报纸牟利。为了便利电报联系，莱文希望"哥伦比亚号"顺着主航道飞行，而不是按照常规的圆形航线飞。这不光增加了飞行距离，更加重了危险性。原本温和的贝兰卡激烈反对，他认为无线电会增加飞机的重量，造成火灾隐患，极有可能干扰飞机的罗盘，带来无法挽回的损失。再说了，飞机上的人都忙着驾驶飞机，没时间为报纸撰写快乐的冒险故事。至少有4次，莱文吩咐地勤人员安装无线电，贝兰卡每次都把它拆了下来——这项作业每次要花莱文75美元，气得他火冒三丈。

计划中出发的日子就快到了，莱文拿出一份合同要贝尔托和钱伯林签署，进一步恶化了事态。几个星期以来，他一直许诺把这趟飞行带来的所有收入分一半给两人，并提供慷慨的人寿保险，如果两人因为此次越洋飞行丧生，其妻子可获得优厚的生活保障。但莱文此时拿出的文件却对这两件事只字不提。相反，它宣称莱文将获得所有收入，飞行结束后一年之内两位飞行员的生活由他全面管理。广告代言、电影改编、歌舞巡回，以及其他所有专业事务均由莱文独自定夺。莱文每星期各付两人150美元，并在他认为合适的时候加付不定额"奖金"。两位飞行员询问保险事宜，莱文则回答说等签了合同他再考虑。他刚跟贝尔托和钱伯林说一切赚头都归自己，转过脸又告诉记者："奖金的每一分钱都属于'哥伦比亚号'的所有飞行员。"

贝尔托被莱文无休止的口是心非激得忍无可忍，找来一位名叫克拉伦斯·纳特（Clarence Nutt）的律师拿到了法院的强制令，禁止莱文把飞机派往任何地方直至保险事务解决，双方签下公平的合同。法庭听证会预定于5月20日召开，事后证明这个日子决定了相关各方的命运。此时，莱文再一次淋漓尽致地展现了自己翻脸不认人的一面，他跑去对林德伯格说愿意付25 000美元陪林德伯格飞往巴黎。林德伯格礼貌地告诉他，自己的飞机上没有足够空间搭载乘客。

突然之间，所有的好运气都落在了林德伯格这一边：至少，周末之前没人抢跑了，只要天气允许他就能动身。他也逐渐开始赢得追随者。和林德伯格共事一个星期后，莱特公司派来帮忙的机师之一爱德华·穆里根（Edward Mulligan）冲上去抓住一个同事，又惊又喜地叫道："我跟你说，老乔，这小子能行！他能行！"

05

冲动的年代
巴斯学校惨案

天气依然糟糕，不光纽约，全美各地都一样。5月14日，华盛顿刮了一场龙卷风，从希望山公墓的山脚下生成约15米高，一路行进到罗得岛大道，造成一团混乱，将树木连根拔起引发了路人恐慌，但一分多钟过后又消弭于无形。再往西，一场迟来的反常暴风雪席卷了美国大部分地区。在底特律，一场老虎队和洋基队的比赛因为大雪而延后——这是美国职业棒球大联盟成立以来下得最晚的一场雪。雨水继续砸向密西西比河流域本已焦头烂额的中下游。

弗朗切斯科·皮内多换了飞机之后，继续全国巡回表演，因为天气恶劣，从孟菲斯出发以后晚了5小时才到芝加哥。他的巡回表演让东道主越来越尴尬，因为集会的政治性越来越明显，而且经常以暴力场面结束，皮内多自己也爱说些奇奇怪怪不恰当的话。在跟市长吉米·沃克会晤后，他叫人摸不着头脑地慷慨宣布："我认为纽约是全世界最出众的法西斯城市！"两天后，皮内多在一场法西斯集会上致辞，2000名反法西斯示威者在走廊上游行示威。示威者朝窗户上扔砖头，大部分屋里的人冲到外面跟示威者扭打起来，等警方赶到时聚集的人群估计已有10 000人。警方驱散了人群，用警棍狠狠敲打闹事者才恢复了现场秩序。与此同时，皮内多继续发表演讲，似乎完全没察觉大厅里已空空如也。这次集会的受伤人数并没有记载。

皮内多在美国巡回了44站，芝加哥是最后一站。接下来，他将途经加拿大魁北克省和芬兰回欧洲。他现在希望，能够赶在罗斯福机场的飞行员前面飞越大西洋。他不够资格竞争奥泰格奖，因为他必须到半路上的亚速尔群岛加油，但如果他能优哉游哉地抢先到达勒布尔歇机场趾高气扬地迎接抵达的美国飞行员，仍然能成为法西斯主义胜利的光荣象征。

芝加哥倒是令人愉快，没有反法西斯示威，不过有些讽刺的是，皮内多抵达之后，在游艇俱乐部码头迎接他的几百名黑衫支持者太过热情，狠命地拍他的背跟他拥抱，害他险些受了重伤。

官方迎接皮内多的队伍里，有芝加哥的头号意大利裔商人阿尔·卡彭（Al Capone）。哪怕是在芝加哥这座美国最腐败的城市，看到全国最臭名昭著的黑帮头目跟市长、海岸警卫队的负责人、几名法官和其他政要站在一起，也挺叫人惊讶的。这是卡彭第一次受邀参与官方仪式——也是黑帮头目的第一次。所以，这对卡彭而言是个值得骄傲的时刻。其实这时候离他开始垮台只有一天了——虽说他自己还蒙在鼓里。

种种事件的意外转折来自一个名叫梅布尔·维勒布兰特（Mabel Walker Willebrandt）的女士。她37岁，身材苗条，姿容出色。10年前维勒布兰特还是加利福尼亚州一个籍籍无名的家庭主妇，因为对生活愈加厌倦，她报名上了南加州大学的夜校，1916年拿到了法律学位。此后的5年，她替受虐的妇女和妓女伸张权益——在20世纪的最初10年，这可是法律学位非同寻常的高尚用途。其间她跟维勒布兰特先生离了婚，甩掉了他。1921年，她前往华盛顿在哈丁政府担任了司法部副总检察长，成为联邦政府里地位最高的女性。她肩负起推行禁酒令和所得税法的特别责任。这双重职责在无意中变成了很有先见之明的组合，因为凭借它维勒布兰特有了巧妙的方法来解决有组织犯罪问题。

直到这一刻，黑帮似乎仍不可战胜。政府不能起诉他们谋杀或其他重罪，因为永远没有人敢站出来指证他们。把他们跟非法生意挂上钩似乎也不可能，因为他们从不在合同或其他牵连到自己的文件上签名。然而，维勒布兰特心生一计：黑帮分子总爱炫富，但却从没填写过纳税申报表。她决定以此为由控告他们。起诉罪犯逃税现在已经成了检方的常用手法，人们很容易忽视维勒布兰特最初萌发这个念头时这一手有多么高明——完全地出人意料。司法界的许多人都认为这简直是发疯。

被她当成试点瞄准的人是南卡罗来纳州一个名叫曼利·沙利文（Manley Sullivan）的走私贩。沙利文的律师认为，嫌疑犯在不能自证其罪的前提下不可能报税，而自证其罪又违反了宪法第五修正案规定的权利。律师们还认为，如果政府声称自己有权从非法利润中收取税金，那么就成了罪行的帮凶——这又违反了政府的受托责任。最坚定反对维勒布兰特策略的人是联邦上诉法院法官马丁·曼顿（Martin Thomas Manton）。"很难想象国会居然考虑让政府从犯罪收入中抽取一部分。"他写道，"更令人难以置信的是，它居然有意让一个走私贩为其非法利润纳税，洗白其作为，这样，政府就能把他的钱用于行政目的，一如接受诚实商人的税金。"

尽管曼顿和其他人表示强烈反对，但这场官司还是一路打入了联邦最高法院。案件正式名称为"美国政府诉沙利文案"。法院原定1927年5月16日开庭，也即卡彭在芝加哥迎接皮内多的第二天。维勒布兰特日后会把40多桩案件都提交到美国联邦最高法院，但没有一桩案子的影响超过此案——如果她赢了的话。

然而，她真的赢了。

具有讽刺意味的是，10年后，固执己见的曼顿法官因为接受186 000美元贿赂被认定有罪后，又遭美国国税局成功起诉因拖欠此笔贿金的税款，他须在联邦监狱服刑17个月。多亏"美国政府诉沙利文案"阿尔·卡彭剩下的日子不多了，虽然不管是他自己还是其他所有人都不曾意识到。《纽约时报》及美国其他所有的报纸都没怎么留心"美国政府诉沙利文案"，只有寥寥几笔的报道出现在版面上。媒体也没怎么关注那个月最高法院另一起具有里程碑意义的判例：巴克诉贝尔案。相反，在那一天媒体反而再一次简短、生动地回顾了斯奈德–格雷谋杀案，他们两人在5月16日上午从长岛监狱转移到新新监狱的死囚室，转移场面之混乱让人不禁联想到默片《基斯通的警察们》（Keystone Kops）。

上午10点30分，10 000多人站在皇后区监狱外面——为获得最佳视野不少人站在屋顶或消防通道上，围观由14辆汽车组成的车队，还有6辆带偏斗的警用摩托车，偏斗里各坐着一名持步枪的警察。这支庞大的队伍押运全美最出名的两名凶手。车队里包括监狱官员、报纸记者和市议员詹姆斯·默撒及伯纳德·施瓦茨，这两人跟案件无关纯为凑热闹。"他们身边坐着妻儿，似乎对这趟郊游满怀期待。"《纽约时报》的记者写道。

出了监狱，车队高速[1]驶过皇后区大桥，从中央公园穿过曼哈顿，但一次次堵在了车流里。

20世纪20年代，对一支想要加快速度的车队来说，世界上再也没有比纽约更不友善的城市了，它当时是地球上最拥堵的城市。纽约的汽车比整个德国都要多，此外还有50 000匹马。匆忙的机动车、缓慢的马拉车、横冲直撞的行人让纽约的街道变成了极为危险的地方。1927年，纽约因交通事故死亡的人数逾千——是现在的4倍。这一年，光是出租车就撞死了75人。

为了改善这种状况，3年前曼哈顿就引入了交通信号灯系统，但几乎没带来什么可观的影响。凡能执行交通改善措施的地方都已执行，但短期内也无非是徒增混乱。沿着公园大道，绿树成荫的中央空地每侧收窄5.5米，好让第四十六大街和第五十七大街之间增加额外的车道，尽量把车流从公园大道引出来。曼哈顿西侧即将在秋天竣工的霍兰隧道带来了更多的噪声和拥堵。霍兰隧道成了那个时代

1　在1927年，高速指的就是64千米左右的时速。

的奇迹，是当时世界上最长的海底隧道，在地下30米开凿一条2.5千米长的隧道实在是太大的挑战了。隧道设计师、首席工程师克利福德·霍兰（Clifford M. Holland）在竣工前因为压力过大去世了，年仅41岁。好在隧道以他的名字命名，也算告慰英灵。他的接班人米尔顿·弗雷曼（Milton H. Freeman）上任4个月就因突发心脏病倒在了岗位上，但没得到任何人的追悼。此外，施工中还有13名工人丧生。不过，在1927年夏天，对大多数纽约人而言，霍兰隧道只是让交通状况变得更糟糕而已。

押送格雷和斯奈德的车队竟然指望在混乱的街道上清出一条路来，委实过分乐观了。更糟的是，每当车队停下来或是速度放慢，只要有人认出来，人们就水泄不通地围过来，透过窗口往里看，希望窥探里面的凶手，这进一步拖慢了车队的行进速度。车队开到哪条街，消息就传到哪条街。"街上的司机撇下汽车冲上大道！"《纽约时报》的记者用略带惊异的语气写道。

车队动起来时事态更加严重。许多围观者兴奋地走上主路，想看得更清楚些，逼得摩托车危险地转弯。车队里有几辆车发生了小事故，频繁地彼此剐擦，摩托车队的领队警长威廉·卡西迪（William Cassidy）从自己的车上颠了下来，落在押运露丝·斯奈德的那辆车旁边，但他只受了点轻伤。市议员默撒的车水温过高，没能开出城，想来肯定让他妻子和孩子失望了。终于，斯奈德太太和格雷抵达了新监狱，消失在铁大门背后，也从全美报纸的头版上消失了。到来年1月执行死刑之前，他们不会再制造大新闻。

紧接着出现了这个夏天最令人震惊的故事。5月19日上午，

《纽约时报》的读者一醒来就看到了这样的标题：

疣子炸飞学校

42人死亡，大部分是儿童，目的是抗议高税收

标题中的疯子指的是安德鲁·基欧（Andrew Kehoe），直至事发当天，在他的家乡密歇根州巴斯镇，认识他的人都认为他是个神智健全、和蔼可亲的人。基欧是密歇根州立大学的毕业生，在城外通往兰辛的农场务农，还是当地学校董事会的兼职出纳员。没人怀疑他会跟什么麻烦事扯上联系，事发前一天，学校的老师还打电话问他，校方能不能在他的农场举办野餐活动。这位老师不知道就在通电话的时候，基欧已经或者正要谋杀了妻子。现在可以肯定的一点是，安德鲁·基欧生来就有严重的精神错乱症。银行即将取消农场的抵押赎回权，他因此怪罪当地学校税收太重，并打算以最令人胆战心惊的方式给予回应。

5月18日凌晨，人们还沉浸在睡梦中时，安德鲁·基欧往返多次把军用炸药箱运进学校的地下室。他总共在地下室里码了230千克炸药。接着，他把炸药全都接好引线，主线跟自己停在地下室外的汽车连在一起。到了早晨，孩子们跟平常一样陆续来到学校。巴斯镇的学校从幼儿园到12年级的孩子都有。这一天出勤率略低，因为恰逢毕业周，高年级学生放假，但其他年级的孩子照常上课。

上午9点40分，突如其来的巨大爆炸把学校大楼北翼（三到六年级学生教室所在的位置）炸上了天。"目击者说，基欧坐在校门

口的汽车里，看到孩子们的尸体被他用残忍手段抛掷到半空，一副幸灾乐祸的样子。"《纽约时报》用惊骇的笔触写道。90名儿童被困在废墟当中，多人受了重伤。

随着全镇人赶到现场，基欧试图点燃汽车后备厢里的第二包炸药，但炸药没被引爆。学校的督学埃默里·海克与基欧打斗，想阻止他造成更多伤害，但基欧拔出一把手枪朝着后备厢开了火，引起了另一场爆炸，炸死了基欧自己、海克及另一名旁观者。许多站在周围的人也受了伤。

那一天，一共有44人死亡：37名儿童和7名成人。事后，消防员和警察赶到学校大楼后惊讶地发现，大楼的另一翼还有若干堆炸药没引爆。如果真的爆炸了，死亡人数会上升到百人。

更巧的是，从巴斯镇穿过去就是圆湖，那儿有阿尔·卡彭常去的消夏小屋，每当他因为躲避警方调查而"消失"时总爱来这里。前一年的整个夏天卡彭都在这里度过。不过，在学校发生爆炸案时，他正在芝加哥代表意大利裔商人迎接飞行员皮内多。

大屠杀后人们才发现，这恐怕不是基欧犯下的第一起谋杀案。多年前，基欧有极大的嫌疑杀害了自己的继母。这个不幸的女人是他父亲的第二任妻子。

她去点煤油炉时突然发生爆炸，滚油泼向她的脸，害她剧痛而死。调查表明，煤油炉遭到了蓄意改动。唯一能做手脚的人就是安德鲁·基欧，可他只是个孩子，警方没有找到任何证据也未对他提起指控。

巴斯学校惨案是美国历史上针对儿童的规模最大、最冷血的屠杀。但转眼之间，外面广阔的世界就遗忘了它。两天之后，《纽约时报》差不多彻底停止了相关报道，开始报道一个明尼苏达州年轻人英勇地飞往巴黎的故事。

接下来的6个星期，除了两天例外，《纽约时报》每一天的头条新闻都跟航空有关。

06

万人空巷的巴黎
一场从纽约到巴黎的飞行

作为普通人在世界上自由走动的最后一晚，林德伯格接受了理查德·布莱斯的建议，一起去城里观看一场演出。

姑且不说质量，单从上演的剧目数量上来看，这是百老汇有史以来最好的年景。当年上演了264部戏剧，多过此前及之后的任何时代。这一天，可供林德伯格和布莱斯选择的音乐剧和滑稽剧共有75部。他们决定看一部上下两幕的音乐喜剧《里奥·丽塔》（*Rio Rita*），这是个很好的选择，不光音乐剧本身是红极一时的大热门，也因为它在第六大道上的齐格菲尔德剧院演出。这家剧院是新修的，相当奢华，本身也很值得一去。

剧院三月份开张，室内装饰极尽铺张华丽。剧院老板夸耀自己拥有全世界最大幅的油画。油画描绘的是历史上诸多的爱侣情伴，画幅比西斯廷大教堂天花板上的壁画还大，欣赏起来也更令人愉悦。《纽约客》记者语带讽刺地评论说："至少你不用面朝上躺着欣赏它。"许多观察家说，新剧院太豪华了，座椅的前后都包裹着长毛软垫。

《里奥·丽塔》的情节荒唐得有趣。故事背景设在新墨西哥州和得克萨斯州，主要人物包括一个名叫里奥·丽塔的爱尔兰裔歌手和一个得克萨斯州游侠，他们在寻找绰号为"蜜熊"的匪徒（"蜜熊"可能是丽塔的哥哥，但也说不准）。剧中有一个犯了重婚罪的肥皂推销员名叫"鸡豆"，还有一个人物，叫"蒙特苏马之女"。这几个人和其他一些同样离奇的人物之间发生了一连串有趣的误解，中间穿插着跟前后情节完全不搭调的歌曲。演员多达131人，还有一支完整的交响乐队，演奏出一大堆欢乐的噪声——虽然不见得有什么丰富的情感。

现在看来，20世纪20年代的观众们对"合乎逻辑"这一点看得不怎么重。前一星期在达利剧院开演的《是凯蒂做的》（*Katy Did*），按剧情梗概所说，一个女服务员爱上了"一个洗碗工兼走私贩，结果那人其实是索维亚的流亡国君"。多罗西娅·曼利（Dorothy Manley）和唐纳德·达夫（Donald Duff）联手演出的《污名》（*Stigma*）讲的是寂寞的教授太太爱上了英俊的房客，却发现房客跟黑人女仆有染，结果就发了疯。沃尔特·埃尔伍德（Walter Elwood）出演的《意乱情迷》（*Spellbound*）讲述了一位母亲因为想阻止两个儿子喝酒，就在其咖啡里下毒，结果很不幸，一个儿子瘫痪了，另一个儿子左脑受损。这位可怜的母亲在绝望中逃跑，做起了传教工作。就算按1927年的宽容标准，这部戏也糟糕得够呛，上映3天以后就落幕了。

但说到空洞和喧闹，上述剧目都还排不上号。1927年，尤金·奥尼尔（Eugene O'Neill）排演了情节最密集、演出时间最长的戏剧《奇异的插曲》（*Strange Interlude*）。该戏剧表演历时5小时，观众在紧锣密鼓、精疲力尽的状态下观看了一场事关疯狂、流产、心碎、私生子和死亡的大戏。他们从下午5点15分到晚上7点观看本剧的第一部分。吃饭休息后，晚上8点30分再回来，在可怕的阴郁中再度过3个半小时。

当天晚上，林德伯格一行人根本就没进剧院。他们赶到曼哈顿时，林德伯格决定听听那天最后一次天气预报怎么说。一场小雨落了下来，周围摩天大厦的尖顶被阴沉黑暗笼罩着，所以打电话其实只是走走形式罢了。出乎林德伯格的意料，海上放晴了，好天气预计很快就会出现。他们立刻返回长岛，准备第二天一早起飞。

林德伯格有很多工作要做，还得把飞机从柯蒂斯机场运到罗斯福机场。林德伯格围着飞机张罗及唠叨了几个小时，到了夜里很深的时候，机械师劝他回花园城大酒店睡一会儿。在酒店，林德伯格遇到了等候在大厅里的记者，这些记者知悉了他的起飞计划，想弄到些猛料登在早间版，他们拦住林德伯格问了半个小时的问题。等林德伯格终于上了床，时间已过午夜。他正要脱衣服，门突然打开了，在门外把风以免有人打扰林德伯格的乔治·斯顿夫走了进来。"你走了，我该怎么办？"他伤心地问。这是个奇怪的问题，因为他们两人才认识一个星期。林德伯格耐心地跟斯顿夫说了一两分钟话，把他送了出去。可为时已晚，他太兴奋了，以致这晚他彻夜未眠。

凌晨3点刚过，林德伯格回到罗斯福机场。空中飘着毛毛雨，但天气报告说，早晨天气就会晴朗起来。给飞机加油用了大半夜时间——这是个烦琐的过程，因为燃料必须隔着粗棉布加进去，以过滤一切杂质。而且，所有的系统都必须进行检查。林德伯格心里很紧张，但他丝毫没表现出来。最后的准备阶段，他的状态一直平静而开朗。他打包了5块火腿鸡肉三明治，尽管只吃了一个——而且还是在到了法国上空的时候。他还带了约1升的水。

早上7点，林德伯格把自己瘦高的身躯塞进了驾驶舱。飞机带着嘶哑的隆隆声启动了，它咳出一团蓝色的烟雾进入了有节奏的轰鸣——震耳欲聋但稳得叫人宽心。过了一会儿，林德伯格点点头，飞机开始向前爬行。

连续几周的大雨使跑道泥泞且布满水坑，"圣路易斯精神号"起飞时就像是在柔软的床垫上翻跟头。其他飞行员和机组人员差不多都赶来围观了。福克开着装有灭火器的蓝旗亚轿车驶往跑道的尽头，就在他前方，9个月前丰克坠机的地方还布满烧焦的痕迹。

林德伯格的飞机缓缓提速，但似乎"黏在了地上"，福克后来回忆道。飞机一点一点地逼近跑道尽头，却还未能表现出任何升空迹象，这就越发令人担忧了。驾驶舱里的林德伯格还有另一桩烦心事要对付。此刻他意识到自己看不到前方的路况，他无法判断是不是应该笔直前进——而这正是他此刻急需的。这架飞机此前从未负担过这么大的重量——事实上是莱特旋风引擎从来没尝试过负担这么大的重量。

"离跑道终点只剩150米了，它还跟大地拥抱着。"福克在回忆录里写道，"在他的面前横着一辆拖拉机，机场的电话线悬在半空。我的心几乎停止了跳动。"一如勒布尔歇机场的南杰瑟和科利，林德伯格的飞机短暂地腾空，接着又笨拙地落回地面，接着再腾空，再落地。终于，在第三次尝试时它飞起来了。一些旁观者说，就像是林德伯格把意志力注入了飞机，硬生生地将它扯离了地面。就连林德伯格自己也认为这是个奇迹。"2.3吨的飞机靠着一阵风稳住了。"他在《圣路易斯精神号》里写道。

飞机起飞得如此笨重，似乎不大可能躲过眼前的电话线——林德伯格自己大概没看见。如果失败了，他只能从电线缠绕带来的突然响动中知悉，紧跟着恐怕就是一场无人幸免的坠机。站在跑道一旁观看的伯恩特·巴尔肯本已肯定林德伯格要出事，却不料飞机躲过了电线，他一边长出一口气，一边忍不住说："这轮起飞太悬了。"钱伯林说："我心都跳到嗓子眼儿了。看起来这不可能做到，这得要多大的胆子。"福克预测林德伯格能飞到巴黎，但实际上把握并不大，因为一个人驾驶无法进行导航。伯德尤感舒心。"他的起飞是我见过所有飞行员里最娴熟的。"他对记者说，"他是个了不起的小伙子。"

事后，大多数围观者只是沉默。随着"圣路易斯精神号"飞向天空，地面上没有欢呼，只有不安的沉默：林德伯格离电线曾经那么近，而此刻他在那架布料覆面的小飞机里又是多么孤独。按正式记录，起飞时间是上午7点52分。人们守在现场直到飞机消失在视野里，而后沉思着静悄悄地散去。

林德伯格从罗斯福机场出发后便掉头向北，途经长岛北岸的豪宅，前往杰斐逊港长岛海峡灰蒙蒙的水面。飞过海峡就是56千米以外的康涅狄格海岸。他要飞越的水面之长远超此前的所有经历，或许这最能说明他面临的挑战有多艰巨。

那个星期五的大部分时间都可以相当靠谱地跟踪到林德伯格的飞行进展。"圣路易斯精神号"飞过康涅狄格州、罗得岛州和马萨诸塞州时，都有人报告确认他的位置，看起来他做得很不错。到了中午，他来到了加拿大新斯科舍省上空，午后掠过了布雷顿角岛。在华盛顿，国会中断听证会改为定期播报林德伯格的飞行进展。各地的报社外面都聚集着人群，他们想知道林德伯格的近况。在底特律，林德伯格夫人和平常一样在卡斯技术高中教化学。她不愿去想林德伯格飞行的事儿，但学生和同事不断带来最新的消息。美国东部时间下午6点过后，林德伯格越过了北美洲大陆的尽头——纽芬兰省阿瓦隆半岛，一头扎进了开阔的海洋上空。

现在，如果一切进行得顺利，他会完全失联16小时。如果稍有闪失，就是永久失联。

当天晚上，23 000名观众来到旧洋基体育场观看杰克·沙基（Jack Sharkey）与吉姆·马洛尼（Jim Maloney）的拳击比赛。开赛之前，众人低头默默祈祷了一分钟。随后，沙基把马洛尼给揍蒙了。现在人们能做的只有等待，许多人都太过紧张了。近万人打电话给《纽约时报》询问消息，尽管人人都知道不可能有什么消息。

在巴黎，林德伯格有可能越洋而来的奇迹起初没掀起任何期待。5月21日星期六早晨，美国驻法大使迈伦·赫里克醒来时完全不知道这个周末会有什么样的兴奋事等着自己。他打算到圣克卢的法兰西体育场去消磨时间，看自己的同胞美国队的比尔·蒂尔登（Bill Tilden）、弗朗西斯·亨特（Francis T. Hunter）跟法国队的让·博罗特拉（Jean Borotra）、雅克·布吕尼翁（Jacques Brugnon）比赛，这算是双方为即将到来的戴维斯杯网球赛热身。

赫里克此时70多岁，是个富有的鳏夫，也是俄亥俄州的前州长（哈丁曾担任副州长），而今则是谨慎出色的大使。一副剧场明星派头的他有一头银发，一口亮闪闪的好牙齿，修理精致的小胡子和浑然天成的魅力为他赢来了人心。赫里克是在克利夫兰当律师和银行家时致富的。在巴黎，他为人温和、出手阔气，很受当地人喜欢。两年的时间，他在种种消遣和大使馆改建上自掏腰包花了40万美元。

圣克卢的这场比赛大受欢迎。1927年时网球的魅力极大，比尔·蒂尔登又是当时最了不起、最不可思议的选手。过去7年中他称霸了网球界。可奇怪的是，在这之前他对网球根本没有表现出什么特别的天赋。

蒂尔登出生于一个非常富裕且有名望的家庭——1876年时他的堂哥塞缪尔·蒂尔登（Samuel Tilden）曾是民主党的总统候选人，但蒂尔登的个人生活却充满悲剧。他尚未成年时，所有的兄弟姐妹外加双亲都过世了。他的哥哥赫伯特·马默杜克（Herbert Marmaduke）是家里的明星球手，蒂尔登自己却连宾夕法尼亚大学的网球校队都进不了。但在1915年哥哥患上肺炎去世后，蒂尔登决心做个优秀的网球手。为了提高球技，他孜孜不倦地投入训练，只可惜没有教练的帮助。他对着墙一遍遍地击球，直到在赛场上的每个位置都能打得滴水不漏。经过了4年的密集训练，他不仅成了全世界最优秀的球手，也是有史以来最优秀的球手。

蒂尔登27岁才初登赛场，却连续7年稳坐世界第一的位置。在此期间也从未输过任何一场重大赛事。在他的率领下，美国连续7次赢得了戴维斯杯。他拿下了7个美国红土赛事冠军、5个美国双打冠军。1924年，他一场比赛都没输。1925年时他32岁，保持了57场比赛连胜——这样的壮举就跟贝比·鲁斯连续打出60个本垒打一样罕见。

在球场上，蒂尔登的表现如同跳芭蕾舞一般优雅。他的跑动就像是滑步，而且还掌握了神奇的诀窍。每一次还击，他都早早站在了最完美的位置上。很多时候，球就像是在围着他转，而不是他追着球跑。轮到他发球时，他最喜欢的把戏是手里握上5个球，连续4球发球得分之后，把第5个球扔到一边，因为它显然已经没用了。他的态度傲慢得叫人难以忍受，别的球手很讨厌他，但他在赛场上精湛的球技却很好地提高了网球的吸引力。

蒂尔登的职业生涯差一点儿还没开始就要结束了。1920年9月，他争夺自己的第一个全美单打冠军时，一架载有一名飞行员和一名摄影师的飞机开过来拍摄航拍照片。飞机接近球场时引擎噼啪作响，接着彻底熄火了。有好几秒，蒂尔登和对手比尔·约翰斯顿（Bill Johnston）还有看台上的所有观众在怪异的沉默中看着飞机静悄悄地迎面冲来。飞机刚好越过球场，在不远处的空地坠毁了。飞行员和摄影师当场身亡。蒂尔登和约翰斯顿看着裁判拿不准该怎么办，裁判点头示意他们继续比赛。蒂尔登罚球，赢了这一分，接下来又赢了这一局，并最终赢了整场比赛。从这场比赛开始，他连续5年再无败绩。

有一件意外的事情使得蒂尔登的连胜战绩更显辉煌：1922年连胜期间他受了一次伤，这本可能让他的职业生涯彻底结束。在新泽西州布里奇顿市打比赛时，他握拍那只手的中指卡在了赛场的围栏上。伤势原本很轻，却发生了感染。两周后，他中指的第一关节被迫截肢。放到现在，注射一个疗程的抗生素就足以解决这个小问题。可在1922年，他没丢了胳膊甚至性命就算走运。（一年后，卡尔文·柯立芝的儿子就是因类似事故的感染丧命的。）

20世纪20年代，网球还只是一项单纯无害的消遣罢了。1927年，在温布尔登网球公开赛惊心动魄的男单决赛上，亨利·库切特（Henry Cochet）用一记有争议的击球打败了"边界王者"让·博罗特拉。库切特在这个球上似乎连击了两次，本来得不了分。裁判问库切特是不是这样，库切特像孩子那样无辜地回答："当然不是。"所以，比赛结果是库切特赢了，冠军也归了他。裁判的理由是：网球绅士的运动，绅士从不说谎，哪怕现场所有人都很清楚，库切特其实说了谎。

20世纪20年代，要打赢重大巡回赛选手必须连续多日从五六场比赛里胜出，这是一项对体力要求非常苛刻的运动。但它同时也是一项业余运动，选手们得不到奖金，必须自担费用，所以仅限于富人从事这项运动。不属于富人行列的人必须从别处赚钱。蒂尔登因为父亲过世，所以并不太富裕。在职业生涯的巅峰，蒂尔登决定到百老汇当演员。他开始撰写、排演戏剧，自己在剧中担任角色，但却总是亏钱。1926年，他发起并出演了一部剧目名叫《那个叫史密斯的男孩》（*That Smith Boy*）。演出反响不佳，哪怕蒂尔登愿意负担费用，剧院老板仍请他两周以后撤台。之后的戏剧也好不到哪儿去，这渐渐耗光了他的积蓄。尤其值得一提的是，在此期间他常常白天参加美国公开赛和戴维斯杯的比赛，晚上赶到剧院演出。

年龄不饶人。到1927年的夏天，蒂尔登依然了不起，但不再是天下无敌了。法国眼下有4名全世界最优秀的球手——库切特、博罗特拉、布吕尼翁和勒内·拉科斯特（Rene Lacoste）。在星期六，蒂尔登和亨特在法兰西体育场跟博罗特拉和布吕尼翁交手。可惜法国人太年轻、太强壮，他们以4∶6、6∶2、6∶2的比分拿下了比赛。美联社的一位记者称："这可能是法兰西有史以来上演的最伟大的男子双打比赛。"唉，可惜赫里克没能看到这一幕。第三局中途他接到一份电报，通知说爱尔兰有人发现了林德伯格的踪迹，当晚可能就到达巴黎。赫里克后来回忆说，直到那一刻，他还没意识到林德伯格这次飞行的重要性。罗德曼·沃纳梅克给他发的电报太多了，他根本想不起除了伯德以外还有谁能头一个完成这次飞行。他急匆匆地离开了球场。对他而言，林德伯格安全抵达巴黎不算什么好消息，但必须给予重大关注。

1927年时美国人在欧洲不怎么受欢迎，在法国更是完全不受欢迎。在欧洲人看来，美国坚持要求欧洲全额带息偿还战争期间借贷的100亿美元，似乎有点儿蛮不讲理了，因为所有借来的钱都用来购买了美国商品，所以还债的话就意味着美国从同一笔贷款里赚了两次钱。这对欧洲似乎不怎么公平，尤其是欧洲的经济近乎瘫痪了，而美国却过得红红火火。许多美国人无法认同这种看法。他们认为，欠债就是欠债，理应偿还，并把欧洲不愿还钱的态度阐释为背信弃义。对坚持孤立主义的美国人来说，这种情况强有力地证明了美国应当彻底回避外国的牵连。日后，我们的英雄林德伯格会成为这一立场最直言不讳的代言人。本着孤立主义的精神，美国提高了本来就高的关税壁垒，让很多欧洲行业无法通过贸易重新繁荣。

这一切导致欧洲，尤其是法国出现了严重的反美情绪。美国游客很多都是吵吵闹闹的人，喝了红酒之后特别讨厌，当然也有天生就讨厌的。挣扎求生的当地人看着美国游客过得像是王子一样，大肆挥霍法国贬值的货币。过去一年，法郎兑美元的汇率将近跌了一半，让当地人的生活过得更加艰难，也让游客更显富裕。更重要的是，法国人敏锐地感受到了南杰瑟和科利失败带来的屈辱感。好多人都坚信是美国气象学家对法国人隐瞒了重要信息。于是，巴黎的美国旅游车有时会被人愤怒地投掷石头。美国旅游团走进咖啡馆，也经常无人乐意服务。这种气氛无疑令人不安。赫里克大使完全有理由呼吁各方保持谨慎。谁也说不准第一架美国飞机飞来后会发生些什么。

结果，惊人的是，10万人放下了手中的事情，着魔一般蜂拥到勒布尔歇机场。

林德伯格一个人从长岛沿航线飞到了巴黎郊外的机场，这样的成就值得额外提上一笔。通过计算确定航向，意味着他要密切关注罗盘指针、航行速度,自上次计算后又过去了多少时间,以及因漂移带来的预定航线偏差。做到这一切到底有多难,下一个月伯德的远征提供了部分参照:伯德的远征队伍里除了飞行员和副驾驶,还有一名专门的领航员,以及专门的无线电操作员,却还是偏离了预计登陆地点320千米,他们只大概知道自己到了哪儿,还把诺曼底海岸的一座灯塔误当成了巴黎的灯火。对比来看,林德伯格一边操纵不稳定的飞机,一边在膝盖上做计算,却准确地抵达了自己的所有目标:加拿大新斯科舍省、纽芬兰省,爱尔兰丁格尔半岛,法国的阿格角、勒布尔歇。

这一成就毫无疑问能让林德伯格跻身同时代,甚至历代最伟大的飞行员候选人之列。他是那一年说自己要到哪儿就真的到了哪儿的唯一的飞行员。那年夏天的所有飞机(数量很多),要么失败了在水面上迫降,要么就在不知所终的地方坠毁了。林德伯格似乎认为,笔直地飞到勒布尔歇机场是全世界最正常不过的事情。事实上,对他而言的确如此。

林德伯格完成从法国瑟堡到巴黎的最后一站时,完全不知道自己的功成名就在规模和力度上是任何人都不曾有过的。

林德伯格从没想过机场上会有多少人等着自己。他还好奇机场有没有人会讲英语,如果自己没有法国签证,会不会惹上麻烦。他的打算是,首先确保飞机安全可靠地停好,接着就发电报给母亲报平安。他猜,要是法国记者工作到很晚,现场可能会有一两次采访。接着他得自己找一家旅馆。他还需要买些衣服和个人用品,因为他出发时什么也没带,连牙刷都没有。

109

眼下对林德伯格来说最迫切的一个问题是，他的地图上没有标注勒布尔歇机场的位置。他只知道机场在巴黎市区东北大约11千米的地方。在埃菲尔铁塔上空盘旋了一阵之后，他朝着那个方向飞去，眼里唯一可见的地方闪烁着明亮的灯光，就像是大型工业园区，灯光向四面八方延伸出长长的触角。这完全不像他想象的夜幕中的机场。他没意识到，所有的一切都为他而准备。长长的灯火触角是自发前往勒布尔歇机场的上万辆汽车的车灯发出的亮光，此刻它正引发了巴黎历史上最严重的交通堵塞。去机场的路上，许多人放弃了汽车和电车，徒步前行。

巴黎时间晚上10时22分——精确地说，按照美国国家航空协会在林德伯格的飞机起飞前不久加装的自动记录式气压计显示，飞行33小时28分钟29.8秒后"圣路易斯精神号"在勒布尔歇机场宽阔的草坪上降落。就在那一瞬间，喜悦的电波传遍了整个地球。几分钟内，整个美国都知道他安全降落在巴黎了。数万人穿过机场冲向林德伯格的飞机，勒布尔歇陷入了狂喜状态。用一位旁观者的话来说是："人群沸腾着，欢呼着，从四面八方冲向他。"包围机场的2.5米高的钩花铁丝网被踏平了，几辆自行车也被猛冲的人群踩得粉碎。奔跑的人里有舞蹈家伊莎多拉·邓肯（Isadora Duncan）（4个月后她死于一场怪异的事故，围在她脖子上的长围巾卷进了一辆汽车的车轮，把她给勒死了），还有当天下午在圣克卢赢得网球赛的雅克·布吕尼翁和让·博罗特拉，还有他们的对手比尔·蒂尔登及弗朗西斯·亨特。

对林德伯格而言，这是一个让他倍感震惊的场面，他困在人群里，很可能被扯得七零八落。人群把他从驾驶舱里拉出来，像捧起战利品那样将他举了起来。"我发现自己仰面朝天瘫倒在人群顶上，黑暗里，视线所及处都是人头，而我就处在这片海洋的中央，"他回忆说，"就像是淹没在了人海里。"有人把皮制飞行头盔从他脑袋上扯了下来，还有人开始拉拽他的衣服，这叫他很担心。在他身后更叫他惊慌的是，人们爬上了他心爱的飞机，几乎要毁掉它。"有人斜靠在上面，这对整流罩撑杆施加了太大压力，我都能听到后面传来木材的断裂声。接着传来第二声撑竿的断裂声，第三声则是机身表面织物撕裂的声音。"

他意识到，竞相抢夺纪念品的人陷入了疯狂。

混乱中，林德伯格发现自己的双脚又回到了地面，人群离他而去。不知怎么回事，在昏暗的光线下，众人的视线转到一个偏巧有点像林德伯格的倒霉的美国旁观者身上。不顾这人的挣扎和强烈抗议，人群把他抬了起来。几分钟后，机场指挥室的工作人员们被玻璃破碎的声音吓了一跳：这位不幸的受害者被人从窗户里扔了过来。这位可怜人瞪大眼睛，浑身破烂不堪，他的外套、皮带、领带、一只鞋子、一半的衬衣都不见了。剩下还挂在他身上的衣物也都被扯成了碎片，看起来就像是矿难的幸存者。他告诉满脸困惑的官员，自己名叫哈里·惠勒（Harry Wheeler），是纽约布朗克斯区的皮货商。他来巴黎买兔皮，跟巴黎的其他人一样，在相同的冲动下来到勒布尔歇机场。可现在，他只想回家。

与此同时，两名法国飞行员救出了林德伯格，把他带到官方接待区。在那里，他遇到了迈伦·赫里克，还有赫里克的儿子帕梅里、女婿艾格尼斯。他们给了林德伯格几分钟的喘息时间，还宽慰他说，飞机肯定安全。林德伯格和赫里克用了几个小时，才穿过拥堵的街道，回到位于巴黎市中心耶拿大街的大使官邸。在大使馆，林德伯格拒绝了做体检的提议，但欣然接受了一杯牛奶、少许食物，并快速洗了个热水澡。

现在距离林德伯格起飞已经60多个小时了，但他仍答应跟聚集在住所外的记者们见面，帕梅里·赫里克把他们带了进来。林德伯格虽然显得很疲惫，但还是快活地跟他们聊了几分钟。他告诉记者们，他在雨夹雪和鹅毛大雪里飞了1610千米。有时候，他的飞行高度低至3米，有时又高达3000米。接下来他穿着帕梅里借给他的睡裤上了床。这时是凌晨4点15分。

这位全球最出名的人闭上眼睛，睡了10个小时。

07

星条旗飘扬在法国外交部

全欧洲最受欢迎的美国人

　　此时美国正是白天。短短几分钟内，所有人都听说了林德伯格抵达巴黎的消息。号角吹了起来，警报响了起来，教堂的钟声敲了起来。全美各个角落都爆发出宣告战争结束般的欢呼沸腾声。

　　报纸在努力寻找配得上林德伯格极致成就的形容词。《纽约夜生活》（*The New York Evening World*）称其为"一个孤独的人完成了人类有史以来的最伟大壮举"。还有人称之为"耶稣复活以来最伟大的事情"。按《北美评论》（*North American Review*）的说法是，"随着世界第一公民、上帝造物以来第一位真正的巡回大使、第一个真正配得上发表'大地'致辞的人的到来，人类感受到了久违的喜悦"，大地也随之回响。

　　《纽约时报》的前4版都在报道林德伯格的飞行，尽管除了他早前的采访也没什么别的内容可说。飞行完成后的最初4天，全美国的报纸就林德伯格及其伟业刊登了大约25万篇报道，总计3600万字。因为出发之前完全不曾料到自己会获得多少关注，林德伯格订了一份报纸剪报服务，把相关的文章送给母亲，结果，他的母亲惊讶地发现第一个星期结束时，一支卡车队正准备把数吨重的报纸文章运过来。

狂热席卷了全美。种种提案纷至沓来：有人建议对林德伯格终身免税，有人建议用他命名一颗恒星或行星，有人建议让他担任内阁新设的航空部负责人，还有人建议把5月21日定为永久性全美节日。美国职棒大联盟赠送他一张终身门票，凭此可观看各地的所有比赛。明尼苏达州曾一度考虑改名为林德伯格州。

柯立芝总统宣布，6月11日将是美国的"林德伯格日"，这是国家对普通公民的最高敬意。邮局匆匆推出特种航空邮票——林德伯格成了第一个获得如此殊荣的在世的人。

公园以林德伯格的名字命名，孩子们、街道、山川、医院病房、动物园里的动物、河流、高中和桥梁等一切事物都以他的名字命名。芝加哥宣布要竖起一座400米高的林德伯格纪念灯塔，要让480千米以外都能看见它射出的光束。

350万封信件（主要来自女性），还有15 000件装有礼物和纪念品的包裹寄送给了林德伯格。许多写信的人还附上了回信费用（据统计总共有10万美元），妄想着林德伯格能找出时间给自己回复。西联电报公司收到的信息太多，不得已指派了38名员工全职处理。一条从明尼阿波利斯市发来的电报包含了15 000个字和17 000个签名，全部展开后长达160米。针对想象力不怎么丰富的顾客，西联电报公司还提供了20种预先写好内容的贺电供大家选择，发这种贺电的多达数万人。

好莱坞一个叫华特·迪士尼（Walt Disney）的年轻漫画家拍摄了一部动画短片《疯狂的飞机》（*Plane Crazy*），主角是一只担任飞行员的老鼠。这只老鼠最初叫奥斯瓦尔德（Oswald），但很快变成了人尽皆知的"米奇"，也就是"米老鼠"。联合供稿报纸《信不信由你》（*Ripley's Believe It or Not*）的专栏作者罗伯特·瑞普利（Robert Ripley）做了件不合时宜的事，他说在林德伯格之前曾有67人飞越过大西洋，结果收到了20万封愤怒的抗议信及电报。这些人主要用的是搭乘飞艇的方式。后来经过更仔细的计算，飞越大西洋的人数其实接近120人。至少有250首流行歌曲立刻写出来献给林德伯格及其飞行壮举。最流行的一首叫《好运林迪》（*Lucky Lindy*，他本人痛恨这个说法），常在他出席的宴会上演奏。"这叫我很尴尬。"他事后写道。"林德伯格舞步"（Lindbergh Hop）成了一种热门舞蹈，讽刺的是处男林德伯格从没跟姑娘跳过舞。

同一时间的巴黎并未陷入这般狂热。在勒布尔歇，林德伯格到来的次日早晨，清洁工收集了一吨多的垃圾，包括6副假牙。受赫里克的妥帖指点，林德伯格做对了所有该做的事。在法国醒来的第一天，他起床后走上大使馆阳台，挥舞着法国国旗向楼下聚集的数万人致意，让群众陷入了迷幻般的喜悦之中。然后他和赫里克前往共和广场附近圣殿大道上的一个6层楼小公寓，拜访了南杰瑟寡居的母亲。此时距离她儿子失踪恰好两个星期。尽管事前并未公布这次拜访，仍然有10 000人挤在街上等待林德伯格的到来。还是在这繁忙的一天，林德伯格通过新铺设的跨大西洋电话线给家里打了电话，成为第一个完成私人越洋通话的人。之后他还拜访了巴黎荣军院里的伤病士兵。

接下来的日子里，林德伯格前往爱丽舍宫，接受总统加斯东·杜梅格（Gaston Doumergue）授予的军团勋章——这是法国总统第一次亲手将国家最高荣誉颁发给美国人。他又在下议院致辞，接受法国航空俱乐部的宴请参加了一次有上百万观众的游行，在巴黎市政厅获赠城市钥匙。每当他说话，态度定是谦逊沉着，绝不错过机会赞美法国航空界和法国人的亲切招待。他总是清楚地表明，自己的成就只比得上许多人努力的一小部分。带着喜极而泣的情感，法国人将林德伯格紧紧拥在怀里，他们称他为"孩子"。

还没有哪位到访法国的游客得到过如此奢侈的荣誉。法国外交部所在地奥赛码头升起了美国国旗，这是星条旗首次飘扬在这座建筑之上。在这段繁忙时期内，林德伯格的外表是他最突出的特点。接下来的几天，林德伯格身上的每一件衣服都是借来的——拥有适合他瘦高身材衣服的人可并不太多。虽然出于礼貌和敬畏记者们对此不予置评，但很明显，林德伯格穿着袖子太短的外套、搭不着鞋面的裤子走遍了整个巴黎。

越洋飞行完成5天后，林德伯格所到之处无不聚集起上百万群众。那些天里，每当有群众向他打招呼他都微笑挥手还礼。但这番情形没能持续太久。

5月26日星期四，林德伯格到勒布尔歇机场检查飞机。它遭受了狂欢人群的严重破坏，眼下正进行着精心修复。在机场时，林德伯格借用了一辆法国纽波特战斗机，开着它上天兜了一圈。虽说林德伯格以前从未驾驶过"纽波特号"，对它的性能拿不太准，但仍完成了一系列的绕圈、翻滚、螺旋式前进、滚筒旋转等空中杂技表演。看着这位地球上最受尊敬和珍视的人开着一架自己此前从未操纵过，而且对其性能一无所知的飞机在天空俯冲、翻滚，法国官员傻了眼。他们朝林德伯格使劲儿打手势，狠命地上下跳跃，恳求他停止这些危险动作回到地面。最终，林德伯格平稳地降落了。这大概最能生动地说明以下主张：林德伯格是活在世上的最优秀、最幸运的飞行员。

林德伯格打算巡游欧洲。他特别希望访问瑞典，这是他父亲的祖国，然后再飞回美国。他仍然有点迟疑的是，到底应该冒险逆风飞越大西洋回去还是应该继续往东，横跨亚洲和北太平洋返航。赫里克告诉他两者都不行。柯立芝总统已经派遣了海军巡洋舰"孟菲斯号"带他回国，好亲自为他授勋。总统希望尽快完成仪式，自己好去黑山（Black Hills）度假。

林德伯格获准短暂拜访布鲁塞尔和伦敦，履行先前的承诺。值得一提的是，官方答应让他自己开飞机去。

伦敦克罗伊登机场有10万多人等候着林德伯格，人太多了，警察都无法清空跑道。因为激动的人群蜂拥到草坪上，林德伯格被迫两次终止降落——因为看不见正前方，这番情形显然让他深感不安。之后，搭载林德伯格的汽车被团团围住。警察们只好让林德伯格躺下用大衣盖着，告诉人们车里是一位受了重伤的女士，才得以驱散人群。

林德伯格总算来到白金汉宫，却被英国国王问的问题给吓了一跳。国王问他飞行途中怎样小便。林德伯格带着一丝丝尴尬解释说，自己专门带了一个便桶以供此用。

国王似乎对越洋飞行缺乏足够的了解，又问林德伯格一共用了便桶多少次。考虑到林德伯格的家庭背景，他一辈子恐怕都没跟任何人讨论过自己的小便问题，此刻却跟英国国王进行着这样的对话。

"两次。"他嘶哑地低声说，仿佛随时都会晕过去。

"分别是在哪里呢？"国王继续问。

"一次在纽芬兰，一次在公海上。"

国王若有所思地点点头，终于满意了。

三天后，林德伯格在瑟堡登上"孟菲斯号"返回美国。人群崇拜地向他欢呼，他挥手还礼。许多人朝他扔鲜花。所有的法国报纸都写了温暖的告别致辞，希望年轻的美国人一路顺风。

之后，法国人的生活恢复了正常。就在一两天后，美国的旅行客车又被扔了石头，到访香榭丽舍大街的游客发现自己很难理解服务员的眼神。事实证明这只是前奏。这个夏天结束之前，数百万的法国人会前所未有地痛恨美国，美国人走在法国的大街上将变得不再安全。1927年夏天不光是美国最欢乐的岁月，也是相当尴尬的一个时刻。

1927年
6月

他比总统还了不起……那座镇子最多有5000人，可那天竟足足有4000人站在大雨中，只为了能看一眼贝比·鲁斯。

——《纽约时报》记者　理查兹·维默德

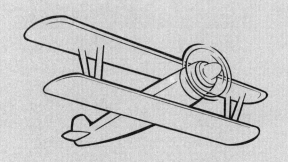

08

美国人的"国球"

棒球年代

在19世纪末，巴尔的摩是美国第6大城市，也是当时最混乱的一个地方，而巴尔的摩最混乱的地区是靠近内港一个名叫"猪镇"的地方。是的，它就叫这个名字，不是讽刺，也并非出于亲昵。

就在这里，1895年2月6日，乔治·鲁斯（George Herman Ruth）出生在一个情感荒芜、似乎受了诅咒的中等贫困家庭。他家共有8个兄弟姐妹，其中6人童年夭折，在鲁斯还年幼的时候，母亲因为肺结核而死，父亲则在自家酒吧跟人打斗被人用刀捅死了。这可不是什么令人向往的家庭。

鲁斯在自传里的第一句话就写道："我是个坏孩子。"这话只说对了一部分。过了几行，他又补充说："我几乎不认识自己的双亲。"这更接近真相。基本上，鲁斯打小就靠自己养活。他的爸妈并非有心疏于管教，在他的大部分童年岁月中，母亲都奄奄一息地躺在酒吧楼上一间拥挤的公寓里。他的父亲只能在楼下独自照管生意——这份工作消耗了他近乎所有醒着的时间。鲁斯前半辈子几乎不知道自己的实际年龄，这大概最能充分地体现这个家是多么彼此疏远、多么名存实亡吧！直到39岁申请护照的时候他才第一次看到了自己的出生证明，此前，他一直以为自己还要大一岁。鲁斯本人也不是个非常细心的儿子，在自传里他说母亲在他13岁时去世，事实上他当时已经16岁了。母亲的娘家姓他也弄错了。

鲁斯长大的酒吧早就消失了。出于偶然，酒吧的旧址就在如今巴尔的摩金莺队的主场，也即金莺公园的中央球场，浅浅地埋在地下——这挺合适的，因为鲁斯第一次打职业棒球就是在巴尔的摩金莺队。他也正是在这里获得了"贝比"的绰号。

1902年的春天，婴儿林德伯格躺在明尼苏达州的毛绒摇篮里，鲁斯的父亲带着当时还很小的他来到巴尔的摩的圣玛丽工业男校（St Mary's Industrial School for Boys）[1]，接着就离开了。1900年，巴尔的摩有30多所孤儿院，这也从侧面反映了当时巴尔的摩的社会环境多么可怕，圣玛丽是其中之一。在接下来12年的大部分时间里，这都将是鲁斯的家。

圣玛丽是一家不太寻常的机构，部分是孤儿院，部分是管教学校，部分又是私立学院。这里有差不多850名孩子，大约有一半是付费的寄宿生。美国各地的家长在走投无路的情况下（大多是因为其他学校不愿接收）把孩子送到圣玛丽。

1　那是一栋庞大、阴森、令人生畏的建筑物，在离他家大约5千米的威尔肯斯大道上。

这所学校由罗马天主教会下的沙文略兄弟会（Xaverian Brothers）主管，会众虔诚、禁欲，但并不完全都是神职人员。学校的教育方式走严格的修道士路线。学生没有隐私，学生所做的一切都须当众完成——睡觉、洗澡、用餐、学习。床、书桌、淋浴室全都排成长长的一列，有点儿像维多利亚时代的监狱。但圣玛丽并不像那些地方那么糟糕，孩子们有尊严，甚至能得到一些生硬的关爱。如果表现良好，孩子们每星期还能得到25美分的零花钱。圣玛丽收容的男孩都能得到良好的基础教育和职业教育。鲁斯受训当裁缝和制衣匠，多年以后，他曾欣喜地向队友们展示自己折的袖口和衣领是多么灵巧。

　　所有的学生都有行为问题的黑历史，但修士们认为这是因为欠缺管教，而不是性格缺陷——在当时这是非常开明的观点。他们认为任何孩子只要得到鼓励和尊重，以及得体的对待，都能成为模范公民。事实正是如此。沙文略兄弟会带出来的孩子，95%都过上了正常、稳定的生活。

　　贝比·鲁斯小时候块头大，好吹牛，满脸堆笑，随遇而安，是相当可爱又可怜的孩子。他比同学们的块头大得多。有一次慈善社工分发圣诞礼物时，误以为他是服务员径直略过了他。好在社工意识到自己犯了错，送给他一大盒巧克力。但他并没有自己存起来，而是立刻把巧克力都分给了同学们。请记住，他这一辈子还没有过只属于自己的东西。他理应有个更幸福的童年，但1912年到1914年，没有一个家人来看过他。

　　圣玛丽的修士们对棒球极其热衷。学校组织了44支球队，全部配齐装备和制服。通过棒球鲁斯"遇见了我所知最伟大的人，而且他教会了我什么是爱"。这人就是马赛厄斯·布蒂利耶（Matthias Boutilier）修士。布蒂利耶是来自新斯科舍省布雷顿角岛的法国后裔，是个温柔善良的高个子。他身高1.82米，体重113公斤，说话却一贯轻言细语。他是一个出色的棒球选手，同时也是天才教练，他发现鲁斯极有天赋又比其他任何人都努力刻苦。8岁时，鲁斯就可以跟12岁的男孩们一起打球了，到了12岁时，就能跟16岁的男孩们一起训练了。鲁斯到10多岁时，他在球队的任何位置都比学校里其他人打得好——就连捕手位置也不例外。然而，由于学校里没有左手的捕球手套，他只能戴右手的手套。他在击球手位置上的表现无与伦比。学校里的比赛他能打出0.537的打击率。到了少年时代，他长到了1.88米，体重接近91公斤，十分强壮。

1914年，听说圣玛丽有个神奇的孩子，巴尔的摩金莺队[1]的球探前来一探究竟。乔治上了本垒准备击球，球探惊讶地看到右外野手离开了正常位置，小跑着到了一个更远的地方——远到都站进了相邻的另一块赛场。鲁斯仍然把球高高地击过了右外野手的头顶。这是那天他打出的3个远射之一。出乎意料的是球探对鲁斯的力量并不特别看重。

在1914年，把棒球击出很远是一项有趣的天赋，但却不值得栽培。金莺队需要的是投手，他们也是以投手身份签下鲁斯的。

于是在1914年3月，刚满19岁的乔治·鲁斯告别了布蒂利耶修士

1　当时是国际棒球联盟里的一支小球队。

和圣玛丽的朋友们登上了一列火车，南下前往北卡罗来纳州的费耶特维尔参加自己的第一次春训，开始了职业棒球运动员的新生活。这是他第一次搭乘火车，第一次走出马里兰州，第一次看到小城镇和开阔的乡村，第一次住在酒店里，第一次看着菜单点菜，他青涩得不能更青涩了。他甚至不知道，职棒大联盟是由美国联盟和国家联盟这两个联盟构成的。队友们这时给他起的外号"贝比"（指他的天真和年轻）恰如其分。除了体格，鲁斯在任何意义上都是个小男孩。他用第一笔工资买了一辆自行车。在酒店里没事可做时，他会搭着电梯上上下下地玩好几个小时。多年的集体生活让他对赤裸身体或者上厕所一类的事情全无羞耻感，也几乎没有任何私有财产的观念。进入赛季后好几个星期，他的第一任室友厄尼·肖尔（Ernie Shore）惊讶地发现，鲁斯一直用的是自己的牙刷。

几乎在同一时间，鲁斯便显示出了对成名的极大渴望，这样他便可在酒店餐厅里想点什么就点什么，这是他从未有过的待遇。他还很快发现了性事，对此一点儿也不害羞。队友拉里·加德纳（Larry Gardner）还记得自己走进房间时看见鲁斯与一个妓女睡在地板上。"他抽着雪茄，吃着花生，而那位女士则在他身上。"加德纳带着可以理解的惊叹语气说。

"他们把他放出来，"另一位队友回忆，"就像是把一头野兽从笼子里放了出来。"不管是当时还是后来鲁斯都不怎么挑剔。《纽约每日新闻报》的马歇尔·亨特（Marshall Hunt）曾说过，鲁斯找的女人一般"只能吸引刚蹲了15年大牢出来的男人"。

1914年的金莺队是一支麻烦重重的球队。球迷们成群结队地抛弃他们，投奔新成立的联邦联盟（Federal League）旗下的巴尔的摩水龟队。金莺队一度在比赛时只有17名观众在场，而街对面的水龟队则款待了闹哄哄的整整一体育馆的球迷。因为付不起工资，金莺队开始出售球员。7月份时鲁斯刚打新秀赛季，却发现自己被交换到了波士顿红袜队，他急忙前往北方。7月11日刚到波士顿那天，他就被派上场投球。这也就是说，他生平看到的第一场大联盟比赛就是自己参赛的这一场。他击中了8个球，以4∶3的比分赢了比赛。

离开圣玛丽后短短4个月贝比·鲁斯就成了一名大联盟的棒球选手。那年夏天，鲁斯常常在一家名叫"兰德"的咖啡店吃早餐。在那里，他跟漂亮的女服务员海伦·伍德福德（Helen Woodford）搭上了话。鲁斯自己是这样记述的，有一天他对姑娘说："亲爱的，你和我结婚怎么样？"想了几分钟，海伦接受了求婚，于1914年秋天跟鲁斯结了婚。那年鲁斯19岁，海伦恐怕还不到15岁。这次婚姻不怎么成功。鲁斯在自传里连妻子的名字都拼错了。

从我们的时代来看，不太容易理解贝比·鲁斯那个年代棒球在美国人生活里占据了何等重要的位置，它在文化上和情感上都居于主导地位，全面充斥且不容置疑。它是全国人的欢乐和痴迷所在，人们叫它"国球"。说起体育，美国人想到的就是棒球，那一年的大部分好消息也都跟棒球有关。

对于像世界大赛（美国职棒大联盟的冠军系列赛）这样的大型赛事，每一座主要城市的报纸都会在报社门外竖起巨型记分牌，无一例外地吸引了大群围观者。在许多城市，演出筹办人会租用剧院或其他大型场所，如麦迪逊广场花园，让付费的观众观赏模拟比赛。有场演出则使用了一幅巨大的棒球场背景板，用彩色的灯分别代表好球、坏球和出局，击中球时就敲铃铛，用白色的线勾勒出跑垒道。在舞台上，播音员会根据电报传回的信息播报遥远赛场上的比赛进度，亮起记分牌的灯，敲响铃铛，跟踪上垒路线。有时他们还会对比赛进度做些创造性的美化。还有一套系统用的是小男孩，一个男孩代表一名真正的球员，站在舞台上相应的赛场位置，按遥远赛场上发生的实际情况投掷、击打、接住想象中的球，在一个个垒包上奔跑。一位观察家惊叹，球场里的人群"为每一记好球发出的喝彩声远远不如上百万挤在剧院里或者报社门口的围观者"。

贝比·鲁斯发现自己来到了一个开心又兴奋的世界。考虑到他对球棒的运用技巧，意想不到的是，鲁斯在职业生涯最初的1/4做的是投手，他可不是普普通通的投手，而是棒球界最优秀的投手之一。1915年，他在红袜队的第一个完整赛季赢了18场比赛，输了8场，在全联盟中胜率排第四。他把112名击球手投出了局。除了一人之外，他每场比赛漏掉的球比全联盟里其他任何人都少。那一年结束时他的自责分率是2.44，令人赞叹不已。次年他的成绩是23胜12负，在自责分率、完封次数、每场比赛的击球数和被击打率上都冠绝全联盟。他的获胜次数排名第三，胜率和三振次数排名第二，完整比赛次数排名第四。对善用左手的投手而言，他的9个完封迄今为止都是最高记录。1917年，他又一次在投球类别的每一项数据上都名列前茅，表现突出，成绩是24胜13负。顺便提一句，几乎在同一时期他还创下了一个纪录：在世界大赛的比赛中打出了29.66个连续无失分的赛局。这个纪录保持了足足43年。

　　这一成绩优秀至极，再怎么夸张也不为过。刚出学校的男孩可没办法一走上大联盟的赛场，就开始跟泰·柯布（Ty Cobb）和乔·杰克逊（Joe Jackson）这样老练的击球手对抗。哪怕最优秀的年轻投手也需要时间来获取自信和经验。加入大联盟的最初3年，沃尔特·约翰逊的成绩是32胜48负，克里斯蒂·马修森是34胜37负，同时期的鲁斯却是43胜和21负。在自己的整个投手时代，鲁斯的总成绩是94胜46负，自责分率2.28。0.671的胜率使他至今仍在棒球历史上排名第七。哪怕是作为投手，他也可以轻松跻身名人堂。

　　问题在于，鲁斯同时也是个举世无双的击球手，没有人可出其右。在1915年他的第一个完整赛季中，鲁斯92次上打席，打出4个本垒打，只比美国联盟的本垒打之王布拉格·罗思（Braggo Roth）少3个，而且布拉格·罗思上打席的次数是贝比·鲁斯的4倍。1918年，红袜队为利用鲁斯的球棒技巧，在他不投球时将其安排在一垒或者外野位置。结果，1918年是大联盟棒球本垒打成绩最糟糕的一年。当年，华盛顿参议员队（现得州游骑兵队的前身）全队只打出了4个本垒打，布朗队打了5个，白袜队8个，印第安人队9个。贝比·鲁斯一个人打出了11个。[1]接下来的一年，包括12场完整的比赛，鲁斯不光投了133.33个赛局，还打出了29个本垒打，几乎是1902年费城运动家队的索克斯·塞博尔德（Socks Seybold）所创纪录

1　1918年，鲁斯其实打出了12个本垒打，但其中一个是"再见本垒打"（walk-off homer）。当时，击中结束比赛的最后一记本垒打的人，只算拿下决胜分所需的垒数，所以鲁斯的第12个本垒打被算作是三垒安打。

的两倍。他无论是得分、打点、制造得分、垒打数、上垒率还是多垒安击率都领先全联盟。在111场做外野手的比赛里，他助攻26次，只有2次失误。他的防守率高达0.996，大幅超过了联盟里最优秀的球员。这当然是极为惊人的成就，而且，一切还只是开始。

许多球迷都认为，现代棒球具有一种永恒不变的气质。如果有人从我们这个时代回到20世纪20年代的大联盟赛场上，从很多方面来看，他会觉得自己来到了完全熟悉的领域。球场上的比赛，人群的声音，小贩们的吆喝，都跟当代没有太大差异。相比而言，20世纪20年代生活的其他许多地方跟现在则截然不同（穿梭时光的客人会发现自己几乎无法启动汽车，没法打电话，不会为收音机调频选台，甚至连过马路都成问题）。即便如此，他也很快就会发现棒球场上的差异。

首先，那时比赛普遍打得更轻快。那时候，比赛一般从下午3点开始，很少能打到5点之后。晚报之所以能流行开来，主要就是因为能及时送上当天的棒球比分。90分钟的比赛并不少见，但有时打得比这还要快。最著名的一次是在1926年9月26日的圣路易斯，布朗队用1个小时12分钟就在连番赛的第一场里以6：1的比分击败了洋基队。第二场比赛开赛之后，布朗队又用了55分钟就以6：2获胜。这些都是完整的九局比赛。他们是怎么做到的，大概可算奇迹了。两队在第一场比赛里轰出了25个球，第二场比赛里轰出20个，所以并不是经典的投手对决。只不过当时乱七八糟地浪费时间的麻烦事很少。

那时候，比赛往往打得更加狂野。打架斗殴很常见，有时是球迷和球员对打。1924年，鲁斯和泰·柯布在底特律发生了一场冲突，不光所有的替补队员卷入了，还引发了看台上的骚乱。观众把座位扯起来扔进球场，至少有1000名观众闯进了比赛场地。这场比赛被迫中止。球迷的叫骂让球员忍无可忍时，球员们也会毫不犹豫地冲上看台。1920年时鲁斯纵身一跃跳上看台，跟一个叫他"大块奶酪"的男人对峙。当男人抽出身上的刀子时，鲁斯又机敏地退回了赛场。泰·柯布曾追打嘲笑了自己一下午的观众，狠狠地揍他。球迷冲着柯布喊："那人可是个没有手的退伍老兵呀！"柯布高声喝道："我才不管他有没有脚！"并继续殴打，直到警察抵达拉开双方。柯布为此遭禁赛10天。鲁斯曾在争执中一拳打在了裁判下巴上，他被罚款100美元禁赛10天，但很幸运地脱了身。

那时候球员的生活也不十分诱人。客队抵达外地城市打客场比赛时，球员一般是自己背着行李从火车站走到酒店去。他们经常穿着脏队服打球，芝加哥白袜队尤其如此，因为他们的老板查尔斯·科米斯基（Charles Comiskey）要向球员们收洗衣费。

大联盟的规模更为紧凑小巧，仅拥有10个城市的16支球队。波士顿、芝加哥、圣路易斯和费城各有2支大联盟球队，纽约有3支。圣路易斯是大联盟中最西边的城市，华盛顿是最南边的城市。

这些球场多有与众不同的特色，使得比赛结果产生了有趣的不可预测性。洋基队当时的主场波罗球场外野部分的栅栏倾斜得厉害，从队员休息席望去，只看得见外野手的头和肩膀就像是地平线上航行的船只一样。在华盛顿的格里菲斯体育场，因为修建球场时，这些业主们都不肯卖出自己的产业，所以外野墙歪歪斜斜地绕开5栋房子，还有一棵枝丫外伸的树。所以，球从墙上反弹的角度很是刁钻，总让客队的外野手摸不着头脑。至少有3座球场，包括洋基体育场的旗杆插在赛场正中央，中场手一不留神就会被它挡住。在波士顿的芬威球场，左外野手要想接住砸在墙上的球，必须跳上一段陡峭的斜坡。

从今天穿越到20世纪20年代的球迷看到当年的球场，最受冲击的地方恐怕还在于球场的维护是多么马马虎虎吧。外场一般就比放牛的牧场略好一点，跑垒道和本垒周围人来人往的地方大多破破烂烂、光秃秃的，而且随着赛季的推移越来越烂。雨后，场地管理员有时会往内场洒汽油，放一把火把地面弄干——这对需要精细照看的赛场可没什么帮助。

那时击球手佩戴的头盔还没出现，安全保障几乎完全没有。外野墙也不设防冲击垫，手套极其僵硬不灵活。马歇尔·斯迈瑟尔（Marshall Smelser）形容说，单手接球很容易引发轰动。球棒搁架尚未成为标准配备，所以在大多数球场球员们把球棒放在休息席前，给追逐界外上升球的捕手或内野手造成了颇大的威胁。轮到自己球队击球时，外野手一般把手套留在球场上，所以踩在手套上跌倒的情况很多，很多人都碰到过。

那时的球迷很难弄清比赛情况，因为在20世纪20年代，美国的球场尚未架设公共广播系统。一般就是一个人使用扩音器念出击球手的名字，其余信息几乎为零。不熟悉的球员不容易认出来，因为他们的制服上没有号码。直到1929年洋基队和印第安人队首次推出制服号码，这套做法才普及开来。当时洋基队把号码按击球顺序分配给首发球员，这就是为什么鲁斯是3号，卢·格里克是4号。记分牌不列出命中和失误次数，所以在进行无安打比赛或完全比赛时，观众们必须自己计数。任何在自己座位上认真记录比分的人都会成为周围观众的消息站。

在球场上，球员们对伤害他人大多抱着一种无所谓的态度。泰·柯布离临床精神病只差一两步远，他总是把防滑钉扬起来滑步上垒，希望能把人弄出血来。其他许多球员对同伴们也并不见得更加体贴。把球扔到击球手身上，是所有人都认可的策略。布鲁克林道奇队的伯利·格兰姆斯（Burleigh Grimes）有着出了名的坏脾气，自从有一次他朝准备区的击球手扔了球之后，就创下了各种纪录。当年投球力度最大的华盛顿参议员队的投手沃尔特·约翰逊（Water Johnson）倒是从不故意往击球手身上扔球，但出意外的情况就很多了。他重重地栽倒在白袜队球员李·坦尼希尔（Lee Tannehill）的手腕上，自己跌断了胳膊。而坦尼希尔恐怕再也无法握起球棒了，他的职业生涯就此泡汤。两个星期后，约翰逊又砸烂了菜鸟游击手杰克·马丁（Jack Martin）的下巴。但约翰逊是个很正派的人，每当伤着其他球员时他总是泣不成声，经常要被人抬出赛场。鲁斯在自传里提到过，有一回他跟一个名叫马克斯·弗莱克的球员发生争执，不小心撞到了对方的额头中央。弗莱克就像一座高塔般倾倒在了地上，但好歹活了下来。鲁斯回忆这个故事只是想举例说明赛场上发生的事情多么有趣罢了。

在这样的情况下，闹出人命似乎不足为奇。但实际上，在比赛过程中丧命的球员只有一个人。事情发生在1920年8月，当时贝比·鲁斯也在场。那天下午晚些时候，光线不太好，洋基队投手卡尔·梅斯（Karl Mays）朝着印第安人队的游击手雷·查普曼投了一个界内球。他是出了名的好斗，人人都不喜欢他，包括他自己的队友。因为球在比赛当中很少替换，随着时间的流逝它们会变钝，满是磨痕，投手经常在暮色中利用这一点。而且，梅斯还喜欢低肩侧压式投球，这让他的球更加难以对付。不管怎么说，查普曼从没见过这种投球方式。球带着闷响冲力极大地击中了他脑袋一侧的太阳穴，反弹回了梅斯手里，而梅斯以为这球来自查普曼的球棒，所以赶紧接住它，把球又扔了出去。接着，人人都充满恐惧地意识到刚才发生了什么事。毫无疑问查普曼受了重伤，他拖着球棒晕晕乎乎地走向二垒，明显是想要到中心场地的会所里去。没走几步，他的腿一软倒在了地上。他被送往圣劳伦斯医院，但再也没醒过来。

鲁斯在自传里对此事没说太多，只说它在印第安人队里造成了恶劣影响，梅斯那年再也没上场比赛过。查普曼至今仍是唯一死在球场上的大联盟棒球手。

球场最危险的地方其实是看台。1903年费城的面包碗球场（Baker Bowl）发生了棒球史上最可怕的事故：正面看台背后的一堵墙没有任何先兆地倒塌了，数百人从10米高的地方摔在了大街上。事故导致12人死亡200人受伤，不少人伤势严重。值得注意的是，1927年春天林德伯格飞往巴黎的那个星期，同一座球场差点儿又要发生更加可怕的灾难。5月14日，费城人队正跟红雀队比赛到第7局，一场暴雨突然袭来（差不多就是这场雨，把飞行员们困在长岛让他们没法完成越洋飞行），看台上的数百名球迷匆匆挤到一垒线外双层看台的第一层（因为那儿有二楼的阳台可挡雨）。在之前的一局里，费城人队连得8分，这种情形在费城很罕见，球迷们欣喜若狂。据说，就因为他们疯狂地踩脚让老化的建筑不堪重负。此刻，因为又承受了几百人的额外重量，正面看台发出长长的"凄然呻吟"声，猛然垮塌。但很神奇的是这起事故并未直接造成人员死亡，只有一位50岁名叫罗伯特·哈斯（Robert Haas）的制版工人在其后的恐慌中被踩踏而死。这次事故共有50人受伤，他们在被送往医院24小时之内几乎都出院了——只有两人例外。美国历史上再也没有哪次体育赛事造成的灾难比这次更加震撼，又更幸运的了。

面包碗球场以及众多老旧球场维护欠佳的背后有一个简单又不怎么光荣的原因：缺钱。棒球是人们珍爱的体育活动，但却是糟糕的投资项目。最基本的问题是，比赛总是在大多数人上班的时候进行。许多城市都不允许星期天打棒球，波士顿到1929年才解禁，匹兹堡和费城于1933年解禁。所以，大量的球队每个星期只有一天——星期六——有望吸引众多观众。就连最成功的球队也经常对着空荡荡的观众席比赛。1923年4月18日，洋基体育场吸引了70 000多名观众包括大量站票，打破了历年纪录。但第二天就只有12 500人到场了。20世纪最初10年，大联盟的平均上座人数仅约4000人。在鲁斯的时代，球场大多是个安静的地方。

除了特许权提成和表演赛利润之外，球队就只能靠卖票赚钱了。而从那些日子开始他们就必须负担各种各样的成本，包括球员工资、春训费用、客场出行费用、制服和装备费用、会所工作人员的报酬，外加主场体育馆的使用费。球场使用费之高昂尤其惊人。1913年，布鲁克林道奇队的老板查尔斯·埃贝茨（Charles Ebbets）投资了大约75万美元在布鲁克林修建了埃贝茨棒球场，余生都在徒劳地扔钱填这个大坑。而75万美元当时可以在曼哈顿买下一栋大型办公楼了。举例来说，林德伯格飞往巴黎的那天，道奇队正对着不到4000名观众比赛。哪怕是好年景，这也是很典型的情况。至于其他球队，比如圣路易斯布朗队就从来没有过好年景，有时平均上座人数只有1500人。许多球队能长期维持下来可堪奇迹了。

很能说明问题的一点是，有个叫哈利·史蒂文斯（Harry Stevens）的英国人极富进取心，他靠着棒球赚到了比几乎所有人都更多的钱。19世纪和20世纪之交他年纪轻轻地来到美国，狂热地爱上了棒球运动，并想出了他这辈子最绝妙的主意：看比赛时球迷们兴许想吃上一份热乎乎的点心。他尝试了各种加热三明治组合，发现用面包把香肠裹起来能让热度保持更长时间。他在波罗球场买下了固定售卖"红热"（red hots，这是他喜欢的叫法）的权利，这档生意一开始就做得红红火火。漫画家塔德·多根（Tad Dorgan）在诙谐地谈及史蒂文斯产品的配料时，想出了"热狗"这个说法。史蒂文斯很喜欢，到20世纪20年代，热狗成了全美各地棒球比赛的必备搭配。史蒂文斯在纽约的3座球场，还有远至芝加哥的其他球场都搞起了特许经营。热狗让他富得流油，大多数棒球俱乐部的老板都望尘莫及。

无奈之下，球队老板们一味追求节俭，几近荒唐。比方说，大多数球场坚持回收飞上看台的界外球。少数开明的老板，如匹兹堡海盗队的巴尼·德莱弗斯（Barney Dreyfuss）则允许球迷将球留作纪念品。可其他老板则态度强硬地捍卫自己眼中重要的财产权。1923年，事态达到了顶点（现在看来似乎很是凑巧）：在费城的面包碗球场，一个11岁的男孩罗伯特·科特（Robert Cotter）捡到了一个界外球，拒绝交还。随后，人们发现男孩没有买票，是悄悄蹭进来的，费城人队的管理层便叫来警察，逮捕了科特，指控他盗窃。男孩在监狱里待了一晚，第二天被拖到法官面前。让全城人高兴的是，法官裁定小孩子想留下界外球作为纪念品完全合理，尤其科特的这个球还是他自己接到的。从这以后，各地的球场基本上放弃了回收界外球的做法。

所有这一切导致的荒谬结果是，在贝比·鲁斯的年代，棒球是一种大受欢迎但从经济上看来却无甚可取的运动——纽约洋基队尤其如此。就在鲁斯加入红袜队的1914年，棒球界人人都得知了洋基队待售的消息，就看是否有人愿意买。当时的洋基队并非迷人的香饽饽，球队没有一个真正有天赋的球员，在积分榜上大多时候排名垫底，吸引的观众少，甚至连主赛场都没有，只能在巨人队的波罗球场比赛。他们没有固定的名字，人们随随便便地称其高地人队、山顶人队或者美国人队。

洋基队的老板威廉·戴弗里和弗兰克·法雷尔请巨人队的老板约翰·麦格劳（John McGraw）帮球队找个新东家。麦格劳接触了两个不熟识但热爱棒球的人：纽约啤酒大亨雅各布·鲁珀特（Jacob Ruppert）和俄亥俄州商人蒂林哈斯特·赫斯顿（Tillinghast L' Hommedieu Huston）。赫斯顿的名字乍看起来颇具异国情调，很是有趣，可惜他本人却并非如此。他出生于1866年比鲁珀特大一岁，在辛辛那提市一个中产阶级家庭长大，接受了工程师教育，美西战争后靠着投资重建古巴发了家。他喜欢喝酒，有点邋遢，性格开朗，喜欢棒球。这几乎就是他的所有情况了。

与此相反，鲁珀特却是个更加复杂的人物。他出身于富裕的酿酒世家，是德裔美国人，在曼哈顿上东区约克维尔的一座豪宅里长大。棒球选手卢·格里克、喜剧之王马克斯兄弟（Marx Brothers）也都出自同一街区，不过他们两家没那么富裕。豪宅靠近当时美国最大的酿酒厂鲁珀特啤酒厂，人们随时都能闻到酒厂传来的啤酒花香味。这家酒厂生产尼克博克（Knickerbocker）、鲁珀特和鲁皮娜（Ruppiner）牌啤酒，都在球场上卖得极好。

雅各布·鲁珀特是个相当奇怪的孤僻人士。他一个人住在家族的大房子里，有5名仆人服侍。1899年至1907年他担任了4届民主党国会议员，但之后似乎对政治没了兴趣。他说话带有德国口音，比如把鲁斯叫成"鲁特"，这很奇怪，因为他和爸妈一辈子都住在美国。他喜欢收集玉器、书籍、陶瓷、名狗、名马和画作，还拥有所谓"美国最精致的小猴子藏品"。虽然他自己并不参与探险，但对探险活动很热衷。在1933年，他赞助了理查德·伯德率领的南极探险队。鲁珀特最有趣的一项隐私是，他在纽约加里森还有一座房子，在那里为过世的母亲留了一间神龛屋，保存着她还魂归来所需的一切用品。这或许有助于解释为什么他从未结婚。

有钱、热爱棒球是鲁珀特和赫斯顿仅有的共同点。尽管存在种种不合，1914年最后一天，鲁珀特和赫斯顿各付了225 000美元买下了洋基队的股份。要知道，戴弗里和法雷尔10年前买下球队才用了区区18 000美元，眼下这个数目实在惊人。麦格劳当然是心花怒放，可在任何冷静的旁观者眼里，鲁珀特和赫斯顿都是白痴。

事实证明他俩是在最糟糕的时机接下了棒球队的所有权。接下来的几年里，职棒大联盟碰上了一件又一件的倒霉事。首先，联邦联盟的竞争重挫了大联盟的收入。在联邦联盟存在的两年里，美国联盟和全国联盟的球场上座率下降了1/4。随后，美国参加了第一次世界大战，这进一步压低了上座率。1918年又暴发了西班牙大流感疫情，世界各地有数百万人染病身亡，因此大部分人不愿聚集在公共场合。与此同时，总统伍德罗·威尔逊宣布1918年的大联盟赛季比赛场次将减少为130场，以示处于战争状态。那一年，赛季总上座人数跌至300万人次，比10年前少了50%。最后，1919年美国国会通过了《沃尔斯特德法案》（*Volstead Act*），宣布1920年开始实施禁酒令。这下在球场里卖啤酒这一重大收入来源也被砍掉了。

很多球队都快维持不下去了。处在最危险状态的莫过于波士顿红袜队的老板——即将声名狼藉的哈里森·弗雷齐（Harrison Herbert Frazee）。弗雷齐的正业是剧场经理人，但他热爱棒球。1916年他和合作伙伴休·沃德（Hugh Ward）买下了红袜队——当时美国最棒的球队。他们付了100万美元，远远超过了自己的承受能力。很快，弗雷齐和沃德就发现还贷款都有困难了。

1920年1月的第一个星期，眼看着马上就要拖欠债务了，弗雷齐做了一件让红袜队球迷余生都不能释怀的事情：他把贝比·鲁斯卖给了洋基队，换回了10万美元现金和35万美元贷款。此外，从1918年到1923年弗雷齐还陆陆续续把其他16名球员卖给了洋基队，这些事在历史上倒是不怎么显眼，但给红袜队带来的后果却具有毁灭性。洋基队甚至把弗雷齐的总经理埃德·巴罗（Ed Barrow）也挖走了。从某种意义上说，红袜队整个搬到了纽约。1923年，弗雷齐把球队彻底卖掉。凑巧的是，同一年赫斯顿也把自己手里一半的洋基队股份卖给了鲁珀特。

历史不曾注意到鲁斯交易的时机，就在纽约洋基队买下贝比·鲁斯的同一个月禁酒令就生了效——这绝对不是巧合。买下鲁斯之时，雅各布·鲁珀特还有3个星期就会丢掉啤酒生意，他迫切需要其他的收入来源。不过，他很快会发现，靠经营棒球队致富完全行得通。他将把自己的全部身家都压在棒球史上最有天赋、最任性、最散漫、最招人喜欢，也最特立独行的混球身上。

这会是一场豪赌。

09

他改变了棒球，也拯救了棒球

棒球天才贝比·鲁斯

约翰·贝克（John Franklin Baker）人称"本垒打贝克"，这不是因为他的本垒打数量多，而是因为在1911年的世界大赛里，他连续两场比赛都打出了关键的本垒打。其他时候贝克打出的本垒打根本算不得多——比如1910年的整个赛季他才打出过两个。即便如此，他仍是当时棒球界最出名的重炮王。在任何人眼里，"本垒打贝克"都完全没有取笑的意思。

众所周知，1920年之前的棒球运动处于"死球"时代，球队并不是特别追求一飞冲天的狠命击打一口气得上好几分，而是"科学地"制造得分。一个垒一个垒地击球，并想方设法让跑垒员逐个上垒包，采取短打、保送和其他耐心得分的策略。有些球队甚至会练习怎样投球更容易让球被击中，这会让得分往往偏低，但十分接近。

导致这种情况的原因很多。首先，击中球很难。从很多方面来看，它在贝比·鲁斯的年代比现在还要难得多。一个棒球带着145千米的时速从投手的手里飞出，0.4秒后就落进了捕手的手套，击球手显然没有充足的时间思考。此外，为了让球棒有力地迎接球的到来，击球手必须在球还在半途中时，也就是0.2秒时就开始挥动。如果投手投的是曲线球，这时它偏斜的轨迹尚未来得及展开，曲线球一半的弯曲轨迹会在最后4.5米才出现。如果是其他种类的球，比如快球、变速球或者切球会在略有不同的时刻、带着不同的速度飞过来。由于阻力的存在，球从投手的手里飞到捕手手套的这段短短的距离会损耗大约8千米的时速。在贝比·鲁斯的时代，投手还有一项额外优势：投手墩高15英寸，而非现在的10英寸。这也会造成差异。

所以，击球手在属于他的这一段短而又短的决策时间里，必须权衡所有变量，计算球越过垒包的位置和时刻，以保证自己的球棒能稳稳地击中球。丝毫的失算（投手当然巴不得）就会造成界外球、腾空球或者其他常见的失败球。光是击中球就够难的了（这就是为什么哪怕是最优秀的击球手在10次中也差不多会失败7次），而有力地击中球则要求击球手有绝对的信心，外加无与伦比的投入。

正是在这一点上，贝比·鲁斯超过了以往的任何人。鲁斯用一根特大号的球棒（约1.5公斤），抓住它最末端的把手位置，让挥棒这一动作产生鞭子般的效果。科学家们在实验室里做过实际测量，由此带来的结果是，挥棒的力量与时机凝合到一起，产生高达3.6吨的冲力，在球棒与球接触的千分之一秒内，通过物理的奇迹，把一个以145千米的时速杀气腾腾地飞来的球，变成了以177千米的时速飞上天空的旋转物体。效果有点像是朝着半空开了一枪。这场面让人心醉神迷，十分罕见——可现在，却有了一个经常能做出这一动作的人。贝比·鲁斯的本垒打不光更频繁，也更壮观。以前从没人见过球能飞得那么高，那么远。[1]

"在练习击球时，克利夫兰队的所有球员都停了下来，只为了看他击球。"时任印第安人队投手的威利斯·哈德林（Willis Hudlin）在时隔70多年后向《体育画报》（*Sports Illustrated*）回忆说，"他是球员里唯一能做到这件事的家伙。"

从来没有哪个球员曾为棒球运动带来这么大的兴奋。鲁斯上垒时，整个球场的人都屏住了呼吸。"就连卖花生的小贩也停下吆喝，转过身去看他。"1993年马歇尔·斯梅尔瑟（Marshall Smelser）在传记中写道。每当贝比·鲁斯拿起球棒，比赛就"不再是18个人的角逐，而是两个人之间的较量"。

1920年，在洋基队的第一年，鲁斯打出了54个本垒打——比大联盟的其他任何球队都要多。他的打击率是0.376，在10个统计类别里冠绝联盟。对任何人来说这都是一个无法想象的击球手好年景——而且也是一个来得十分及时的好年景。1920年棒球界发生了有史以来最大的丑闻"黑袜事件"，芝加哥白袜队的球员在1919年世界大赛中接受贿赂而放水一事曝光，彻底破坏了人们对这项运动的信任感。而鲁斯的强棒挥舞，恰到好处地转移了人们的视线，可谓体育史上最了不起的强心剂。他不光改变了棒球，很可能也拯救了棒球。

---

1 值得注意的是，鲁斯不光能打得远，在职业生涯中他还做过113个牺牲触击。当代的许多强棒击球手，如哈蒙·基利布鲁（Harmon Killebrew）、弗拉基米尔·格雷罗（Vladimir Guerrero）、马克·特谢拉（Mark Teixeira）、莫·沃恩（Mo Vaughn）在整个职业生涯里都没打过一个牺牲触击。

简直不可思议，鲁斯1921年的表现比1920年还要好。他打出了59个本垒打——这个数字高得简直无法用词汇来形容，他比此前的任何球员都得了更多的分，打出了更多的安打，积累了更高的垒打数。他的打点和四坏球保送位列联盟第一，打击率0.378位列联盟第三，仅次于哈利·海尔曼（Harry Heilmann）和泰·柯布。但这些数据不值一提，因为若鲁斯上场对两人投球的话，他们的打击率肯定会降低好几点。鲁斯还盗垒17次，带领洋基队拿到了第一个大联盟冠军头衔。

有趣的是，随着20世纪20年代拉开序幕，不光只有贝比·鲁斯能打出很多本垒打了。突然之间，在各地的球场球都高高飞上了天空。从1918年到1922年，美国联盟的本垒打展开了一条令人印象极为深刻的轨迹。简单概述如下：

1918年，96个；

1919年，240个；

1920年，369个；

1921年，477个；

1922年，525个。

从整体上看，大联盟的本垒打数量从1918年的235个飙升到了1922年的上千个——短短4年里翻了4倍，这可谓天翻地覆的变化。这是怎么回事呢？原因其实还挺多的。

首先，雷·查普曼在比赛时出事之后，裁判奉命监督比赛用球的规范性。投手不得再故意往球上抹土、吐烟草汁，使得球在靠后的赛局里难以被发现了。大联盟还禁止球员心照不宣的"唾沫球"做法，即朝球的一面吐唾沫，或者涂抹油脂、烟草汁、凡士林，以及其他至少20多种润滑物，目的是让球左右失衡，飞行过程中发生无法预知的突然倾斜、偏移。这种做法类似现代的弹指球，不同之处在于弹指球的球速慢，唾沫球却扔起来很费力。每一名唾沫球投手都有一套自己独特的做法。芝加哥白袜队的埃迪·西科特（Eddie Cicotte）用石蜡来强化效果，但他到底是怎么投完9局比赛却又没把自己毒死，还挺令人奇怪的。负责接球的主队为了打消对方投手动手脚的念头，会把当天的比赛用球全部涂上芥末油、辣椒酱，或者其他火辣辣的"惊喜"——虽然无助于击球，但至少能为主队队员带去更多消遣。

1919年赛季结束后，除了17名在职业生涯中以此谋生的投手，联盟决定禁止所有人使用"唾沫球"。这17人获准保留此技术直至退役。最后一名合法的"唾沫球"投手是1934年退役的伯利·格莱姆斯（Burleigh Grimes）。贝比·鲁斯认为要不是禁止了对棒球做手脚，没有哪个击球手敢冒险全力挥棒打出本垒打。

然而，最重要的变化是球本身变得更有弹性了——但具体是在什么时候发生了这一变化，为什么发生这一变化，以及变化的程度是多少都很难说清楚。

生产出更坚固、更有弹性的棒球是制造商长期以来的追求。费城运动家队的联合所有人、体育用品制造商本·夏伊布（Ben Shibe）是从皮制品行业起家的，他对缝合产品很有了解。多年来，他投入了大量业余时间想要制造出更优质的棒球。1909年他发明了带软木核的球。软木核比橡胶核更轻，意味着为了使球达到规定重量和尺寸必须使用更多的麻线，裹得更紧。几乎所有人都认同夏伊布的新球特别有弹性，尤其是在靠后的赛局里普通的球变得软塌塌的时候。接着，第一次世界大战结束后的某个时候，到底是什么时候还是说不清，夏伊布的公司开始从澳大利亚进口一种优质羊毛，它的纤维性更好，能将轻若鸿毛的软木核缠得更密实。人们通常认为著名的弹性极好的"兔子球"突然出现就始于此。

有趣的是，夏伊布的公司极力否认新球弹性更好，并拿出美国统计局的结果以说明球并不比先前的弹性更好。不过大多数球员并不这么看。"我刚入行时使用的球跟几个赛季前塞进我们手里的兔子球相比，差异可大了。"1927年夏天沃尔特·约翰逊告诉记者，"被击中以后，新球比原来的球飞得快许多。"

虽然本垒打数量普遍增长，但贝比·鲁斯的次数还是无人可比。1920年鲁斯打出了54个本垒打，其他球员还没有能打出20个以上的。1921年鲁斯的成绩是59个本垒打，比成绩排第二、第三的击球手加起来还多11个。1921年7月，当上全职击球手的第二年鲁斯已经打出了139个本垒打，超过了此前任何人在整个职业生涯里的成绩。"从旁观者的角度来看，他一上场就引人注目，他的一举一动都艳丽夸张、美妙如画，就算他失败了也是成功。"一位观察员如此写道。就连他的腾空球也令人感动，球高高地飞上天空，还没落进内野手的手套时他早就悠闲地上了二垒。

贝比·鲁斯来到纽约的第一年，洋基队的上座人数就翻了一番，达到了1 289 000人次，哪怕最终球队仅获得了第三名。巨人队从来不曾在一年里吸引到上百万的球迷。而洋基队的上座率自那以后再也没有低于这个数字过。鲁斯对"科学"棒球原则大肆批评，把约翰·麦格劳气得火冒三丈，同时对洋基队的成功又妒又恨，吩咐他们离开波罗球场，另外寻找主场。1922年雅各布·鲁珀特开始修建洋基体育场，可谓当时规模最大的球场。他精心挑选了球场的地址，刚好能望见麦格劳的波罗球场。球场耗资250万美元，建成后比此前的所有球场都大50%。从开幕的那天起，人们就叫它"鲁斯建的大场馆"。

作为体育界代表人物，贝比·鲁斯受到了前所未有的欢迎。作家保罗·加利科（Paul Gallico）说，有关他的一切似乎都比普通人更大：他的体格，他顶着蓝黑卷发的硕大脑袋，他的大鼻子。鲁斯相貌平平，但有着无法抗拒的魅力。一如他的朋友兼队友韦特·霍伊特（Waite Hoyt）所说："就算他从来不打球，就算你从来没听说过他，若在百老汇大街跟他偶遇，你也会转过头去好好打量他一眼。"

鲁斯的成名时机完美得无法挑剔。它恰恰赶上了小报、纪录片、球迷杂志和广播的诞生——这些东西都是明星文化的关键组成部分。他来到纽约，又恰好进入了媒体世界的心脏。报纸开始刊登媒体专栏，取名"贝比·鲁斯今天做了些什么"。像"贝比·鲁斯修剪了长囊肿的大脚趾"这样的事，全美媒体也竞相报道。而且，对他感兴趣的远远不止体育版。他出现在数十种与棒球全无关系的杂志封面上，从《硬件时代》（*Hardware Age*）到《大众科学》

《*Popular Science*》都对他竞相追捧。《文学文摘》(*The Literary Digest*)用仰慕的笔触刊登了一篇他的人物特写,《纽约客》发刊不久后也做过同样的事。之前没有任何一名棒球选手曾吸引到这样广泛的关注。

鲁斯被当成了神。1921年,哥伦比亚大学的一支教授团队用一种名为"希普计时器"的装置为他做了一连串的生理、心理测试,宣布他的反应力、视力、听力和"神经稳定性"均为"百万里挑一"。甚至,连鲁斯的智力也比正常水平高10%——他常带着特别的骄傲感向别人夸耀这一点。

人们毫无理由地热爱他。鲁斯善良、慷慨,对孩子们尤其如此。一个闷热的日子里,鲁斯在华盛顿格里菲斯体育场受到了柯立芝总统的接见,他掏出手帕擦着脸对柯立芝说:"真是热得要命啊,普雷兹,是吧?"与此同时他也常有聪颖之举。有一次交警冲他喊:"嘿!这条路是单行道!"鲁斯回敬说:"我确实只在一条道上啊!"体育记者雷德·史密斯(Red Smith)逐渐相信鲁斯的确拥有一流的大脑——单纯与精明的巧妙结合,又具备敏锐的感知力。"他的思路很特别,但又了不起。"史密斯对此坚信不疑。

认识他的人倒不太敢打这个包票,因为鲁斯的大脑存在一些"奇妙的缺口"。比方说,他永远记不住人的名字。他亲密的朋友韦特·霍伊特为洋基队效力11年之后前往老虎队时,鲁斯的临别赠言是:"保重啊,沃尔特。"他在背诵文章上也同样没指望。有一次,他出席全国电台广播节目,事前他曾反复接受指导,要他说这么一句话:"一如威灵顿公爵所说,滑铁卢战役是在伊顿公学的运动场上打赢的。"可一上节目，他骄傲地脱口而出："一如艾灵顿公爵所说，滑铁卢战役是在埃尔克顿的运动场上打赢的。"

鲁斯为自己基本上没用过的产品，比如冰激凌、帽子、吊裤带、早餐麦片，各类美容产品等代言，每年能挣好几万美元。他允许报纸刊登由他人代笔的文章，署上自己的名字，可一旦事后看到了又会火冒三丈。他的挥霍无度也很有传奇色彩。有一次客场之旅，他3天内穿了22件真丝衬衫，在离开时全送给了女服务员。还有一次在古巴，一场赛马他就赌输了26 000美元，之后短短几天又输掉了65 000美元。"他的老板太有必要派人贴身保护他了，免得他害死自己，也免得他被骗子、勒索客、赛马场的掮客、庄家和赌徒以及诡计多端的年轻姑娘所伤。"尽管很有钱，鲁斯还是经常没有足够的现金支付所得税，就连1927年在鲁珀特的帮助下，他成为史上收入最高的棒球选手时也不例外。按他自己的估计，在他的棒球生涯损失或者浪费了25万美元以上。

鲁斯的队友们竭尽所能地帮他，轮流检查他的信件，提醒他注意重要的事情。"鲁斯有24个秘书。"霍伊特有一次评论说。球队教练伍兹（Doc Woods）曾发现鲁斯扔掉了装有6000美元支票的信件。伍兹还常在棒球和照片上代鲁斯签名，据说一年就代写了10 000个签名。

鲁斯对食物和性的胃口好得没有止境，这也许是他常年创造奇迹的源泉。《纽约每日新闻报》的体育编辑马歇尔·亨特讲述了他怎样开着车在乡下到处寻找售卖鸡肉大餐的餐馆。"贝比真正想要的是，"亨特说，"享受一顿美美的鸡肉大餐外加姑娘，这一套比你想象中要管用得多。"

鲁斯的不检点常常给他惹来许多意外的麻烦。《纽约电讯晚报》（*New York Evening Telegram*）的体育记者弗雷德·利布（Fred Lieb，就是第一个把洋基体育场叫成"鲁斯建的大场馆"的人）曾看到鲁斯在路易斯安那州什里夫波特的火车上被一个手拿刀子的女性（据说是州议员之妻）追赶。鲁斯只能跳下车逃走，等列车出发时再悄悄上车。还有一次，一位被戴了绿帽子的丈夫拿着枪把近乎全裸的鲁斯赶出了酒店。有人问鲁斯的洋基队友平·博迪（Ping Bodie），跟鲁斯住在同一间房是什么感觉，博迪回答："我不知道呀。我只跟他的行李箱住过同一间房。"

随着20世纪20年代时间逐渐流逝，鲁斯越来越多地自掏腰包住名贵酒店，远离队友们。他会在那里款待任何偶然到访的人。韦特·霍伊特有一回算了下，一晚上他的套房里来了250名访客，而来访的到底是什么人鲁斯自己都不知道。最出名的一次是在底特律的布克凯迪拉克酒店，鲁斯在套房里搞舞会站上凳子高声喊道："现在，凡是不想过夜的女人都可以滚蛋了。"

如果性无法得到满足，鲁斯就大吃大喝。马歇尔·亨特发誓说，他曾亲眼见到鲁斯一顿饭吃下了18份热狗。许多目击者说，曾看到他一顿晚餐所有的菜都点双份：两份炸牛排、两份像山那么高的炸土豆、两份沙拉、两份苹果派冰激凌，6小时以后回来再吃一顿一模一样的东西。两餐之间还吃了8份热狗，喝了6瓶汽水。"天啊，他吃得太多了！"队友哈利·胡珀（Harry Hooper）在《那时的荣耀》（*The Glory of Their Times*）里告诉作者劳伦斯·里特（Lawrence Ritter）。有人计算过，在鲁斯的整个职业生涯中，他吃掉了两吨半重的食物。

总体上，鲁斯逃过了任性生活方式带来的惩罚，但当他跌倒时也跌倒得十分壮观。1922年，他过得糟糕透顶。他因种种违规行为先后5次被停赛，一共错过了1/3个赛季。他与一直受他折磨的球队经理米勒·哈金斯（Miller Huggins）无休止地争吵。有一回，哈金斯批评鲁斯和队友鲍勃·穆塞尔不遵守纪律言行失检，鲁斯将身材矮小的哈金斯拦腰扛到游览车厢的后方平台上，倒挂在栏杆上，直到哈金斯求饶。哈金斯死后，他的一个姐姐控诉说，是鲁斯让他少活了5岁。

1922年的冬天，在一个本应是庆功宴的场合，即将当上纽约市市长的吉米·沃克（对奢华生活也略知一二）当众痛骂鲁斯，说他是"一个伟大的运动员，但也是特大号的傻瓜"。他说，鲁斯在赛季中的粗野行为辜负了所有人的期望。"最糟糕的是，"沃克接着说，"你辜负了美国的孩子们。在美国的每一个地方，每一块孩子们玩棒球的土地上，还有每一所医院里，那些永远无法实现自己运动梦的身躯弱小或残障的儿童们，他们都想着你，你是他们的英雄。他们仰慕你崇拜你。接着怎么样了呢？你糟蹋、作践自己的好身体……孩子们的偶像倒了，他们的梦想也粉碎了。"

这时候，鲁斯也可怜巴巴地抽泣起来——但更糟糕的还在后头。当晚他离开晚宴，收到了一份法院传票，是布鲁克林一个叫多洛雷丝·迪克森（Dolores Dixon）的人，指控他是自己肚里尚未出生孩子的父亲。鲁斯的样子很尴尬，他根本记不得睡没睡过这个女人。然而结果是，他居然并没睡过这个人。"多洛雷丝·迪克森"是编出来的名字，起诉的女士无法提供与鲁斯已知行踪吻合的日期或地点。原告撤诉了，但鲁斯颜面扫地，在公众看来他十分愚蠢。

1925年，一切都变得糟糕起来。在参加春训时鲁斯超重了18公斤，他挣扎着想恢复自己的身体状态。4月初，洋基队结束春训回家的路上又打了一系列表演赛，鲁斯开始感觉不适。球队抵达阿什维尔时，他高烧不退、神志不清。一下火车他就晕倒了。由于他状态不佳无法完成表演赛，经理米勒·哈金斯让他赶回纽约。在大中央车站他再次晕倒，并且抽搐，被匆匆送往圣文森特医院。

流言传开，说是鲁斯吃了太多热狗。这一事件人称"全世界都听说了的闹肚子事件"。医院对鲁斯的病情和治疗语焉不详，有些人禁不住猜他是在治疗梅毒，或者其他令人尴尬的性病。现在看来，不管鲁斯到底患的是什么病都是很严重的急性病，而且几乎可以肯定跟胃有关。鲁斯在病床上躺了一个月，有好几天都虚弱得要靠轮椅才能下床。他在医院一共待了近7个星期。等他回到洋基队，肚子上留下了一条新伤疤，瘦得跟鬼似的：他在生病期间瘦了34公斤，现在病恹恹的，还不到82公斤。而不到两个月前，他还圆滚滚的，像个桶，重达116公斤。他的腿特别瘦。有人评论说，他看起来就像是"两根牙签撑起的一包燕麦片"。

但几乎同时，鲁斯立刻恢复了从前的习惯，一个月之内他就又成了体重超标的暴食客。在8月的一次客场比赛中洋基队打得奇烂，鲁斯几无贡献。他不止一次地跟队友打架。在圣路易斯时鲁斯彻夜未归，哈金斯罚了他5000美元，这在当时是个巨大的数目，是好多球员年薪的两倍多，还对其无限期禁赛。鲁斯气急败坏当场咆哮起来，但最终还是悔改回到了上场阵容中。在本赛季的最后29场比赛里，他打出了10个本垒打，打击率高达0.345，而且完全没惹任何麻烦，只可惜为时已晚。到赛季结束时，洋基队以69胜85负的成绩排名倒数第二，观众上座人数也降到了70万人。

1926年，鲁斯像往常一样卷土重来。他经过了为期6周的密集健身训练，摆脱了18公斤肥溜溜的脂肪，腰围减了近23厘米。这个赛季他的表现也很好：打出了47个本垒打，打击率0.372，拿下146分。最重要的是，他基本上发挥出了自己的本色。但在世界大赛与红雀队的比赛中，鲁斯判断力失常。当比赛进入第9局，洋基队有两人出局，落后一分，鲁斯保送，接着所有人都惊讶不已，他试图盗上二垒。他距离垒包还有3米远比赛就结束了，冠军落到了红雀队手里。"我想我做得太鲁莽了。"鲁斯承认。几乎在所有人眼里这都是世界大赛里最愚蠢的一场比赛，而且一笔抹杀他此前在整个赛季里取得的所有成绩。

因此，1927年开始，贝比·鲁斯需要又一次救赎了。可惜，今非昔比。如今他32岁了，患有低血压、慢性消化不良，偶尔还呼吸急促。他已经不再处于黄金期了。这一年他恐怕很难取得什么像样的成绩。可令人惊讶的是，这一年他远远不只取得了好成绩，他还将度过棒球史上最刻骨铭心的一年。

10

第二支飞跃大洋的队伍
钱柏林与"秃头"莱文

1927年夏天，每当人们找不到贝比·鲁斯时，他准是在某处的电影院坐在前排靠中间的椅子里，大脸盘上带着骄傲和喜悦之情，看着一部他和瑞典女演员安娜·尼尔松（Anna Q. Nilsson）主演的名叫《贝比回家》（*Babe Comes Home*）的6集长影片。

当年1月，加利福尼亚州伯班克第一国家电影制片厂耗时22天拍成此片，从各方面来看这都是部可怕的作品。电影的复制版无一流传，所以谁也说不准情节到底如何。有人说，电影基本上以贝比·鲁斯的生活为原型，但是在电影里，他不曾疯狂地大吃大喝满口粗话地骂人，或者频繁地在地板上做爱。这部电影很不成功。当年大热门的电影是情爱片《唐璜》（*Don Juan*），好莱坞万人迷小生约翰·巴里摩尔（John Barrymore）在片中对爱慕自己的女性献上了不下143个蜜吻——由于亲吻实在太多，没人记得它居然包含了一段配乐。虽然《唐璜》里只有录制好的音乐，没有对白（所以不算是"说话电影"），但从有声电影的角度看，它仍然比《爵士歌手》（*The Jazz Singer*）领先了几个月。

在曼哈顿，更为热门的电影不是故事片，而是福克斯电影公司拍摄的纪录片，只在新建成的罗克西剧院（Roxy Theatre）独家播映，内容是林德伯格从罗斯福机场起飞前往巴黎的过程。这部纪录片里同样有新颖的声音元素。剧院两侧设有扬声器，技师瞅准时机播放独立声轨，发动机启动的啪嗒声和最后胜利的轰鸣都跟屏幕上的图像一一配合。即便在那个时代，它也并非最高科技，但每次播放时，6000名观众无不兴奋地起身热烈鼓掌。

和这两部片子都不一样，《贝比回家》略显乏味。它的上映时机也不怎么凑巧，是在5月22日，正是林德伯格抵达巴黎的那天，全世界都因林德伯格的壮举欣喜若狂。但电影本身也足够糟糕，根本找不到铁杆追随者。对尼尔松女士而言这一作品尤其丢脸，她从前每个星期要收到30 000封影迷来信，此刻却被彻底遗忘了。1925年她骑马时摔下来受了重伤，用了一年时间才康复。《贝比回家》本来是她的复出之作，但却无声无息地落了幕，无人挂念——除了男主角。

此时还有另一个人渐渐归于沉寂，他就是越来越倒霉、越来越处于下风的弗朗切斯科·皮内多。皮内多和两名忠实的机组人员设法比林德伯格抢先一步到了纽芬兰，但随后却被大海汹涌的波涛阻挡——这是水上飞机不可避免的一个常见弊端。5月20日，林德伯格从他们头上径直飞了过去。3天后皮内多才脱身，但在离亚速尔群岛不到580千米的海面上，他又因为引擎故障动弹不得，只得请路过的葡萄牙渔船将飞机拖到法亚尔岛的港口。等他抵达目的地的消息传出，林德伯格早成了全世界的英雄，再没人关心被绳子拖到终点的意大利飞行员了。

皮内多继续前进，但他旅程的最后阶段成了讲述其他航空故事时顺口一提的小插曲。6月11日，他到达了葡萄牙里斯本。6月15日，《纽约时报》上一篇短文称，皮内多在飞往巴塞罗那的途中，在马德里附近受恶劣天气影响，只能搭乘火车完成旅途。

林德伯格在大海上漂荡跟外界失去联系期间，世界渴望一些新鲜的刺激。好在罗斯福机场又开始出现骚动了。林德伯格成功完成越洋飞行后，剩下的两支队伍正在考虑接下来怎么办——是收拾行李走人还是继续完成预定飞行计划，没人说得准。这时候查尔斯·莱文的禁令解除了，他突然明确表示飞机还是要照常飞。

6月4日一大早，"哥伦比亚号"被推进草坪跑道，钱伯林穿着皮夹克、灯笼马裤和800米以外就看得见的方格袜子从机库钻出来，向观众挥手致意，只身进入驾驶舱。莱文的想法似乎是既然他没法比林德伯格更早赶到欧洲，至少能更有意思地飞过去。这次计划的方方面面都有点奇怪。一方面，他和钱伯林拒绝透露飞机的目的地是哪儿。另一方面，机舱里明明有可供副驾驶或领航员乘坐的位置，钱伯林为什么要一个人驾驶，原因就更没人说得明白了。

接着，更加意想不到的事情发生了。钱伯林把飞机开到了起飞位置放慢速度，一个穿着西服的秃头矮胖子在场边狂奔，匆匆爬进机舱。众人目瞪口呆地发现，这人便是查尔斯·莱文。

莱文的妻子一脸莫名其妙，错愕地大叫道："啊啊啊！他不是吧？他不是吧！"等她看出莱文真的要走时一下晕了过去，倒在了身后人的怀里。不过，钱伯林后来私下对记者说，莱文夫人其实一直知道自己丈夫要走，这一幕的出现只是为了打动媒体。

几分钟后，"哥伦比亚号"升空了，夏天里第二架前往欧洲的飞机上路了，尽管连飞机上的两个人都说不准自己是要往哪儿飞。他们的设想是到柏林，但事实上，只要能降落任何地方都行。

莱文很快就证明，他几乎全无用处。他完全没有航行知识，钱伯林曾想让他暂时操纵飞机，他立刻害得飞机差点儿打起了旋。整趟飞行中，他唯一的贡献就是伸手去拿座椅后面的东西，帮忙让钱伯林保持清醒。没过多久他们便意识到，为飞往欧洲的航线导航并不像林德伯格展示得那么轻松。等飞到罗得岛的新港之后，也即升空后还不到1小时，他们就偏离了航线6.5千米，机上装载的地磁感应罗盘无法正常工作了，自此以后他们就无法确定自己到底身处何处了。好在欧洲是个巨大的目标，钱伯林又是世界上最遇事不慌的飞行员。他坚持，只要朝着正确的方向飞就没问题。

钱伯林即将成为仅次于林德伯格的风云人物——尽管时间短暂狂热度也不高。1927年夏天钱伯林33岁，他来自艾奥瓦州的丹尼森，是个跟林德伯格家乡利特尔福尔斯类似的小镇，不过因为靠近林肯高速公路，地理位置还略微好一些。钱伯林的父亲经营着一家珠宝店兼维修店，一家人衣食无忧。跟他同龄的还有另一个来自丹尼森的知名人物，即著名女演员唐娜·里德（Donna Reed）。直到今天丹尼森的人们都记得她，但几乎没有人还记得钱伯林了。

钱伯林的母亲是英国人，不知何因在钱伯林10岁左右的时候她们搬回了英国。奇怪的是，钱伯林的自传对自己私人生活的方方面面都避而不谈——他甚至没提到自己妻子的娘家名，贯穿全书都只叫她"钱伯林太太"，他对这段短暂的英伦生活也没交代几句，只说很讨厌。过了大约一年，他们母子又回到丹尼森，恢复了往日的家庭生活。

高中毕业后，钱伯林进了艾奥瓦州立大学，取得了工程学学位。第一次大战期间他在通信部队服役，学会了驾驶飞机。他作为飞行教员从没上过战场，事实上连美国都没离开过。和大多数飞行员一样，在战后钱伯林能找到什么工作就做什么。有一段时间他做过航空摄影师，从空中拍摄了若干重要活动，包括1923年洋基体育场的隆重开幕式。和林德伯格一样他也曾多次坠机，据估计，大概坠毁了10架飞机。1925年他参加空中比赛时，卷入了一起致命的事故，与他共同参赛的一名乘客身亡了。钱伯林都不怎么认识这位乘客，那只是个来凑热闹的年轻人。在自传里，钱伯林仅仅记录了自己在坠机事故中被撞得失去知觉，事后才听说"同伴死了"。钱伯林自己也受了重伤，医生告诉他以后恐怕都没法走路了。但很明显，事实证明医生错了。即便不说他有什么别的过人之处，至少他天不怕地不怕。

6月5日清晨，从瑟堡出发前往纽约的丘纳德航运公司"毛雷塔尼亚号"轮船上，乘客们被眼前的景象吓了一跳：一架飞机从天而降，在轮船甲板上空盘旋。人们立刻认出这是"哥伦比亚号"。

大部分乘客（碰巧还包括雷蒙德·奥泰格，他正从法国的避暑山庄返回美国，下一周要给林德伯格颁发奥泰格奖）都以为"哥伦比亚号"到访是在致敬，可其实钱伯林是在努力想确定自己的方位。他努力分辨船的名字，好跟自己带的《纽约时报》航行时刻表对照。根据船在海上航行了多少天，他能大概判断出自己还有多少里程要飞。他刚好错过了"孟菲斯号"巡洋舰，错过了跟林德伯格挥手——如果是那样的话，林德伯格一定会困惑得摸不着头脑吧。钱伯林根据"毛雷塔尼亚号"的位置调整了航线，回到云层中继续往欧洲飞去。

　　此后几个小时，再也没有人收到钱伯林和莱文的消息。到了6月6日上午在空中待了将近两天之后，他们降落在了德国东北部的一块田地里。值得注意的是，不管是钱伯林还是莱文都没有想过要带上一份欧洲地图，所以他们根本不知道自己身在何处。他们在空中飞行了近43小时6284千米，以大幅优势打破了林德伯格创下的飞行距离与时间纪录。第一个冲上来迎接他们的是一位愤怒的农妇，因为他们的飞机毁掉了自己的庄稼。旁观者里碰巧有一个回家拜访母亲的航空机师。这位机师英语讲得很好，他告诉两人这里是艾斯莱本附近的曼斯费尔德，距离柏林大概177千米，他们的飞行方向错了。这位机师知道怎样订购航空燃料，否则仅凭他们两人是完全搞不到这东西的。但等油箱送来以后导油管塞不进飞机油箱，两人只好从农妇（这时候她大概平静下来了吧）那里借来了一口长嘴茶壶，费力地把油倒进油箱。

　　终于，飞机加满了油，两位冒险家知悉了正确的方向再次起飞。可很快他们又迷了路。钱伯林和莱文漫无目的、吵吵闹闹地飞了一上午，直至燃料耗尽又一次迫降。这一次，他们发现自己飞过了头，来到了靠近波兰边境一座叫科特布斯的小城[1]。

因为累得无法继续飞行，两人在科特布斯最好的也是唯一的一家酒店里歇了脚，倒头便睡。等醒来时，他们发现自己成了英雄，一队军用飞机前来护送他们去首都。第二天早上，在护航机队的指引下，两人完成了前往柏林滕珀尔霍夫机场的最后一段路。现场有超过15万人在等着迎接他们。还有另外2万人被谣言误导去了华沙机场，结果失望而归。

德国人民为两位飞行员送上了不亚于林德伯格在巴黎受到的盛情款待与热烈欢迎。在德国，希特勒崛起之前再没有人能比他们吸引到规模更大、更热情的群众了。美国民众也变得跟林德伯格着陆时一样兴奋。整整3天，《纽约时报》把最显眼的头条献给两位英雄——厚厚3沓，8个整版事无巨细地涵盖了他们的每一步行动、每一个想法。广大市民也异常兴奋。莱文和钱伯林的妻子前往霍博肯码头搭船去德国时6000人到场送行——那可是在凌晨1点。

不过很快庆祝活动的氛围变得有点紧张起来。柯立芝总统从美国发去了贺电——但只祝贺了钱伯林。外界将他明显的冷落态度解读为反犹太主义。曼哈顿犹太人报纸《日报》（*The Day*）发表评论："两个人从纽约出发，两个人拿命冒险，两个人表现出英雄气概，创造了一个比林德伯格更伟大的纪录。两个人出发，两个人抵

1　巧合的是，科特布斯就在卡门茨往南一点儿，而卡门茨则是1932年绑架了林德伯格孩子的凶手布鲁诺·豪普特曼的家乡。

达，两个都是美国人。但美国总统却只向一个人表示祝贺，出于奇怪的巧合，总统认为名字不值一提的那个人名叫'莱文'[1]。"

林德伯格在自己每天从"孟菲斯号"甲板上发给《纽约时报》的短讯里，同样慷慨大度地赞美了钱伯林，一次都没有提及莱文，不过这恐怕不是因为什么反犹太主义，而是因为他当初跟莱文交易时，惨遭调戏而心有怨念。

德国方面似乎同样对莱文有点小小的不满。柏林的一家餐厅卖起了钱伯林烤牛肉搭配科特布斯的土豆，还有一家啤酒厂贩售钱伯林牌啤酒，同样都没有提到莱文。

莱文自己也没有做什么向德国人民示好的举动。他没去拜访医院，没有去慰问寡妇，对德国飞行员没有丝毫赞美。他甚至对林德伯格也没说什么好话，只是认为林德伯格的成功主要是靠天气好，而非驾驶技术高明。"林德伯格运气好，我们却不是，"莱文告诉记者，"如果我们有林德伯格1/10的运气，一定能做得更好。"更叫德国和美国当局感到丢脸的是，一位德国商人朱利叶斯·普珀（Julius Puppe）博士曾在一笔交易里被莱文骗走5000美元，如今他拿出了法院传票试图查封莱文的飞机。钱伯林的态度倒是和蔼可亲，但他说不出什么话，给人留下一种"不开飞机时脑袋里空空如也"的印象，这或许跟实情也相去不远。

世人很快就意识到自己不怎么喜欢查尔斯·莱文，而从钱伯林那里又永远搞不出什么有意思的猛料，于是他们的注意力很快转到

---

1 莱文（Levine）是犹太裔的常用名。——译者注

了别的地方。

林德伯格此时虽然还在遥远的海上坐着蒸汽船慢慢地回家，却在距离瑟堡还有3天路程时传回了被海浪扫下"孟菲斯号"甲板的消息，又一次引发了热议。《纽约时报》的标题是：

林德伯格险些丧命
海浪吞没了他，在巡洋舰的船头

原来，在波涛汹涌的大海上，这位全世界最受爱戴的英雄晚饭后出舱散步，走到船头时一波大浪突然从侧面冲击甲板，把他跟船只的其他部分隔断了。林德伯格只好紧紧地抓住一条救生索，以免栽倒被卷入海里。瑞安航空公司的老板马奥尼当时也在场，只不过波浪袭来时他安全地站在船的另一侧。林德伯格等了十多分钟，海浪才放缓势头，他潇洒地大步回到安全的地方。"真是一场叫人兴奋的经历。"林德伯格事后说。不过，这对紧张的船员们可不是什么好兆头。这一艘"孟菲斯号"巡洋舰是新近才接过了1916年在加勒比海"疯狗浪"（Rogue Wave）中沉没的老"孟菲斯号"的名字，而那次事故中有40多人丧生。也难怪许多水手说，"孟菲斯"是个受诅咒的名字。

林德伯格暂时没消息，美国人需要些毫无意义的八卦来分分心，一个绰号为"沉船凯利"（Shipwreck Kelly）的人为此做好了准备。6月7日上午11时，凯利爬上了新泽西州纽瓦克市圣弗朗西斯酒店楼顶15米高的旗杆顶端，坐了下来。这一天他就做了这件事，结果人们都被吸引过来，从四面八方赶到纽瓦克市围观。

凯利从小生活在曼哈顿最可怕的街区"地狱厨房"（Hell's Kitchen），处在一个极度残忍无情的环境里。出生前7个月，他在建筑工地上当装配工的父亲因为助手不小心拉错了脚手架的控制杆，落地摔死了。由于痛失家庭支柱，凯利的母亲伤心欲绝死于分娩过程中。在意外中错手害死凯利父亲的那个助手收养了凯利。13岁时凯利就到外洋出海谋生，此后15年的大部分时间都以水手为业。按《时代周刊》的说法，凯利在1912年"泰坦尼克号"沉船事故中幸存下来，故得了这个绰号，但这好像是记者信马由缰编出来的故事。事实上，凯利之所以叫"沉船"，是因为有一阵子，他想以"水手凯利"的名号去当拳击手，但他输的次数太多了——曾经连输11个回合，所以才被人叫成"沉船凯利"。据凯利自己所说，他换过许多工作，当过高空作业工人、飞机特技表演员和"飞人"（出于宣传目的爬上建筑物），从5次沉船、2次坠机、3次撞车和1次列车脱轨事故中侥幸逃命，却毫发未损。1924年他找到了"静坐在旗杆上"这档营生，1927年他基本上就以此为业了。

接连数天甚至几个星期，凯利会一直坐在大厦楼顶旗杆顶端的小垫子上——大小跟酒吧圆凳差不多。最热心的观众可支付25美分到酒店楼顶从相对近的距离观察凯利，甚至跟他进行对话。其余的群众挤在酒店下的街道上造成了交通拥堵，甚至他们还践踏花坛并靠着人多势众突破了防护栏。下面的人用绳子把食品、剃须用品、香烟等物传给凯利。为了防止睡觉时掉下去，凯利将自己的脚踝围着旗杆交错盘起，大脚趾塞进座椅侧边钻出的两个孔里。通常他打盹时间不超过20分钟，并未进入意识全失的深度睡眠。为定期取悦观众，也为了缓解僵硬的肌肉，他时不时地从摇摇晃晃的平台上站起身——这个动作需要相当大的灵活性，甚至还需要不少的勇气，尤其是起风的话。他待在旗杆顶端期间始终不曾离开软垫。没有记录表明他是怎样处理内急的。从两天之前爬上旗杆开始，整个静坐期间他都没吃过固体食物——只喝牛奶、肉汤和咖啡（这或许部分解答了上述问题）。他每天抽4包烟，要不然就只是呆坐着。他标榜自己是"活下来的最走运的傻瓜"。

纽瓦克爬杆多多少少算是"沉船凯利"短暂事业生涯的巅峰了。他在暴风雪、电闪雷鸣和其他种种危险天气里坐过更多的旗杆——最长的一次坐了49天，但世界逐渐对他和旗杆静坐失去了兴趣。凯利淡出了人们的视野，直到1941年8月他因在康涅狄格州酒驾而遭短暂监禁。1952年时他穷困潦倒，因心脏停搏死在了纽约街头。他死时带着一本贴满自己往日功勋的剪贴簿。有关他年龄的说法不一，从59岁到67岁都有。

即使是1927年的纽瓦克，报纸对凯利的兴趣过不了几天就逐渐减退了，因为除了他还坐在旗杆顶上的事实，其他实在没什么可报道的内容。等到12天又12个小时之后他下来吻了自己新婚6个月的妻子，公众早已不为所动，媒体也几乎没注意到。

这时有一件非常非常重要的大事抢走了人们的关注：林德伯格回国了。

11

纽约成为全世界最大的城市
建筑・无线电・成名后的林德伯格

　　儿子名气越大，伊万杰琳・兰德也就越发显得古怪。她受邀到东部地区迎接儿子林德伯格回国，却无视柯立芝总统及夫人同去的邀请，一个人悄悄地住进了巴尔的摩酒店。

　　白宫官员不知道林德伯格夫人的个性，自然甚为震惊。国家大英雄回国前夜，他们却弄丢了他的母亲，这可是不得了的大事。好在一篇报道透露了她的行踪，官员们得以派车把不情不愿的她接回华盛顿。

　　这时候，柯立芝夫妇并未住在白宫。3月份时，为方便对屋顶和三楼进行紧急维修，他们被请出了白宫——据说总统欣然从之，一点也不生气。他们住在所谓的"临时白宫"，那是地处15号杜邦环岛上的一处豪宅，借自《芝加哥论坛报》《纽约每日新闻报》所属报业家族的成员茜茜・帕特森（Cissy Patterson）。

林德伯格夫人到来时还有另一位客人在场——"一个地精似的54岁小个子男人"德怀特·莫罗。他的身影近来愈加频繁地出现。林德伯格夫人似乎很喜欢莫罗的陪伴（他出了名的亲切），也很放松。这很好，因为再过两年他们的儿女就要结婚，两位长辈也将结成亲家了。

身为J. P. 摩根公司的银行家，莫罗此时简直富得难以想象。莫罗在新泽西州恩格尔伍德的家里有32名仆人，而这栋房子基本只供周末短居。平日他们住在曼哈顿的一处超级公寓里。莫罗心不在焉的故事是《纽约客》"城中闲话"（Talk of the Town）一类栏目津津乐道的话题。最常重复的故事是莫罗穿着衣服就爬进浴缸。还有一次，报道里说他在访客的光头上磕烟斗。另有一次，他的朋友在中央火车站遇到了莫罗，看见他一脸困惑无奈地翻着口袋。"你的车票掉了？"朋友问。"不，还要糟糕，"莫罗闷闷不乐地说，"我记不得要去哪儿了。"

莫罗出了名的不擅长装扮，摩根银行只好在男更衣室指派一名侍从确保他总能像样地出现在公开场合。其实在上述事例中莫罗并非心不在焉，而是当时喝多了。他特别贪杯，不过他的思维极其敏锐，再多的酒也并未真正影响他的判断力。多年来他都是J. P. 摩根公司最受信任的高级合伙人。耶鲁大学和芝加哥大学都希望莫罗担任他们的校长。

莫罗和柯立芝早在阿默斯特学院上学时就是朋友了。在那个时代，认为卡尔文·柯立芝具有伟人气质的人并不多，莫罗就是其中之一。1920年，莫罗成立了专门的委员会以帮助时任马萨诸塞州州长的柯立芝竞选总统。该次竞选中，共和党选择了更有个人魅力的沃伦·哈丁，但柯立芝能当选副总统在很大程度上要归功于莫罗在幕后所做的努力。事实证明，柯立芝是个过河拆桥的人。哈丁去世后，柯立芝继任完成后3年的任期，人们普遍预期莫罗会被任命为国务卿或者财政部长，结果根本没有。1925年前，柯立芝没有给莫罗安排任何匹配的职位——任命他做飞行理事会负责人给美国混乱的航空业带去秩序和纪律，也显得略微贬低了莫罗的身份。

现在，总统邀请莫罗出任驻墨西哥大使——这项任命也很让人生疑，因为墨西哥正处在革命的阵痛中，有着强烈的反美意识。当时墨西哥土匪频出，经常杀害外国人，但莫罗还是接受了任命。

6月11日是林德伯格日，一大早就天气晴朗，热气腾腾的。"孟菲斯号"缓缓驶入华盛顿海军造船厂的停泊位，由4艘海军驱逐舰、88架飞机和两架巨型飞船陪伴左右，其中之一是"洛杉矶号"，新近的正式任务是在孤独的北大西洋上搜寻南杰瑟和科利，还有众多的私人游艇。这些船只数量太多，驾驶马虎，为"孟菲斯号"的行进增添了有惊无险的各种小插曲。岸边洋溢着节日的喜庆气氛，乐队演奏欢快的曲调，一大群人怀着幸福的期待耐心等候。林德伯格夫人也在场，但叫许多人吃惊的是，她身边并无总统陪同。事实上，柯立芝总统不太适应航海环境。前不久，在汉普顿港群附近，他站在"五月花号"巡逻舰的舰桥上视察美军舰队，船根本没动，他却晕了船，还拒绝穿上海军制服——这违背了事先约定，触怒了海军。他只在船上待了20分钟，以斜倚的姿势阴郁地朝舷窗外看了几眼，就算完成了视察，之后便下了船。所以，这一回林德伯格归来他决定在城里等候。

林德伯格夫人被迎送上船，在船长舱里私下见了林德伯格，接着两人一起走上甲板。林德伯格身着蓝色西装，经过一星期的海上生活看起来精力充沛、精神焕发。群众因林德伯格的出现爆发出热烈的欢呼声，海军放出21响礼炮，通常只有国家元首才可获得此番致敬。整个城市的工厂扬起汽笛，教堂鸣起钟声。

在快活的喧嚣声中，电台播音员格雷厄姆·麦克纳米（Graham McNamee）以沉着的语气解说着。麦克纳米自己也创造了历史，他的声音由新成立的美国全国广播公司经50家电台向全国传送。这是美国，也是全世界第一家无线电网络公司。美国电话电报公司的19 300千米的电话线缆首次贯通东西海岸，为全美人民提供广播服务。据信，美国的每一台收音机此时都转向了这次现场广播。历史上还从来没有谁像麦克纳米这样，一次性地向这么多人同时讲话。

麦克纳米成为美国最受信赖的声音，这完全是意外事件。他跟林德伯格一样是明尼苏达州人，年轻时搬到了纽约，想在严肃和轻歌剧领域做歌手。在1923年他顺着下百老汇大街散步时，路过了广播电台WEAF的办公室，他知道电台有时会播出歌唱独奏节目，就去问有没有试唱机会。电台经理塞缪尔·罗斯（Samuel Ross）认为麦克纳米有着适合广播的完美嗓音：温暖、清晰。当场就聘请他介绍节目、播报新闻，偶尔还唱歌。那年秋天，WEAF获得了世界大赛中洋基队对抗巨人队的广播权——这是第一次广播世界大赛，吸引了海量听众。《论坛报》[1]的W. O. 麦吉汗受聘进行详细报道，麦克纳米前往协助。麦吉汗没有广播天赋，他讲话时语调呆板，丝毫没有花心思填补赛间空白。到第3场比赛的第4局，他对麦克纳米说不想干了，于是甩手走人。麦克纳米没办法只好接手，但这对他而言有点难度，因为他对职业棒球的认识不多。

麦克纳米是个天生的广播员。麦克纳米介绍人群，介绍天气，介绍球场上空飘荡的兴奋氛围。他也观察寻找名人，他让听众感觉身在现场，像老朋友一样备受欢迎。人们喜欢他的节目，虽然他并不怎么清楚赛场上发生了什么。体育评论家林·拉德纳（Ring Lardner）有一回写道："我不知道该描写哪一场比赛，是我今天看见的那一场呢，还是从格雷厄姆·麦克纳米口中听说的那一场，虽然在波罗球场上我就坐在他身边。"很快，麦克纳米就成了全美最出名的播音员，不光播报世界大赛的比赛，也播报所有重要活动、会议——拳王争霸赛、政治会议、玫瑰碗的大学橄榄球赛事和林德伯格回国。

从很多方面来看，华盛顿的"林德伯格日"为广播时代揭开了序幕。你需要有些想象力才能理解20世纪20年代时收音机是何等的新颖有趣，那简直是时代的奇迹。在林德伯格越洋飞行的年代，美国人用在置办家具上的钱有1/3花在了收音机上。广播电台在各地如雨后春笋般成立。光是1922年这一年，美国广播电台的数量就从28家激增到570家。似乎任何人都能办上一家电台。俄亥俄州新黎巴

1　*Tribune*，《纽约先驱论坛报》的前身之一。

嫩的一家养殖场就有自己的电台。很多百货公司、银行、五金店、教堂、报纸、公共场所和学校也都自办电台。哪怕是大型电台制作的节目有时也会略显业余。WHN在纽约的广播员诺曼·布罗肯希尔（Norman Brokenshire）发现自己有漫长的节目空窗期要填却找不到更多的话可说，于是宣布："女士们，先生们，我们现在为您带来纽约城里繁忙的都市之音。"然后把麦克风伸出窗外，现场拾音。

不是所有人都为新技术着迷。许多人认为在空中飘荡的所有无形电波必定十分危险，有一种广为传播的看法是，鸟儿跌落在地上就是被无线电波袭击导致的。但整体来看，民众其乐融融。坐在自己的客厅里收听遥远地方的现场活动，似乎就跟远程传输一样神奇。一位广告商写道："无线电跨越了时间和空间的障碍！"与其说这是对事实的表达，倒不如说是在形容奇迹。在很多人眼里，林德伯格回国的广播跟林德伯格回国这件事情同样重要，同样叫人兴奋！

"那孩子来啦！"林德伯格刚出现在"孟菲斯号"的甲板上，麦克纳米就叫嚷起来。"他安静地站着，毫不张扬……他表情非常严肃也非常和蔼。真是个好小伙子！"据估计，那天有3000万听众为他的每一个字心醉神迷。但这些听众没看到的是，麦克纳米的脸颊上挂着喜悦的泪水。

在岸上的欢迎队列里，有海军部长和陆军部长，以及海军军官方阵，理查德·伯德中校也身着耀眼的白色礼服在列（虽然他还没出发这一点显得挺奇怪的）。人们想知道伯德还打不打算飞往欧洲。不过，此时不是他和林德伯格进行讨论的好时机，因为林德伯格和他母亲被匆匆推搡进了一辆皮尔斯敞篷汽车上，骑兵要护送他们前往华盛顿纪念碑那里。

没有人知道那天华盛顿街道上站了多少人，但普遍看法是，首都从来没有过这么大规模的集会。车队前往国家广场途中，林德伯格偶尔向密不透风的人群挥挥手，但大多数时候是直直地瞪着。当他经过时道路两旁的许多人都哭了，作家兼探险家菲茨休·格林（Fitzhugh Green，林德伯格《我们》一书的编辑）说："哭的人自己也不知道为什么。"在华盛顿纪念碑旁，人头的海洋覆盖了所有看得见的地方，小孩子们全站到了附近的树杈上，就像是圣诞树上装点的玩具。在华盛顿纪念碑脚下站着柯立芝总统和内阁所有成员，只有一个人缺了席，这唯一缺席的人是胡佛，他还陷在密西西比州的格尔夫波特，应付着密西西比河大洪水。洪灾状况跟此前一样糟糕，但在这一刻，没有直接受到影响的人完全忘了这回事。即使胡佛不懈地努力宣传，也无法让它跟林德伯格一样出现在全国报纸的头版。

等林德伯格终于来到演讲台，他向在场者点头致意，接受人群的欢呼。柯立芝总统发表了简短的欢迎致辞，并将飞行优异十字勋章别在了林德伯格的衣领上，做手势请他演说。因为话筒的设置略低于自己的身高，林德伯格把身子往前倾了倾，表达了喜悦之情，说了几句感谢的话，之后退回去。一阵怪异的寂静随之而来，观礼的人群恍然大悟：大多数人在烈日下守候了几个钟头，却盼来了全美最沉默寡言的两个人，仪式就这么结束了。但随后，人群恢复了理智，迸发出狂热的掌声，"把手都拍麻了"。许多人这时也哭了。

就这样，林德伯格开始了他作为公众人物的新生活。从现在起，他清醒着的每一刻都伴随着无尽无休的宴会、演讲和握手。在华盛顿的短短36小时里，新任的林德伯格上校会出席3场宴会，发表若干演讲，拜访沃尔特·里德陆军医院的伤兵，为无名战士的墓敬献花圈，参观国会大厦。他所到之处，民众都夹道欢呼。这是过分赞美的生动展示，但跟他之后到纽约所碰到的情形相比，这只算得上是微不足道的序幕。

20世纪20年代的美国正在大兴土木。1927年，全美据说有5000栋高层建筑，这占了全世界的绝大部分。就连在得克萨斯州的博蒙特也有6栋10层以上的高楼，超过了巴黎、伦敦、柏林或者其他任何欧洲城市。1927年在底特律开张的J. L.哈德森百货公司（J. L. Hudson）拥有全世界最高的百货大楼，有20多层。克利夫兰出现了高达52层的车站塔楼（Union Terminal），成为当时全世界第二高的建筑。[1]洛杉矶对建筑物的高度确立了严格的限制（在很大程度上，这也反映了为什么如今的洛杉矶呈铺大饼式横向发展），但市政厅仍然违背了自己规定的法令，修了28层。一时间，美国的建筑就像止不住地要往高处长似的。

建筑越修越高，涌入城市中心的工人也越来越多。到1927年，波士顿每天有825 000人进入市中心——比全城的总人口还多。匹兹堡每天吸纳355 000人，洛杉矶和旧金山每天50万人，芝加哥和费城全都超过了75万人，而纽约最多，每日负荷高得惊人：300万人。

1　纽约城里建于1913年的伍尔沃斯大厦，高240米，在当时仍然排全世界第一位。高度超越伍尔沃斯大厦的克莱斯勒大厦和帝国大厦，要到1930年和1931年才建成。

1927年，纽约刚刚超越伦敦成为全世界最大的城市，也是最国际化的城市。800万纽约居民里，有1/4的外来移民，比费城的总人口还多。土生土长的美国人也蜂拥至此。自第一次世界大战结束以来，20万来自南方的黑人搬到纽约，此刻的密西西比河大洪水又逼来了数万人。

此时的纽约不光驻扎着全国诸多主要服务商的总部，如银行、证券经纪、出版、广告、大部分艺术行业等等。并且是全美最大的工业中心。它是3万家工厂的所在地，全美国商品的1/10产自这里。美国海外贸易的40%以上是通过纽约港运输出海的，其国际客运量也占了压倒性份额。每天有多达12 000名旅客从曼哈顿西侧的桥墩出发，来送别的人接近25 000人次。每一天，从早晨8点到下午1点，都有密集的人群聚集在码头上，造成了周围街区的大拥堵。

每隔4年，纽约的人口增长量就相当于波士顿或者圣路易斯的总人口数。房地产开发商根本跟不上人口增长的速度。光是在1926年，就有上千栋新的办公楼正在兴建或重建。为了尽量减少拥挤，纽约市颁布了严格的新条例，禁止高层建筑占地面积过大，并规定建筑师在设计时应考虑更多的楼间通风和地面采光。此举反而带来了意想不到的结果：加速了商业发展的步伐，因为设在巨型建筑中的大卖场才能获得更好的经济回报。它还鼓励摩天大楼朝着曼哈顿以北的方向推进。到1927年，纽约拥有全美一半的摩天大楼，而其中一半都在市中心。我们现在提起纽约时所联想到的街道下陷有如置身峡谷，天际线外高低不平，基本上是20世纪20年代才出现的景象。

不少新建筑对城市的基础设施带来了极大的压力。当时世界上最大的办公楼格雷巴大厦于1927年年初投入使用，位于列克星敦大道420号，一次性就带来了12 000名上班族。而今曼哈顿的一栋大楼可轻松容纳5万名员工。飙升的人口密度令纽约成为全世界生活最紧张、最具挑战性的城市，也为一场即将展开、全世界从未见过的盛大游行提供了最兴奋、最完美的后备部队。

6月13日是星期一，林德伯格开着一架从海军部队借来的飞机，来到长岛的米切尔机场，一架等候在此专用于短途飞行的两栖飞机立刻将他带到了城市上空。他完全不知道什么样的情形正等着自己，没有人料得到。他来到纽约港，看见了此生最不寻常的景象：在这个全世界最大的城市，全城人都站在街上欢迎他。

港口密密麻麻停满了船。岸上，从曼哈顿最靠下的地方到中央公园，每一条人行道、每一处屋檐、每一扇办公室的窗户前都挤满了人。没人说得出到底有多少人来看游行，据估算，人数在400万～500万。有史以来，人们聚集起来向一个人致敬的规模恐怕以此为最了。

在码头上，林德伯格登上了市长的游艇（这是罗德曼·沃纳梅克送给纽约的礼物），前往游行的出发地巴特里公园[1]。自助午餐本已上桌，但因为一群记者和摄影师先行到达，把它吃了个精光，林德伯格只好饿着肚子参加庆祝活动。

巴特里公园约有30万人等候，林德伯格钻进了一辆派卡德敞篷轿车，跟市长吉米·沃克一同坐在后座上，市长戴着一顶有点过

---

1 也译作炮台公园。

时的大礼帽。林德伯格一如既往地没戴任何东西。他们在密密麻麻的五彩纸屑中穿过了百老汇大街，天上飞舞的彩带太多，以至于排队的人几乎要看不见林德伯格和沃克了。这是一场史无前例的大场面。1918年停战游行结束后，全城扫出了155吨碎纸片。而林德伯格游行后，扫出了1800吨。一些观众太过兴奋，把办公室纸篓里所有的纸张都倒了出去，却完全没考虑纸篓里有没有什么重物。第二天，从街上扫出来的东西包括电话簿、企业名录等大件纸制品，都是从临街大楼的窗户里快乐地飞出来或者抛下来的，好在没伤着人。

围观者中有一位叫格特鲁德·埃德尔（Gertrude Ederle）的年轻姑娘，或许她够格成为全美被遗忘得最快的名人。她作为德国移民的女儿——父亲在阿姆斯特丹大道上开着一家肉铺，可谓美国有史以来最优秀的游泳选手。1922年的一天，她打破了6项纪录。她体壮如牛，能游极长的距离。在1926年8月，她成为了第一个横渡英吉利海峡的女性，而且比此前所有的男选手游得更快。美国同胞们被她的这一壮举深深感动了，也备受鼓舞，为她举行了盛大的彩带游行。有一阵子无论她走到哪儿去，都有一大群人簇拥着她。

在她名声最盛的短暂时期，埃德尔接到了价值90万美元的商业邀约，但她的教练认为她要比这值钱得多，不准她签约。遗憾的是，就在这时，世界注意到，出了水面埃德尔既不有趣也不怎么吸引人。她矮墩墩的，缺乏魅力。她的听力也颇成问题，在接受媒体采访时她显得急躁不耐烦。埃德尔刚回国，另一位女性、丹麦出生的美国人米勒·盖德（Mille Gade）同样横渡了英吉利海峡。这让埃德尔的成绩顿显失色，世界迅速对她失去了兴趣。最终，埃德尔只挣了19 793美元的个人出场费。到林德伯格游行时，她已沦为周薪50美元的游泳教练，走上大街丝毫也不会引起别人注意了。如果有人提起她，无疑是想借此昭示林德伯格未来的命运。

游行活动在市政厅、圣帕特里克大教堂和中央公园分别稍作停留，用去了差不多整个下午。接下来的4天，林德伯格的行程更为密集——更多的演讲、招待会、颁奖典礼和游行，还有一趟迟来的齐格菲尔德剧院之旅，即观看《里奥·丽塔》。访问期间，林德伯格和他母亲借住在公园大道270号的一栋大公寓里，房东不是别人，正是把贝比·鲁斯卖给洋基队的哈里森·弗雷齐。事有凑巧，南杰瑟也对弗雷齐的公寓熟悉得很，他向心爱的孔苏埃洛·哈特梅克求婚时，哈特梅克小姐就定居此处。在弗雷齐的公寓，林德伯格的母亲勉强答应在一场非正式的新闻发布会上见见记者们，然而她表现出了大师级拒不回答问题的姿态。

"您认为令公子接下来会做什么？"一名记者问她。

她说："不知道。"

"他从巴黎给您带回什么纪念品了吗？"另一名记者问。

"没有。"

"您曾想过要和儿子一起飞越大西洋吗？"

"他没问过我。"

"接下来的几天，您有什么打算？"

"一切尽听组委会安排。"

过了半个多小时，记者们的问题问完了，此后便是让人尴尬的漫长沉默。助理走进来结束了发布会，说林德伯格夫人在别处有约。她如释重负地大出一口气。"我说了太多话了。"她坦言道。

不管怎么说，林德伯格母子都有点奇怪，两个人在一起就更显得奇怪。游行的当晚，林德伯格和母亲在沃克市长的陪同下，驱车前往富翁克拉伦斯·麦凯（Clarence H. Mackay）在长岛的庄园参加晚宴及舞会。晚饭后不久，人们发现林德伯格不见了。惊慌失措的麦凯搜遍了整座庄园，不知道他尊贵的客人发生了什么。结果，林德伯格和母亲竟然早就离开了曼哈顿，全然不记得向晚宴的主人、州长、市长，以及在场的其他500名客人说一声感谢和再见。母子俩显然没告诉市长，因为他们离开时并没有乘车，而是悄无声息地走了。

连续3天，林德伯格的故事完全占据了《纽约时报》的头版，甚至非头版的大部分篇幅。游行当天，林德伯格的故事占了报纸前面整整16页。人们对与林德伯格有关的所有事情都太感兴趣了，就连6月15日林德伯格夫人到宾夕法尼亚车站搭火车回中西部时，都有500名警察手挽着手拦住人群。

林德伯格现在成了全地球最贵重的人形商品，各种报酬诱人的邀约向他狂轰滥炸——拍电影、写书、写报纸专栏、宣传形形色色的商品、在杂耍表演里露个脸、周游世界巡回讲演。据他自己回忆，有人出价50万美元请他出演以其人生故事为基础改编的电影并享受分成，还有人出价5万美元请他代言一种畅销的香烟。如果他找到了梦想中的姑娘并与之结婚的话，另一家公司向他开价100万美元以求把整个过程拍摄成电影。华盛顿的资深人士劝他进入政界。"他们告诉我，"林德伯格后来写道，"如果我想在政界闯荡一番事业，有很大的机会能当选总统。"回国后第一个月，他总共收到了价值100万美元的种种邀约。

未经授权和通知就想用林德伯格的名字赚钱的人实在太多了，他甚至无奈到要聘请侦探社调查那些最为恶劣的行径。《纽约时报》报道了克利夫兰一名企业家的案例，此人找来一个同样叫作查尔斯·林德伯格但对航空飞行一无所知的铁路机械师，让其担任林德伯格航空集团公司的名义负责人，打算向仰慕真正林德伯格的轻信公众发售1亿美元的股票债券。

在这个为林德伯格而狂热的一星期里，最盛大的活动是纽约市在康莫德酒店为他举办的一场晚宴。《纽约时报》称来宾有3700人，全是男性，因为主办方没有邀请任何女性。这是有史以来该市举办的规模最大的晚宴。所有的报纸都欢天喜地地罗列出了数量庞大的食物和餐具：1130升的绿龟汤，1吨鱼，680千克弗吉尼亚火腿，2.7吨鸡肉，470升豌豆汤，15 000片面包，2000棵生菜，380升咖啡，800夸脱冰激凌，12 000块蛋糕，136千克黄油，36 000份杯盘，50 000份餐具。但有一点需要指出，各出版物给出的数字完全一致的很少。晚宴预计7点钟开始，但因为太多人都在寻找自己的位置，场面一片混乱，直到9点所有人才正式入座，开始上菜。讲演到11点才开始，整整推迟了3个小时。

6月15日那天晚上淋漓尽致地展示了林德伯格的生活是多么荒诞和离谱。经过一整天的讲演和招待会之后，他终于有机会去看《里奥·丽塔》了。但观众们一看到他就欣喜若狂，剧院只好打电话叫来了警察，剧目推迟了一个多小时才开演。但远远不到结束的时候，林德伯格便被迫离席，要到罗克西剧院参加为南杰瑟和科利举办的慈善晚会。他在剧院中很有礼貌地坐了一个小时，紧接着就被拉出去送到了米切尔机场，他在燕尾服外面套上了飞行服，驾机前往华盛顿。

在华盛顿，林德伯格小心翼翼地验收了对"圣路易斯精神号"的维修工作，随后爬进了他熟悉的驾驶舱，开着它又返回纽约。早晨7点半，他降落在了纽约米切尔机场。终于能跟自己心爱的座机团聚了，他心满意足地回到弗雷齐的公寓迅速洗了个澡，换过衣服，之后，整夜未眠的他又继续参加活动去了。

结果，这一天为林德伯格安排的活动密集、疯狂得几乎不切实际。他先被送去参加布鲁克林的游行，包括在展望公园对着20万人讲演，接下来是跟天主教"哥伦布骑士会"的分会成员进行正式午宴。接着，他要到洋基体育场看洋基队跟圣路易斯布朗队比赛，再立刻回到曼哈顿，在布雷武特酒店接受奥泰格为他颁奖。随后又是一场正式晚宴。

在洋基体育场，为迎接林德伯格一行的到来，人们将整整3个区段的座椅粉刷一新，20 000名球迷到场想向他致意。贝比·鲁斯答应为他打出一个本垒打，但等比赛开始这位伟大的飞行员仍然不见踪影。球队和观众等了半个小时后才有消息传来说林德伯格还在曼哈顿，裁判这才示意比赛正式开始，不再等待。

棒球赛季缓缓推进，到了眼下这个阶段，没人看出有什么兆头显示今年对鲁斯或者洋基队的其他球员来说会是丰收的年景。赛季开始之前，鲁斯亲口告诉记者恐怕没法打破自己1921年的本垒打纪录。"要做到这一点，你必须尽早开始，而且投手得给你投球才行。"他说，"我今年开始得不够早，而且4个赛季以来，投手并不真正给我投球了。"似乎是为了证明自己的观点，他在赛季的第一场比赛就抱怨头晕，先行离开了。第一个月里打得也没什么活力。到了林德伯格在巴黎降落的5月21日，鲁斯在32场比赛里才打出了9个本垒打。

之后发生了两件事：《贝比回家》上映和鲁斯突然振作起来。只有老天才知道这部电影带给了鲁斯多大的刺激，但它上映的时间跟他打出大量本垒打的时段完美重合——两天之内就打出了5个本垒打。其中一个是在费城，球高高地飞出了球场，落在了街对面一栋两层小楼上。到6月7日，鲁斯的本垒打总数已攀升到18个——这个数字更体面，也更有上升空间。两天后，在洋基体育场对阵芝加哥队时，鲁斯竟然成功盗上本垒——这种事情，一个顶着大肚子的32岁男人通常可做不到。这个赛季突然变得有趣起来。

鲁斯说话算话，在林德伯格日那天为林德伯格打出了一个本垒打。它出现在第一场对阵汤姆·扎卡里（Tom Zachary）的下半局中，而扎卡里则将在本赛季最后对阵鲁斯时打出一个更加重要的本垒打。鲁斯之后上场的是卢·格里克，他在近乎完全相同的位置也打出了一个本垒打。只可惜林德伯格根本没来，这两个球都不曾看到。"我为他打出了本垒打，可他却不曾露面，"鲁斯赛后说，"我猜他大概以为这是一场傍晚打的比赛。"

林德伯格无法赶到的责任并不在他自己。因为太多人想跟他说话、握手了，他当天的每一轮活动安排都拖后了，等他终于得空赶到洋基体育场时已经下午5点多，比赛就要结束了。这时候，他怎么也没时间进去了，车队只好掉头回到城里，送他去格林尼治村的布雷武特酒店接受雷蒙德·奥泰格为他颁奖。和在所有地方一样，一大群人把他堵在了酒店门外，他被强行推拉着才通过大片胳膊的海洋进了酒店。

林德伯格明显开始见怪不怪了。在这一片混乱当中，著名历史学家亨德里克·房龙（Hendrik Willem Van Loon）见到了他，表达了真正的担忧："我还从来没见过哪个人像他这样累得如此绝望而勇敢，大脑仍在履行职责，身体其他部分却跟不上了。再来3天这样的日子，围观荣耀的狗群一定会把他追逐至死。"

事实上，林德伯格要熬的日子远远不止3天，局面还将越来越糟糕。

至少，见到雷蒙德·奥泰格时林德伯格一定是高兴的，因为奥泰格是个讨人喜欢的可爱人物，很擅长宽慰人心。奥泰格出身贫寒，本是法国比利牛斯山下的牧童，1882年时，他刚满12岁便跟着叔叔来到美国。他自学了英语，找到一份酒店服务员的工作，一路顺着机会之梯往上爬，先是领班，而后成了经理，最终当上了曼哈顿两座最富丽堂皇的酒店拉法耶特和布雷武特的主人。对奥泰格而言，林德伯格是个救星。设立奥泰格奖，是他出于一时冲动的慷慨之举，结果却成了他的噩梦。为了赢得奖金，已经有6人丧命，若非林德伯格胜出，这个数字很可能继续往上涨。批评家开始评论说，不管用心多么良苦，奥泰格也得算杀人犯。可以理解，这个说法让奥泰格痛苦得无法忍受。

所以，奥泰格满心宽慰和喜悦地把支票递给了林德伯格，尽管他一定也有些心疼。因为在1927年，25 000美元可算是笔巨款，不是他随随便便就能拿出来的。

　　令人惋惜的一点是，就在这个时候，奥泰格的事业在逐渐下滑，并且即将被一件害死了许多人的东西害死：禁酒令。

12

禁酒令催生出的地下酒吧产业

禁酒宣传员韦恩·惠勒

1927年6月23日晚上的某一刻,在纽约市发生了一起事件。43岁的威尔逊·希科克斯(Wilson B. Hickox)是俄亥俄州克利夫兰市的一名富商(凑巧是驻法大使迈伦·赫里克的邻居)。他从外面回到自己在罗斯福酒店的房间,给自己倒了杯睡前酒。

没过多久,希科克斯先生开始产生了一种奇怪而不快的感觉——喉咙和胸口发紧,苦涩的疼痛在整个身体中蔓延。我们可以想象,随着症状越发严重,玻璃杯从他手里滑落,希科克斯先生痛苦地站起来,跌跌撞撞地走向门口想叫人帮忙。随着马钱子碱的剧毒作用席卷而来,他身体的各个系统逐一崩溃、麻痹。希科克斯先生没能奔到门口,而是慢慢地、悲惨地倒在房间的地上,茫然、惊惧着,一丝肌肉都无法动弹。

希科克斯先生之死最值得说明的一点是,他不是被人下了毒,而是政府害死了他。从许多方面来看，20世纪20年代是美国历史上最奇怪、最不可思议的10年，禁酒令更让它怪上加怪。这是一个原本理性的国家有史以来做过的最极端、判断最失误、代价最沉重，却也最易为后人所忽视的一项社会工程实验。它一下就斩杀了美国的第五大产业，把每年将近20亿美元的收益从合法商人的手里夺过来，交给了杀气腾腾的暴徒。它让老实人变成了罪犯，实际上还增加了全美人民的饮酒量。

然而，最奇怪的地方莫过于美国政府还公开实行这样的政策：为了让其他公民保持清醒，而随机毒死一部分公民。希科克斯先生之所以显得有些不同寻常是因为富人一般会谨慎地从可靠供应商那里买私酒，难得受此戕害。这就是为什么在禁酒令时代阿尔·卡彭那样的人大发其财，因为他们不害死自己的客户。

希科克斯先生被害死是因为颁布禁酒令时没充分考虑到一个问题：除了饮用，酒精还有其他各种用途。酒精是油漆稀释剂、防冻剂、洗涤剂、防腐剂、防腐液等的关键组成部分。所以，为了这些合法的用途，政府必须允许它继续生产。不可避免地，一部分数量相当庞大的酒精，据估计每年有2.3亿升进入了私酒交易。为了让工业酒精无法饮用，政府往其中添加马钱子碱和汞等毒物（能让饮用者致盲、致残甚至致死），使之"变性"。一位禁酒官员快活地说，"变性"酒精成了"美国的全民新饮料"。

到底有多少人因为喝下工业酒精命丧黄泉，各方统计数据差异很大。饮食文化史学家鲁特（Root）和罗什蒙（De Rochemont）在其权威的《美国饮食报告》（*Eating in America*）中称，光是1927年就有11 700人因喝私酒被政府毒死。其他数据来源提供的数字要小得多。但不管总数多还是少，这肯定是美国历史上最怪异的罪恶情节：官方竟然以痛苦的方式处死自己的公民，只因为他们坚持了一种前不久还属于文明生活的一部分、在世界其他地区几乎全都合法适度进行时明显无害的行为。

有关禁酒令的一切事情不是荒谬的就是滑稽的。财政部负责执行新法律，但它完全缺乏承担这一工作的必要资质、资金和热情。因为国会拒绝提供资源，禁酒部门只聘用了1520名特工[1]让他们去完成一项根本不可能完成的任务：阻止全美963万平方千米疆域里的1亿公民参与酒精生产和消费活动。这样的话，就要每名特工负责盯守75 000人，同时还要监管19 924千米的海岸线和边境线，禁止走私。联邦政府希望各州承担、执行该法律，但几乎每个州都极不情愿。

到1927年，每个州用在执行渔猎法规上的时间是执行禁酒令的8倍。禁酒令给国家造成了巨大的经济损失。联邦政府失去了每年5亿美元的酒税——占国民收入的近1/10。州政府痛苦不堪，在禁酒令生效前，纽约一半的收入都来自酒税。这也就难怪各州不愿从本来就少的预算里分出一部分钱，执行一套克扣了自己收入的法律了。

地下酒吧疯狂发展。曼哈顿中城的一个街区就出现了32个提供饮酒的地方。人们到处都喝得到酒，而且卖酒的大多不遮不掩，禁酒令就像是压根儿不存在似的。芝加哥仍在营业的酒吧差不多有两

1　警备力量后来略有加强，但特工人数始终不曾超过2300人。

万家，有些街区的酒吧甚至连招牌都不改，公然卖酒。在纽约，饮酒场所的数量比禁酒令生效前翻了一倍，达到了32 000家。

而且，在这些新开的地下酒吧中，贩售的酒水当然完全不受监管。在芝加哥，市政府的一名化学家把私售的威士忌往水槽里倒了几滴，惊讶地看着它腐蚀且穿透了陶瓷。《纽约电讯报》（*New York Telegram*）的记者出于好奇想了解私售的威士忌到底有些什么成分，请了一位化学家检验了从全城地下酒吧里买来的341种样品。化学家分离出了煤油、尼古丁、精苯、粗苯、甲醛、碘、硫酸和肥皂等多种成分。此外，还发现约1/6的样品都严重有害健康。

读者们想必要问，一切怎么会变成这样呢？令人颇感意外的是，答案竟藏在一个獐头鼠目的小个子男人身上。这人叫韦恩·惠勒（Wayne Wheeler），他蓄着整齐的小胡子，戴一副夹鼻眼镜。虽说外表全无威胁感，但有一段时间，韦恩·惠勒曾是全美最令人生畏、最有权势的人，也是最举措失当的恶魔——除非你认为，就因为喝了一杯酒人就该痛苦地死掉。

韦恩·惠勒出生于1869年，在俄亥俄州东部的一座农场长大。有一天，有个喝醉酒的农场工人不小心用干草叉刺伤了他的腿。虽然惠勒并不曾被酒精害得脑袋不清醒，但自此以后便产生了一种传道式的热情，即要把酒精从美国人的生活里赶出去。

取得律师资格后，他担任了俄亥俄州反聚会联盟（Anti-Saloon League）的负责人，并迅速表现出了玩弄政治手腕的才华。1905年，他盯上了俄亥俄州大受欢迎的州长。两年前，此任州长凭有史以来最多票数当选，还经常被人说成是总统的候选人。遗憾的是，州长并不支持驱逐酒精的诉求。凑巧的是这位州长就是未来的美国驻法大使迈伦·赫里克，他马上就会吃到苦头了——反对韦恩·惠勒永远得不偿失。惠勒是个宣传大师，他只有一个明确的目的：把所有不肯全心全意支持禁酒令的政客赶下台。而且，他还打算不择手段地这么干。他雇用私家侦探监视对自己不够热情的政客，深挖这些政客身上见不得光的丑事，还认为勒索是实现预期目的的合理手段。

除了让美国全面禁酒，一切对他来说都无关紧要。其他禁酒团体则投身于各种枝节问题——烟草、短裙、爵士乐，甚至邮局政策和政府对公共事业单位的所有权。而惠勒只宣传唯一的一条信息：喝酒让人贫困，让婚姻解体，喝酒造成经济损失，喝酒是现代社会一切罪恶之母。

迈伦·赫里克反对惠勒在俄亥俄州禁酒的号召，让自己显得像是跟民众脱了节，缺乏同情心。他被压倒性地击败了，再也没能当选任何公职。相反，一位后起的政治之星，平庸得一无是处的沃伦·哈丁却成了副州长。美国各地的政客们迅速认识到，要么支持惠勒，支持他的反聚会联盟，要么放弃再次当选的指望。

在"惠勒主义"的大旗下，美国的许多州早在禁酒令生效前就彻底禁酒了。到1917年，实现了27个州完全禁酒，还有好几个州基本上禁酒。那时候，若旅行穿越全美——从得克萨斯州到北达科他州，从犹他州到东部沿海地区，你有可能连一个贩酒的地方都碰不到。只有零星散落的少数居民点，大多集中在城市和工业区中有大量居民的地方，才可能弄到一杯酒下肚。不过，这些地方的饮酒习俗也最根深蒂固，反聚会联盟改变地方法律的机会很小。但没过多久惠勒得到了一块幸运符：第一次世界大战爆发了。

第一次世界大战爆发时，大多数美国人心满意足地认为那是一场遥远的欧洲冲突。但德国在战术上犯了一些天大的错误，彻底扭转了美国人的这种情绪。首先，它开始轰炸平民。如今我们已经习惯了针对平民的战争，但在20世纪最初的10年，有意杀害无辜民众被普遍认为是野蛮行径。起初，德国每天下午5点派飞机到巴黎往城里投掷一枚炸弹（只投一枚），以此作为实验，伍德罗·威尔逊总统异常愤怒，亲笔写信向德国当局表示抗议。

接下来的情况变得更加糟糕，德国宣布将以海上的客船为攻击目标。1915年5月，一艘德国U型潜艇用鱼雷击中了在爱尔兰海岸金塞尔附近中立水域航行的客轮"卢西塔尼亚号"。短短18分钟船就沉没了，造成了1200人丧生。1/3的遇难者是妇女和儿童，其中有128名死者是母国并未参战的美国人。美国上下义愤填膺，紧接着德国又令人难以置信地宣布将这一天作为全国性节日，以庆祝该次屠杀，让事态无限恶化下去。德国红十字会驻美负责人伯恩哈德·德恩堡（Bernhard Dernburg）说，"卢西塔尼亚号"上的人死得其所。他被美国驱逐出境后侥幸保住性命。

其他人就没那么走运了。据说，圣路易斯州的一名德裔男子因说了美国的坏话，就遭到暴徒袭击，被暴徒用美国国旗绑了起来，拖着游了街并吊刑处死。事后，陪审团宣判暴徒首领无罪，理由是此乃"爱国谋杀"。德国企业遭到抵制，还有人朝其窗户上扔砖。很多有类似德国名字的人为了安全起见都改了名。阿尔贝特·施奈德就是其中之一，他改名为艾伯特·斯奈德，10年后成了一桩谋杀案的被害人。餐厅停止供应德国食物，要不就得给菜品改名。最出名的要数德国腌菜改名为自由白菜了。一些社区禁止演奏德国作曲家的音乐。出于安全考虑，艾奥瓦州禁止学校、教堂或电话里使用英语以外的语言对话。有人抗议说这样就没法用自己的语言做礼拜了，州长威廉·哈丁（William L. Harding）回答："任何人用英语之外的语言祈祷都是在浪费时间。上帝只为说英语的信徒竖起耳朵。"

所有人都注意到了，美国酿酒厂几乎全为有德国血统、立场大概也偏向德国的男人所有。禁酒令的倡导者抓住了这一点，让喝啤酒显得像是叛国行径。"我们要跟3个敌人对抗——德、奥，还有酒。"美国刚一参战，玉米片公司凯洛格（Kellogg）就在广告里这么说。从事实的角度看，这个说法是站得住脚的。一家主要靠酿酒厂资助的组织全国德美联盟（The National German-American Alliance）不但游说反对禁酒令，还暗中迂回支持德皇威廉二世。这样的利益联合，可不会给自己赢来多少朋友。

反德情绪的高涨带给禁酒运动极大的推动力。在获得新能量的反聚会联盟的熟练引导下，一个州又一个州批准了宪法第十八修正案，禁止酒精的生产和消费。1919年1月16日，内布拉斯加州成为第36个批准该修正案的州，禁酒令得到了多数州的支持，一年后生效执行。

虽然第十八修正案宣布饮酒为非法活动，让禁酒令成为法律事实，但它对法律应怎样运作未做定义，也没有说明什么是、什么不是"酒精饮料"。于是又制定了另一项法令，史称《沃尔斯泰德法案》（*Volstead Act*），来应对细节问题。该法案以安德鲁·沃尔斯泰德（Andrew J. Volstead）为名，他是林德伯格在明尼苏达州的老乡，所蓄的大胡子像块熊皮毯子一样挂在他脸上。沃尔斯泰德本人虽不喝酒但对此事并不狂热，从没想过要在全国禁酒。他的名字之所以跟这部法令挂钩，只不过是因为他当时是众议院司法委员会主席，受命负责起草这部法案。在接下来的10年里，沃尔斯泰德的名字尽管到处回响，但下次选举时他就遭到了选民的抛弃，回到故乡格拉尼特福尔斯静悄悄地从事着法律工作，并以阅读国会议事录为主要爱好。韦恩·惠勒一直宣称这部法律是自己亲手起草、撰写的，但沃尔斯泰特德强烈抗议。不过，这两个人为什么要争夺这份"荣光"，谁也搞不明白，因为事实证明那是一部构建大有问题的法案。

1919年5月19日，国会颁布了《沃尔斯泰德法案》。关于法案的意图在序言里做了言简意赅的声明，看起来没什么扰乱人心的地方："为禁止醉人饮料，规范非饮用之高尚目的的酒精的制造、生产和销售，确保科研、能源开发、燃料及其他合法行业酒精的充分供应，促进其发展。"措辞或许略有笨拙，但语气没有太多威胁的味道。只有在小字的附加条款里，人们才发现《沃尔斯泰德法案》将醉人液体界定为酒精含量超过0.5%——跟腌菜一个水平。许多以前支持禁酒令的人以为啤酒和清淡的葡萄酒能幸免于难。然而到了这一刻人们才恍然大悟：禁酒令要一网打尽，一个也不放过。

这或许是美国推出禁酒令时最突出的特点——它让太多的人大吃一惊。一如弗雷德里克·刘易斯·艾伦（Frederick Lewis Allen）

在《浮华时代》（*Only Yesterday*）里所写："这个国家（对禁酒令）接受得心不甘情不愿，甚至还有点漫不经心。"

禁酒令的缺陷太多了，从很多方面看，就连原则上支持它的人也为它在实践中的变形感到震惊。首先，它将美式生活推到了全新的危险层面上。禁酒令推出后，全国谋杀率上升了近1/3。担任禁酒特工十分危险——光是最初的两年半时间就有30名特工因公被害，可靠近特工也往往十分危险，因为这些人喜欢随心所欲地扣动扳机。光是在芝加哥，10年里禁酒特工就枪杀了23名无辜市民。

除了危险，禁酒特工的薪水比垃圾工还低，这必然带来腐败。一种常见伎俩是特工没收了酒之后，立刻又把它卖给原主。贿赂则是例行公事，地下酒吧平均每月向警方和市政官员支付400美元。在纽约市，光是行贿用款就总计达到了1.5亿美元。总之，禁酒令让很多人赚了很多钱。

腐败的诱惑远远蔓延出了美国的国境线。在美国政府的压力下，加拿大的啤酒和蒸馏酒制造商无法把产品卖给美国人，但足智多谋的私酒贩子则在纽芬兰南部的圣皮埃尔和密克隆找到了中转站。由于历史的偶然性，北大西洋上的这块弹丸之地自1763年就属于法国，不在美国和加拿大的管辖范围。一夜之间，圣皮埃尔和密克隆成为了全世界最大的酒精饮料进口方。它们买入了300万瓶香槟，外加数量庞大的白兰地、阿马尼亚克酒、苹果烧酒和其他酒精饮品，成为法国最大的海外市场。

美国当局询问为什么只有4000人的小地方突然之间这么贪恋酒

精，当地总督带着高卢人特有的沉着回答说，他不知道酒精饮品进口出现了大幅上涨，也不曾注意到圣皮埃尔的主要港口新建起了20多座大型仓库。但他答应调查此事。随后，他向美国人证实，圣皮埃尔和密克隆的确进口了少量葡萄酒，但都是运往饮酒合法的巴哈马的。很明显，这批货物不过是暂时在圣皮埃尔搁置一下。

禁酒令还滋生出了无限的虚伪。1926年的夏天，北加利福尼亚的禁酒督导员内德·格林（Ned Green）上校遭到停职，因为他在旧金山的禁酒管理办事处举办鸡尾酒会。"我早该被停职了。"他善解人意地告诉记者。

就算政府查获了非法饮用酒，也并未严加看管。1920年夏天，芝加哥一处存放所收缴酒水的仓库里，50万升、670 000瓶威士忌莫名地消失了。负责夜间执勤的警卫说，他们交接班时没有注意到任何可疑之事——这话完全无法让人信服。在全美范围内，有记录显示1.9亿升由政府仓库保管的威士忌到1933年禁酒令结束时失踪了2/3。

禁酒令几乎根本无法执行，因为其法律条文千疮百孔，遍体漏洞。医生可以合法地为自己的病人开出威士忌处方，而且也热情洋溢地这么做。到20世纪20年代末期，他们已经靠这项服务挣到了4000万美元。按《纽约客》的说法，大多数时候医生会干脆拿出一张空白处方单只开出威士忌。林德伯格飞往巴黎的那个星期，美国禁酒专员詹姆斯·多伦（James Doran）刚批准了医用威士忌可额外生产1140万升。有人提出，这样的医疗用量太大了，财政部的一位官员说"因为蒸发"，库存消耗得太迅速。

宗教团体可为圣典仪式存储酒精饮料，事实证明，其市场需求同样十分强劲。加利福尼亚州的一名葡萄种植户提供14种圣餐葡萄酒，包括波尔多酒和雪莉酒，他说这些饮料恐怕并不全都用于神圣用途——事实的确如此。禁酒令生效的最初5年，加利福尼亚州改种葡萄的土地从4万公顷飙升到近28万公顷。当然并不是因为人们突然喜欢上了吃葡萄干，而是因为葡萄酒无法进口。为满足蓬勃发展的私酒市场，人们对国产葡萄的需求激增。

虽然生产葡萄酒供私人消费是违法的，葡萄园场主却可销售成包的浓缩葡萄汁，在家里你就能把浓缩葡萄汁变成葡萄酒。以免有任何人错过这一关键信息，葡萄汁包装上用大号字写着："注意：务必在60天内发酵制成葡萄酒。"遗憾的是，对优质葡萄酒爱好者而言，葡萄种植户把之前的大部分葡萄树给砍了，换上了产量大但质量差的品种。禁酒令废止后，加州的葡萄园用了整整一代人才将其恢复元气。

禁售白酒重创了许多餐馆。纽约倒闭的可爱小餐馆包括尚利、雷克特、谢莉和布朗。最古老的德尔莫尼科餐馆坚持到1923年才最终摇了白旗，那时离它的百年生日只有短短几天了。基本上酒客全被赶到地下酒吧[1]去了。这些酒吧的名字普遍不够优雅，但充满想象力。比较著名的是斑点鬣狗俱乐部、"熔炉""哈！哈！"、优生俱乐部、木屑饭馆和脂粉俱乐部。对喜欢伴着酒精欣赏音乐的人，哈莱姆区是他们的好去处。在那里，人们蜂拥到翠竹饭馆、莱诺克斯俱乐部、花蛤楼、斯莫尔天堂、蒂莉鸡棚、棉花俱乐部，还有名

1　speakeasies，这个词在美国最早出现于1889年，用来描述各种非法贩卖烈酒的地方。

字一见就让人难忘的哈喇子饭馆。星期日晚上最为热闹，酒客们可能会遇到一群天才，艾灵顿（Duke Ellington）公爵、凯伯·凯洛威（Cab Calloway）、费兹华勒（Fats Waller）、尤比·布莱克（Eubie Blake）、贝西·史密斯（Bessie Smith）、贝西伯爵（Bill Basie）在那里表演精彩原创音乐。哈莱姆区的许多俱乐部只准白人进，屋里的黑人只有服务员和艺人。最热门的俱乐部里附加服务费可能高达20美元，几乎相当于一个普通工人的周薪，客人再喝上几轮酒，服务费轻轻松松就翻倍了。

法令的推行充其量只能算零零落落，只偶尔有些机关会认真对待。1925年3月，一名成功的律师埃默里·巴克纳（Emory Buckner）成了纽约的禁酒令执法员。他想出了一套新策略，一时间让喝酒和卖酒的人都闻风丧胆。

对违反《沃尔斯泰德法案》的场所，巴克纳开创了查封政策。法律允许他不上诉至法院就将涉事场所关闭一年。此前，执法官只能逮捕几个无伤大雅的服务员和调酒师倒霉蛋，但现在，巴克纳的做法击中了酒吧老板的利润线，足以让他们感到肉疼了。巴克纳宣布要关闭纽约数千家地下酒吧，并从最出名、最抢眼的地方着手，比如由塔克萨丝·吉南（Texas Guinan）经营的埃尔·费伊俱乐部，还有欧尼·梅登（Owney Madden）的"银拖鞋"。这是对城里成熟酒客们的直接攻击，酒客们表现出了近乎恐慌的反应。

好在对俱乐部而言危机只是暂时性的。禁酒令带来了太丰厚的利润，让它太容易被击溃了。至少有多家俱乐部以查禁作为掩护，它们让正门一直锁着而从十分不起眼的后门欢迎主顾们回来。另一些俱乐部则搬到新地方，换个新名字，所以艾菲俱乐部就变成了德尔·费伊俱乐部、费伊歌舞团、银泰俱乐部、修道院俱乐部、皇家沙龙和三百俱乐部。尽管大家都知道它们的幕后东家还是那位漂亮的老板娘。吉南是个颇具传奇性的人物，来自韦科市，1927年时她43岁，一头金发，笑起来牙齿闪闪发亮。她特别爱侮辱自己的主顾，尤其是在他们不肯大把花钱的时候，她也因此备受顾客喜爱。她的口头禅是："你好，蠢货。"她的大多数俱乐部都小而紧凑。舞娘们衣着暴露，几近裸体，大多年轻得令人咂舌。鲁比·基勒（Ruby Keeler）在14岁时从吉南手下出道，3年后离开，嫁给了喜剧演员阿尔·乔尔森（Al Jolson）。和其他许多人一样，乔尔森被基勒苗条的身材和轻微的小结巴给迷得神魂颠倒。吉南手下的另一位舞娘鲁比·史蒂文斯（Ruby Stevens）后来成了大明星芭芭拉·斯坦威克（Barbara Stanwyck）。

吉南在俱乐部里充当司仪的角色。她对自己的姑娘关爱有加，但并不把她们的才华太当回事。"现在这个小妹子还算不上歌手，"她这么说，"她是通过函授课程学唱歌的，还漏上了好些课，但她是全场演出里最可爱的小姑娘，所以我希望大家给她来点热烈的大巴掌。"据说，"来点热烈的大巴掌"就是吉南首创的说法。所以，吉南的俱乐部被查封成了城里的一件大事。1927年，百老汇的剧院大亨舒伯特三兄弟（Shubert brothers）为此专门排演了一出关于她的滑稽剧，名字就叫《查封》（*Padlocks*）。

由于俱乐部随时有可能关门，自然只舍得用最少的钱搞店内装修。顾客们对此似乎也并不介意，只要能喝到不错的酒水。对酒店这类更为公开、需要长期经营的地方，选址范围就小得多了。禁酒令生效之前，尼克博克酒店附属酒吧（鸡尾酒干马天尼的诞生地）每天能有4000美元的收入，这可不容易找到替代渠道。没了酒吧收入，尼克博克便破产了。最先创造出曼哈顿鸡尾酒的曼哈顿酒店也倒闭了。有些酒店想通过提供所谓的"添头"（冰块、苏打水、安哥斯图娜苦精[1]等）生存下去，顾客可以自己加酒，但这很难填补酒水业务彻底丧失带来的亏空。还有些酒店继续销售酒精饮品，希望躲过官方的追查。但或迟或早它们总归要失望的。

1926年3月，巴克纳将布雷武特酒店的餐厅查封了6个月。这意味着酒店不仅失去了所有酒水收入，还失去了午餐和晚餐生意。它甚至无法为客人提供早餐，所以许多客户彻底改投他门。最终，雷蒙德·奥泰格认输投降，关闭了布雷武特酒店。巴克纳的查封政策继续推行，遍及全美，连加利福尼亚州的一棵红木树也因为有人发现了非法的蒸馏酒而被挂上了锁，尽管这听起来很像是宣传噱头。总之，在最严的1925年美国各地的禁酒机构查封了近4700个涉嫌卖酒的场所。

有趣的是，巴克纳其实并不认同禁酒，他承认自己之所以执法只因为法律就是法律，而不是出于任何道德信念。"我对它不太感兴趣，但它是个法律问题。"他解释说。他坦言自己经常喝酒，但担任地方检察官之后便不再喝了。在他看来，整件事情是个可怕的

1　安哥斯图娜苦精是特里尼达和多巴哥的一种浓缩苦酒，用水、酒精、龙胆草的根和各种蔬菜萃取物酿制，多用来为白酒调味。——译者注

错误："这带来了恶性的犯罪，伪证、谋杀、袭击、盗窃使政府官员的道德沦陷，以及诱发了各种各样的违法行为。较之它每天引发的一连串严重罪行，这部法律带来的好处不值一提。"

几乎所有人都意识到禁酒运动是场巨大的失败，但美国却坚持了13年。富兰克林·亚当斯（Franklin Pierce Adams）在《纽约世界报》（*New York World*）的热门专栏"指挥塔"里写了一首诗，完美地捕捉到了官方的态度：

> 禁酒令可怕地砸了锅，
>
> 我们乐意。
>
> 它阻止不了想要阻止的事，
>
> 我们乐意。
>
> 它留下了一条黏糊糊的贪腐途径，
>
> 它让我们的土地充满恶与罪，
>
> 它的禁令分毫不值，可我们就要支持它。

事实上，正是因为禁酒令行不通，惠勒及其支持者才坚决要求政府往工业酒精里加入毒药的。也有加入其他变性剂的，比如肥皂水和清洁剂同样能让酒精无法饮用，但铁杆禁酒支持者对此不满意。惠勒真诚地认为，喝下有毒酒精的人是罪有应得。在他看来这是"故意自杀"。约翰·斯特拉顿牧师（也即前文希望尽快判处露丝·斯奈德死刑的人）更是态度强硬，毫不动摇。他听说印第安纳州州长和检察长遵循医嘱给患了重病的亲人服用小剂量威士忌，竟义愤填膺地说："他们应该让家人去死，然后自杀，而不是违背就职时所发的誓言。"

1927年6月，禁酒令似乎还看不到尽头。事实上，转折点很快就会出现。不过，韦恩·惠勒丝毫都没察觉，1927年夏天会是他生命里最糟糕的一个夏天，也是他的最后一个夏天。

13

真假新闻

第三支飞跃大西洋的队伍

6月11日，卡尔文·柯立芝在华盛顿向林德伯格授予杰出飞行十字勋章后，并未久留。他尽快体面地脱了身，和柯立芝夫人前往联合车站，那儿有一趟专列正等着，以便把他们以及一小群记者和总统府工作人员送往南达科他州，一共约75人，外加两条牧羊犬，一只名叫丽贝卡的宠物浣熊去过一个长长的暑假。柯立芝一直患有消化不良和哮喘病，迫切希望逃离闷热的华盛顿去呼吸西部的干净空气。有史以来第一次，白宫要拔营前往那么遥远的地方。

事实上，接下来的3个月美国政府将坐镇拉皮德城高中。不过，柯立芝一家则住在50千米之外哈尼山脚下卡斯特州立公园内的"州立度假区"。"州立度假区"听起来相当隆重，但柯立芝只分配到了其中一间客厅和卧室，卫生间还在大厅里，但他们丝毫也不介意。那是个远比如今简朴的时代。

柯立芝总统很高兴在新闻纪录片里看到自己。因为他直到傍晚时分才赶到，第二天一大早，他发现全团人把每一个包和旅行箱都重新搬进了汽车，开到180米外的路上，重新表演总统到来的情形，以便摄影机录下这虚构的历史性一刻。而由于新来了地方官员和辅助人员，整个团队的人数增加到了近两百人。

对于南达科他州来说，总统到来是件了不得的大事。它拼命想吸引游客到来。有人想到，如果总统喜欢在南达科他州波光粼粼的水域钓鱼，那么其他钓鱼爱好者或许也会被吸引到这儿来。为确保演习成功，斯皮尔菲什的州立鳟鱼孵化场送来了2000条完全成熟的鳟鱼。这些懒懒散散、生下来就由人工饲养的大个头鳟鱼被偷偷养在柯立芝住处外的一汪池塘里，岸边水面下挂着渔网将之兜住。可让东道主沮丧的是，柯立芝说自己对钓鱼毫无兴趣，但在劝说之下他好歹决定试试看。他身着西装，在水里轻轻地沾着饵棒。瞬间，饥饿的鳟鱼朝着鱼钩狂喜地扑了过去，没过多久柯立芝就举起了一尾扑腾挣扎的战利品。他笑得嘴巴都合不拢了，打那以后人们简直没办法哄他离开池塘。他和柯立芝夫人每天都自豪地吃着他捕捞上来的鳟鱼，尽管据各方记录这些鱼是不宜食用的。柯立芝不喜欢跟蚯蚓打交道，不过他的鱼饵由特工们代劳。除了蚯蚓他都非常喜欢。

柯立芝在黑山里寻快活之际，林德伯格继续受到全美人民的崇拜，虽然他本人越来越没了热情。在圣路易斯市，为《纽约时报》做采访的阿尔瓦·约翰斯顿（Alva Johnston）看到林德伯格对游行和其他庆祝活动不为所动时，大感惊讶。"面对欢迎仪式，林德伯格上校面无表情，也不打手势。"约翰斯顿写道，"没有微笑，没有招手。壮观的场面和排山倒海的欢呼，并不让他感动，就像不知道这是对他个人表达的敬意似的。"第二天，林德伯格飞上天空在森林公园向10万名群众表演空中杂技，这时他倒挺高兴。可一等到着陆，他的心情就来了个180度的大转弯。"当他回到大地的怀抱，欢喜的精神就抛弃了他。"约翰斯顿写道，"他下了飞机，就恢复了严肃和相当阴郁的神情。置身陆地，他不太自在。"

事情变得越来越糟糕。林德伯格从圣路易斯飞抵俄亥俄州代顿市拜访奥维尔·莱特（Orville Wright），也即发明飞机的莱特兄弟之一（威尔伯此时已过世）。市政府官员狂喜万分，匆匆组织了游行和招待会，结果却遭到了林德伯格的拒绝，不免大感沮丧。林德伯格的理由是，这是一场私人拜访。城里的居民们听到林德伯格不肯接受自己的致敬也分外失望，许多人干脆直接赶到莱特的家要求面见英雄。林德伯格仍然不肯露面，人群躁动起来，威胁要拆了莱特的房子。莱特恳求林德伯格保住自己的房子，林德伯格这才走上阳台，朝着人群随意挥了挥手。

6月24日林德伯格从米切尔机场回到纽约时，记者发现林德伯格闷闷不乐的。"林德伯格上校似乎比他一周前离开纽约时更累。他一次也没笑过。"《纽约时报》的另一位记者写道。林德伯格正要钻进汽车前往曼哈顿，一个漂亮姑娘冲上来问能不能跟他握下手。林德伯格的反应让所有人都吃了一惊。"他看着她厉声说：'不能。'还迅速抽回了自己的胳膊。"姑娘显然心碎了，林德伯格也有些尴尬，但他似乎无力表现得更加轻松和体面了。

可惜，这个世界只愿意看到他热心英勇的一面，媒体也很快不再关注他平淡无味的一面，不再管他对崇拜自己的人毫无热情，反而继续按照世界的期待把他描绘成一个乐于助人的英雄。

林德伯格在米切尔机场使姑娘心碎的时候，理查德·伯德中校仍然在罗斯福机场装神弄鬼，让人们摸不着头脑。为帮助"美洲号"顺利起飞，跑道上修起了一座特殊的倾斜土坡，大约2米高，15米长，伸向起飞点。飞机被拖到起飞坡道顶端3次，可伯德阴郁地扫视着天空，3次都下令推迟。推迟"看起来有点荒唐了"，福克气呼呼地抱怨。

因为团队彻底失去了弗洛伊德·贝内特，伯德任命阿科斯塔担任机长。阿科斯塔是个有墨西哥印第安人血统的小伙子，肤色黝黑，长相带有异国情调，很得女性欢心。"他的拉丁人魅力和他低沉的'到这儿来'的声音会在漂亮姑娘当中引发大骚动。"一位仰慕他的传记作家写道，"搁在电影里，他可能是另一个情圣。"阿科斯塔也是世界上最大胆的特技飞行员之一。他最擅长的是用机翼的翼梢挑起地面的手帕。不足为奇，事实将会证明，这些技能跟飞越大西洋不太合拍。

为了协助阿科斯塔，伯德选择挪威人伯恩特·巴尔肯（Bernt Balchen）为副驾驶——尽管在名单上巴尔肯只是机械师和后援飞行员，因为罗德曼·沃纳梅克希望团队里全都是美国人。直到巴尔肯答应申请美国国籍，他才获准登机。在一场新闻发布会上伯德说，巴尔肯主要是乘客，不过在他自己忙着做其他工作时，巴尔肯也可分担少量的导航任务。实际上，所有的飞行工作几乎都是巴尔肯完成的。

在跟阿科斯塔最初的一轮试飞中，巴尔肯略微窥出了团队面临的问题。"美洲号"飞入云层之后，阿科斯塔就变得紧张和慌乱起来，几分钟之内，他让飞机陷入了危险的盘旋状态。巴尔肯一把夺过了操纵杆，阿科斯塔松了口气。"我是个特别在乎好天气的家伙，"阿科斯塔红着脸对巴尔肯说，"只要出现了厚厚的云层，我就待在地面。"原来，阿科斯塔根本不知道怎样靠仪表来操作飞机。伯德的团队能飞到法国完全是因为巴尔肯做了大部分的驾驶工作，但他却不要求分享任何的赞美与荣誉。

第四名机组成员基本上默默无闻。无线电操作员乔治·诺维尔即将退休，戴着眼镜，在历史上片语不存。他是克利夫兰一个富裕的制帽商之子，他父亲算是个大人物，去世后连《纽约时报》都刊登过讣告，而这个待遇，当儿子的从未享受过。就算同行的飞行员们对诺维尔有过一星半点的印象，也没人费心记录下来。在伯德和巴尔肯的自传里几乎完全看不到他的身影，在其他人的传记里更是根本不存在，他自己也完全没留下过任何文字。

伯德本人是个了不起的人，但个性复杂，难以形容。他是天生的冒险家，刚满12岁就踏上了自己的第一次环游世界之旅——他先是说服父母（显然，父母对他太娇惯了）准许他独自前往菲律宾拜访一位家族朋友，之后环绕地球往家走。快14岁时，他完成了这趟旅行。

伯德聪明、英俊、勇敢但不妄动、慷慨大方，但他同时也虚荣、自负、自私自利到了病态的程度。他笔下的每一个字都把自己打扮得勇猛、冷静而睿智。除此之外，他还很可能是个大骗子。

1926年5月9日，南杰瑟和科利失踪一年前，伯德和弗洛伊德·贝内特从北冰洋的斯匹次卑尔根群岛完成了一次著名飞行，在15小时内飞到了北极点并返航，击败了挪威探险家罗尔德·阿蒙森（Roald Amundsen）领队的另一架飞艇，驾驶员是意大利人翁贝托·诺毕尔（Umerto Nobile）。伯德的极地飞行在当时是一项壮举。回国后伯德升任中校，人们用游行和奖章来热情款待他。人们用他的名字给孩子起名，街道也以他之名命名。有个过度兴奋的崇拜者甚至为他的狗窝作了传。

可从一开始，就有人私下怀疑伯德成就的真实性。经验丰富的观察家搞不懂伯德和贝内特怎么可能在15小时里飞了个来回。巴尔肯多次驾驶过同一飞机，最快速度从未超过每小时120千米。伯德飞往北极点需要的速度要比这快近1/3。此外，为了适应极地飞行，伯德的飞机装有巨大的雪橇用于雪面降落，给机身增加了大量阻力，时速应该再减少8千米。巴尔肯对贝内特提起自己不明白两个人怎么能在这么短的时间就到北极点飞了个来回，贝内特则说："我们没有啊！"他私下对巴尔肯承认飞机起飞后没多久就漏油了，他们来回飞了14个小时，斯匹次卑尔根群岛始终在其视野里。

伯德对自己的成绩做了夸张，这样的流言传了很多年，而他的家人又一直拒绝让学者研究其论文，更加深了人们的怀疑。直到1996年，俄亥俄州立大学为自己新成立的伯德极地研究中心买下了伯德的档案，他的飞行日志才终于得到了检验。日志显示，他计算的行驶距离有严重涂改痕迹，在很多人看来这足以说明他伪造了数据。比较宽容的解释是，他在第一次运算中就出了错，只好推翻重来。没人能做出准确论断，但根据华盛顿美国国家航空航天博物馆的亚历克斯·斯宾塞说，目前专家们普遍认为，伯德和贝内特并未到达过北极点。

可以肯定的是，伯德去世后两年，也即1959年巴尔肯的自传出版，对伯德的说法提出了一些质疑。伯德的家人提出强烈抗议。迫于压力，巴尔肯的出版商同意删减若干段落，并撤回第一版印刷的4000册图书。即便如此，伯德的家人仍不罢休。这时候的巴尔肯已经是美国公民，还是美国空军的高官，但据说，探险家伯德的弟弟参议员哈里·伯德（Harry Byrd）堵住了巴尔肯晋升准将的道路，还悄悄解除了他的职务。事业生涯最后几年，巴尔肯是在五角大楼的图书阅览室中度过的。

人们正猜想伯德到底还会不会出发前往欧洲时，他决定起飞了。6月29日凌晨时分，"美洲号"被拖上了起飞的斜坡顶端，准备黎明出发。自从丰克坠机失火后，这是第一架尝试飞越大西洋的大型飞机，而且超重得更加危险。光是无线电设备就重达363千克。伯德为每一种可能出现的意外情况都做了准备。他甚至带上了一只风筝，他认为如果飞机在水面上迫降，风筝可以充当无线电的天线，还能被当成帆拖着飞机走。他还装上了两艘救生艇，可供3周所食的口粮，一包航空信件，一面用于"奉献"的美国国旗，由贝特西·罗斯（Betsy Ross，美国民众普遍认为她是美国国旗的首位设计制作者）的玄孙女缝制，准备作为礼物送给法国人民。在最后一刻，因为轻微的恐慌伯德总算决定给飞机减重。他取出两罐汽油、一瓶热茶、4双鹿皮鞋，还拆掉了飞机轮子的挡泥板，但这显然跟之

204

前没有太大区别，好在这不成问题。飞机极度吃力地起飞，摇摇晃晃升入空中，绕过了跑道终点的电线，踏上了前往欧洲的征途。

伯德的既定目标并非第一个飞抵巴黎——他很骄傲地指出，自己甚至都没申请奥泰格奖，而是要示范世界已经为安全、定期、多人航班飞越大西洋做好了准备。而他证明了这样的航行的确可行，只要乘客们不介意在还没到达目的地之前迫降在水面上。如果伯德公开宣称自己的目的是揭示查尔斯·林德伯格跟其他所有人比起来是个多么优秀的飞行员，那他做得简直不能再棒了。

尽管做了大量准备工作，这次飞行却几乎没有一件事按计划顺利进行。在飞机中部的主油箱下设计了一段爬行空间，机组人员能够在飞机上前后移动。只可惜没人想到要在寒冷气候条件下飞机又呈负荷状态时对其性能做下测试。伯德卡在里面整整10分钟，没人在引擎的轰鸣中听到他的呼喊。诺维尔置身狭窄的密闭空间中腿抽了筋，他伸直腿后把脚缠在了一些电线里，让飞机的无线电和他自己成了没有意义的存在。在大西洋上空的某个地方，巴尔肯让阿科斯塔操纵一分钟的方向杆，自己好离开座位去取个三明治。在这短短的时间里，阿科斯塔弄得飞机打起了旋，飞行速度提高到了时速225千米，再差一点儿机翼就会断裂了。巴尔肯拼了命才让飞机回到了稳定状态。"从现在开始，最好由你来驾驶。"阿科斯塔悄悄对巴尔肯说。所以剩下的路途几乎全是巴尔肯开的。按《时代周刊》的说法，一时间伯德焦虑得抓狂，用手电筒砸了阿科斯塔的脑袋。他们本该在爱尔兰的布雷角着陆，结果却彻底错过了爱尔兰，来到了法国的布雷斯特，偏离预期目的地整整320千米。

对这些内幕，伯德来年出版的有关本次航行的回忆录《冲上天际》（Skyward）中无一提及，显得就像是伯德及其团队完成了人类历史上最英勇的一桩事业。"一小时又一小时……完全无法进行导航。"伯德写道，"我们无法判断风往哪个方向吹，自己顺着哪条线路在漂流，飞机下面是哪一片陆地或水域。"他沉重地总结说："我真心希望其他飞行员再也不要遇到这样的经历。"

所有这一切都忽略了以下事实：5个星期以前林德伯格单独一个人飞完了同一线路，准时降落在预先安排的目的地，从未发出过任何抱怨。

1927年秋天，伯德又为《国家地理》杂志单独写了一篇文章，说得像是自己故意找了个恶劣天气。"我决定不再等待好天气，因为我感觉，未来跨越大西洋的飞机不可能等到天气条件理想时才飞。"他写道，"此外，如果我们遇到了不利的天气，或许可以获得更科学、更实用的知识。"结果是，"我想我们遇到了一场最激烈的空中搏斗。"他接着说："我没向队友透露自己的顾虑。他们自己要对付的事情已经够多了。这是一波可怕的压力。只有飞行员才知道，整整18个小时看不到下面的陆地或水域意味着什么。我想，恐怕再没有其他飞机曾在超过一半的时间里都是盲飞的。"

但这一切跟巴尔肯事后为《纽约时报》所做的叙述形成了有趣的对比："我们有一架好飞机。我们的马达从未给我们带来任何麻烦。整个飞行过程中，我没有一次需要爬出机舱到机翼上去擦引擎……就这趟横跨大洋的飞行而言，它是我做过的最乏味也最单调的一次。"在论及这次飞行的书里,巴尔肯形容当晚整夜都有着"美丽的星光"。伯德家人要他从书里删掉的部分,这句话就是其中之一。

到达法国布雷斯特的海岸之后,伯德指示巴尔肯顺着海岸线朝勒阿弗尔市前进,而不是从大陆上空前往巴黎——这是个偏离原定计划的奇怪路线。没过多久,巴尔肯发现地面有一条直线通往巴黎的铁路,但伯德坚持要顺着海岸线到达塞纳河河口,然后再顺着河道走,这一举动让整趟行程又多走了两个小时,也让他们在天气转恶之后才到达巴黎。

和林德伯格那次一样,数千人等候在勒布尔歇机场,但午夜来了又去,大雨下个不停,大部分人打消了继续等下去的念头回家了。在场的人包括钱伯林和莱文,他们俩正在巡游欧洲各国的首都,恰好也在当天飞到了巴黎。

伯德说:"所有在勒布尔歇机场等候我们的法国飞行员都认为,我们不应该也不能够在这样恶劣的天气下着陆,如果我们非要尝试,肯定会害死人。"这跟钱伯林的记叙相当矛盾。"现场只下着零星小雨,"他回忆说,"云层很低,但也没低到飞机不能安全降落的地步,如果他们能透过雾气看到巴黎的灯火,那就能够降落。"伯德在书里说,地面上的人清楚地听到了他的飞机声。钱伯林说他们从没见过伯德所说的事。

"现在我最大的任务就是尽量不要害死下面的任何人,同时也挽救我的伙计们。"伯德继续说,把公然的失败变成了英勇的无私行为,"唯一的办法就是回到水域上。"他命令飞机返回诺曼底海岸。

等他们飞到诺曼底海岸时，燃料用得精光。黑暗里在机场降落太危险，于是他们选择迫降在海里。巴尔肯在距离滨海韦尔村（Ver-sur-Mer）180米远的地方完美着陆，4个人涉水上岸，到了一个17年后更加出名的地点——英军在诺曼底登陆那天上岸的地方。着陆弄断了起降轮和起落架，但机身保持完整。

伯德这样描写着陆："我觉得自己要为队员们的安全负全责，我想他们都认为安全着陆的可能性不大，但仍然冷静面对……直至最后一刻，他们都镇定地听从指挥。这时正好是巴尔肯负责操纵飞机。"这番说辞虚伪得惊人。事实上，巴尔肯已经操纵飞机好几个小时了，大家的性命很可能是靠着他娴熟的着陆才救下的。

荒唐事还没完。机组共计4名成员全都被引擎轰隆声震到了耳聋的程度，听不到彼此说话。从几乎所有的记叙来看，阿科斯塔摔断了锁骨，虽然他后来说当时并不觉得痛，其他人完全没有受伤。他们跟跟跄跄地上岸，立刻就在海岸公路上遇到了一个骑自行车的年轻人，但他没看见从海上登陆法国的4个陌生男人。他们浑身滴着水，冷得要死，一栋房子一栋房子挨个儿敲门，但始终没法让村民明白自己是何方神圣。仍然听不到声音的诺维尔用蹩脚法语朝村民叫喊，弄得大家很紧张。最后，他们来到距离海滩800米的一座灯塔前。灯塔看守的女儿玛丽安娜·莱斯科（Marianne Lescop）后来回忆说，村子里很少听到的飞机的嗡嗡声吵醒了全家人，他们看了看窗外，但黑暗中什么也没看见。"大约3点钟，"她说，"有人大力捶门，我们再次被吵醒。父亲看见楼下有4个男的。其中一人用法语喊着，'美国飞行员！'4个精疲力竭的人走了进来。他们徒劳地敲了其他好多家的门。他们穿着奇怪的衣服，全身湿透，破破烂烂的，满身是泥。我们都相当疑惑……"

莱斯科先生和家人把飞行员们让进家，并给他们拿了毛毯和热饮。他们惊讶地听诺维尔讲了飞行的事，但因为镇上早晨6点到8点没有电话或电报服务，没听到有关"美洲号"的报道。等伯德和队友回到海滩查看飞机时，天已经大亮，他们便找当地人把它拖上陆地。但这批当地人非但没怎么帮忙，反倒把飞机当成遇险船只动手抢劫起来。6个人扛着一台巨大的马达蹒跚着上了海滩。伯德说服他们留下了马达，但飞机的其他部分永远丢失了——包括12米长、写有"美洲号"的机身蒙布。据后来的报道，失踪的蒙布挂在了多维尔赌场的墙上。这架飞机再也没能重新装配成形。今天，它剩下的所有痕迹就是滨海韦尔博物馆玻璃展示柜里的少许破布条。12米的蒙布似乎彻底消失了。

尽管降落过程很笨拙，但等伯德团队第二天搭乘火车最终回到巴黎，接待活动的盛况丝毫不比林德伯格那次差。"我从没见过巴黎这般疯狂的歇斯底里。"巴尔肯在回忆录里写道，"我们到达时，火车站周围的道路已挤满了人，他们涌到汽车跟前砸碎了窗户，差点把它给掀翻。"妇女们群起献吻，把他们撞得鼻青脸肿。人群非常疯狂，阿科斯塔的锁骨也有可能其实是在这时给弄断的。至少，他这时才第一次注意到了痛。本来要带他们去洲际酒店的汽车无法发动，狂乱的人群就把它推到了目的地，一路欣喜叫喊。"妇女跳上汽车的踏板，用膀子搂着我们亲吻，直到我们脸上盖满口红。"巴尔肯继续说，"宪兵抡圆手臂，绝望地想控制人流，又用胳膊肘顶开人群，好让汽车通过，顺便为自己讨要签名。"

美国也几乎跟听说林德伯格的消息时一样兴奋，远比钱伯林和莱文那次热闹。报纸坚决要把航行的方方面面都打扮得正面积极。伯德的飞机在空中待了43小时，几乎比林德伯格所用时间多了25%，人们却认为，这一点不是在说明他们未能直线到达目的地，而是一种英勇的表现。伯德对《纽约时报》说："对4个在40小时里承受了这么大压力的人而言，我们做得相当好。"他坦率承认航行中的大部分时间他们不知道自己身在何处——不过，等到次年出版有关这次飞行的书时，这部分内容消失了。

由于军衔更高，官方对伯德的接待比对林德伯格更盛大。第二天，伯德参观了荣军院。有个叫勒让的瘫痪飞行员受伯德到来的鼓励，从椅子上站了起来，这是他9年来第一次迈动双腿。他和伯德手牵手走向拿破仑墓，在场观众无不落泪。

一时间，美国似乎已成为神的国度。

1927年
7月

自打格蕾丝嫁给他，我就讨厌这个人。

哪怕是他当了美国总统，我还是不喜欢。

——列米拉·古德休（柯立芝总统的岳母）

14

总统的4小时工作制

"柯立芝繁荣"的开始

对沃伦·哈丁而言，1927年的夏天可不怎么好，但考虑到他已经去世4年了，这就有些令人惊讶了。这位美国第29任总统遭受了一场极为迅速而彻底的负面再评估，很少有人能与之相比。1923年8月2日，他因突发脑溢血在旧金山去世，尽管也有人说是心脏衰竭，还有人说是食物中毒。但那时的他备受喜爱和推崇。1920年，他在选举中占据了绝对优势，高票当选总统。在他辞世时，据统计有300万市民到场目送他的遗体回华盛顿，《纽约时报》称，这是"美国历史上民众对总统的喜爱、尊重和崇敬最明显的展现"。事实上，他快要去世的时候，哈丁总统正处在危险的边缘，即将暴露出他那恶棍和傻瓜的真实面貌。

他在去世3年前，走出国会后甚至都没什么人听说过他。他只是从俄亥俄州来的资质平平的参议员。从背景和气质上看，他是个小城来的报纸老板。就他的才华而言，那恐怕是他能负担的极限了。他被提名为总统，是当年最叫人吃惊的事。之所以这样说，仅仅是因为1920年芝加哥共和党大会的代表们绝望地为一连串的蹩脚候选人僵持不下，在无情的热浪里煎熬了4天，最后选择了其中最糟糕的一位。哈丁能登上较高的职位，相貌堂堂是他唯一明显说得过去的优点。"他看起来，"当时有人评论说，"像是个总统该有的样子。"在几乎所有其他方面——性格、智力、进取心上，他连平庸都谈不上，他私下里的愚钝更是叫人错愕。《纽约时报》记者理查兹·维德默（Richards Vidmer）曾偷偷向朋友吐露，有一回看到哈丁在谈话时从椅子上站起来漫不经心地往白宫的壁炉里撒尿。对于他的竞选搭档，共和党选了一个几乎同样籍籍无名，甚至更没指望的人——卡尔文·柯立芝。但相较而言，柯立芝好歹举止优雅得多。

哈丁政府是美国最松弛懈怠的一届政府。虽然他任命的一些官员无可指责——让赫伯特·胡佛负责商业部，让亨利·华莱士（Henry Cantwell Wallace）负责农业部，让查尔斯·休斯（Charles Evans Hughes）担任国务卿，但还有许多职位他任人唯亲，全不考虑他们是否合格。他让自己在俄亥俄州马里昂的朋友兼邻居丹尼尔·克里辛格（Daniel Crissinger）负责联邦储备委员会，而此人之前的最高职位仅仅是马里昂蒸汽铲公司的董事。哈丁选奥拉·鲍丁格为首席军事顾问，此人以前是他家的报童。哈丁把美国公共健康服务中心（PHS）的一个高级职位给了自己的妹妹，还让她丈夫监管联邦监狱，而在此之前，他们夫妻俩仅是传教士而已。

最不寻常的任命要数查尔斯·福布斯（Charles Forbes）了，这人跟哈丁在一趟夏威夷旅行中成为朋友，除此之外哈丁对他几乎一无所知。哈丁任命他担任退伍军人管理局（美国退伍军人部的前身）的负责人，两年内福布斯成功地窃取或挪用了2亿美元。哈丁任命的其他一些人也给司法部、内务部、海军部，还有一个战后遗留的部门（暂且称之为"外国财产托管办公室"）带来了类似的财务大难。内务部长艾伯特·福尔（Albert Fall）把石油租约卖给了两个骗子，换回了40万美元的"贷款"。一份租约涉及怀俄明州附近一个叫卡斯帕的地方，它的正式名称是"美国海军3号石油储备基地"，俗称"茶壶山"，后来演变成了这桩丑闻案的名字。哈丁政府的种种无能和渎职行为给美国造成的总经济损失高达20亿美元，这个数目在某种程度上可谓匪夷所思，因为哈丁的总统任期仅仅是29个月。

　　从逃过丑闻的角度看，哈丁死的时机实在太好了，所以一直有传言说是他妻子为了保全他的名声而毒死了他。在他死后哈丁妻子的行为的确相当奇怪：她立刻着手毁坏他所有的文件，还不准人们为总统制作去世后的面部模型。此外，她坚决不准进行尸检，这就是为什么哈丁的死因直到现在都没揭晓。我们现在只能说，自哈丁从阿拉斯加抵达加利福尼亚之后身体就不太舒服。不过，8月2日傍晚7点35分在皇后酒店的房间里，他似乎恢复了气力，还跟妻子说起话来。谈话当中，他打了个寒战，停下了话音。片刻之后，他死了。

　　卡尔文·柯立芝当上总统的那天晚上，正在佛蒙特州的家里跟父亲团聚。当时是东部时间的午夜，哈丁去世的消息从附近镇上唯一有电话的杂货店传到柯立芝家里时，他和妻子尚在睡梦当中。

柯立芝家没有电，也没有自来水管。当时农村的房子大多都没有这些。借着煤油灯的光，柯立芝的父亲以公证人身份宣誓儿子成为总统。作为总统，卡尔文·柯立芝不是个伟大的榜样。他体格纤细，处事态度简单生硬。他的表情总是紧绷绷的，爱皱眉。用西奥多·罗斯福长女精心挑选的字眼来形容就是，柯立芝看起来就像是"被咸菜养大的"。沃伦·哈丁有魅力而无脑子，柯立芝则是有脑子而缺魅力。柯立芝算是历届总统中最不和蔼、最不合群、最没人想亲近的总统。可美国人却逐渐崇拜上了他。虽然他以尽量少做事的态度度过了20世纪20年代——基本上，这就是他担任总统时宣布的政策，他以其他总统少用的方式设定了国民的态度。如果要说20世纪20年代是属于哪个人的时代，那非柯立芝莫属。

1872年7月，卡尔文·柯立芝出生于普利茅斯诺奇，一个坐落在佛蒙州中部格林山脉里的小村庄，全村只有20多个人。村子把守着距离拉德洛镇20多千米的一个孤零零的山谷，拉德洛镇是该村前往更广阔世界最近的出口。"景色极尽自然之美，不过我想村民们几乎没意识到。"柯立芝日后这样写道。他的出生地是父亲经营的杂货店兼邮局，不过后来全家搬到了马路对面一座更大的房子里，也就是柯立芝得知自己要当总统那天晚上睡的地方。

柯立芝一家过得相当不错。他父亲还拥有铁匠铺和一家小农场，生产枫糖浆和奶酪。但他的家人同时也承受着许多痛苦：柯立芝的母亲患肺结核去世时柯立芝年仅12岁。这件事深深地触动了他，在自传中，柯立芝对此事的记叙简单，但也相当动人：

母亲知道自己的时辰快到了，就把我们几个孩子叫到床边，我们跪下来接受她最后的祝福。不到1个小时，她便走了。那是她39岁的生日。当时我12岁。我们在3月狂暴的风雪里埋葬了她。一个男孩能遇到的最大悲痛莫过于此。从此以后，生活再也不一样了。

这丝毫不是夸张之词。40多年后，在白宫，据柯立芝的特工斯塔林（E. W. Starling）上校所说，柯立芝"跟她（柯立芝的母亲）谈心，跟她聊天，每一个问题都向她求助"。柯立芝还失去了自己心爱的妹妹艾比，他只有这一个同胞手足。柯立芝的母亲去世整整5年后，艾比因阑尾破裂而死。

1891年的秋天，柯立芝考入马萨诸塞州中部的阿默斯特大学，当时这是一所小型学院，只有350多名学生。柯立芝是个扎眼的怪胎，他的头发是铁红色，脸上长着雀斑。他很害羞，找不到一家兄弟会愿意接纳他。一个学生遭到这种程度的摒弃，多多少少算是史无前例。只有好心的德怀特·莫罗待他还算友善。在其他所有人面前，他近乎完全沉默。"很多时候，除非绝对必要，比如索要食物或在课堂上点名报到，他嘴唇一连好几天都难得吐出一个字。"多年以后，同为阿默斯特大学校友的作家兼广告商布鲁斯·巴顿（Bruce Barton）回忆道。

因为几乎没有社交生活来打扰柯立芝的学习，他最终以优异的成绩毕了业。从阿默斯特大学毕业后，他跨过康涅狄格河到了附近的北安普顿，在哈蒙德和菲尔德律师事务所修习法律。1899年，他冲动地参加了市议员竞选，成功当选。这拉开了他漫长政治生涯的序幕。1905年，他不顾新娘母亲的强烈反对（说他太瘦弱），娶了一位教导聋哑人的老师格蕾丝·古德休（Grace Goodhue）。格蕾丝是柯立芝的同乡，恰与他的孤僻性格相反，十分外向。格蕾丝给他的事业带来了很大的支持，只要两人都在的社交场合，一切对话都由她来完成。柯立芝对她溺爱有加，叫她"妈妈"。

有了格蕾丝在自己身边，柯立芝开始攀登漫长的政治阶梯。他当上了北安普顿的第一任市长，出任了马萨诸塞州立法机关的成员，之后升至副州长。后于1918年出任马萨诸塞州长。在所有岗位上，他都靠着自己勤奋、节俭和言简意赅的特点脱颖而出，备受新英格兰人的爱戴。他的节俭极具传奇性，1906年时，他和格蕾丝搬进了北安普顿马萨索特大街一处房租低廉的复式公寓，此后也一直住在各种房租低廉的地方。

1919年，波士顿发生了一场著名的警察罢工事件。城里的警察周薪不到20美元，还得自己掏钱买制服，他们感到不满也算合情合理，但这次罢工背离了民意，还让波士顿落在了不法分子的手里。有两天，暴徒在街头横冲直撞，抢劫、恐吓无辜市民，还趁火打劫、强抢财物。在市政当局无所作为的时候，州长柯立芝插手了。他表现出了少见的决断力，叫来了国民警卫队，把参加罢工的人全部解雇，组建了新警队。"任何人在任何地点、任何时间都无权举行有害公共安全的罢工。"这是他一生中发表过的唯一一次振聋发聩的言论。这让他成了闻名全美的人物，为来年被提名担任哈丁的副总统做了铺垫。

公平地说，作为副总统他没给人留下什么印象，哪怕是在政府内部也是如此。时任海军助理部长的小西奥多·罗斯福（Theodore Roosevelt）说，有柯立芝在场的内阁会议，自己出席过无数次，但却记不得他说过哪怕一句话。

1923年8月，全美人民一觉醒来发现哈丁死了，而形象模糊的柯立芝当了总统，大部分人目瞪口呆。有些人的感受颇为强烈，《国家》（*The Nation*）的编辑奥斯瓦尔德·维拉德（Oswald Garrison Villard）写道："我想，总统之位还从来没落入过像卡尔文·柯立芝这样一个冷漠、狭隘、反动、平庸、无知且无所作为的人手里吧。"不过，大多数人不由自主地喜欢上了柯立芝。全美人都爱上了他的怪癖，并编出了夸张的轶事。他最著名的特点是沉默寡言。有一个经常被人提起、但从来没得到过证实的故事。说的是有次晚宴时，有位女士坐在柯立芝身边对他说："总统先生，我朋友赌我今晚没法让你说出一句超过三个字的话。"

"你输。"总统回答。

不过，下面这件事证据确凿：柯立芝总统和夫人曾观看一场华盛顿参议员们之间的棒球比赛。整整9局比赛过程中两人一言不发，只除了一次，柯立芝问妻子时间，她回答："4点24分。"这就是那天下午他们所有的对话。还有一次，在一场正式晚宴上，一位女士坐在柯立芝身边，希望找个话题聊聊天，就问总统，总要忍受那么多的官方晚宴会不会厌烦。柯立芝耸耸肩说："反正总得有地方吃饭。"接着就埋头专心用餐。也难怪人们叫他"沉默的卡尔"。

不过，在某些环境下柯立芝也可能变得更加主动——用一位传记作者的话来说就是"几近贫嘴"。他每周召开两次私人新闻发布会，来会见记者、畅所欲言，有时甚至谈兴颇浓。不过，他所有的言论都不得记录在案，所有的问题都须提前交给他的秘书，他秘书的名字听起来像是喜剧演员菲尔兹（W. C. Fields）饰演的江湖骗子。

柯立芝私下的怪癖比在公开场合表现出来的更甚。吃早餐时，他喜欢叫仆人往他头上擦凡士林。他总担心自己生了病，经常停下工作给自己测脉搏。他让白宫的医生每天给他做检查，不管自己是否感到不适。跟他紧密共事的人都知道要提防所谓的"纯粹闹别扭"时段——这一称谓来自长期受他折磨的助手威尔逊·布朗（Wilson Brown）。柯立芝相当快活地用这种"闹别扭"折腾别人。有一次，在前往佛罗里达州的路上，国务卿弗兰克·凯洛格（Frank B. Kellogg）想请布朗打听在晚些时候的棕榈滩游行时要穿什么衣服。凯洛格太害怕柯立芝的脾气，不敢去问总统，所以布朗就到总统套房里去找他了。布朗后来写道：

> 我发现柯立芝夫人安心地织着毛衣，总统藏在报纸后面。我告诉他，凯洛格先生想知道代表们游行时应该戴礼帽穿燕尾服，还是戴草帽穿夏季便服，总统头也不抬地回答说："那是他的事。"
>
> "这样的话，卡尔文，"柯立芝夫人说，"你就没有回答国务卿的话呢。"柯立芝总统气愤地放下报纸，瞪着我说："你认为我该穿什么？"我建议他戴草帽穿夏装。
>
> 他厉声说："那就告诉凯洛格，让他戴礼帽。"

作为总统，柯立芝最大的特点是完全没有作为。柯立芝每天只工作大约4个小时，下午打盹2到4个小时，晚上还会再睡上11个小时。再也没有谁能如此成功地把无所作为变成了美德。凡是没有绝对必要、非做不可的事，他都坚决不做，一如记者沃尔特·李普曼（Walter Lippmann）的形容：他"严格、坚定、机敏地保持无为"。1927年，他甚至拒绝签名支持全美教育周，理由是总统没必要这么做。近年来出现了一种修正观点，认为柯立芝实际上比历史记载中更精明、更活泼。也许吧。但有一点绝对成立：他任总统期间带来了经济的蓬勃发展，而且他完全没有做任何妨碍经济蓬勃发展的事。

很难说精心算计的懒惰是一套好的行政管理政策，但相对于柯立芝在任的大部分时间，这也不能算是坏政策。既然经济市场不断发展，他除了让路确实也不需要做什么别的事。在柯立芝的温和看管下，华尔街的市值增长了2.5倍。不足为奇，经济的成功为柯立芝的欢迎度带去了奇迹。1927年，记者亨利·斯托达德（Henry L. Stoddard）写道："他激发了全美上下的坚定信心，只要有他在白宫，这个国家就会一切顺利。"这一时期史称"柯立芝繁荣"，就好像这是他个人送给国家的礼物似的。

柯立芝在道德上也无可挑剔，诚信如一——在哈丁政府的丑闻曝光之后这样的品质变得好像更加英勇高尚了。茶壶山丑闻和哈丁任内的其他越轨行为，占据了20世纪20年代国会和法院的大量时间，直到1927年夏天仍然剑拔弩张，尘埃未定。7月6日，艾伯特·福尔和爱德华·多希尼（Edward L. Doheny）最终以行贿受贿罪被带上了华盛顿特区的审判台，关于这个罪名，自哈丁去世之后两人都曾激烈抗辩。

多希尼现场无罪开释，其搭档哈里·辛克莱（Harry Sinclair）在1927年也因行贿罪受审，本来他也能顺利逍遥法外，但他愚蠢地从威廉·伯恩斯侦探事务所雇用了12名侦探，让每人跟踪一名陪审员，看看谁能被收买、受勒索或施加其他影响。辛克莱在行贿罪上被判无罪，但因企图干预陪审团而被判刑6个半月。他还因拒绝回答参议院油田租赁丑闻委员会的问题，以蔑视罪被判刑3个月。对相信"骗子发不了大财"的人来说，辛克莱是个让人痛心的反例。短暂的监狱生涯结束之后，他将辛克莱石油公司变成了全美最大的一家石油企业，靠着在第二次世界大战中为军队供应化学品大发横财，成为圣路易斯布朗队的老板，《美国名人传记大辞典》（*American Dictionary of National Biography*）以仰慕的口吻形容他是"全美最受尊敬的一位商界领袖"。到辛克莱1956年去世时，他的公司价值7亿美元。

同样被牵连到茶壶山丑闻案中的海军部长埃德温·登比（Edwin Denby）被迫从内阁辞职，但从未受到任何指控。内政部长福尔最终贪污罪名成立，被判入狱9个月，这还是第一次内阁部长被控重罪成立。负责外国财产托管职位的上校托马斯·米勒（Thomas W. Miller）也因受贿罪入狱。司法部总检察长哈里·多尔蒂（Harry M. Daugherty）因涉嫌收取回扣被迫辞职。他本有可能进监狱，但却在审判中被宣告无罪释放。多尔蒂的亲信杰斯·史密斯中枪而亡，官方判定是自杀。但其他人公开指出，这明显是谋杀。

使退伍军人管理局亏空了2亿美元的查尔斯·福布斯（不知有

多少落入了他自己的口袋），被罚款10 000美元，被判入狱两年。1927年夏天，他正在利文沃斯堡监狱服刑，但11月时就出了狱，只蹲了1年零8个月的牢。

柯立芝在自传里对这一切表示出了奇妙的羞怯态度。他对茶壶山丑闻只字未提，只略微说了几句有关哈丁最后日子的话：

> 我不知道是什么损害了他的健康。我只知道总统的心理负担非常重。后来有人透露，他当时已经发现，一些他很信任的人背叛了他，他被迫让他们承担责任。据说，发现真相带给他沉重的打击，他很悲痛，或许这超过了他所能承受的极限。之后我再也没能见到他。6月，他启程前往阿拉斯加——我们就此永别。

尽管哈丁本人没有被牵连到任何腐败事件中（他唯一的罪责就是蠢得太彻底），但他的声誉毁了。到1927年的夏天，他的名声似乎已经坏到不能再坏了。但紧接着，它竟然变得又更坏了些。

7月，一个名叫南·布里登（Nan Britton）的年轻漂亮姑娘，也是总统的密友，写了一本书《总统的女儿》（*The President's Daughter*）。书名很扎眼，以至于在大多数书店，它都是藏在柜台下面卖的——如果还有库存的话。故事很不体面，叫人抵挡不住。还在俄亥俄州马里昂读中学的时候，布里登小姐就对父亲仪表堂堂的朋友、时任《马里恩星报》（*Marion Star*）老板的哈丁先生一见倾心。哈丁比布里登年长31岁，又跟妻子的好朋友有一段火辣辣的私情（他真的是个无赖），所以小姑娘的这段迷恋似乎只能到此为止了。

但后来，布里登小姐做了一件沃伦·哈丁难以抗拒的事情：她长大成人了。过了若干年后两人再次见面，哈丁被姑娘打动了，被迷得神魂颠倒的。布里登小姐也分外乐意。他们展开了一段激情洋溢的不伦之恋。这时的哈丁是个成功的政客，布里登小姐常在竞选活动中陪伴在他左右，一般对外假称是他的侄女。1919年10月22日，她在新泽西州阿斯伯里帕克生下了女儿伊丽莎白·安（Elizabeth Ann）。这一年，布里登23岁，哈丁54岁。哈丁做事还算体面，定期支付100美元或者150美元的抚养费。他在蒸蒸日上的政治生涯中继续维持着与布里登的关系，但哈丁从未见过两人的孩子。由于哈丁突然死亡，布里登拿不到抚养费了。哈丁的家人拒绝支付抚养费，所以布里登决心写书曝光此事。

没有任何主流出版社愿意接手这样的丑事，于是布里登专门成立了"伊丽莎白·安会馆"出版此书。即便如此，据布里登小姐说她仍受到了匿名威胁，她的电话线被切断，承运该书印版的卡车也遭到焚毁。1927年《总统的女儿》面世之际，哈丁的声誉已经跌到了看似不可能再低的谷底，但这一下，广大读者见识到了他是怎样一个毫无原则的流氓。

每家每户都最喜欢翻阅他们在白宫幽会的段落。布里登小姐不愿曝光两人的私情，但她记录了哈丁总统充满欲望地把她推进那个地方：

　　他说，我想我们或许可以在那里无忧无虑地亲吻。那是前厅的一个小衣橱，显然是挂帽子和大衣的地方，但它在大部分时间都完全空着。因为在我拜访白宫的过程中，我们修理了它太多次。在这个不超过1平方米的黑暗空间中，总统和他的心上人做了爱。

他们还在哈丁从好友那里借来的公寓中幽会。

布里登的书里既充斥了种种狂野的不可思议之事，哈丁写给她的情书多达60页，又无疑从平面视角对白宫内部做了准确的描述。

这本书太叫人丢脸了，连发表书评的刊物都很少。许多书店并不上架，只卖给主动提出要求的顾客。也有很多书店连卖都不卖。即便如此，它一经面世就在最初6个月以5美元的定价卖出了50 000本。当时5美元可是个大数目，举例来说，它相当于林德伯格当航空邮递员日薪的一半了，只有为数不多的刊物发表了书评，《纽约客》便是其中之一（但它发表书评的时候，书已经卖了3个月了）。该篇书评的作者多萝西·帕克（Dorothy Parker）说："这本惊人的作品，找到了法子落入读者战战兢兢的手中……布里登小姐一有了曝光的机会，噢，天哪！她怎么会曝光这些内容的。"

对沃伦·哈丁的纪念活动来说，这些事情出现的时机再糟糕不过了。哈丁的家乡本已修好一座宏大的圆形纪念堂，预计在7月4日召开献堂典礼。按照传统礼仪，同属一党的现任总统卡尔文·柯立芝本应到场主持典礼，但这么多让人不快的丑闻四处流传，柯立芝怎么也不愿去。结果，献堂典礼无限期推迟了，这对哈丁一家可谓沉重的羞辱。最终，献堂典礼在1931年由胡佛主持，据说，仪式的内容改为拉开一格抽屉。

相反，7月4日，柯立芝留在了南达科他州，庆祝自己55岁的生日，这天他过得非常愉快。南达科他州意识到他到访会带来宣传效应，在他生日这天送上了牛仔套装和一匹马。这匹马名叫"基特"，往好听了形容可谓"意气风发"。事实上，它野性十足，并非驯马。总统从不善骑，谨慎地远远躲着它。不过，他的注意力都高兴地放在了其他的礼物上——牛仔套装里包括一顶阔边牛仔草帽，一件鲜红的衬衣，一条蓝色大领巾，外加皮护腿、靴子和马刺。柯立芝告退了几分钟，再次出现时将所有的东西都披挂上身，样子略显笨拙。他看起来有点滑稽但非常自豪，还开心地摆了造型。在场的摄影师们简直不敢相信自己这么走运。"这是美国历史上最精彩的一个喜剧场面。"那个星期，幽默作家罗伯特·本奇利（Robert Benchley）在《纽约客》上如此写道。

柯立芝喜欢这套衣服，在那个夏天剩下的日子里，他一有机会就穿上。按工作人员所说，每当白天总统职责履行完毕，他常常换上这身装束，在那短短的几个小时里，他不再是美国最重要的大人物，只是个快活的老牛仔。

15

大萧条的前夜

一场关于黄金的秘密会议

柯立芝总统在黑山扮牛仔取乐期间，在大陆的另一边，远超他关注的范围，4名国际银行家正无声无息地为股市崩盘和随后而来的大萧条时代打基础。虽然那不是他们的本意，也并不符合他们的期待，但却正是他们所作所为带来的结果。

这4个人分别是：纽约联邦储备银行行长本杰明·斯特朗（Benjamin Strong）、英格兰银行行长蒙塔古·诺曼爵士（Sir Montagu Norman）、德意志帝国银行负责人亚尔马·沙赫特（Hjalmar Schacht）、法兰西银行副行长查尔斯·里斯特（Charles Rist）。这4个大人物的组合相当古怪，一个人怪里怪气，一个人生命垂危，一个人是未来的纳粹分子，只有一个人还算正常但在眼下无足轻重。

他们在金融家奥格登·米尔斯（Ogden Livingston Mills）位于长

岛的庄园聚会，米尔斯是个富有的共和党人，当时在纽约州州长的竞选中被阿尔·史密斯（Al Smith）击败。确切地说，是被痛打了一顿。聊以安慰的是，米尔斯成了华盛顿特区财政部的副部长。他最终会接替安德鲁·梅隆（Andrew Mellon）当上财政部部长。讽刺的是，那时候他要应付的混乱局面，正是眼下他出于好心（但受了误导）撮合的这场聚会引发的。

米尔斯的豪宅呈四方形，看起来不像是舒适的居所，倒更像是中央银行，这一点想必让银行家们感到很亲切。它占据了"黄金海岸"[1]的黄金位置，四周都围着大花园。几乎全美最富裕的家族，包括范德比尔特、杜邦、阿斯特、惠特尼、摩根、赫斯特、弗里克斯家族都在这里有周末别墅。有些地方极尽堂皇。银行家奥托·卡恩（Otto Kahn）的庄园有170间客房，还有一处能容纳200人的餐厅。地面设施包括一个18洞的高尔夫球场和私人动物园。因为觉得庄园所处的环境还不够庄严，卡恩干脆自己建起了一座小山。黄金海岸的其他业主为改善自己的景观，曾买下整座村庄将之夷为平地。至少还有一个人曾在公路上设了门，以免普通人从海滩漫步误入他的土地。

米尔斯的地产距罗斯福机场只有16千米远，基本上处在当时所有越洋飞行活动的起飞通道上。伯德和他的团队在银行家们到来前两天刚刚起飞。伯德在滨海韦尔迫降和巴黎为他们的凯旋设招待会的消息，近日来占据了所有报纸的版面，这让银行家们很欣慰，因为这有助于引开他人对自己的关注。他们渴望保密。

1　这是长岛西北部的一个特权区段，600多座庄园点缀在拿骚和萨福克县西边连绵起伏的丘陵及犬牙交错的海岸线上。

主持会议的是本杰明·斯特朗。1927年夏天时他55岁，高大而英俊，但按金融史学家约翰·布鲁克斯（John Brooks）所说，斯特朗的生活"充满了隐秘的创痛和疾病"。1927年夏天，他一副病容，疲惫不堪，气息奄奄。此时，他正跟致命的疾病进行着一场漫长的战斗，而且即将失败。他患上了肺结核。

斯特朗的个人生活和事业形成了凄美的对比。1872年，他出生于纽约一个家道逐渐败落的上层家庭，因为付不起大学学费，只好到曼哈顿的银行业工作。得益于他的个人魅力，且生来就极具威严感，他在职场上稳步攀升。1898年，他和妻子及孩子搬到了新泽西州的恩格尔伍德，跟J. P. 摩根公司几颗冉冉升起的新星，尤其是与亨利·戴维森（Henry Davison）、托马斯·拉蒙特（Thomas Lamont）和德怀特·莫罗交上朋友之后，晋升速度明显加快。在新人脉的帮助下，斯特朗成为银行家信托公司的董事，接着又担任了总裁，并在1913年纽约联邦储备银行成立时担任了它的负责人。

可惜，斯特朗的个人生活却不曾实现与事业同等的一帆风顺。他的妻子长年患有抑郁症，于1905年自杀，给他留下了4个年幼的孩子，其中一名次年又死于猩红热。两年后斯特朗再婚，但这次婚姻同样不成功。1916年，他的第二任妻子离开了他，带着他的另外两个孩子搬到了加利福尼亚州。与此同时，他被确诊患上了肺结核，需要花较长时间在科罗拉多州的清新空气中疗养。在那里，他跟一个同样患有肺结核的年轻姑娘确立了关系，可那姑娘最后却以喝下鞋油的方式可怕地自杀了。对于他而言，生活不是一件快乐的事。1927年，他因病休息了6个月，到夏天时他才刚回来工作。

好在斯特朗还有最好的朋友英格兰银行的蒙塔古·诺曼作陪。斯特朗和诺曼非常亲近且经常一起度假，大多在缅因州和法国南部地区。诺曼是个怪里怪气的朋友，但对一家中央银行而言，就更是个怪里怪气的负责人。他性格脆弱而神经质，帮他作传的人很多，其中有两人写道，他"是个奇怪而孤独的人，有着强烈的神经质，根本没法讨好"。他蓄着一蓬《时代周刊》称之为"十分好斗的山羊胡"，喜欢戴宽边帽子披斗篷，看起来就像是个中欧间谍加二流魔术师。他有着强烈的反犹太思想，这略让人感到意外，因为据说他家族的根能追溯至南欧西葡系的塞法迪犹太人。

诺曼的怪癖很多，其一是化装旅行，尽管他并没有可信的理由要这么做。很多时候，他借用"克拉伦斯·斯金纳（Carence Skinner）教授"的假名和身份，此事曾让真正的克拉伦斯·斯金纳教授惊慌失措。他频频陷入可怕的精神崩溃状态，每当感到"邋遢"（他自己的说法），他会在床上躺好几天甚至好几个星期。1911年到1913年，瑞士心理学家荣格为他做了有趣但错误的诊断，说他患梅毒已到最后阶段，只剩下几个月的生命。打那以后他便一直没有工作。其实，他的病更有可能是轻度双向情感障碍（躁郁症）。每当情绪高昂、热情洋溢的时候，他便有着无穷的信心。"我无需理由，"他曾矫正朋友，"我只靠直觉。"

诺曼一个人（但有7名仆人侍候）住在伦敦以西荷兰公园的一栋大房子里。有几年胡佛是他的近邻。他几乎从不接受采访或发表演讲，也很少社交。他家有一间音乐室，有时他会举行小型音乐会。他出身名门望族，他的哥哥是BBC公司的董事长。他的父亲是当时英格兰规模最大的银行之一马丁银行的合伙人，他的祖父和外祖父都是英格兰银行的董事，其一后来还当过英格兰银行行长。

年轻的时候诺曼没有表现出什么特别的天赋，但他的能力足以应付家族传承的银行工作。因为旅行和神经崩溃，他告假了很长一段时间。身体维持健康状态最久的一段时期，他在纽约一家商业银行干了4年。布尔战争期间，他应征入伍担任英国陆军上尉，甚至因表现英勇被授予了杰出服务勋章[1]，叫所有认识他的人都大吃一惊。但不出意料，没多久他就因健康状况不佳倒下了。1915年，他以44岁高龄加入英格兰银行，凭借智力出众，以及对细节的掌控力脱颖而出，5年内就担任了行长。

十拿九稳地说，英格兰银行还从未有过一个比他更不靠谱的领导。如果情绪低落，他会突然长时间缺席，有一回到南非休息了3个月，不做任何解释，也从不道别，让他的下属假装他还在岗那样代为处理银行事务。还有的时候，他会带着母亲到瑞士或法国观看魅力四射的小个子法国人埃米尔·库埃（Emile Coué）坐诊。库埃原是法国南锡地区的药剂师，因为发明了一套名为"自我暗示"的心理疗法在20世纪20年代大受欢迎。库埃在一本薄薄的畅销书《通过刻意自我暗示主宰自己》里解释过自己的体系，它建立在一个很简单的概念上，即反复念诵"我每一天都在方方面面变得越来越好"[2]。

---

1 DSO，这是军官能获得的最高荣誉。
2 实际上，库埃在《通过刻意自我暗示主宰自己》（*Self Mastery Through Conscious Autosuggestion*）中所述的咒语是："每一天，在每一方面，我都变得越来越好。"经美国客户们的建议，他修改成了这一更简短活泼的版本。

从各种积极的角度去认识自己。

库埃的书仅有92页，大部分内容摘自仰慕他的客户的推荐信。库埃的追随者们人数高达数百万，他们赞美这位伟人治好了你能想得出来的各种疑难杂症：肾炎、鼻窦炎、神经衰弱、脑肿瘤，甚至色情狂、畸形足。一位狂喜的客户称他克服了无法消化草莓的老毛病，另有一人欢悦地与盗窃癖一刀两断。到了20年代中期，库埃的诊所遍布欧洲和北美。

不幸的是，1926年夏天，这位小个子法国人因心脏病发作倒地而亡，这或许突出地说明了一点：不管再怎么努力地应用积极思维，它的作用也仅此而已。这场积极心理学运动失去了势头，诺曼又恢复了慢性忧郁状态，但他似乎变得更自在了。如果不到库埃那儿求诊，诺曼也时不时地沉浸在灵性和神秘主义当中。他曾对同事说自己能穿墙。只可惜，这一切只让他"金融神棍"的名号变得更响了而已。

金融小团体的第三位成员是亚尔马·霍勒斯·格里利·沙赫特（Hjalmar Horace Greeley Sohacht），德意志帝国银行的负责人。他之所以起了这么个中间名，是因为他父亲年轻时曾在美国住过几年，仰慕新闻人霍勒斯·格里利（Horace Greeley）。亚尔马·沙赫特后来成为希特勒的盲目支持者（甚至也留了一抹希特勒招牌式的滑稽小胡子），并在纳粹时期担任德国经济部长。用一位观察家的话来说就是："沙赫特博士为希特勒的暴徒们披上了合法的外衣。"

1927年，沙赫特成为了德国的民族英雄，人们称赞他带领德国度过了最大的经济危机。4年前的1923年1月，法国被德国不履行战争赔款的行为激怒，占领了德国的工业核心地带鲁尔区。结果导致德国出现一浪接一浪的恶性通货膨胀。马克在战前兑美元的汇率是4∶1，现在陡升到了600 000∶1。到了1927年夏天，达到了6300亿马克只能兑换1美元，通货膨胀猖獗，价格每天甚至每小时都在翻倍。人们需要用手推车或者婴儿车才能携带足够的纸币去进行哪怕是最日常的交易。寄一封信就需要100亿马克。1914年时搭乘电车需1马克，此刻则要150亿马克。养老金跌得一文不值。人们发现，勤勤恳恳存了一辈子的钱现在连一杯咖啡都买不到。最终，在疯狂的高峰期，物价水平涨到了10年前的14 229亿倍。

1923年11月的最后一周，德国用一种新的货币"地产抵押马克"（Renten Mark）取代了一文不值的"帝国马克"（Reichs Mark）。不可思议的是，此举达到了预期效果，通货膨胀慢慢降到了更便于管理、不那么歇斯底里的水平。出于一个意想不到的巧合，就在新货币生效的那一天，德意志帝国银行的负责人鲁道夫·哈芬施泰因（Rudolf Hacenstein）猝死了。他的继任者是亚尔马·沙赫特。因为沙赫特的到来恰到时机，德国经济恢复稳定的所有功劳都落在了他头上，人们盛赞他是金融天才。

法国占领鲁尔区这一行径带来的第二个混乱和痛苦结果是，导致了日后阿道夫·希特勒的崛起并掌权。一些历史学家认为，如果不是沙赫特赋予了纳粹合法性及对财政的控制权，纳粹是不会崛起的。第二次世界大战结束后，沙赫特在纽伦堡受审。他辩解说自己一直反对迫害犹太人，也从未加入过纳粹党。他认为剥夺犹太人的权利就够了，不用杀死他们，这种观点按当时德国的标准，简直可谓开明人物。他被无罪释放，一直活到了1970年。他和诺曼也相处甚欢。为了参加长岛的会谈他们以假名在毛里塔尼亚登船，共同前往纽约。

与会的第四名成员是查尔斯·里斯特（Charles Rist），是在瑞士出生的经济学家，巴黎索邦大学前教授，时任法兰西银行的副行长。因为行长埃米尔·莫罗（Emile Moreau）不会说英语，所以派里斯特做代表。里斯特是个秃头，神情严肃，虽备受敬重但基本上是这次会议的局外人。他前一年才进入法兰西银行，其他3人并不太熟悉他。

每个人自然而然地都把各自的民族情绪、自身利益和偏见带到了聚会当中。法国那一年过得很糟糕，民众的生活很贫困，度日如年，南杰瑟和科利的失踪也给他们带来了苦涩的心理打击。从官方角度看，法兰西银行对诺曼心存疑虑，认为他为了保护伦敦作为全球金融中心的地位，转眼间就会把欧洲其他地区给出卖掉。至于英国，它才刚刚从一场代价极大的大罢工中恢复过来，因为无法恢复自己从前的世界霸主地位而倍觉痛苦与迷惑。诺曼因法国悄悄发动跟英国的黄金储备赛感到愤怒异常，有一段时间，他不满得甚至拒绝用法语向任何法国人致辞。

德国则是单纯地被耗得油尽灯枯了。它不光背负了沉重的战争赔款，还被剥夺了大部分的创汇能力。例如，协约国抢走了它大量的船舶货运业务。有一个事实现在几乎已遭遗忘：20世纪20年代的许多大型客轮其实都是取了新名字的德国船只。丘纳德航运公司的

"贝伦加利亚号"是一艘非常壮观的大船，公司将之作为旗舰，而它原本是德国的"皇帝号"邮轮；白星航运公司的"庄严号"，本是德国的"俾斯麦号"；美国的"利维坦号"，即伯德团队即将搭乘着它回国的那艘邮轮，以前曾骄傲地用德文称自己为"祖国号"。

美国处在一个很不寻常的位置，和欧洲诸位表兄弟们形成了鲜明的对比：它的一切都太顺利了。经济发展似乎势不可当。通货膨胀率连续4年为0。经济增长率年均3.3%。在几位行长相聚长岛的前一天，财政部公布的最新数据显示，美国的前一个财政年度预算盈余6.3亿美元，国债也减少了10亿美元。经济真的再好不过了。

在股市中，人们完全不怎么费心就大赚其钱。斯科特·菲茨杰拉德在《我的迷失都市》里用惊讶的语气描述，他的理发师在一笔恰到时机的投资里挣到50万美元（相当于当时平均年薪的400倍）之后就退休了。对于许多人来说，跟市场过招简直上瘾。沃伦·哈丁还当着总统就在这么做——照理他不该这么做。他死时，还欠经纪人18万美元的债务。对许多跟哈丁一样的人而言，故事的巨大吸引力在于你根本不需要钱就能参与。你可以首付10美元，购买价值100美元的股票——你的经纪人自然可以帮你把余额填平。反过来，经纪人又向银行借钱。从银行的角度看，这样的安排再称心如意不过了。银行从美联储按4%或5%的利息借来钱，又用10%或12%的利息借给经纪人。用一位作家的话说，银行"光凭所在的位置就收入颇丰"。

只要股价不断上涨，这套系统就运作得很好，在20世纪20年代的大部分时段，股票正是如此。然而，任何仔细观察的人都能清楚看出，许多股票的价格跟公司的价值都没有什么对应关系。尽管以GDP衡量，全美生产量在这10年里仅增长了60%，股价却上涨了400%。由于大部分此类上涨跟潜在利润或效率无关，股价一直高高在上其实靠的仅仅是新买家支付高价的意愿。

大多数中小投资者并未意识到眼前的事情恐怕不利于自己。美国许多最受尊敬的商界领袖参与了无耻操纵股价的联合集团，牺牲无辜的投资人只为迅速赚取可观的收益。约翰·布鲁克斯（John Brooks）在描写华尔街内幕的经典作品《戈尔康达往事》（*Once in Golconda*）中揭露，克莱斯勒汽车公司的沃尔特·克莱斯勒、约翰·D. 洛克菲勒的侄子珀西·洛克菲勒（Percy Rockefeller）、民主党全国委员会主席约翰·拉斯科布、美国无线电公司老板大卫·萨尔诺夫（David Sarnoff）之妻等诸多大人物都参与了此种操纵。为他们效劳的经纪人按选定的时间间隔购买大量美国无线电公司的股票。这让股价从90美元涨到了109美元。股价的上涨吸引了其他投资者。接着，经纪人将操纵集团持有的股票兑现，他们用不到一个月的时间就分享了500万美元的利润。等操纵集团的资金撤出，股票跌回87美元，其他不知情的投资者损失惨重。尽管这种行为毫无值得骄傲之处，但在当时并不犯法。拉斯科布的大部分财富都是靠着这种做法赚来的。肯尼迪总统的父亲约瑟夫·肯尼迪也一样。

1929年，拉斯科布接受了《妇女家庭杂志》（*Lady's Home Journal*）的采访，文章名为"大家都应该致富"，他认为任何人都可以靠玩股票发财。事实上，那时候他因为预料到股市暴跌即将到来已兑现了大部分股票。20世纪20年代，许多人都没意识到名人"当面说一套背后做一套"的虚伪态度。

在20世纪20年代，借款不光为蓬勃发展的股票市场提供了资金，也成为生活中所有事情的支柱。多亏了一种辉煌的金融新发明，美国人突然能够拥有自己从未期待过的各种东西——甚至是可以即刻拥有。这就是所谓的分期付款计划，它不光改变了美国人的购物方式，还改变了他们的思维方式。概念本身很简单。比方说一台收音机的成本是100美元。顾客用110美元的价格购买，首付10美元，其后在10个月里每月支付10美元——于是只额外花了10美元，就立刻享受到了收音机带来的快乐。零售商以83美元的价格把这份合同卖给一家财务公司，再加上首付的10美元，零售商到手93美元。等10个月过去，财务公司再付给零售商10美元，作为收取月付款的费用。这样一来，还款结束，零售商挣到了103美元，财务公司用83美元的投资赚到了7美元，回报率超过了20%，顾客立刻拥有了此前梦寐以求的宝物。正如路易斯·海曼（Louis Hyman）在有关美国消费信贷历史的著作《负债国度》（*Debtor Nation*）里指出，这套系统运行得十分顺畅，人人都开心。顾客通过共和金融公司（Republic Finance Company）购买真空吸尘器，只需在5个月里每月支付1.05美元的利息，看上去似乎是笔微不足道的小钱，但却带给该公司及股东62%的投资回报率。一个全新的世界在这套幸福数学的基础上构建起来。

"先买后付款"证明了一个不可抗拒的概念，人们很快就用它来购买各种东西了——服装、家具、家用电器、浴缸、厨房橱柜，以及最重要的汽车。分期付款让美国人的屋子里充满了种种闪闪发光的产品，让道路上挤满亮锃锃的汽车。自那以后，它就让美国成了消费者的天堂，而且保持至今。

这一切让美国来到了一个特殊的位置。在长岛夏季密会召开之时，它在4个国家里最具经济活力，但也最欠缺经验。美国的中央银行美联储才刚成立13年，结构烦琐得简直没有能力采取任何果断的行动。有趣的是，美联储之所以具有步履蹒跚的怪异天性，竟然是拜林德伯格的父亲所赐。林德伯格的父亲曾担任过美国众议院银行和工业委员会的议员，参与组建了美联储。与不少中西部农业省份出身的人一样，林德伯格的父亲对东部银行家很反感——听说自己的儿子要娶摩根公司合伙人的女儿时，他震惊不已。他希望新成立的联邦储备银行大范围分权，而不是全集中在东海岸的一栋建筑里。出于这个原因，他和国会的同事们决定，不像其他国家那样设立单独的中央银行，而是建立一套包含了12家独立地区银行的网络，由华盛顿的联邦储备委员会进行松散监督。

直到现在，这仍然是一个奇怪的组合。虽然12家地区银行共同组成了中央银行，代表政府展开行动，但与此同时它们又都是独立的，以赚钱为目的的、由股东控制的私营银行。从政府的角度看，它们的主要职能是通过调节贴现率来控制货币供应量。贴现率指的是中央银行贷款给商业银行的利率，是其他所有银行校准利率的基础。

12家分散的联邦储备银行在原则上有着同等的重要性，但斯特朗领导的纽约储备银行在当时势力最强。经济学家艾伦·梅尔策

（Allan H Meltzer）这样评论斯特朗："很多时候，他都把12家储备银行看成是11家。"在斯特朗的领导下，纽约储备银行发挥了自己的诸多优势，特别是它比其他储备银行规模更大，又地处美国的金融中心。多亏了哈丁无能又疏忽的人事安排，华盛顿的联邦储备委员会里大部分都是些财政上的无能之辈。重要的是，斯特朗为纽约联邦储备银行赢得了独家代理美国与其他国家打交道的权利。一句话：它成了事实上的中央银行——而这多多少少正是众议员老林德伯格想竭力避免的。

在那5天里，这4位银行家秘密相会。他们没发表任何公开言论。事实上，他们甚至不肯公开自己正在会晤的事实，自然更不会透露他们的谋划将会影响未来几年世界经济的发展方向。没人知道他们的讨论内容到底是什么，因为没有留下现场记录。但根据他们眼前的问题，基本上可以将讨论主题归结到一点：黄金。

国际银行系统仍然痴迷于所谓的金本位这一摇摇欲坠的古老机制。金本位是一个极简单的概念。若采用金本位制度，市面上任何流通的纸币都需要以黄金储备作为支持。美国采用金本位制时，10美元的纸钞就可兑换价值10美元的黄金，反之亦然。换句话说，黄金让原本毫无价值的纸片变成了钱。金本位具有一定的局限性，但它也有许多备受银行家们推崇的吸引力。最明显的一点是，货币流通量受限于已经发现的黄金量。因为采用金本位制，政府无法滥发纸币，通货膨胀就不会出现。它让汇率管理跳出了那些极其狭隘且目光短浅的政治家的掌控。它推动了物价的稳定，从总体上让国际贸易的沉重车轮保持转动。最重要的是，金本位有着巨大的心理意义，它管用。众所周知，它运作了很长一段时间了。

问题是，它现在运转得不太顺畅。全世界一半的黄金都在美国，大部分存储在下曼哈顿纽约联邦储备银行那90吨重的钢门之后有5层楼深的地下室里。这本来就不是什么特别好的事。拥有所有的黄金似乎很了不起，但事实上，这意味着其他国家没办法购买你的产品，因为它们自己没有黄金来偿付了。为贸易和全球经济的健康发展着想，黄金应该在各国间流通。可现在，它却累积起来了——稳稳当当地、坚持不懈地累积在了一个本就比欧洲所有国家加起来都要富裕的国家里。

让国际贸易继续滚动符合美国的利益。于是，斯特朗吩咐美联储将贴现率从4%下调到3.5%，鼓励黄金持有者们把储蓄搬到欧洲，换取更高的回报。这反过来能增加欧洲的黄金储备，有助于稳定欧洲货币，并带动整体贸易增长。斯特朗以为，美国的经济能吸收小幅降息带来的刺激，不会"嗨"得发狂。只可惜，事实证明，他这个算盘打错得太厉害了。

7月7日，4位银行家结束了会晤，即刻出发前往华盛顿，通知联邦储备委员会的指定人员。斯特朗擅自指示美联储采取怎样的行动，委实鲁莽大胆，芝加哥、旧金山、明尼阿波利斯和费城的4家储备银行拒不从命。毫无疑问，一部分是因为生气，另一部分则是因为它们坚信在市场价值本就这么高的条件下继续鼓励借贷，太过疯狂了。可美国联邦储备委员会却采取了前所未有的行动，强迫抗命不从的银行跟进。

减息带来了爆炸性后果，用作家和经济学家利雅卡特·艾哈迈德[1]的话说是："就如同点燃森林火灾的火花。"它造成了1928年的市场大泡沫。接下来的一年，股市从本就非理性的高度又翻了一倍，受股市会永远上涨的盲信推动，经纪人发放给投资者的贷款数量从10多亿美元涨到了失去理性、颤颤悠悠的45亿美元。

不过，就此刻而言，银行系统之外的人，几乎没有看出任何值得忧心的迹象。政治家里只有胡佛立刻做出了反应——他大发雷霆。他说斯特朗"在精神上成了欧洲的附庸"，稍后又指控斯特朗"罪行之恶，甚于谋杀"，并写信给联邦储备委员会，预测下调利率很可能引发经济萧条。此外，胡佛又敦促柯立芝采取行动，以求逆转降息带来的后果。柯立芝拒绝了，因为他相信市场自有办法，他信赖的财政部长安德鲁·梅隆还宽慰世界："股市似乎正井然有序地运转着，我没有看出过度投机的证据。"再说，美联储是独立的机构，总统也无权干涉其判断。所以，一如往常，他什么也没做，继续回去快乐地钓鳟鱼了。大萧条将由别人来对付。

1　利雅卡特·艾哈迈德（Liaquat Ahamed）：2010年普利策历史奖得主，曾担任世界银行投行部主管。

16

棒球的巅峰时刻
纽约洋基队横扫棒球界

Yankees

　　时至7月，美国的天气温暖而干燥。在纽约，7月4日国庆假期一开始，气温就升到了快27℃。夏天的第一波热浪袭来了。

　　热气改变了城市生活。它造就了一种共享苦难的氛围，引发了陌生人之间的对话。一时间，人人都有话可说了。生活复归了几乎被世界遗忘的老样子。人们又坐起了小马扎，理发师把椅子搬到室外，在树荫或遮阳棚下为顾客刮脸剃须。办公室、公寓、酒店、图书馆、医院、学校，各处的窗户都大敞着，不管你置身何地，城市的噪声都劈头盖脸地砸向你。交通工具的轰鸣声，孩子们玩耍的嬉笑声，隔壁楼里的吵闹声——所有这一切，以及其他数百万种声响都陪伴着你工作、阅读和睡眠。如今，我们会躲进室内逃避城市的躁动。可在20世纪20年代，大部分躁动来自你的内心。

　　因为7月4日是星期一，许多工人享受到了为期3天的大周末。

这在当时非常新奇了不起，因为大多数人对周末的概念都还不太习惯。在美国，每周平均工作时间从20年代刚开始的60小时降到了现在的48小时，人们有了更多的闲暇时光，但为期3天的小长假仍然少见，足够让人心花怒放了。几乎所有人都决定尽量充分地利用它。星期五，每一趟列车都满座了，高档酒店铂尔曼的客房好几天前就预订一空。《纽约时报》报道，7月4日国庆放假期间预计将有200万人要来纽约或者离开纽约。宾夕法尼亚铁路公司额外加开了235趟车次，帮忙运输人龙。纽约—纽黑文—哈特福德铁路公司则承诺为向北前往科德角湾和缅因州的旅客安排类似的增开车次。

在纽约近郊，据报道康尼岛在7月3日出现了100万名游客，达到了有史以来的最高峰。罗卡韦和斯塔滕岛的海滩或许也接收了50多万人，不过奇怪的是，按官方报道，斯塔滕岛的居民大多搭乘渡轮去了新泽西，新泽西的阿斯伯里帕克、长滩和大西洋城都表示出现了不曾见过的大量游客。在大西洋城，星期六、星期日和星期一，木板路景区从早到晚都密密麻麻塞满了人。

至于那些不能出城的人也竭力保持凉爽。很多人去了安装有舒爽"空调"的电影院——虽说真正的空调当时还不存在。要等到下一个月，空调才在内华达州里诺市的《晚报》（Evening Gazette）上首次亮相。眼下这一刻，建筑里的人造制冷设备叫凉风机，而不是空调。

对于较为节俭的人，百老汇大街上更有开放式的双面车，花上一美分人们就能随意搭乘，想待多久都行。数百人都这么做了。到了晚上，很多人把床垫拖上防火通道或屋顶，睡在室外。大量的人带着毯子和枕头涌到了中央公园，在星光下扎营。剧作家阿瑟·米勒（Arthur Miller）当时是住在第110大街的11岁小男孩，多年以后回忆自己途经露天宿舍下的超现实经历："我和许多其他小孩穿过公园，在几百个人里走来走去，他们有单独来的，也有携家带口的，全都睡在草里，身边放着他们的大闹钟，闹钟的秒针嘀嗒作响，制造出温和而又此起彼伏的杂音。宝宝在黑暗中哭泣，男人在低沉地呢喃，湖边偶有女人传出高音嬉笑声。"

睡不着的人往往会出门散步，有车的话就开车去兜风。7月3日夜里，新泽西州南奥兰治县的一家旅馆出来了10个人，有6个成年人和4个小孩子，他们挤进了一辆车里。用车主詹姆斯·奇科（James De Cicco）的话来说就是，他们想出去"兜兜风"。其中一名乘客，凯瑟琳·达米亚诺（Catherine Damiano）太太刚学会开车，就问自己能不能练练手。奇科乐意地交出了方向盘。遗憾的是，达米亚诺太太把车停在了铁轨上，偏巧一辆宾夕法尼亚铁路公司开来的火车呼啸而过。这辆车正匆匆赶往纽约帮忙疏导多余旅客。火车以65千米的时速撞上了汽车。达米亚诺太太和4个孩子当场身亡，另外两名成年人也都没了命。两人伤势严重，只有奇科先生成功跳出了车外。一辆车出事故死了7个人，大概算是当时最惨痛的车祸了。达米亚诺太太的丈夫加了一整个晚上的班，并不知道自己的妻子和孩子出门了，第二天早晨才知道自己全家人都没了。

值得指出的是，所有这一切都发生在20多摄氏度的夜间。夏天还没过完，在全美大部分地区，接下来温度和湿度会攀升到更叫人难受的高度，还有更多人会死掉。

7月4日是星期一，热乎乎的天气和假日气氛为洋基体育场带来了大群观众，他们来观看洋基队和参议员队之间进行的连番赛。¹7.4万人挤进体育场，这超过了常规赛季任何一场比赛的到场人次，还有数千人被挡在门外。

连续好几个星期的坏天气不光导致了罗斯福机场的许多航班推迟，也严重拖后了当年夏天棒球的比赛进度。1927年，洋基队打了18场连番赛，光是6月，就在6天里连打4场，但没有一场比7月4日这场比赛更重要。洋基队6月开始迈开大步前进，当月成绩是21胜6负，比联盟里其他球队领先9.5场比赛，但眼下的参议员队也在升温，他们的击球很好，首发阵容里有5人的打击率都超过了0.300，又刚连胜10场，取代白袜队升到了第二的位置。参议员队热情高涨地抵达纽约，满心以为这次比赛会是自己赛季的转折点。的确是的——只是转折的方向不尽如人意。

洋基队干掉了他们。这是有史以来优势倾斜得最厉害的连番赛，洋基队以12：1和21：1的成绩拿下比赛。洋基队打得就像是在做击球练习似的，轰出了9个二垒安打，4个三垒安打，5个本垒打——总共击中球37次，拿下69个垒。那天洋基队的打击率是0.468。除了一人例外，洋基队包括投手在内的其他击球手都至少击中了一个球，有6人还打出了4个以上的球。就连击球轻、很少上场的新人朱利·韦拉（Julie Wera）——只在大联盟打过短短两个赛季共43场比赛，也打出了一个两分本垒打，这是他整个职业生涯里唯一的一次。唯一没击中球的球员是投手威尔西·穆尔（Wilcy

---

1　连番赛就是同一天里打两场比赛，多因为前一场比赛时下雨而被取消。

Moore），人们普遍认为他是棒球界最糟糕的击球手。他在第二场比赛里0胜4负，但投了完整的9局比赛，场上10次，只丢了1分。乔治·皮普格拉斯（Joe Pipgras）的成绩紧随其后，以先发投手身份投完了一场比赛，投了9次，丢了1分；轮到他击球时，也4击2中。总之，对洋基队的每一名球员来说，这都是个好日子。

"从来没有哪支冠军挑战队被如此彻底地拍成了碎片。"《纽约世界报》（New York World）评论道。"我希望赛季已经结束了。"参议员队的一垒手乔·乔吉（Joe Judge）说。事实上，从任何意义上来看也的确如此。因为在这两场比赛中获胜，洋基队把领先优势扩大到了11.5场。第二天，他们还将再次击败参议员队，并在两队剩下的7场比赛中击败后者6次。再没有哪支球队能赶上来对洋基队造成近距离威胁。

这一切其实相当意外。几乎每个人都预测费城运动家队会赢得1927年美国联盟的冠军。人人都认定洋基队已经过了最好的年景。首先，鲁斯已经32岁了，大腹便便的。投手甚至更老。杜奇·吕特尔（Dutch Ruether）和赫布·彭诺克（Herb Pennock）都33岁了，鲍勃·肖基（Bob Shawkey）和厄本·沙克尔（Urban Shocker）则36岁。球队的平均年龄超过了28岁。花名册上只有5名球员是20世纪之后才出生的。沙克尔的状态糟糕到下一个赛季结束前就去世了。

然而，事实证明，1927年的洋基队是有史以来最了不起的球队之一，甚至可以把"之一"都去掉。把经理米勒·哈金斯也算进去的共计7名队员都将晋升棒球名人堂，这个数字比例相当惊人。很少有哪支队伍能达到这样的高度。

比较不同时代的运动竞技表现往往愚蠢而徒劳，但可以说，说到哪支棒球队能叫人激动得浑身起鸡皮疙瘩，人们往往首先想到的是1927年的洋基队。公允地说，作为球员，作为人，他们都是极不寻常的一个集体。其中最令人难忘的是：

韦特·霍伊特

右撇子投手。外号"小学生"，因为他加入大联盟时年仅17岁。

此刻正是他在大联盟的第10个赛季，他即将打出历年来的最佳成绩。

他将以22胜7负的成绩打完赛季，在全联盟的5个投手类别（获胜次数、胜率、自责分率，完成比赛场数和投球局数）里名列前茅。

霍伊特的个人经历同样令人难忘。他是著名杂技演员的儿子，也是一个很有才华的歌手和演员——如果他愿意的话足以凭此在舞台上谋生。霍伊特的岳父在新泽西州经营着一家殡仪馆，霍伊特有时会去帮忙把尸体从曼哈顿的停尸房取出来，送到新泽西去下葬。有时，霍伊特会在比赛期间把运尸车停在洋基体育场，打完球再去运尸体。休赛期间，霍伊特自己也在研究殡仪业务。

厄本·沙克尔

投手。出生在克利夫兰的一个法裔加拿大家庭，本名是厄贝恩·雅格·沙克尔（Urbain Jacques Shocker）。他是个好酒之徒，但那时许多棒球选手都这样。他投球的那只手因为年轻时受过伤，有一根手指永久弯曲，这带给他极不寻常的抓球方式，大大改善了他的缓速弧线球。他还是在1919年之后仍然获允投唾沫球的17名投手之一。他的薪水在洋基队排第三，仅次于鲁斯和彭诺克，为13 500美元。

沙克尔在大联盟投了13年，从未有过失败的赛季。1927年，他创下18胜6负的纪录。这是他在联赛中的第二佳胜率，第二低的对战打者保送率，以及第三好的自责分率。更不同寻常的地方是，他是在自己行将去世之前做到这一切的。沙克尔天生就有极为严重的心脏问题，只能坐着睡觉（有些书上说他得站着睡，但这似乎不大可能）。从1927年拍摄的照片看，他的外貌比实际年龄要老至少10岁。到了初秋，他的病情过重已经无法保住自己的首发地位了。不到一年，他就去世了。

赫布·彭诺克

投手。来自费城一个富裕的贵格会家庭，队友们都叫他"肯尼特广场的乡下老爷"。休赛期间，他猎狐，栽种菊花，收集古玩。他是个左撇子，打了22年棒球，但到1927年时他的职业生涯已进入尾声。有一回打完比赛他的胳膊酸痛得都举不起来捋头发。1927年，彭诺克是全队薪水第二高的球员，挣17 500美元。他后来入选了棒球名人堂。

威尔西·穆尔

穆尔恐怕是洋基球队里最不靠谱的球员了。虽然仍是新人，可他至少30岁，甚至还可能更年长。没有人知道，他自己也不说。他是出生于俄克拉何马州霍利斯的农家孩子，以投手身份在联盟混迹多年，1925年，他手腕断裂，却不知怎的让他的投球变得更好了。他首发的次数不多（7月4日就是一次），主要是担任球队的"救火员"，也就是"后援投手"，在垒上有人、场面岌岌可危时来终结对手。队友们叫他"医生"，用一位记者的话来说，他擅长"治疗各种病态的球赛"。1927年是他最辉煌的一年，213局比赛里自责分率达到2.28。他从来没有在哪年表现得这么好过。

托尼·拉泽里（Tony Lazzeri）

二垒手，偶尔任游击手。虽然1927年只是他的第二个赛季，但人们普遍认为，他兴许是大联盟里最优秀的中线内野手。他的体重仅为74.8公斤，但却是个可怕的重炮手。他于1926年升入大联盟，加入洋基队之前的一年，他在太平洋沿岸联盟为盐湖城队打出了60个本垒打，得了222分。拉泽里对意大利裔美国人来说是一个特殊的英雄。说意大利裔在职业棒球界少见或许会让人有些惊讶，但1927年的确如此。在大众心目中，意大利裔不是像阿尔·卡彭那样的黑帮分子，就是像萨科和万泽蒂那样的无政府主义者。所以，在意大利裔社群中，一个人能在最美国式的运动里表现出色就能得到神一般的崇敬。拉泽里最大的秘密是，他患有癫痫症——在当时，癫痫症患者经常是被关押在管教机构里的，但在大联盟的14年里，他从未在赛场上发过病。未来，他也将跻身棒球名人堂。

鲍勃·穆塞尔（Bob Meusel）

左外野手。俗称"沉默的鲍勃"，因为他经常整天不说话，对自己的队友也冷漠疏远。他从不向球迷的欢呼致意，对赞扬和批评似乎都无动于衷。1927年，穆塞尔刚打了一年职业棒球，打击率0.337，击中球174个，打点103分。他和鲁斯相处得非常好，主要是因为穆塞尔喜欢参加聚会。不过，在聚会上他也沉默寡言。

厄尔·库姆斯（Earle Combs）

中外野手。他安静，也讨人喜欢。在走上职业棒球路之前，他曾是肯塔基州的一名乡村教师。他不抽烟，不喝酒，不骂脏话，而且花了很多时间读《圣经》。他或许是最受球员和体育记者喜欢的选手。他是个稳定、可靠的中外野手，也是有史以来最优秀的第一棒击球手之一。在1927年，他将迎来自己职业生涯里表现最出色的赛季，在一垒安打、三垒安打和本垒打上冠绝全联盟，打击率0.356。他击中球231次，创下了洋基队的纪录。他也跻身了棒球名人堂。

本尼·本戈（Benny Bengough）

预备捕手。他不是个大牌球员，只打过31场比赛，但却是球队里最受欢迎的人。本戈出生在英国利物浦，但在纽约州的尼亚加拉瀑布长大，在决定当棒球选手之前，他本来学的是牧师专业。本戈的头秃得很彻底。他常前一天晚上戴着假发上了床，第二天早晨却发现假发不见了。有笑话说，他常常假装用手指捋顺头发。鲁斯跟他特别要好。

埃迪·贝内特（Eddie Bennett）

球童。贝内特是个驼背，上场比赛之前球员们爱拍拍他的驼背以求好运。贝内特出了名的能为球队带来好运。1919年时他是白袜队的球童，那年白袜队夺冠。1920年时他到了道奇队，当年道奇队又夺冠。1921年，他来到洋基队，正逢此时，洋基王朝的时代拉开了序幕，他们赢得了第一个总冠军。到1927年，贝内特已经成了棒球界最有价值的人物之一。有人认为，与其说他是球童，不如说他是替补教练。

最后也是最重要的两位球员，鲁斯和格里克，棒球赛场上有史以来最强大的双王牌。卢·格里克做到了之前没有任何人能做到的事：他的本垒打打得跟贝比·鲁斯一样好。1927年，两人一起打出了美国联盟1/4的本垒打。

表面上看，卢·格里克具备了英雄人物所需要的一切素质。他态度亲切，长得好看，脸上常挂着胜利的微笑，有深邃的蓝眼睛和带酒窝的下巴，才华横溢，还有仿佛用花岗岩雕琢而成的结实体形。但他完全缺乏个性，极为害羞，尤其有女性在身边时就更加如此。他23岁时还从没有过女朋友，依然住在父母家。他曾在接受杂志采访时说自己偶尔抽烟，喜欢喝点啤酒。但几乎没人真正见过他这么做。有一回，队友本尼·本戈和马克·凯尼格因为觉得有点对不住他就邀请他来公寓做客，希望他能遇见些姑娘。格里克穿着一套他母亲帮他熨得笔挺的漂亮西装来了，在沙发上默默地坐着，害怕得说不出话来。整个晚上，他一个字也没说出口。

和林德伯格一样，格里克不太擅长跟人群互动，但林德伯格自娱自乐得开开心心，格里克却孤独得近乎不自然。他经常一个人去游乐园，一个人坐上几个小时的过山车。他不怎么注意自己的外表，不爱穿大衣或外套。就连在最寒冷的天气他也总是穿着衬衫走来走去。他讨厌小题大做、不爱发牢骚，这就是为什么雅各布·鲁珀特付给他的薪水跟大部分预备球员差不多。不管鲁珀特给他什么样的薪水，格里克都照单全收，所以鲁珀特就总是只给他一丁点儿。

格里克是土生土长的纽约人，生于1903年，父母是穷困的德国移民，住在约克维尔。有些文章说他出生时体重惊人，重达6公斤。他的母亲也是个大块头。格里克小时候一直说德语。他的父亲不怎么工作，大概是个酒鬼。格里克太太育有3个孩子，但都在襁褓中就死了，所以格里克不光是独子，也是唯一活下来的孩子，他母亲管得特别严，特别为他操心。格里克对母亲也特别爱戴。其他棒球选手都带着妻子参加春训，格里克却带着母亲。外出打客场比赛时他每天都写信寄回家。出发前，他们母子会拥抱吻别10多分钟，让队友等得都不耐烦了。有一回去日本巡回比赛，格里克把所有的休息时间及大部分的薪水都用来给母亲买礼物了。

格里克从小就体格强壮，是个天生的运动员。到他升入商务高中时，格里克就比纽约任何一位教练执教过的中学生都打得劲儿大、击球击得更远了。1920年商务高中受邀到芝加哥跟当地最优秀的高中雷恩技术学校的球队比赛。第9局场上满垒时，格里克打出了一个本垒打，球飞出了球场后墙，落进了谢菲尔德大道——就算是在大联盟球员里，这个球也漂亮得惊人。当时格里克才17岁。

当年秋天，格里克升入哥伦比亚大学，他母亲也在同校的兄弟会宿舍做清洁工和厨娘。格里克算不上优秀的学生，基础德语竟然挂了科——德语可是他的母语。他的英语同样不及格。但他的数学却通过了及格线。他成绩欠佳，几乎可以肯定是因为时间表太过严苛，绝非因为他存在什么心理缺陷。每一天他总是大清早就起来，匆匆赶到食堂收拾两个半小时的餐桌。接着他会上一整天的课。随后是根据赛季安排进行棒球或橄榄球训练。洗完澡吃完晚饭，他又回到食堂打扫餐桌、洗碗，直至深夜。

1923年格里克与洋基队签约，两年后成为球队的正式成员。

1925年6月1日，他为一个名叫沃利·皮普（Wally Pipp）的球员做替打[1]上场击球，此后14年就再也没有错过任何一场比赛，直到1939年5月他连续打了2130场比赛——这个纪录保持了整整64年。

当时在底特律老虎队的泰·柯布是棒球界里水平最不稳定的球手，第一次跟格里克见面时他就很不喜欢格里克，因为格里克太温顺不够机智，而且太沉迷于重棒猛击。每次从格里克身边经过时柯布都会侮辱他一番。如果格里克在自己附近的垒上，柯布会偷偷靠近他然后毫不留情地骑上去。"把你的脚塞进包里，维也纳炸牛排。滚回你的老家，你这个蠢笨的荷兰汉子。"柯布会这么说。如果格里克打一垒，柯布会坐在赛场边的长凳上甩出一连串的侮辱词汇。终于，格里克受不了了，他冲到老虎队的球员休息区去找柯布。柯布刚发现身后站了个大块头，格里克就抓住他的脑袋朝一根撑门柱撞过去，柯布人事不省地倒了地。这次事件给柯布留下了深刻印象，他再也不敢羞辱格里克了。

眼下，是格里克在大联盟里的第3个年头，情况逐渐变得明朗起来：格里克很有可能打出历年来所有球员里最棒的一年。他说不定能打破贝比·鲁斯的59个本垒打纪录。从林德伯格没能来洋基体育场的那一天算起，在过去的21场比赛里鲁斯打出了5个本垒打，节奏多少算是正常。同一时期，格里克打出了14个，连在波士顿芬威球场的一场比赛里也打出了3个——之前从来没人做到过。如果格里克在这21场比赛里的步伐能持续下去，到整个赛季结束时，他

---

1 替打（pinch-hitter）：指的是上场替别人击球（多出于策略原因）的球员。——
译者注

有望打出100个本垒打。

7月4日，跟华盛顿队进行连番赛时，格里克又打出了两个本垒打，包括一个满贯全垒打。那天结束后他有28个本垒打，鲁斯26个。在这以前，还没有谁这样撼动过鲁斯。棒球界即将体验到第一轮的本垒打角逐，由此还引发了一轮无法收拾的兴奋浪潮。

值得注意的是，虽然两人暗暗竞争，个性也大不一样，鲁斯和格里克仍是最好的朋友。格里克常常邀鲁斯回家，按若干传记的说法，鲁斯很喜欢格里克夫人做的丰盛爱心菜肴，也很喜欢和她一起说德语。其实，按鲁斯的亲妹妹所说，鲁斯完全不会德语。"我像兄弟一样喜欢上了那大块头的荷兰人。"鲁斯在自传里分外真诚地说。格里克取得成功时鲁斯跟所有球迷一样激动，而格里克自己也为能跟鲁斯同场竞技而开心。鲁斯的慷慨精神特别让他感动。"对像鲁斯那样无私的人，没有谁会感到嫉妒的。"格里克对记者说。

可惜这温情没能持久。到20世纪30年代，格里克开始痛恨起鲁斯。这不足为奇，鲁斯睡了格里克妻子的风言风语与此很有些关系。

在西部，好天气成了最好的消息，因为密西西比河的洪水终于缓缓退去了。7月初，60万公顷的土地仍然泡在水里，但最坏的情况已经过去了，胡佛也总算得以把日复一日的赈灾工作交接给别人了。

对胡佛而言，密西西比河抗洪是他个人的胜利。他特别自豪的是，联邦政府完全没有提供资金援助，赈灾的所有资金都来自如红十字会、洛克菲勒基金会等公民个人和组织的捐款。"但在那个时代，"30年后胡佛在回忆录里带着一种隐约的喜爱语气说道，"灾难关头，公民们总觉得应该彼此照料，没人认为这只是联邦政府该做的事。"事实上，那些正在困境中挣扎的人获得的支持少得几近绝望。胡佛帮忙创办了一个筹资1300万美元的贷款基金帮助灾民，听起来很慷慨，但这笔钱摊到每个灾民头上仅为20美元，而且还是贷款，这对那些在洪灾中倾家荡产的可怜人来说实在算不上个有用的数目。

1927年的密西西比河大洪水带来了两份持久的遗产。首先，它加快了黑人出走南方的运动，史称"大迁徙"。1920—1930年，130万南方黑人迁往北方希望找到更好的高薪工作，获得更多的个人自由。这场运动在10年里改变了美国的面貌。大迁徙之前只有10%的黑人住在南方之外的地方，大迁徙后，一半黑人离开了南方。

密西西比河大洪水的另一个重要影响是，它迫使联邦政府接受了如下观点：有些事情太重大，各州无力单独应对。尽管胡佛为救灾活动完全依靠民间力量感到骄傲，但社会上却普遍认为，大难袭来时政府不能袖手旁观。1928年，卡尔文·柯立芝不情不愿地签署了《防洪法》（*Flood Control Act*），拨款3.25亿美元以求避免再出现此类天灾。在很多人看来，这就是美国大政府的诞生。柯立芝讨厌这个想法，拒绝举办仪式庆祝这一法案的通过。相反，他私下签署了法案后就去吃午餐了。

与此同时，回到洪泛区，倒也不是所有人都喜欢大水退去。在路易斯安那州摩根城，当地知名商人的妻子埃达·勒伯夫太太（Mrs. Ada B. Le Boeuf）要煞费苦心地解释她丈夫的尸体怎么会带着明显的枪伤，被水泡得浮肿地躺在一处新露出水面的泥滩上。9天前，勒伯夫太太报了警，说自己的丈夫失踪了。经审讯，勒伯夫太太招供，承认自己跟摩根城的另一位杰出市民托马斯·德雷尔（Thomas E. Dreher）医生有染，而德雷尔恰好是她丈夫最好的朋友。狡猾的德雷尔邀请勒伯夫外出钓鱼，趁机开枪打死了勒伯夫，在尸体上负了重，弃置水下。

1927年是个频频发生愚蠢谋杀案的难忘年头，本案显然属于其中之一。因为德雷尔医生似乎完全没想到把尸体扔进洪水里并不是个好主意，因为洪水最终会退去，而尸体却不见得会被顺水冲走。德雷尔医生和勒伯夫太太一同接受了审判，他们罪名成立，被处以绞刑。

对林德伯格而言，7月一开头就不太顺利。虽然他高贵地抵挡了在自己面前飞舞的种种商业噱头，但也接受了两桩赚钱的提议，此刻是兑现的时候。其一是开着"圣路易斯精神号"在美国巡演3个月。最初的设想是出访全美所有的48个州，一来是为了满足民众想要亲眼见一见他的迫切需求，二来也是为了宣传促进航空事业。丹尼尔·古根海姆航空推广基金会答应此行每周付给他2500美元。巡演的细节将由胡佛处处插手的商务部安排。按计划，巡演7月20日开始。

与此同时，林德伯格和普特南出版公司（G. P. Putnam's Sons）签了合同，快速炮制一本自传。普特南安排了一位捉刀枪手——《纽约时报》的凯雷·麦克唐纳（Carlyle MacDnoald）。麦克唐纳写完了初稿，但林德伯格受不了他乡土味的文风，坚持自己来写。出版商甚感紧张，因为林德伯格只有3个星期的写作时间，同期还要抽空到加拿大以嘉宾的身份出席该国钻石庆典，也即加拿大建国60周年。

事实证明，加拿大之行命运多舛。7月4日，美国其他人都在欢度国庆的时候，林德伯格飞到了密歇根州的塞尔弗里奇机场，一支军用飞机中队在此等候护送他前往渥太华。渥太华方面安排林德伯格先降落，其他飞机在空中盘旋。不幸的是，两架护航飞机的机翼交缠，一架飞机鼻子朝下地从半空中栽了下去。萨德·约翰逊（Thad Johnson）上尉赶在坠机前跳出了机舱，但飞机所在高度不够，降落伞来不及打开。他发出一声令人作呕的闷响摔在了林德伯格刚刚降落的地方，当场丧命。这起事故毁掉了许多人的兴致，但林德伯格平静地接受了它。在他的世界里，死亡本是一种职业风险。

渥太华之行结束后林德伯格立刻回到长岛，搬进了古根海姆家族在黄金海岸沙点的一处产业，这是一座法式风格的城堡，叫法莱兹（Falaise），距本杰明·斯特朗及同行银行家们正开会的米尔斯庄园只有20多千米。古根海姆家族把持的这个地方比其他豪宅更具波西米亚的放荡气息，深得百老汇和艺术界人士的欢心。弗洛伦兹·齐格菲尔德（Florenz Ziegfeld，百老汇顶级制作人）、埃德·温（Ed Wynn，喜剧演员）、莱斯利·霍华德（Leslie Howard，演员）、沃德豪斯（P. G. Wodehouse，英国幽默小说家）、埃迪·坎托（Eddie Cantor，喜剧演员）、乔治·科汉（George M. Cohan，剧作家），以及某一时期的斯科特·菲茨杰拉德夫妇全都在此买了房产。另外几个声名狼藉的人物，比如黑手党的阿诺德·罗斯坦（Arnold Rothstein）也住在这里。这就是《了不起的盖茨比》的世界，沙点（古根海姆家族在此买了3栋房子）也即小说中富人云集的东卵的原型。

在俯瞰大海的卧室里，林德伯格以凯雷·麦克唐纳的草稿为本，草草写就了自己的人生故事。在不到3个星期的时间里，他完成了4万字的手稿——哪怕文学价值堪忧，但从工作效率方面看仍然是个了不起的成就。评论家们对这本名叫《我们》的书态度冷淡。林德伯格对自己的童年只写了18行字，对历史性的跨洋飞行只写了7页篇幅。剩余的部分主要是在讲巡回讲演，运送航空邮件一类的事。一位评论家语带讽刺地说："身为作家的林德伯格，是世界上最重要的飞行员。"但买书的公众全不介意。7月27日，《我们》刚一出版就冲上了最佳畅销书排行榜的首位。头两个月，它卖出了19万本。人们对有关林德伯格所做的一切都百看不厌。

此刻，林德伯格完全不喜欢的公众关注不光会演变得愈加激烈，甚至到了相当危险的程度。

17

改变世界的T型车

除了汽车，福特什么都不懂

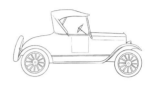

身为一个改变了世界的人，亨利·福特的生活半径非常小。他一辈子都住在离自己出生地（底特律城外迪尔伯恩的一座农场）方圆20多千米的地方。他很少接触外面广阔的世界，也不怎么喜欢。

福特的思维狭隘得近乎无礼，基本上没受过教育，差不多是个文盲。他的信仰强大，但生性多疑，用《纽约客》的话来说，这让他看起来有点"略微失衡"。他不喜欢银行家、医生、酒、烟草、懒惰、巴氏杀菌乳、华尔街、体重超标者、战争、书籍或阅读、J. P. 摩根公司、死刑、高层建筑、大学毕业生、罗马天主教徒，还有犹太人。他尤其不喜欢犹太人。有一次他聘请了一位希伯来学者翻译犹太法典，强调要着重体现犹太人的狡诈与贪婪。

福特经常无知得令人诧异。他认为，摩天大楼会压垮地球，最终城市会崩溃，一如"圣经启示录"所描写的。工程师向他解释说，摩天大楼一般重约6万吨，而与地基同体积的岩石和泥土则重达10万吨，所以摩天大楼实际上还减轻了土地的负担，可福特不相信。他从不让事实或逻辑挑战他深信不疑的直觉。

1919年，福特起诉《芝加哥论坛报》，他认为报纸称自己是"无知的理想主义者"和"无政府主义者"乃诽谤之举[1]。此事最明显地暴露了他的知识局限性。整整8天里，《芝加哥论坛报》的记者们在福特浅浅的脑海里撑船，逗得全国读者哂然。以下是他们之间典型的对话，透露出了福特对自己祖国的无知。

> 律师：你是否听说过贝内迪克特·阿诺德？[2]
> 福特：我听说过这个名字。
> 律师：他是什么人？
> 福特：我忘了他是什么人。是个作家吧，我想。

原来，福特什么都不懂。他说不出美国革命战争什么时候爆发："1812年吧，我想，我说不准。"也说不清战争的导火线是什

1　这桩官司的背景情况很复杂。1916年，墨西哥革命领导者庞丘·维拉（Pancho Villa）在新墨西哥州发动突袭，造成17名美国人死亡。这引发了美国人的反墨西哥情绪，总统伍德罗·威尔逊派遣国民警卫队驻扎边境。此时坊间传言：亨利·福特说凡是应招参加国民警卫队派驻新墨西哥州的员工，他都不付工资。于是《芝加哥论坛报》对他进行了抨击，引发了诽谤诉讼。事实上，福特好像从没说过类似的话。
2　迪克特·阿诺德（Benedict Arnold）：美国独立战争时期的重要军官。起初为革命派作战，并且屡立战功，后来却变节投靠英国。这使得他在美国成了极具争议性的人物。——译者注

么。问他政治问题，他说自己并不关注时事，一辈子也只投过一次票。他说，投票是在他21岁生日过后，他投给了詹姆斯·加菲尔德（James Garfield）。一位机警的律师指出，在福特达到法定投票年龄的3年前，加菲尔德就被刺杀了。

听证会日复一日地进行。人们兴奋地沉迷于福特的无知。一个颇有创业精神的人每天在法院门口贩售福特的证言，每份索价25美分，赚的钱竟然够买一座房子了。最终，陪审团做出了有利于福特的裁决，但陪审员——12位慢性子的密歇根州农民，很清楚自己干点儿什么都比做这事儿强，只判《芝加哥论坛报》赔偿福特6美分，而且最终还没给他。

福特到底是愚蠢还是粗心大意，历史学家和评论家争论了近一个世纪。约翰·加尔布雷思（John Kenneth Galbraith）在这件事上没有丝毫的怀疑，他认为福特的生活和事业无不"以迟钝和愚蠢，以及由此带来的一连串可怕失误为标志"。1957年，史学家艾伦·内文斯（Allan Nevins）和弗兰克·希尔（Frank Ernest Hill）在一本整体上带同情态度的传记里说，福特"在他专攻的领域之外是个无知之人，虽说他是个理智而诚实的无知之人"。这或许是福特从熟知他、谨慎考量过他的人那里获得的最温暖的颂词了。简而言之，福特不是一个很聪明的人，也不擅长思考。

与此相映成趣的却是福特非凡的成就。亨利·福特制造出第一款T型车时，美国人差不多有2200种汽车品牌可供选择。这些车里的每一种基本上都可以视为富裕人家的玩具，是供把玩的东西。福特却把汽车变成了一种普及的交通工具，是人人都负担得起的实用设备，这一社会转变让他获得了难以想象的成功，也改变了世界。短短十几年，福特就在全世界6大洲开办了50多家工厂，聘用了20万员工，生产出了占全球产量一半的汽车，成为历史上最成功的实业家。有人估计，他的身价一度达到20亿美元。他完善了大规模生产，把汽车变成了普通人经济能力范围内的东西，彻底改变了现代生活的进程与节奏。我们生活的世界在很大程度上是亨利·福特塑造的。不过，在1927年的夏天，亨利·福特的世界开始变得有点冷酷起来。

亨利·福特出生于1863年7月，跟美国内战的葛底斯堡战役同月，并活到了原子时代，1948年去世时再有几天就是他84岁的生日。他早年的信念是绝不当农民，"因为农田里的活计实在太多了"。在他漫长人生的前一半，福特不过是个能干的技工。他16岁离开学校，曾在底特律的各种机器、引擎作坊里工作，最终成为爱迪生照明公司的总工程师。19世纪90年代，他为制造最优秀的汽车而辞职。根据莫里斯·马基（Morris Markey）在《纽约客》上所写的文章，有一天在赛车场上一名法国车手撞车受了致命伤，当时福特也在现场，其他人都冲向受伤车手，福特却冲向了汽车。车的状况比他料想得要好，他从底盘上取下了一大块部件带走，发现这是硬度高的轻质新材料钒钢所制。钒钢成为他日后制造每一辆汽车的基础金属。不管故事是真是假但有一点可以肯定：福特并未急于投入生产，而是等仔细研究出了生产和组装的每一个细节才动手。1903年，他创办福特汽车公司时40岁，5年后才推出第一款T型车。

T型车和福特本人一样，看上去跟伟大似乎扯不上边。它几乎有意被造得十分简陋。多年来，T型车都没有速度表也没有油量表，司机要想知道自己的汽车还剩多少油必须先停车，下车后把驾驶座往后掀开，检查车底板上的油尺。确定汽油位置更是棘手，车主或者其他同行的人要躺到汽车底板下面，用钳子拧开两枚小活栓，判断车跑了多远用了多少油，对加油的需求有多迫切。T型车采用一种名叫"行星式传动"的换挡方式，这是它出了名的特点。人们要做大量练习才能掌握两个前进挡和一个倒挡。前大灯靠磁力发电机给电，低速行驶时黯淡得几乎没用，高速时又会烧得发烫，甚至有可能爆炸。前后轮胎奇怪得规格不同，这很不必要，因为车主必须携带两套备胎。最初时电子启动器不是标配，直到1926年其他制造商全都将之作为惯例配备时，福特才改了规矩。

可人们对T型车却怀有深厚的感情。它引发了许多有趣的故事。举个例子：有个农民的锡制车前盖被龙卷风弄拧了，他把车送到福特的工厂，希望他们帮忙修复。厂方回答说："你的车是我们见过烂得最厉害的，但我们应该能修得好。"虽然缺陷很多，但T型车特别坚固，容易修理，马力也足够强，能在泥地和雪地里行驶。当时大部分的农村道路都是非铺装路面，T型车的离地间隙足够高，能顺着车辙开。它的适应性也很好，很多农民把自己的T型车做了改装，用来犁地、锯木、泵水、钻孔，或是开展其他任务。

如今T型车已经被人们遗忘的一个核心特点是，它是第一款把驾驶座放在左手边的汽车。此前几乎所有的厂商都把驾驶座放在车外靠路沿的一边，好让司机一下车就踩在草地上或干燥的人行道上，而不是一脚扎进非铺装路面的泥水里。福特则认为，家庭主妇们恐怕更明白驾驶座设在左侧带来的好处。这种设置还带给司机更清晰的视野，迎面相遇的司机们也能方便地停下车，摇下窗户聊聊天。福特不是什么深刻的思想家，但他了解人性。总而言之，福特T型车的座椅方案大受欢迎，很快就成了所有汽车都采用的标准做法。

T型车立刻就获得了成功。在推出的第一年，福特生产了10 607辆汽车，比之前任何厂商都制造得更多，却仍然供不应求。此后产量每年都会翻倍增长，1913—1914年，福特每年生产25万辆汽车，1920—1921年产量超过了125万辆。

有关T型车最执着的信念是，只要它是黑色的，你想改成什么颜色都行。但这个说法其实只说对了一部分，早期的T型车提供了若干可选的颜色，但具体什么颜色取决于你买的是哪一个型号。单座的敞篷车是灰色的，房车为红色，加长款是绿色。值得注意的是，这一时期根本就没有黑色T型车。到1914年，因为只有黑色瓷釉的干燥速度最快，跟得上亨利·福特的流水线生产工艺，它才成了T型车的专属颜色。但到了1924年，蓝色、绿色和红色的T型车也都有售了。

福特汽车占据竞争优势主要靠的是一点：装配流水线。这套生产流程在1906—1914年陆陆续续臻于完善。与其说改进是出于渐进的系统性计划，倒不如说是为了努力跟上市场需求采取的一系列应急措施。流水线（最初叫作"传送带式装配"）的基本理念来自芝加哥屠宰场采用的牲畜传送带——人们经常说它其实是一种"拆卸线"。其他一些公司也采用流水线技术（西屋公司制造空气制动阀就是如此），但没有哪家制造商像福特那样系统而全面地痴迷于此。福特汽车厂的工人在工作时不得说话、哼唱、吹口哨、坐下、靠墙、暂停思考，或做其他非机械行为。每轮班次中只有30分钟可以上厕所、吃午饭、解决其他各类私人需求。每一件东西都是为了生产线的利益而安排布置的。

亨利·福特很乐意揽下发明流水线生产流程的功劳，但他对自己似乎太大度了。"亨利·福特并没有设想过大规模生产。"福特的同事查尔斯·索伦森（Charles Sorensen）回忆道，"他只是跟我们其他人一样，逐渐形成了这一思路。"

1908年福特生产一辆汽车要用12个小时，随着流水线操作更加熟练，到1913年福特公司的高地公园工厂开业，平均生产时间已降至1个半小时。在生产高峰期，美国各地福特的生产线上每隔10秒就下线一辆新汽车、卡车或拖拉机。到1913年，公司的销售额近1亿美元，利润达2700万美元。效率提高后单车成本也在下降，1908年为850美元，1913年降到了500美元，1914年降至390美元。最终，到1927年维持在了低得近乎荒唐的260美元。

1914年，福特推出了每周40小时、每天8小时工作制，并将平均日薪提高1倍到了5美元，人们往往以为这是管理上的革命性举措。事实上，这是为降低超高员工流失率（会带来极大浪费）而采取的必要手段，因为在1913年福特的员工流失率高到了惊人的370%。与此同时，福特公司又建立了臭名昭著的"社会部"，雇用了200名调查员调查员工私人生活的方方面面——饮食、卫生、宗教、个人理财、娱乐习惯和道德情况。福特的员工大部分是移民，在某段时期，有2/3的雇员来自国外。福特真诚地希望帮他们过上更健康、更满意的生活，所以他的社会干预倒也不完全是件糟糕的事情。然而，亨利·福特的行事风格没有不糟糕的地方，而且社会部绝对有几分极权主义色彩。福特的员工被勒令打扫居所、齐整草坪、睡美式床铺、提高储蓄、规范性生活，放弃一切福特调查员眼里"有违良好生活或道德品质"的坏习惯。想要在公司内部获得晋升的外国工人必须上公民课和语言课。

必须提及的是，福特还雇用了大量残障人，包括一个没有手的人，4个没有或缺了腿或脚的人，4个盲人，37个听障人，60个当时备受歧视的癫痫症患者。他又雇用了400~600名有前科的人。福特还聘用男性黑人——尽管他们几乎总是被指派干最热、最脏、最累的工作。在1927年，黑人妇女是无论如何也找不到就业岗位的。

自从福特成功后，这份功劳的所有者就一直是个富有争议性的话题。许多人认为，真正的幕后功臣是福特的加拿大合伙人詹姆斯·卡曾斯（James Couzens）。卡曾斯初入职场时是煤矿文员，但很早就加入了福特公司，并表现出了非凡的经商天赋。卡曾斯设计并管理福特公司的财务、销售、分销网络和广告。亨利·福特几乎只负责生产。按这种观点，亨利·福特赋予了公司名字与精神，卡曾斯则让它发展成为全球巨头。

福特和卡曾斯频繁争吵，有时还吵得互相记仇，公司的成功更恶化了事态。福特开始埋怨卡曾斯索要15万美元的薪水，等他算出这为公司制造的每一辆汽车增加了50美分成本之后，就更怨念不断。他认为卡曾斯不值这笔钱，干脆赶走了卡曾斯。1915年，卡曾斯卖光了公司股份，进入政界最终当上了密歇根州的参议员，因攻击安德鲁·梅隆偏向富人的政策出了名。很多人认为这一点很讽刺，因为卡曾斯据信是国会里最有钱的人。

卡曾斯的离开立刻引发了各界的担忧。"人们感觉，尽管福特是个了不起的机械师，但却不太像个商人。"1926年，福特公司的内部人士E. G. 皮普（E. G. Pipp）写道，"许多人都担忧卡曾斯走后公司会变成什么样。"但事实并不尽然，没了卡曾斯福特公司仍照常运营。虽然它的确逐渐走向了衰落，但这到底在多大程度上是卡曾斯离开所致没人说得出来。可以确定的是，福特公司所有真正的创新都出现在卡曾斯在的时候。在他离开以后，福特公司再没有出现任何具有持久影响的事情——至少，直至1927年夏天时是这样。即便有些事情具有持久的影响，无论如何也算不上全然的成功。

到20世纪20年代末，1/6的美国人拥有汽车，几乎是每家一辆。许多人愈加感到汽车成了生活的重要组成部分。社会学家罗伯特·林德（Rebert Lynd）和海伦·林德（Helent Lynd）夫妇二人在研究中间阶层的经典著作《米德尔敦》（*Middletown*，1929年出版）中惊讶地指出，在一座寻常小镇（其实是印第安纳州的曼西）拥有汽车的人竟然比拥有浴缸的人更多。问其原因，一位女士干脆地回答："因为我们不能开着浴缸进城。"

遗憾的是，美国人喜欢的汽车不再只是福特生产的了。其他厂商也开始提供质量好品质佳的汽车。通用汽车公司将速度表、减震器都作为标准配置，而福特公司却迟迟不予提供。通用还生产从基本款的雪佛兰到最高级的凯迪拉克一整系列的汽车，以此迎合各种口味。凯迪拉克是非常特立独行的一款高档车，它在曼哈顿租了一间展示厅，广告上写着："此车不售，也不讨论售车事宜。"参观者可以满怀仰慕地观看最新车型，但必须去其他地方才能进行不登大雅之堂的讨价还价。

在小阿尔弗雷德·斯隆（Alfred Sloan, Jr.）的积极带领下，通用汽车不断设计、完善车型，增加新的颜色和功能，激发顾客的兴趣和兴奋感。到20世纪20年代末，通用汽车公司逐渐完善了"车型每年一换"的做法。尽管从实质上看这么做并无必要，但它却是非常有效的营销工具。新成立的克莱斯勒汽车公司也迎头赶上，它的前身是马克斯维尔汽车公司（Maxwell Motor Company），后因活力十足的负责人沃尔特·克莱斯勒改了名。20世纪20年代末，克莱斯勒的业绩非常好，老板甚至有能力建造一座宏伟的纪念碑——他修起了77层高的克莱斯勒大厦。建成后是世界第一高楼，但并未维持多久。11个月后帝国大厦取而代之。

这一切结合到一起，让福特看起来愈发老态龙钟、步履蹒跚。福特最后一个真正的好年景是1923年。从那以后再到1926年年底，公司的总产量减少了40万辆。同一时期雪佛兰的产量却增加了几乎相同数量——雪佛兰由威廉姆·努森（William Knudsen）设计，努森此前曾是福特的优秀工程师，但被亨利专制的管理方法逼得投入了通用汽车的怀抱。

值得注意的是，这一切发生的时候亨利·福特却越来越着迷于其他不那么紧急的事务了。他此时正着迷于为农产品寻找工业用途，对所谓大豆的无限适应性尤其用心。他穿大豆纤维制成的西装，制造几乎全部采用大豆蛋白质塑料和其他材料制成的实验车型。这款车从未投入生产，因为它会发臭。他使用各种各样的豆制品在晚宴上款待宾客，用传记作家格雷格·格兰丁（Greg Grandin）的话说就是："大豆奶酪菠萝圈，大豆奶油配大豆面包，大豆酥皮苹果派，大豆烘焙咖啡，再加上豆奶冰激凌。"福特非常钦佩自己大豆研发部门的负责人埃德塞尔·拉迪曼（Edsel Ruddiman），连自己唯一的孩子都取了与他同样的名字。

为了宣传个人信仰，福特买下奄奄一息的周报《迪尔伯恩独立报》（*Dearborn Independent*），并将之变成了一本大众杂志。杂志很快就因为内容乏味、观点偏颇出了名。因为福特把它放在一些空余的厂房印刷，有人不无诙谐地称之为"拖拉机厂生产出来的最佳周刊"。福特对杂志大加干涉，他曾想用流水线来出版杂志。不像传统出版物那样，杂志每篇文章都有单独的作者，他想让文章顺着一种"编辑流水线"行进。专家团队里的每一个人分别为具体段落撰稿，然后把文章传下去。一个写手提供事实，一个写手提供段子，另一个写手提供道德指引等。最终有人说服福特打消了此念头，但他仍在其他领域指手画脚，使得《迪尔伯恩独立报》始终糟糕得可怕。他在这本杂志上一年亏损了几十万美元，要不是他强迫汽车经销商把杂志卖给买车的顾客还会亏损更多钱——虽说没有几个顾客真心想要阅读像萨默维尔·斯托里（A. M. Somerville Story）这样籍籍无名的作者所写的《我见过的著名法国人》（*Famous Frenchmen I have Met*），或者福特高管所撰的《美国海运业必须由商业企业创办，而不是由政府越俎代庖》（*The American Merchant Marine Must Be Built by Business Enterprise and by Government Subsidys*）等长文章。

《迪尔伯恩独立报》（*Independent*）经常对全世界的犹太人进行恶意攻击，也愈加借此出名。它控诉犹太人操纵股市，图谋颠覆基督教，以好莱坞为宣传工具为犹太人谋利，出于不可告人的目的向大众推广爵士乐，它称爵士乐是"白痴音乐"，鼓励女性穿短裙着丝袜，操盘了1919年的职棒世界大赛等。行文准确从不是这本杂志的强项。就在1921年，它发表了一篇名为"犹太人怎样让棒球蒙羞"的文章，把红袜队的哈里·弗雷齐误称为犹太人，对他大加嘲笑。其实，弗雷齐是基督教长老会的教友。

这些文章大部分收录在所谓的"国际犹太人"特刊里，很受德国纳粹的青睐，转载了不下29次。亨利·福特跟阿道夫·希特勒惺惺相惜，是唯一声称自己欣赏希特勒自传《我的奋斗》的美国人。据说希特勒曾把福特的照片镶了框，挂在家里的墙上。

福特的反犹太主义似乎是他的一个怪癖。一方面，他似乎对事不对人。基本上可以这么说，他并不反对具体的犹太人。他挺乐意地把工厂的设计交到阿尔贝特·卡恩（Albert Kahn）手里，卡恩是流亡犹太人，跟福特有35年的良好合作关系。福特的老朋友、老邻居犹太拉比利奥·富兰克林（Leo Franklin）因为《迪尔伯恩独立报》上的一些言论跟福特绝了交，福特大惑不解。"怎么回事，富兰克林博士？"他诚恳地问，"我们之间难道有了什么误会？"

福特的反犹情绪其实来自一种信念：一个藏在暗处的犹太人集团试图统治世界。这种信念是怎么来的，其源头成谜。"我相信，如果让福特先生站在证人席上，他恐怕也说不出来自己是什么时候以及为什么要反对犹太人。"《迪尔伯恩独立报》的首席编辑埃德温·皮普（Edwin Pipp）说。皮普不愿刊登福特喜欢的那类文章，没多久就辞了职。

讽刺的是，此刻正是人身攻击让福特陷入了麻烦。《迪尔伯恩独立报》在唠叨咆哮期间诋毁了一位名叫阿龙·萨皮罗（Aaron Sapiro）的律师，说他参与了"一个由犹太银行家、律师、广告机构和农产品采购员组成的团伙"，欺骗美国农民以蓄谋控制美国小麦市场。萨皮罗提起诽谤诉讼，要求赔偿100万美元。1927年上半年的颇长时间里，此案为福特罩上了一层阴影。

按日程安排，福特本应于4月1日出庭做证，但出庭前一天他卷入了一桩奇怪的事故。根据福特本人对警察的描述，他下班开车回家时一辆斯蒂庞克汽车里的两个男人把他撞下了路面。福特失控跌下了陡峭的路基，撞到了底特律近郊里弗鲁日河岸边的一棵树上。这棵树很可能救了福特一命，因为近日的暴雨（也就是导致美国南部密西西比河大洪水的同一轮强降雨）让河水猛涨。福特头昏眼花地带着血迹步行回家，眼皮被划了一道很深的口子，头顶创伤也很严重。但警方始终没找到这两个开着斯蒂庞克车的男人。

人们普遍推测，福特假造了这起事故，以避免第二天出庭做证，但他的伤势非常严重，似乎又不像是假的。另一种说法是，福特开车很慢又喜欢挡在路中间，一贯让堵在后面的司机气急败坏。所以，他有可能是被身后恼怒的司机紧急超车，不慎或是在震惊中着急打了方向盘跌下路面的。不管到底是什么原因，此事让诽谤案的聆讯程序停下了。

法院重新安排了审判时间，福特却决定不再应诉。相反，经过了长时间的思考，他给萨皮罗及广大犹太人发出了一封看似诚恳的道歉信，还为萨皮罗附上了14万美元的支票，让他支付官司费用，答应再也不攻击他们二人。信件的落款日期是6月30日，于7月8日正式公布。

在信中，福特称自己对《迪尔伯恩独立报》攻击犹太人的可怕事情素不知情。"别说言论细节，哪怕我只知道这些事情的大概，我也会毫不犹豫地禁止它发行的。"他用一种明显不属于自己的文风声明道，"翻阅了《迪尔伯恩独立报》和名为'国际犹太人'的小册子，我大感震惊。"考虑到报纸上有一个福特签名的专栏就发表过大量反犹言论，更不消说他还在接受其他刊物采访时秉持反犹立场，这段声明显得有点虚伪了。福特公司参与起草道歉信的官员约瑟夫·帕尔马（Joseph Palma）事后承认，亨利·福特其实从来没读过这封信的内容，只知晓个梗概。

不管怎么说，《迪尔伯恩独立报》停止了对犹太人的谩骂攻击。因发行量下降福特把定价减到了5美分，却还是无人问津，所以在1927年底，他勒令报纸停业。8年里，他已为《迪尔伯恩独立报》投入了近500万美元。

福特信守承诺从未再次公开批评犹太人，但这并不意味着他放弃了自己的信念。10年后，在75岁生日那天，他接受了纳粹德国对平民授予的最高荣誉——德意志雄鹰大十字勋章，并得到了阿道夫·希特勒的赞誉。同一时期，只有另一个著名美国人得到了纳粹的同等爱慕和尊敬（或者说，他反过来也对纳粹公开表示钦佩），这个人就是林德伯格。

但在1927年，这一切还未发生。此时亨利·福特解决了萨皮罗事件，总算可以把注意力转到另一些更紧迫的事情上了。其一是要在南美种植橡胶的疯狂计划，其二是尝试挽救自己的生意。

18

当橡胶成为必需品
福特与他的橡胶乌托邦

　　1871年，25岁的英国冒险家亨利·威克姆（Henry Wickham）带着自己的整个大家族——妻子、母亲、弟弟、妹妹、妹夫、弟媳、弟弟的岳母，外加另外两三个答应帮忙的冒险家，搬到了巴西潮湿的最北方，靠近赤道的地方。这个看似不太靠谱的小群体驻扎在了亚马孙河与塔帕若斯河交汇处的圣塔伦，满怀希望地想靠种植农作物致富。事实证明，这是一场损失惨重又沉痛的经历。他们的庄稼屡屡歉收，第二年，热带病夺走了三个人的性命，第三年又夺走了两人的。到1875年，只有威克姆和妻子坚持留守。其他还活着的人都回到了英格兰。

　　为了给这惨痛的经历弥补些损失，威克姆前往上游进入丛林，不辞劳苦地收集了7万粒巴西三叶橡胶树的种子。橡胶将成为一种宝贵的世界产品，并为巴西的马瑙斯、帕拉和其他亚马孙口岸带来

274

巨大的财富。巴西控制了世界上大部分橡胶的出口，并严加防备，威克姆只得偷偷摸摸地、冒着一定的生命危险收集种子。他把种子带回英国，并以上好的价格卖给了伦敦市郊的皇家植物园——邱园。

靠着这笔钱，威克姆前往澳大利亚昆士兰，开始种植烟草，结果又失败了。接着他前往中美洲的英属洪都拉斯种植香蕉，这次创业也失败了。威克姆百折不挠地又跨过太平洋到了英属新几内亚（现巴布亚新几内亚），在康复里克特群岛上拿下了25年的租地合同，动手采集海绵动物，培育牡蛎，生产椰肉。最后，他取得了一定的成功，但当地太过与世隔绝了，以致他的妻子无法忍受。他妻子搬去了百慕大之后再也没见过威克姆。

在此期间，威克姆运回英国的橡胶种子大放异彩。[1]邱园将种子送到若干英国殖民地，发现它们在远东热带肥沃的土壤和潮湿的环境下长势苗壮，甚至比在原生丛林里长得还要好。在巴西，每公顷土地种植三四棵橡胶树就是极限了，工人们要采集到足够的乳胶，必须在面积很大的土地范围内来回跋涉。可在新加坡、马来西亚和苏门答腊岛，橡胶树长成了繁茂的树林。它在亚洲没有天敌，也没有昆虫或真菌妨碍其生长，橡胶树能顺顺当当地长到30多米高。相比之下，巴西的条件差得根本没法比。巴西原本垄断了世界的高品质橡胶，但到20世纪20年代，它的产量仅占全球总产量的3%。

美国消耗了大约全世界总量4/5的橡胶，基本上都用于汽车行

1　1910年前后，威克姆回到英国，发现自己成了民族英雄。英国橡胶种植者协会为他颁发终身年金，国王也册封他为爵士。——译者注

业。早期的汽车轮胎平均行驶3000~5000千米就需要更换，因此需求既高又稳定。20世纪20年代初的一份报告说，英国有意对橡胶征收重税以偿还战争债务。美国商务部在不知疲惫的胡佛领导下拿出了一份应急计划，想弄清美国有没有办法不再依赖于从国外进口而自己生产橡胶，或者发明合成替代品。可惜没一条路走得通。橡胶树在美国的任何地方都长得不太好，甚至托马斯·爱迪生也没能找到可用的人工合成橡胶。

亨利·福特将此视为个人的挑战。他讨厌供应商，因为他们可能会抬高价格或是用其他法子占便宜。于是，他总是倾尽全力控制供应链里的所有元素。为此，他拥有铁矿和煤矿、森林和木材加工厂、底特律—托莱多—艾恩顿铁路，以及一支船队。当他决定生产挡风玻璃时，一下子就成了世界上第二大的挡风玻璃制造商。福特在密歇根州上半岛拥有16万公顷森林。福特木材厂骄傲地宣称，除了树荫，厂里树材的点点滴滴都物尽其用，树皮、锯末、树液等全部付诸商用[1]。一想到因为某个外国独裁者或商业阴谋妨碍了他获得所需产品，搞得他停工，福特便无法忍受。到20世纪20年代，福特公司成了全球第一大橡胶用户。因此，1927年的夏天，亨利·福特开始了他漫长人生里最雄心勃勃（尽管事后证明也最为愚蠢）的一次创业活动——巴西福特城（Fordlandia）。

福特打算在巴西的热带丛林里建设一个现代的美国社区，靠它经营全世界最大的橡胶园。巴西人当时正拼死振兴本国垂死的橡

1　至今仍有一种产自这一过程的福特产品陪伴着我们：金斯福德炭化煤。

胶产业，福特要什么便开心地给他什么。巴西用12.5万美元的超低价格卖给福特100万公顷的热带雨林，其面积相当于整个康涅狄格州，并给他减免50年的税收，不管是进口原材料还是出口橡胶，都不收钱。福特还获准独立兴建机场、学校、银行、医院和私有铁路。基本上，巴西人允许福特建立一个独立的国中国。若有助于提高舒适度和生产效率，福特公司甚至获准在塔帕若斯河上修大坝。

为监督和执行这一浩大的工程，福特公司指派了一个名叫威利斯·布莱克利（Willis Blakeley）的37岁初级经理。布莱克利获得的指示明确，但这却极大地超出了他的能力范围。他要修建一个设施齐备的小镇，有中央广场、商务区、医院、电影院、舞厅、高尔夫球场，建立其他能履行市政职能的机构。环绕周边的是住宅区、白墙瓦顶的小木屋，每一座都包围着整齐的草坪、花坛和菜园。福特公司提供的建成后手绘效果图表现的是一个充满田园风味的宁静社区，街道都是铺装路面，行驶着福特汽车，只可惜他们忘了最明显的事实：除了这座小镇，汽车根本无处可去。亨利·福特构思了此项目的几乎每一个细节。时钟要设置为密歇根州时间，并执行禁酒令——尽管巴西并无此条法律。福特城要不惜一切代价恪守美国法律、文化和价值观——即使上帝看管不到的炎热丛林也将成为秉持新教理想的前沿阵地。

出了小镇就是地球上最大的农业工程园区。布莱克利不光要种植、培育参天的橡胶树，还要为丛林里的其他所有水果寻找工业用途。福特城要利用茂密的生产性植物、树叶、树皮和黏糊糊的树脂，来制造涂料、肥料、药品和其他有用的化合物。

布莱克利不具备任何完成这一事业的技能或经验，他和没受过教育的流氓差别不多。还没看到自己即将管理的土地，布莱克利就让福特城蒙羞了。他在港口城市贝伦（位于福特城下游，离它还有6天路程）暂时安顿下来，从酒店包了一间俯瞰城市广场的套房。他在酒店里光着身子到处走动，晚上开着百叶窗跟妻子做爱，让路过的市民看得一清二楚，这吓坏了当地人。他经常喝醉，爱夸海口，特别惹人讨厌。大多数可以帮他忙的官员、为他供给物资的商人都对他敬而远之。

布莱克利请美国人和巴西人做监工，雇了3000名工人清除丛林修建营地。但工程开始后进展艰难，清除丛林就是一场噩梦。为密歇根州软木森林设计的锯片，完全无法对付比铁还硬的巴西硬木。在旱季，塔帕若斯河的水位会下降超过12米，所以一年里的大部分时间水位都太浅，运输设备的船只无法到达种植园。即便设备好不容易到位也基本上没有用或者派不上用场。底特律送来的一口大箱子里装的竟然是制冰机，另一口大箱子里装了一辆窄轨蒸汽车头和100多米的轨道。布莱克利还来不及修建足够多的仓库，物资只好囤积在岸边。水泥袋子吸收了空气里的水分，变得像岩石一般坚硬。机器和工具全都生了锈无法使用。所有算得上便携的物资都被偷了个精光。

此外，布莱克利发现，当地种植户害怕他的竞争，不愿把橡胶树苗卖给他，他只好从远东进口，尽管其种子原产于此地（威克姆当初就是在福特基地河对面收集的种子），但它们在新清理的土地上长得并不苗壮。布莱克利不知道，三叶胶木是一种丛林植物，不能经受炎阳暴晒。在进化中，它习惯了隔离生长，缺乏应对密集状况所需的免疫力。经大规模种植，各种各样的叶蝉、毛毛虫、红蜘蛛、粉虱等害虫聚集到树上，对其造成了破坏性影响。

清理出了大片空地后，烈日直晒到了以前躲在树荫下见不到光的土地上。这一下，藻类前所未有地蓬勃生长起来，蜗牛的种群爆炸性繁衍。蜗牛身上带着各种小寄生虫，这些寄生虫又是血吸虫病的源头。血吸虫病十分可怕，染病者会因腹痛、高热、乏力、腹泻等长期卧床。在福特入驻之前当地本来从未有过血吸虫病，福特城破土以后，它成了流行病。疟疾、黄热病、象皮病、钩虫病也风行一时。

任何地方都可能冒出折磨死人的痛苦。河里盛产一种叫作寄生鲇（俗称牙签鱼）的小鱼，它能游进人体的各种孔洞里，最出名的便是阴茎尿口，接着张开全身带后钩的刺，根本赶不走。在陆地上，皮蝇产下的蛆虫藏在人的皮肤里孵化出卵，受害者要看到它在自己的皮肤里蠕动，或者等到痛感钻心、新生的蛆钻出来之后才知道自己被感染了。

一出营地边界，丛林里就藏着毒蛇和美洲虎。当地人也普遍心存敌意。巧合的是，两年前英国探险家珀西·福塞特（Percy Fawcett）就在此地区失踪，当时福塞特正带着儿子和另一位英国青年在寻找神秘的失落的Z城。福塞特想出了一套理论（实际上是迷恋）：从前，雨林深处曾有一种皮肤苍白的人建立了伟大的文明，之后留下一座宏伟的城市留待后人发现。他称之为"Z城"，但从未解释原因。他没有证据证明它的存在，完全为直觉所驱使。虽说这一想法略显疯狂，但福塞特是一位经验丰富的探险家。自从1906年他就开始在亚马孙地区探险了，所以他知道这里的生存方式。他和两个同伴消失得无影无踪，只证明了一件事：在这个地方生存下来是何等艰难。

有一种说法是，当地人把福塞特和同伴弄混了，误以为他们是美国人亚历山大·赖斯（Alexander Hamilton Rice）。因为赖斯一行当时也正在同一地区探险，福塞特为此气愤至极。因为跟一个有钱的寡妇埃莉诺·韦德纳（Eleanor Widener）[1]结了婚，赖斯富可敌国。靠着妻子的钱，赖斯用各种新设备资助探险活动。1925年的那次探险甚至动用了一架飞机——也是第一支这么做的远征探险队。赖斯用飞机进行空中勘测，只要他发现有丛林土著难以相处或管束，就投掷炸弹轰炸。很自然，丛林里的原住民对所有误闯进来的白人都没有好脸色，或许这能解释福塞特的悲惨命运。

考虑到布莱克利手里有3000名工人可供调遣，他取得的成绩实在微不足道。福特城的一小段路打了地基，铺了路面，还建成了一间诊所和食堂。也提供了住宿条件，但粗糙不合规格。为美国管理人员提供的高级住宅以零部件形式从美国本土运来，但却是密歇根州的建筑师设计，由于建筑师对丛林环境完全缺乏认识，这些房子全使用保温的金属屋顶来代替传统的茅草屋顶，所以热得像蒸锅。福特城里从没有什么人住得舒服过。

事实证明布莱克利不称职，挪威船长埃纳尔·奥克斯霍尔姆接

1　哈佛大学的韦德纳图书馆的捐赠者。

替了他的职位。有个公允的观察家评论说，奥克斯霍尔姆是个榆木脑袋的大块头。和布莱克利一样，奥克斯霍尔姆对植物学、农学、热带、橡胶，以及一切有助于在丛林里经营大农场的东西一无所知。相比布莱克利他是个好人，但也并不能胜任，充其量只是让无效的管理延续下去。

奥克斯霍尔姆在福特城过得很不好，他的4个亲生骨肉都死于高烧。一天晚上，他的女佣去河里洗澡，回来时惊恐万状，她的一条胳膊没了，是一条热带鳄鱼把它咬掉的。这个可怜的女人很快就因失血过多而死。

福特城从来没好过的士气在奥克斯霍尔姆手下更是一跌再跌。薪水、工作条件都让工人们的理想幻灭了，虽说福特已经很好心地不要求工人奉行他的大豆菜谱，但食堂里端出来的燕麦片和果冻等美式食物更叫他们心寒。工资尤其是痛点，大多数基建工人都以为自己能获得5美元的日薪，跟福特在美国的工人一样。结果他们发现自己的薪水是每天35美分，如此微薄的薪资还要扣去伙食费——不管吃不吃都照扣不误。个人自由受到限制（尤其是严格禁酒）也很招工人们怨恨，再看到种植园的管理者们晚上在阳台上畅饮鸡尾酒，他们就更是愤愤不平。终于，一天晚上，员工们发起暴动拿着砍刀、套索桩和其他危险工具在营地里横行。许多管理人员只好搭船逃跑或者飞奔进丛林里，直至事态平息。

最终，福特任命了一个名叫阿奇博尔德·约翰斯顿（Archibald Johnston）的苏格兰人管理福特城，他聪明、能干，做了许多早该进行的改进。商店、学校、更好的住房和清洁水供应都就位了。他和其他项目管理者甚至努力种出了70万棵橡胶树，但代价是要不断进行烟熏，以免橡胶树受病虫所害。就算这样，仍然需人工给橡胶树摘除毛毛虫。成本高得根本不可能赚取分毫利润。与此同时，经济大萧条降临，对橡胶的需求和价格双双暴跌。到第二次世界大战时又开发出了人工橡胶。在1945年，经过近20年的无效努力，福特突然放弃了自己的亚马孙之梦，基本将这块丛林产业交还给了巴西政府。种植园的许多员工都不知道美国人要撤走，等管理层全都离开那天才恍然大悟。最具讽刺的是，这块土地最终由美国嘉吉公司（Cargill）接手，如今出产大量当年备受福特推崇的农作物——大豆。

如果说福特在亚马孙的事业进展不利，那在底特律他们做得就更糟糕了。多年来，福特的儿子兼继承人埃兹尔（Edsel）一直主张T型车应当退役，换为更时尚的车型，可做父亲的却屡次驳回埃兹尔所说的一切。事实上，福特甚至投注了大量的精力羞辱儿子。虽然在1919年他就任命年仅25岁的埃兹尔为公司总裁，可却经常当着别人的面贬斥埃兹尔，或者驳回埃兹尔的命令。有一回埃兹尔在里弗鲁日的厂房建了一套新的焦炉，福特一等到工程完毕，便下令拆除了。

但眼下福特汽车的销量直线下降，福特只能认可（尽管他还无法完全承认）T型车的好日子过去了。5月26日，世界正沉浸在对林德伯格的狂热中，福特汽车公司在生产了据称是它的第1500万辆T型车（其实至少是第15 348 781辆，但没有人真正说得清）之后，为了开发新型车将之即刻停产。全世界最大的汽车制造商竟然无限期停产，没有新产品可卖了。福特在底特律的6万员工立刻失业，美国及全球各地的福特组装厂里也有数万人停工待岗。

大多数人至少会有6个月无工可开，还有许多人空耗得更久。对福特的常年经销商来说，尤其是那些在城里重金租了展示厅的经销商，停工同样非常困难，很多经销商再也没能恢复元气。

关于新型车的研发工作在极其秘密地进行，连名字都不曾透露过。许多人猜测，它会以亨利·福特的亲密朋友兼英雄人物爱迪生的名字来命名。只有极少数的公司内部人员知道它将叫作A型车。有关工厂内部状况的传闻甚嚣尘上。据说亨利·福特住在厂里，睡在车间办公室的行军床上，其实根本没这回事。至少可以这么说，从无到有地生产一款新车牵涉到大量的工作。这几乎肯定是空前绝后、规模最大的工业重组。新车包括5580种不同的部件，几乎全部都是新的，因此必须重新设计——不光是零件本身，还有数千种制造零件的新设备。有些设备非常庞大，其中有两台自动压力机差不多有3层楼高，各重240吨。

值得一提的是，几乎所有的设计和设备重组都是福特一手完成的，没有任何专家给予指导——因为福特痛恨专家，拒绝聘请。一如他在1924年的自传《我的生活与工作》（*My Life and Work*）里所说："我从不聘请全职专家。如果我想通过不正当手段扼杀反对意见，我就派专家出场。"稍后他又补充说："我们遗憾地发现，只要一个人认为自己是专家，就必须要搞掉他——因为真懂得自己工作的人，是绝不会认为自己是专家的。"

由此导致的结果是，福特的正式员工中没有任何具备高级工程师或工程设计技能的人。公司连试验场都没有，而是在公路上测试汽车——连警察都看不下去了。福特汽车公司的首席检测员雷·达林格尔（Ray Dahlinger）是个少言寡语的人。对于任何车，他的评论都只有两种：要么是"好得很"，要么是"不够好"。"你永远无法从他那儿得到什么地方不对、哪里需要改进的细节意见。"一位工程师长叹道。公司的确拥有一间时髦的由阿尔贝特·卡恩设计的研究实验室，但亨利·福特拒绝投资购买精密仪器或其他有用的工具。实验室的大部分空间都划拨给了他的大豆及其他食品实验。

福特拒绝聘请专家导致了福特城的厄运，眼下又极有可能毁了A型车。多年来人们就批评T型车的刹车不可靠。许多州已着手规定汽车每年须进行安全检查，福特公司内部也有人担心T型车通不过检验。据说，因为考虑到刹车的安全性，德国正欲封禁T型车。出于这个原因，福特的顶尖工程师劳伦斯·谢尔德里克（Lawrence Sheldrick）提出一定要为A型车设计更安全可靠的新刹车。亨利·福特一贯讨厌外人对他如何制造产品指手画脚，所以，夏天里有很长一段时间他拒不允许新车整合新刹车，进一步拖慢了进度。

久经折磨的福特高管查尔斯·索伦森后来指出，有理性的商人绝不会还没设计出替代车型并做好投产准备，就停下T型车的生产。索伦森估计，新车迟迟不能投产带来的转换成本在1亿到2亿美元。亨利·福特不肯让步的死脑筋带来的额外成本更不可计数。

7月26日，还有4天就是亨利·福特64岁的生日了，通用汽车宣布上半年收入1.29亿美元。之前还没有哪家汽车制造商在半年里就赚了这么多钱，而且，这还是靠福特没停工之前的销售赚来的。此刻，福特完全不生产汽车了，他的竞争对手们一举瓜分了空出来的市场。行业内的许多人都开始怀疑，福特公司能不能从这样的长期停产中恢复。即便恢复，又能恢复到原先的几成。世界上的其他人都好奇地想知道福特究竟会拿出什么样的东西来替代T型车。但这个世界并不知道，福特内部也有许多人同样好奇地打听着这个问题。

19

拳击运动的"登普西"时代

重量级新拳王杰克·登普西

20世纪20年代之前,佛罗里达州以柑橘类水果和松节油出名,其他就没有什么值得称道的地方了。少数有钱人去那里过冬,但除此之外几乎没有人认为该州算得上度假胜地。恰在此时,美国民众发现佛罗里达州的气候很好,海滩也很令人愉快,突然之间这里变得热门起来。1925年佛罗里达州废除了所得税和遗产税,又为它添了几分吸引力。大量外地人蜂拥而至,房地产开始了一轮紧张而愈加失去理性的繁荣。

繁荣之前迈阿密一块价值800美元的土地在眼下可卖15万美元。由于疯狂的买家想靠一路转手挣大钱,地产物业有时候一块地一天里要经手两三次。部分迫不及待的买家甚至连还浸在水底的土地都买了,认为它们很快就会在填海奇迹下变成价值连城的海滨地区(应该说,有时情况的确如此)。《迈阿密先驱报》(*The Miami*

Herald）刊登的房产广告多得让人咋舌，周末特刊能厚达504页。

洋基队老板雅各布·鲁珀特就是一个受佛罗里达州吸引的人。鲁珀特在坦帕湾购入了四五千公顷土地，打算兴建一个度假社区，低调地命名为"鲁珀特海滩"，其规模可媲美科勒尔盖布尔斯和棕榈滩。作为投资进程的一环，在1925年他把春训安排到了圣彼德斯堡，这是佛罗里达州濒临墨西哥湾的一座城市。一开始场地条件甚为简陋。有一回练习赛时，要等赛场管理员把一头鳄鱼赶回右场边界的沼泽地里贝比·鲁斯才站到自己的赛场位置。鲁珀特设计了一条朗朗上口的标语："在这里，每一次呼吸都带来更多的健康，生活的每一刻都充满愉悦。"他还许诺这是在墨西哥沿岸最棒的投资机会。1926年春天，鲁珀特海滩正在宣传5000美元起可购买宅基地——"机不可失"。

却不料天灾袭来。在1926年9月18日和19日，20年来最大的一场飓风登陆佛罗里达州，让迈阿密海滩甚至更内陆的许多地方一片狼藉。飓风致使415人丧生，18 000人无家可归。佛罗里达州的楼市当即触底，哪怕没遭风暴的地方也遭了殃。印第安纳州商人卡尔·费舍尔（Karl Fisher）基本上是在地产的热潮时期接手的，他的身家从5亿美元跌到了不足5万美元，鲁珀特也损失惨重。同时代的一位观察家说，暴风过去，鲁珀特一无所有，只剩下"4000公顷鳄鱼和海鸥栖息的土地"。鲁珀特海滩再也没能修起来。

这场飓风带来的后果是，1927年，鲁珀特带着谨慎的投资意识，以及对一种全新美式体育无与伦比的盈利能力的高度重视，开始进军拳击界。

拳击在20世纪20年代有了突飞猛进的发展，尽管人们已经在擂台的绳圈里互相殴打两百多年了，到20年代，职业拳击赛得到了之前不曾有过的三样东西：尊重、大众吸引力和杰克·登普西（Jack Dempsey）。三者结合到一起，拳击就成了一项利润丰厚的消遣项目。正是这一点激起了鲁珀特一类人对它的兴趣。

现代拳击的崛起时间众说纷纭，但从杰斯·威拉德（Jess Willard）入手应该是合理的。威拉德是个大块头的堪萨斯州农家子弟，要不是一个宣传拳击的人发现他能像扔泡沫垫子一样轻松地扔出227千克重的沙包，进而鼓励他走上拳击之路，他本来会一辈子面朝黄土背朝天地干农活。这件改变他命运的事情发生在1910年前后。威拉德身高1.98米，体重102公斤，简直是专为拳击而生的体格。事实证明他是个强力重拳手。他在跟颇有前途的年轻拳手乔·扬（Joe Young）比赛的第5回合中，狠狠地击中了那个可怜的年轻人，竟然把乔·扬的一块颌骨打进了脑袋，使他送了命。威拉德一路打败多名对手，最终在哈瓦那场26轮的比赛里击倒了伟大（但说话不管不顾）的黑人拳手杰克·约翰逊（Jack Johnson），夺下了世界重量级冠军。

威拉德的胜利为拳击带来了一个里程碑（尽管并不值得称道）：白人当上了重量级冠军，而这是成为受欢迎的主流运动的必要前提。在此之前，拳击几乎是美国唯一黑人能跟白人在同等条件下一较高下的运动，甚至可以说是唯一的运动。以现代的视角来看，这很讽刺，但20世纪20年代之前，人们认为拳击不健康，粗鄙得叫人无法忍受，原因正是它不分种族。而那时要把它变成一种受人敬重的娱乐项目，重要的一部分工作就是要让它跟其他所有主流运动一样，以白人为主。之后整整一代人里，黑人拳手都完全没有机会去争夺重量级冠军。

因为只有白人拳手比赛，一时间威拉德竟无人能敌。在这样的状况下，他遇到了杰克·登普西。他们的对阵于1919年7月在俄亥俄州托莱多进行，引起了极大的关注。登普西是来自西部的一个热门年轻拳手，威拉德则在擂台上真正打死过人。他们两人相抗，其诱惑力公众无法抵挡。

之所以选择托莱多不是因为它是流行的拳击圣地，只是因为拳击在当地合法。在1919年，这样的地方并不多。大多数地方——最明显的就是纽约州，不是彻底禁止拳击，就是设有种种荒唐的限制规则。在允许开展职业拳击赛的地方，必须把它介绍成"对练表演"或者"拳击示范讲座"，有时还把参赛者称为"教授"。因为比赛只是为了表演，参赛者不得击倒对手，裁判或评委不得宣布哪一方获胜。于是，职业拳击赛始终是一项小众运动，比赛也只能在不起眼的地方（对托莱多并无不敬之意）举办。

托莱多没有足以容纳9万名观众的体育馆，只得临时修一座，且只用一次用完就拆。为阻挡不买票硬闯的观众，比赛发起人特克斯·里卡德（Tex Rickard）只修了一道门以供进出。一旦发生火灾，后果将不堪设想，但他们好歹想到了在比赛过程中禁止吸烟这一招。

威拉德信心百倍地开始比赛。对重量级拳手而言登普西太瘦了，他修长而结实，而非肌肉发达。威拉德比登普西重27公斤、高整整一个头。"这会是我打过的最轻松的比赛。"他向记者保证。又带着一丝即便当时也令人反感的盲目自傲语气补充说:"我今天的状态,比我替白种人重新夺回冠军时更好。"最能表现他自信的一点是,他提出了万一打死挑战者自己免责的要求。

事实证明,威拉德判断失误了。登普西或许太过瘦弱,但却是钢铁之躯——有人说打中他就跟打中一棵树一样。登普西的攻击异常凶猛,就像脱了缰的斗牛犬一般在对手面前蹦来蹦去,出拳又狠又密,毫不留情。此前,他连胜12场比赛,9场比赛都以第一轮就击倒对手结束。有一场比赛,甚至只用了短短14秒就把对手击倒了。他的凶狠程度令人难以置信,如今,他要来证明自己的实力了。

登普西从自己的角落里冲了出去,重重地打在威拉德的下巴上,一拳就让他的骨头断了13处,紧接着又是一记勾拳,打掉了威拉德6颗牙齿,牙齿飞散到了擂台的各个角落。第一个回合中登普西7次击倒威拉德,接着又狠揍了他两个回合,打断了威拉德的颧骨和至少两根肋骨。威拉德头晕眼花无力再战,到第四轮时,他再也站不起来了。在威拉德的余生中,他始终认为在那场比赛里登普西的拳击手套上抹了混凝土。其实,这恐怕只是他的臆想。

登普西与威拉德的冠军之争让鲁珀特荷包里多了27 500美元。两年内,他会靠拳击赛挣到近100万美元,全世界人都将成为他的观众。拳击比赛彻底变了容颜。

小说家达蒙·鲁尼恩(Damon Runyon)戏称登普西为"马纳萨斯巨锤",但这个名字只说对了一部分,登普西并不算巨锤,他的打击准确得惊人,并且接连不断。马纳萨斯是科罗拉多州南部靠近新墨西哥州的一个小型农业社区，是登普西在人生最初10年居住的地方。自那之后，他在全美各地都待过——科罗拉多州、犹他州和西弗吉尼亚州的一些小镇以及丹佛，因为他的父亲是个酒鬼，游手好闲，总是懒散地频繁换工作。

　　1895年6月（比贝比·鲁斯晚4个月），登普西出生在一个少见的混血家庭一部分印第安切罗基族，一部分犹太裔，一部分苏格兰-爱尔兰裔，本名叫威廉·哈里森·登普西（William Harrison Dempsey），家人叫他哈里。登普西在13个孩子里排行第9，他们家很穷但家人关系亲密——到1927年夏天家人将成为他沉重的负担。青年时代，他到酒吧里随意挑衅酒客跟他对打，靠赚取其他顾客押下的赌金为生。这让他变得非常强悍。从这里开始，他离打拳谋生就只有短短一步了。1914年，他以"黑小子"为诨名开始职业拳击生涯。一路走来，他挑了个妻子，是酒吧里的钢琴手叫玛克辛·凯茨（Maxine Cates），她比登普西大15岁，兼职卖身。不足为奇，这段婚姻没能维持多久，几个月以后他们就分开了。1924年，凯茨悲惨地死于墨西哥华雷斯一家妓院的大火里。

　　身为斗士，登普西生性残酷。"在擂台上，他似乎很喜欢伤害他人。"为他作传的罗杰·卡恩（Roger Kahn）说。有一回，因为心情不好他便把每一个跟他陪练的搭档都给击倒了。时任《纽约每日新闻报》体育编辑的作家保罗·加利科（Paul Gallico）接受了一项任务——跟登普西对练一番，好向读者们说明面对拳击冠军是怎样的情形。登普西狠狠地痛打了加利科，几乎弄死他。加利科不省人事，什么也不记得了，但他事后说那感觉如同一栋大楼压在自己身上。当时在场的格兰特兰德·赖斯（Grantland Rice）写道："最后，年轻的加利科先生的脑袋全靠破碎的筋肉连在身上了。我们只希望他下一回别被派去报道电刑了。"出于同样的目的，阿尔·乔尔森（Al Jolson）也试着跟登普西过招玩玩，好让摄影师拍照。结果，登普西出拳太重，打断了乔尔森的下巴。

可格斗一结束，登普西又常常弯下腰关切地帮助被他打倒在地的人。虽然登普西身上每一寸地方都不折不扣是个恶棍，配上他独特的发型和钢铁般的目光更令人生畏。但私下里，他是个很腼腆的人：讨喜、考虑周全、语言表达清晰。

听说特克斯·里卡德花了10万美元修了临时擂台，却仍然靠登普西与威拉德的拳击赛在托莱多赚了一笔大钱，商人们头脑莫不大受激发。为观看一场体育赛事竟然聚集起了9万名观众，这在地球上任何地方都前所未有，更何况是在俄亥俄州的托莱多这样一个小地方。拳击的利润太过丰厚了，绝不能让它留在遥远的西部小城，更何况现成的洋基体育场、波罗球场这类的大型场馆每年要闲置250多天。几乎同一时间，很快就会成为纽约市长的现任纽约州参议员吉米·沃克通过议会发起了一项法案，让拳击在纽约彻底合法。其他州也迅速跟进。

但在某些方面拳击仍面临着巨大的阻力。它的暴力和残忍吓坏了很多人。还有人担心它会煽动赌博。牧师约翰·斯特拉顿认为，让弱势性别——女性盯着"两个几乎裸体的男人彼此殴打痛击，在血汗里角力，只为单纯的野性征服"，实在是对道德的可怕威胁。

事实证明，女性就是想看这个。她们最希望看到的闪亮轻佻小伙子就是法国拳击手乔治·卡彭铁尔（Georges Carpentier），女性普遍认为他"养眼"。"米开朗琪罗看到他的轮廓之美也会快乐地晕过去。"一位被迷得神魂颠倒的女评论员写道。全美各地的妇女杂志上也都应和了她的评价。女人们崇拜卡彭铁尔。不久以后，吉恩·滕尼（Gene Tunney）在一场拳击赛里打败了卡彭铁尔，一位金发姑娘心烦意乱地跳进擂台，竟然想要把滕尼的眼睛给挖掉。

卡彭铁尔不是个优秀的拳手，偶尔他会做些手脚。但这一套并不总能按预想进行。1922年在巴黎一个名叫"格斗西基"（Battling Siki）的塞内加尔拳手，出于金钱上的考量答应跟卡彭铁尔打一场假拳，西基要故意输掉。只可惜西基忘了承诺，反倒在第6回合把头晕目眩的卡彭铁尔打倒在地了。此事可算是西基惨淡人生里的高峰，他再也没有赢下任何一场重要比赛。1925年，他在曼哈顿的街头被莫名枪杀，凶手一直没有被抓到。

卡彭铁尔基于三方面的考虑——看起来更壮，能让女士们发疯，又是战斗英雄，跟登普西约定了拳击赛。卡彭铁尔是第一次世界大战里的金牌飞行员，跟南杰瑟交情很好。这场拳击赛引来了空前的关注度，世界各地的记者都赶了过来。《纽约美国人》延揽萧伯纳撰写评论。当时的知名作家门肯（H. L. Mencken）则在一篇文章中表示自己对此很满意，因为这是一场白人之间的打斗。

卡彭铁尔自称设计出了一套秘密拳法，能打得登普西措手不及。小说家达蒙·鲁尼恩（Damon Runyon）却说卡彭铁尔还不如练练10秒钟昏睡效果更好，因为他在拳赛里也就只能这么做。比赛开始之前里卡德恳求登普西："千万别打死了那狗娘养的，杰克。"

里卡德倒不是关心卡彭铁尔，而是担心拳击运动正变得越来越有利可图，且受人尊重，在这关口擂台里打死人绝非好事。"全世界有头有脸的人物今天都来这儿了。"里卡德说，"如果你打死了他，一切就毁了。拳击也毁了。"

卡彭铁尔没过多久就发现自己跟登普西的差距太大了。登普西第一拳就打破了他的鼻子。过了一会儿，卡彭铁尔用自己最大的力气正面打在了登普西脸上。登普西眼睛都没怎么眨，卡彭铁尔的拇指反倒裂了两处。登普西只用了4轮就干掉了卡彭铁尔，使他四仰八叉地躺在擂台中央不省人事。从开始到结束全程历时27分钟，门票收入为1 626 580美元——较之两年前的登普西—威拉德大战增长了4倍。

登普西此刻担心的是没有对手够胆爬进擂台，也没有值得他动手的对手了。要不是阿根廷巨人路易斯·菲尔波（Luis Angel Firpo）及时踏上美国的土地，拳击兴许会失去发展势头。人们夸张地称他为"潘帕斯草原上的野牛"。菲尔波本是布宜诺斯艾利斯的穷苦青年，在1922年拎着一口板条箱来到美国，箱子里只装着一件备用的衬衣领子和一条拳击短裤，除此之外别无他物。

菲尔波不是个花哨拳手，有观察家指出："他出拳就像是在扔石头。"但他个头大、力量强，此刻他正一个接一个地击败对手稳步向前迈进。到1923年9月他跟登普西在波罗球场碰头时，他已经连赢了12场拳击赛，其中9次均为击倒获胜。像登普西一样，他是个站上擂台就全力以赴的斗士。世界迫不及待地想看登普西怎么对付他。接下来的打斗或许是擂台上有史以来最叫人兴奋的4分钟。

菲尔波第一拳就打得登普西单膝跪地，让在场的8万名观众屏住了呼吸、张大了嘴。登普西震怒以对，第一轮就7次击倒了菲尔波，但菲尔波每一次都挣扎着站起了身。第7次倒地后菲尔波回过了神，他用一记强力右勾拳打得登普西翻出绳圈栽倒在擂台下。登普西落在了擂台的人群一侧，被无数双热切的手又给撑了起来，"那么多双手，看起来就像是为他做背部按摩一样。"菲尔波日后回忆道。热情伸手的观众里有一个人就是贝比·鲁斯，他显得异常兴奋。登普西本该因接受外援被取消资格，但裁判允许打斗继续进行。

下一轮的第一分钟，登普西就用两记重拳打在菲尔波头上，菲尔波倒地未能再站起。大多数记者形容说，这是自己生平见过的最精彩的拳击赛了。格兰特兰德·赖斯认为这是有史以来最叫人兴奋的打斗。

此后登普西停止了拳击。拳赛留有争议，双方甚至进行了谈判，但每一次总是无果而终。从1923年9月到1926年9月，登普西完全没参加比赛。相反，他在洛杉矶安定下来出演了几部电影，补好了鼻子后娶了一个叫埃斯特尔·泰勒（Estelle Taylor）的演员（还睡过其他若干个），跟查理·卓别林、剧作家兼导演道格拉斯·费尔班克斯（Douglas Fairbanks）成了好朋友。

登普西的弟弟约翰尼（Johnny Dempsey）梦想成为好莱坞明星，当时也在洛杉矶。约翰尼跟若干知名人物结下了友谊，尤其是女性们的偶像华莱士·里德（Wallace Reid），他可谓当时最强的电影票房号召者之一。里德外形健康阳光，所有的母亲都愿意把女儿嫁给他，但私下里他沉迷于毒品。从里德那儿约翰尼·登普西知晓了可卡因和海洛因的危险乐趣。1923年，里德年仅31岁便因毒品送了命，但死前他已经让约翰尼变成了无药可救的瘾君子。日后，小登普西的毒品问题，以及不断恶化的精神状态将带给哥哥登普西长久的痛苦与折磨，让他对比赛分了心。

1926年，费城举办了万国博览会，以纪念《独立宣言》发表150周年。该活动从一开始就呈现出了惨败局面。场地选在沼泽里，难以进行基础建设。博览会愿景宏大，但资金不足，宾夕法尼亚州拒绝承担任何费用。

基础设施建设进度远远落后，到1926年5月31日开幕时，几乎所有的展厅都未竣工。柯立芝总统拒绝出席，派出了国务卿弗兰克·凯洛格和无处不在的商务部长胡佛。迎接他们的公园还没修好，徒增了尴尬。博览会的核心展品——25米高的自由钟还罩在脚手架里。纽约州展馆的兴建工作也还没开始。

最悲剧的展厅要数阿根廷厅，它到10月30日才修好，正好赶上博览会的闭幕日。整个夏天都在下雨，进入秋天以后仍然雨水不断，从任何意义上都让群众感到郁闷。博览会只举办了一场成功的活动。9月23日晚上，在一座很少有人使用的体育馆里，杰克·登普西摆好架势对阵年轻拳手吉恩·滕尼，这是登普西近3年来的第一场战斗。

在登普西漫长的休息期之后，人们对这场拳赛极感兴趣。一位记者有点不够克制地说："这是志留纪以来最伟大的战斗。"购票入场人次为12万，但据信体育馆里最终塞进了13.5万人。滕尼是一个聪明的拳击手，但出拳较轻，人们普遍认为他会被登普西的力量打垮。事实上，滕尼打出了一场精彩而完美的战斗，他刺拳凶狠而步伐灵动，闪过了登普西的致命右拳。登普西整个晚上都被滕尼牵着走，而滕尼则不断用自己的尖锐刺拳戳对手，让登普西疲惫不堪。积累效果相当明显，到了第7轮时登普西的脸肿得一塌糊涂。他的一只眼睛根本睁不开，另一只眼睛也好不了多少。他追了滕尼一整夜，但却只打出了一记好拳。最终，滕尼靠着点数轻松取胜。

事后，登普西伤痕累累、肿着脸回到家，把妻子吓坏了，妻子赶忙问他出了什么事。"亲爱的，我忘了闪避。"登普西回答得很巧妙。

登普西战败让人们大感沮丧，但为拳击史上最盛大的复赛埋下了伏笔。为了最大限度引发观众的兴奋，同时利用此种局面尽量赚钱，主办方安排了若干轮资格赛。第一场资格赛在杰克·沙基和吉姆·马洛尼之间进行。就是前面提到的林德伯格独自飞越大西洋时，全场2.3万人停下为他祈祷的那场比赛。沙基轻松取胜。他将在7月22日跟年长但仍然可怕的杰克·登普西进行另一场资格赛。两场资格赛都安排在洋基体育场——自然让鲁珀特心里暖洋洋的。

所以，当7月降临美国——也就是理查德·伯德和他的团队在法国水面迫降，纽约遭受第一轮热浪侵袭，卡尔文·柯立芝穿着牛仔套装庆祝自己的55岁生日，林德伯格起飞前往渥太华，亨利·福特的手下们为他起草向犹太人的道歉信，几个大国的中央银行行长在长岛秘密聚会的那个星期——全国人都惦记着杰克·登普西的准备和斗志。大量记者堵在纽约的萨拉托加湖训练营，每天发回报道说好些年都没见过登普西这么来势汹汹、意志坚定、拳头狠辣了。不料传来了可怕的消息。7月2日，一辆警车抵达训练营，告诉登普西他家里发生了惨剧。登普西的弟弟约翰尼最近几个月行事愈发离谱，他年轻的妻子埃德娜（Edna）带着尚在襁褓中的孩子向东边逃跑了。约翰尼·登普西跟踪母子俩来到斯克内克塔迪的一家旅馆，离他哥哥的训练营仅有32千米，开枪打死了埃德娜，接着调转枪口自戕而死。他没有伤害自己的孩子。

杰克·登普西大感震惊。警察开车送他到斯克内克塔迪辨认尸体。之后登普西回到训练营躲在小屋里谁也不见，也不应门，所有人都担心拳赛无法如期进行。让大家宽心的是，隐居两天后登普西从小屋里现了身，表情严峻地恢复了训练。

在巴黎，伯德中校的队员们处理完了正式日程，决定在城里比林德伯格更多姿多彩地过完最后一夜。阿科斯塔（用《时代周刊》的说法是，"皮肤黝黑、打扮入时的伯特·阿科斯塔"）带着乔治·诺维尔到蒙马特的某家夜店过了一夜，他们听爵士乐，放浪形骸。伯恩特·巴尔肯跟一群住在巴黎的北欧人度过了醉醺醺的海盗之夜。伯德拒绝参加，早早就睡了。

莱文和钱伯林此时也在巴黎，却似乎被排除在了庆祝活动之外。莱文到了这时才领悟到了公共关系的重要性，他突然向法国航空俱乐部捐赠了10万法郎（约4000美元），在勒布尔歇修建了一座会所。他还给南杰瑟老夫人打去电话，老夫人始终拒绝接受儿子再也不会回来的事实，神智变得有些异常，她认为儿子正跟科利漂荡在北大西洋上，舒舒服服地靠吃鱼为生，等着路过的船只救援。

莱文向其他飞越大西洋的飞行员提议，让两架飞机一同飞回祖国，但大家拒绝了这一邀请，一部分原因在于伯德的飞机成了残骸，它永远没能再次起飞；一部分是因为向西逆风飞行过分冒险，还有一部分原因是没人想跟莱文太过亲近。钱伯林在欧洲待腻了（莱文或许也是），决定几天后就跟伯德的团队一同搭乘"利维坦号"邮轮返回。莱文答应钱伯林为这次冒险活动付给他2.5万美元，但最终所付还不到一半。

降落在法国海域一星期以后，伯德一行人又回到了诺曼底，在勒图凯与威尔士亲王共进晚餐，接着继续前往瑟堡登船启程。《纽约时报》用巨大的三行标题和5000字的篇幅报道他们的返航，仿佛这本身就是一桩英雄的壮举。

随后整个航空界都变得静悄悄的，显得甚为诡异。这个时候伯德和队员们在海上，林德伯格把自己关在长岛全心撰写《我们》，莱文说的又基本上是些废话，航空记者们没什么事情可写。7月12日，6个星期以来的第一次，《纽约时报》的头版竟然没有航空故事。不过，在第一版的最末尾有一个必须一提的神奇故事。

据美联社报道，前一天在加拿大，一架为加拿大政府做空中勘测工作的飞机从马尼托巴湖附近的一座机场起飞，飞机上有飞行员、摄影师和测量员共三人。天气状况很好。几位目击者称，这架飞机正常地升到近600米，等它从一道云堤里钻出来，旁观者一脸惊恐地看到3个人一个接一个地跳出了飞机，从600米的空中坠地身亡。他们为什么要跳出飞机摔死自己呢？人们猜不出任何说得过去的理由。

7月中旬的主要新闻是，新一轮更残酷的热浪正席卷全美大部分地区。7月13日，纽约的气温在下午4点达到了33摄氏度，其他地方甚至高达38摄氏度。7月16日是个星期六，全市因炽热而死的人数达到23人，在整个东部地区至少为60人。纽约市的受害者里有6人是因为想贪图凉快而淹死的。8岁的男孩里奥·布若佐夫斯基（Leo Brzozowsky）幸运地活了下来，人们发现他套着一条汽车内胎，在下纽约湾漂了8千米。他在水中待了至少5个小时，被路过的摩托艇在斯塔滕岛和新泽西州的金斯堡之间救起。男孩穿得严严实实，脚上甚至还套着鞋，他无法解释自己为什么穿着衣服下了水，又是怎么漂到这么远的地方来的。医生说，他虽然筋疲力尽，但会彻底康复的。

7月16日下午，一场倾盆大雨把温度降了下来，却又带来了更多的混乱。闪电切断了若干居民区的电力供应，劈死了斯塔滕岛上一对躲在树下避雨的夫妇和布鲁克林一个站在街角的警察。好几万人想要从海滩回家，却发现往返科尼岛的列车因为轨道被淹、供电系统短路而暂停。雨水导致洪水暴涨。在布鲁克林，1.8米深的雨水涌进地下室，淹死了一名27岁的男子，也算是一件罕见的奇事。

夏季炙热带来的最可怕灾难不在东海岸，而是在芝加哥的密歇根湖。大约75人，大多为妇女和儿童，参加了一场商业休闲旅游活动，他们本想乘船到湖上想吹吹风。船刚驶离岸边就吹来一阵强风，乘客竞相逃至船上有凉棚的一侧避雨，但因船身失去平衡当即倾覆，27人溺毙。匆忙赶去营救的人里包括约翰尼·韦斯默勒（Johnny Weissmuller），此时的他尚未因好莱坞电影《人猿泰山》（*Tarzan*）出名，但他在1924年的巴黎奥运会上获得了3枚游泳金牌，多少也有些名气。翻船的时候韦斯默勒正好在海滩上，据说他捞起了好多人。

7月18日，雨雾交加，"利维坦号"抵达纽约。伯德团队和钱伯林被送到了市长的游艇"麦科姆号"上。他们惊讶地发现林德伯格竟在这里低调地等着。伯德显然为林德伯格前来迎接深受感动，再听说林德伯格不参加下午的庆祝活动（林德伯格说这是属于伯德等人的日子，他不想分大家的心），无疑也大大松了一口气。林德伯格自然也很高兴，这一天总算有别人来吸引世人的关注了。

随后的庆祝活动，以林德伯格的标准来说都显得不够热闹，尽管湿漉漉的天气恐怕跟公众情绪懈怠是同等重要的影响因素。伯德和队友，以及钱伯林都站在敞篷汽车上，要游行穿过百老汇。遗憾的是，他们出发时天空漏了个洞，噼里啪啦下起大雨，数万名观众四散避雨，伯德等人淋成了落汤鸡，好像刚游上岸似的。市政厅搭建了一座大型观景台举行颁奖典礼，但有100多把椅子都空着，而且因为雨越下越大人群又散了一半。

很多人都担心大雨会延迟登普西与沙基的拳赛。叫人高兴的是，并没有。7月20日，尽管偶有雷鸣，大雨却止住了，拳手和观众得以享受一个相对凉爽干燥的夜晚。8.5万名观众来到洋基体育场，这比任何一场棒球比赛的观众都要多，但对拳击比赛来说，球场上还能再多摆上千张椅子，虽然很多人根本看不到比赛的具体情形，但那不碍事。门票收入达到125万美元，创下了非冠军争夺赛的纪录。市长吉米·沃克、富兰克林·罗斯福、牛仔明星汤姆·米克斯（Tom Mix）、商人贝纳尔·麦克菲登（Bernarr Macfadden）和印度的路特兰王公（the Maharajah of Ratlam，他也很有可能是一个骗子，让人们误以为他是王公）都到场观战。还有两个人悄悄去了却几乎完全被人群忽视：理查德·伯德和克拉伦斯·钱伯林。

考虑到沙基25岁正处事业上升期，登普西32岁近乎退役，沙基的赔率更为有利（6：5）。沙基来自波士顿，是立陶宛移民的儿子，是他父亲带给了他了不起的力量，外加一个谁也拼不出来的名字。官方记录里就有很多种写法——祖豪斯考伊（Zuhauskay）、科科斯基（Coccoskey）和科考卡塞（Cukochsay）。最后，沙基按更顺畅的美式发音选择了自己的擂台姓氏，并以自己最崇拜的英雄（也就是杰克·登普西）"杰克"为名。

对打十分克制，令人失望。登普西比往日少了许多攻击性。沙基轻松地应对了他的谨慎攻击，在前6轮里都保持领先。可到了第7轮，沙基做了一件拳手能做的最蠢笨无脑的事。由于登普西不断对他展开腰部以下的低位击打，沙基甚感挫败，转过身向裁判抱怨，结果登普西一拳打在他下巴上，把他打晕了过去。从照片上看，沙基就像一件被扔掉的大衣横躺在擂台上。登普西获胜。这下，9月22日他要跟吉恩·滕尼再打一场复赛。那将是史上最盛大的一场拳击赛，也是最具争议性的一场。

鲁珀特欣喜若狂，宣布了洋基体育场增加座位容量的计划，把露天平台延长到左外野线，这样拳击比赛就可容下9万名观众。这则新闻遭到了记者们的讽刺，他们指出就以现在的情形，许多观众都离擂台太远，眼中的景象就像把望远镜反过来看那么小。一位记者带着玩笑的口吻说，比赛结束后数百名观众冲下看台，"购买晚间报纸才知道发生了些什么事"。

第二天，沙基因严重内出血被送往医院。好在他完全康复了，但此事是个明显的提醒：哪怕是处在克制状态的登普西，仍然力大无穷。

登普西和沙基对决的那天下午，正在全国巡回路上的林德伯格异常活泼地抵达波士顿。快飞到刚开放的波士顿机场（也即如今洛根机场的位置）着陆时，他贴着水面掠过了波士顿港，而后在最后一刻垂直上升，直到飞机不能不停下的高度，再若无其事地划着优美的弧线单侧翻滚，做了精确的定点着陆，不多不少地刚好停在为他到来而预留的机库门口——这一切，只靠一架没有刹车也没有前方视野的飞机完成。人群爆发的欢呼声在5千米外的波士顿公园里都能听到。

波士顿市中心挤满了人，用一位评论员的话来说："这座城市聚集起了有史以来规模最大的欢迎人群。"尽管群众都是些好人，但因为人群规模太大，摩肩接踵的，基本上失去了控制。林德伯格的车队抵达波士顿公园时，群众为了看得更清楚本能地往前拥。《纽约时报》的记者报道说，那阵势，"最靠近中间的人被压力给挤得脚踩不着地……大量妇女和儿童都晕了过去，好在周围人的密度太大，他们无法倒地，才不至于因为践踏受重伤"。

前往救助一位昏迷妇女的两名士兵和一名警察，就仿佛站在一股大浪头上，被自动推到一旁。其他人则挣扎着，免得被推倒在谨慎前进的车队轮下。被压倒窒息的人不多，真是一个奇迹。事实上，只有一人死于心肌梗死，100多人受了轻伤，被送到了公园周围设立的现场救助站急救。14人需要住院治疗，按《纽约时报》记者的说法，几乎所有人"回家时身上都有瘀青，衣服也有扯破的地方"。

随着巡回活动继续进行，民众们的热情丝毫不见衰减。群众推推搡搡，胸口紧贴着别人的背，眼泪汪汪地向林德伯格表示崇拜。林德伯格逐渐意识到，这不是昙花一现的一场戏，而是他的生活了。

看起来好像没有其他事情能削弱人们对他兴趣的强度，事实上，真出现了这样的事，至少暂时能降低一下关注度。在附近的一所监狱（近得可以听见迎接林德伯格到来的欢呼声），两个立场温和、全世界数百万人都确信他们没犯罪的意大利无政府主义人士正等待被执行死刑。

他们的名字是尼古拉·萨科（Nicola Sacco）和巴尔托洛梅奥·万泽蒂（Bartolomeo Vanzetti），因为他们，世界将又一次兴奋起来。

1927年
8月

我从不知晓，从未听闻，也从没读过，

像这般惨无人道的法庭在历史上还有第二个吗？

——尼古拉·萨科

20

被特殊对待的意大利人

激进分子爆炸案

1920年4月，在一个阳光明媚的日子里，下午4点刚过，在马萨诸塞州的南布伦特里，斯莱特和莫里尔鞋业公司的两名职员顺着尘土飞扬的上坡路行走，从公司设在铁路大道的办事处前往180米外珍珠街上的一栋独立厂房。弗雷德里克·帕门特（Frederick Parmenter）是工资结算员，亚历山德罗·贝拉德里（Alessandro Berardelli）是他的护卫。他们扛着两口金属箱子，内装有15 776.51美元，是500名员工一个星期的薪水。这条路经过了另一家名叫"赖斯和哈钦斯"的鞋厂，它占据了路旁一栋5层楼的建筑，在路面投下黑暗阴沉的影子。

帕门特、贝拉德里两人经过赖斯和哈钦斯鞋厂时，有两个在附近闲逛的人逼上前来索要钱箱。贝拉德里还来不及反应，劫匪就朝他连开三枪，贝拉德里跪倒在地用手在地上勉强撑着身子，脑袋耷拉着。他咳出鲜血，挣扎着喘息。枪手随后转向一脸骇然的帕门特，朝他开了枪。帕门特目瞪口呆，又受了重伤，扔下钱箱跌跌撞撞地想要逃跑。一名劫匪追上了帕门特，冷静地在他背后补了一枪。目击者的证词不够清晰，无法说明是哪个劫匪，又或者是出现了第三名枪手。一名枪手（证人们又一次无法达成一致意见）朝蜷缩在地的贝拉德里从上至下地连开两枪，打死了他。

一辆坐着另外两人或三人的蓝色汽车嚣叫着冲出，装上劫匪和钱箱，加速冲过了纽约—纽黑文—哈特福德铁路，其间还朝路人开了枪。整个事件持续不超过一分钟。目击者甚至无法在到底有多少名枪手、开枪的是哪一个人上达成基本一致的意见，足以证明这场抢劫是多么迅速、多么惊人。

没人料到这场发生在南布伦特里一条后巷中冷血而常见的杀戮竟能吸引全世界的关注。但那天的事情的确让此地成为了20世纪20年代影响最为深远的犯罪现场。如今的小巷已跟那天下午的案发现场很不一样了。厂房早已不复存在，道路两旁散落着若干咖啡馆和小企业。布伦特里不再是一个厂镇，而是一处令人愉快的郊区，位于波士顿以南19.3千米。珍珠街是条繁忙的要道，有转弯车道，路面上方还架着交通信号灯。帕门特和贝拉德里倒下的位置变成了社区购物中心"明珠广场"，还挂靠着一家肖氏超市和办公用品批发专卖店。紧靠着1927年时还不存在的铁路桥有一座小小的纪念碑，是2010年劫案发生90周年时人们为纪念两名受害者而立的。

贝拉德里当场身亡，45岁的他和因此案定罪的两人一样都是意大利移民。他为斯莱特和莫里尔鞋业公司工作了大约一年，身后留下了妻子和两个孩子。帕门特则于第二天早上死在了昆西市医院，他是虔诚的教徒，很受同事喜欢，同样留下了妻子和一对孩子。关于两名受害人，这就是我们所知的一切了。两人都没有照片留世。

案犯逃离现场所用的汽车是一辆失窃的别克车。两天以后，有人发现它被弃置在一个叫曼利伍兹的地方。警方当时正在寻找一起抢劫案的疑犯，那起抢劫案发生于上一个圣诞节前夕，位置在附近的布里奇沃特。布里奇沃特的警察局局长迈克尔·斯图尔特（Michael E. Stewart）出于一些与证据无关的理由认为两起案件的作案者都是意大利裔无政府主义者。他发现，有个名叫费鲁西奥·夸奇（Ferruccio Coacci）的激进分子的住处离弃置汽车的地方不远，就认定此人是主要犯罪嫌疑人。《纽约客》事隔一段时间后曾戏谑地写道，斯图尔特认为"完成了一桩抢劫和凶杀的罪行，凶手总会自然而然地把汽车弃置在自家前院"。

虽然斯图尔特的确是布里奇沃特的警察局局长，但他所谓的头衔不过是对现实情况的大幅度夸张，斯图尔特的所有警力就是一名兼职助手。斯图尔特本人没有接受过谋杀案调查训练，也没有任何刑事犯罪的处理经验。这就难怪他热情洋溢地进行调查了。这是他一辈子只有一次的机会。

夸奇很快就洗清了嫌疑：他早就回意大利了。此刻住在房子里的人叫马里奥·布达（Mario Buda），斯图尔特不屈不挠，又把怀疑转到了布达身上。斯图尔特得知布达在西布里奇沃特的榆树广场车库里有一辆车要修，就严命修车厂老板一等布达来电就通知自己。

3个星期后的一天晚上，电话来了。车库老板告诉斯图尔特，布达和另外三名男子来拿车，但因为车还没修好就直接离开了——布达和另外一人骑着一辆带车斗的摩托，其他两人是步行来的。老板以为步行的两人要搭乘有轨电车前往布罗克顿，于是斯图尔特通知了当地警方。有轨电车到达布罗克顿之后，一名警察上车检查，调查了几名乘客，拘留了两个看起来忐忑不安的意大利人：巴托·万泽蒂（Bart Vanzetti）和尼古拉·萨科（Nicola Sacco）。警察发现他们携带了装有子弹的手枪和大量弹药，有些子弹不属于他们所携枪支。他们还持有一些无政府主义文献。

对斯图尔特局长来说，这些就足够了。虽说这两人此前从未有过被捕的记录，斯图尔特也没有证据证明两人曾在凶案发生时到过南布伦特里，他还是提出了控告。

对在美国的激进人士和外籍人士而言，目前不是什么好光景，如果兼具双重身份就更加危险。美国正处在"红色恐慌"的魔爪之下。1917年和1918年，国会先后颁布了两套限制性强得吓人的法律：《1917年反间谍法》（*Epsionge Act*）和《1918年反煽动法》（*Sedition Act*）。凡是有人表现出任何对美国政府及其象征符号的不敬，一旦落实就会遭受重罚。这些符号包括但不限于国旗、军装、历史文献，或者一切寄托了美利坚合众国荣耀与尊严的东西。而且，政府机构也以带着惩罚性的目的来严厉执行这两套法律。"公民因为在自家餐桌上批评红十字会就被扔进了监狱。"有评论员指出。一名佛蒙特州的牧师因为派发了五六张倡导和平的传单，被判服刑15年。在印第安纳州，陪审团只花了两分钟就无罪释放了一个朝说蹩脚英语的移民开枪的人。

疯狂的是，表达对国家有欠忠诚的言论比真正做了不忠的行为更加危险。拒服兵役可能被判入狱一年，但怂恿他人拒服兵役可能被判入狱20年。《反间谍法》生效的最初15个月就有上千公民因触犯相关条款入狱。很难知道什么事情会给自己招惹麻烦。制片人罗伯特·戈尔茨坦（Robert Goldstein）因为在一部讲述美国独立战争的电影里，从负面角度表现了英国就被关进了监狱。法官认为，在平日里这样的描述会是"允许甚至值得称道的"，但"眼下国家正处在危急之时"，戈尔茨坦"无权颠覆国家的意志和命运"。因为侮辱了一支150年前的外国军队，戈尔茨坦被判处12年徒刑。

虽然《反间谍法》和《反煽动法》仅是战时举措，但和平降临之后情况反而恶化起来。200万名士兵回国后需要工作来糊口，战时经济又萎靡不振，让美国陷入了严重的衰退之势中。20多个有黑人聚集的城市爆发了骚乱。芝加哥的黑人数量在10年里翻了一番，一名黑人青年躺在密歇根湖的一条竹筏上睡着了，筏子漂到了白人的海滩上，一群白人对其投掷石头，并杀害了他。此事引发了长达两周激烈的暴动，结果38人遇害，整个街区都遭到了破坏。

与此同时，产业动荡也搅得大部分州不得安宁。码头工人、制衣工人、雪茄工人、建筑工人、钢铁工人、电话接线员、高架铁路和地铁的工人、煤矿工人，甚至百老汇演员都举行罢工走上了街头。1919年，有一阵子举行罢工的人有200万之多。

人们指责是外国煽动者和世界产业工人联盟（简称IWW）引发了骚乱。在波士顿和克利夫兰，警方协助市民殴打劳动节的游行群众，之后，波士顿的警察自己又举行了罢工（也就是让卡尔文·柯立芝在全国出名的那一次）。在华盛顿州，暴徒将世界产业工人联盟的雇员韦斯利·艾佛斯特（Weslry Everst）拖到街上殴打，还切掉了他的生殖器。艾佛斯特恳求暴徒让自己死个痛快，折磨他的人便将之带到城里的一座桥上，用绳子把他挂起来，朝他开枪。这起死亡案被认定是自杀，没有人遭到指控。

在动荡期的最高峰，据推测是某个心怀不满的外国人开始寄送炸弹。亚特兰大的参议员、参议院移民委员会负责人托马斯·哈德威克（Thomas R. Hardwick）家里的女佣签收了一个棕色的小包裹，并带着它进了厨房，炸弹发生爆炸炸飞了她的双手。第二天，纽约的一名邮政员读到了有关爆炸的消息，意识到此前因邮资不足而留在分拣室的16个包裹完全符合描述。他匆匆赶回工作的地方，发现这些包裹都是要寄送给知名公众人物的：约翰·洛克菲勒，J. P. 摩根、司法部长米切尔·帕尔默（A. Mitchell Palmer）、最高法院首席大法官凯纳索·兰迪斯（Kenesaw Mountain Landis）及若干州长和国会议员。所有包裹的寄件地址都是曼哈顿第三十二大街及百老汇大街上的金贝尔兄弟百货（Gimbel Brothers）。人们随后又发现，还有其他几个包裹已经投递了。其中有个包裹的境遇更奇怪：先是因为邮资不足被送回了金贝儿兄弟公司，一名店员打开包裹看到了怪异的内件：酸液、定时器、炸药。他把所有东西重新打包，添加必要的邮资把它又寄了出去。此次总共发现36枚炸弹。除了不幸的女佣，没有其他人受伤，但也无人被捕。

不过事情远未结束。刚过了一个月，在华盛顿特区一个静悄悄的富人社区，晚风拂面，米切尔·帕尔默和妻子正准备上床休息时突然听到楼下传来扑通一声响。"好像是有什么东西被扔到了前门。"事后帕尔默回忆说。片刻后，巨大的爆炸声撕裂了夜空，把帕尔默房子的正面炸飞了，每一间房都敞开门暴露在外，就像是玩具屋。在床上的邻居们也被气浪掀翻了。整个街区的窗户全都震碎了。

帕尔默夫妇磕磕绊绊地从烟尘里走出来，两人竟然都奇迹般地没受伤，下楼后，眼前的场面令人毛骨悚然。爆炸碎片到处都是，有的挂在树上，有的散落在街道上、周边的草坪里和屋顶上。不少碎片仍冒着烟。让人啼笑皆非的是，碎片里还夹杂着宣传无政府主义的小册子。

第一批赶到现场的人里包括时任海军部副部长的富兰克林·罗斯福，他几乎就住在正对面。那天晚上，他刚外出回家把车停好。投掷炸弹的人大概是躲在阴影里，等他走了才继续把炸弹安放好。要是罗斯福晚一分钟回来恐怕就已经死了，美国的历史进程也会截然不同。罗斯福看到帕尔默夫妇身上蒙着一层石膏粉尘，震惊又茫然地走来走去。帕尔默心烦意乱地说着话，操着从小习惯的贵格教派语言，用"汝"（thee）和"尔"（thou）指代邻居们。

很明显，投弹人已经被自己的装备给炸成了碎片。罗斯福的表亲、同在现场的爱丽丝·朗沃思（Alice Longworth）说："很难不踩到血肉模糊的碎块。"投弹人的一条腿落在了街对面的台阶上，还有一条腿飞到了15米之外。躯干的一大段还裹着破烂的衣衫，挂在邻近街一户人家的屋檐上晃来晃去。另一截难以判断是哪个部位的肢体一路飞进了一扇窗户，落在挪威特命全权公使赫尔玛·拜卢（Helmer Bysn）的床脚下。投弹人大部分头皮在两个街区之外的S大街上都能找到。从距离和高度上看，为了达到这个地方，投弹人的脑袋必然要顺着一条高30.48米长76.2米的轨道飞出去。这可真是个大号炸弹。

因为尸体碎片太多，警察们最初以为有两名投弹人，或者一名投弹人及一个身份不明的无辜路人。显然，爆炸发生得太早了。警方推定投弹人正要将炸弹放在帕尔默家的台阶上，却不小心触发了它。

这天晚上还没过完，各地新闻专线就又传来报告：还有7个地区发生具有类似破坏程度的爆炸——波士顿、纽约、费城、匹兹堡、克利夫兰、新泽西州的帕特森，以及马萨诸塞州牛顿市。只有纽约的一名守夜人丧命，但知悉恐怖分子能协调发起如此大规模的暴力事件，让许多美国人明显紧张起来。其他地方的炸弹有几枚显得十分神秘，有可能是因为安放位置出了错。在费城，一枚炸弹把某珠宝商的房子炸飞了，可此人跟政府全无关系，也跟政治没有牵连。另一枚炸弹炸毁了一座天主教堂。为什么投弹人会以天主教堂为目标呢？没人解释得了。

基本上，多亏了华盛顿的投弹人打了一条很有特色的圆点领带，侦探们才得以确认他的身份：卡罗·维尔迪诺切（Carlo Valdinoce）。这对无政府主义运动来说可是很大的损失。虽然年仅24岁，但维尔迪诺切已经成为了地下传奇人物。联邦探员最近刚在西弗吉尼亚州的一座房子里发现了他的踪迹，但他当着众人的面顺利脱身，为自己平添了机警与无敌的名声。自1917年进行了一次臭名昭著的投弹活动之后，维尔迪诺切就一直在逃。该枚炸弹同样没按计划爆炸。确切地说，炸弹压根儿就没爆炸。可警方的行为蠢得超乎想象，他们把炸弹带回警察局，放在主审讯室的一张桌子上以便仔细检查。在拨拨弄弄的过程中炸弹爆了，10名警察以及一名来报抢劫案的妇女当场身亡。投弹人根本没被抓到，案件始终未结。有关激进分子的案件最终能结案的不多。

爆炸案给米切尔·帕尔默的思想造成了奇妙的影响。他本是宾夕法尼亚州的民主党人，就任司法部部长才刚3个月就成了两枚炸弹的靶子——前一枚炸弹就是缺乏邮资没能投递出来的那枚；现在这一枚实实在在地在他家爆炸了。这促使他强烈地倾向于认同司法部一位年轻顾问的意见：这位顾问构建了一套阴谋论，认为美国的移民颠覆者意图发动政变。这位年轻顾问名叫埃德加·胡佛（J. Edgar Hoover），他让帕尔默认为共谋者的人数庞大，而且正打算发动一场大罢工。才刚从法学院毕业的埃德加·胡佛负责当时无关紧要的敌国公民登记科，俗称"激进分子部"。他整理出了一份包含了20万人与其组织名称的索引文件，整整齐齐地做好了交叉引用。他又找了40名翻译埋首钻研激进文献，不知疲倦的胡佛为他们清点了600多本出来。

1920年，帕尔默满怀希望地想成为民主党的总统候选人。他想通过果断解决激进分子问题来展现自己的强硬气势。他做了一系列具有末世预言风格的演讲，警告人们说，革命的火焰正席卷全美，"舔着教堂的祭坛，跃上学校的钟楼，爬进美国家庭的神圣角落，力争用放荡的律法取代婚姻的誓言，把社会的基石烧个精光"。帕尔默称大约有500万名革命分子正计划颠覆美国。凭借突出的下巴和严厉的说辞，帕尔默成了崇拜者心目中的"贵格会斗士"。他发起了一场运动，很快就演变成了所谓的"红色恐慌"。

在埃德加·胡佛的热情鼓励下，帕尔默准备对激进分子的聚会场所展开一连串的突击行动。第一轮突击行动于1919年11月7日（俄国革命两周年）进行，12个联邦探员和警察冲进事前看准的俱乐部和咖啡馆，打砸家具及逮捕所有在场人员。在纽约，警方突袭了俄国工人联盟，殴打每一名抗议者，甚至拷问他们都做了些什么。而这个联盟无非是普通的社交俱乐部，会员可以去下棋、上英语课，跟激进活动毫无联系。在康涅狄格州哈特福德，警方逮捕了大批犯罪嫌疑人，接着又逮捕了前来打听嫌疑人情况的人。在底特律，警方拘留了800人，包括一支完整的管弦乐队，一家餐厅的所有就餐者，把他们关在一条没有窗户的走廊里整整一星期，不提供足够的饮水，没有厕所，也没有可供躺下的空间。而最终，所有人都被无罪释放。

帕尔默看到突击行动带来了宣传效果，又在公众心中注入了恐惧情绪，大感兴奋，于是下令来年进行规模更大的第二轮突击。第二次至少在全美23个州78个城市逮捕了6000~10 000人（各方公布的数据差异较大）。警方同样对私人财产进行了许多毫无必要的破坏，甚至没有逮捕令就抓人，还殴打无辜者。事实证明，"红色恐慌"其实完全没那么可怕。总体而言，当局只查获了3把手枪，并且没找到炸药，也没有发现任何意图颠覆国家的证据。因为没能抓到投弹人，当局没能挖出真正的主谋，帕尔默的政治前途就这样断送了。在1920年的民主党全美代表大会上，代表们选择了俄亥俄州州长詹姆斯·考克斯（James M. Cox）来跟他的同州老乡哈丁唱对台戏。虽然帕尔默的突击行动没有达到任何目的，但却极有力地影响了全美上下的情绪。这就是布里奇沃特的警察局局长斯图尔特明明没找到任何证据便可以认定凶手是外国无政府主义者，也是萨科和万泽蒂从来没能真正得到洗清自己罪名机会的原因。

1905—1914年，1000万人（大部分来自南欧和东欧）涌入了最初仅有8300万人的美国。众多的移民彻底改变了美国城市的面貌。到1910年，移民及其后裔构成了纽约、芝加哥、底特律、克利夫兰和波士顿总人口的近3/4。

仅是1908年就有13万意大利人来到美国，萨科和万泽蒂便在其中。萨科年仅16岁，来自意大利东南部的托雷马焦雷。万泽蒂来自离法国不远、更繁荣的北部皮埃蒙特山区，他比萨科大3岁。两人都不曾重回祖国。尽管都定居在新英格兰地区，但他们直到1917年才结识。

萨科是个小个子，身体灵巧，长得俊俏，用当时的话形容就是"轮廓鲜明，犹如罗马硬币"。说起来，萨科真有点像年轻时的阿尔·帕西诺（Al Pacino），他是个长相好看的小个子，说话轻声细语的，不喝酒也不赌博。萨科在一家鞋厂找到了工作，很快就成薪水优厚的熟练工匠。到美国4年后，萨科结了婚，建立起家庭。被捕时他才30岁，是个勤劳努力的家庭支柱。他看起来并不像是无政府主义的支持者。

万泽蒂属于另一种情况。虽然在意大利接受过糕点师培训（这是个受人尊敬的职业），但来到美国后他成了拿最低薪水的普通工人。他就好像是为了证明资本主义的罪恶，故意要过贫困生活似的。他经常失业，总是缺钱，甚至偶尔吃不饱肚子。不过，到了

1919年春天，他的经济状况还有他的创业精神突然好起来了：他买了一辆贩鱼车，配备了刀具、秤和闹钟吸引顾客，成了马萨诸塞州普利茅斯镇的流动鱼贩。被捕时万泽蒂33岁，生意进展正顺利。

万泽蒂天生智力超群。他读过许多书，生活安静而清醒。万泽蒂从未交往过女朋友。他神态忧郁，笑起来带着伤感的温柔。他的眼睛里"有一种柔情，简直叫人为之心碎"。他的一个朋友回忆说。1917年过后，万泽蒂最明显的特点就是留起了一蓬大长胡子。虽然他态度和蔼，脾气也好，却被当作美国的死敌。"万泽蒂就是无政府主义的化身。"他的同事说。

万泽蒂和萨科并非特别亲密的朋友。他们的住处相隔4.8千米，萨科在靠近布里奇沃特的斯托顿，而万泽蒂住在普利茅斯。两人因南布伦特里抢劫谋杀案被绞死时，相识还不到3年。

被捕并接受调查时，这两人表现得不好。他们无法解释到汽车修理店去为什么需要全副武装。他们自称不认识布达或者其他人，也不认识拥有摩托车的人。这些都是谎话，很容易被揭穿。他们否认自己是无政府主义者，但对为什么要到西布里奇沃特来的解释又前后不一，更缺乏说服力。人们一直怀疑，他们到那儿去是为了运送非法物资，可能是炸药，也可能是无政府主义文献，因为不想惹祸上身才说了谎。

布达和第4名男子［后确认为里卡多·奥茨雅尼（Riccardo Orciani）］经过逮捕审讯后，获得了释放：奥茨雅尼是因为能证明自己在两件抢劫案发生时都在上班，布达则是因为个子非常矮而粗壮，跟任何目击证人的描述都不吻合。因此，萨科和万泽蒂被默认为主要嫌疑犯，甚至是唯一可信的嫌疑犯，哪怕两人都不曾有过犯罪记录，也不曾跟任何犯罪团伙有联系。警方能提出的反证只有：被捕当时，两人携带武器，并说了谎话。

几乎所有的证据都不指向他们。他们是极为温和的人，性格里没有丝毫暴力倾向。没人见过他们说话动怒或抬高嗓音。没有任何证据——比如被盗车辆上的指纹——表明他们在案发现场。

有3名目击证人看过照片后认定枪手之一是安东尼·帕米萨诺（Anthony Palmisano），结果帕米萨诺早在案发前的1月份就进了水牛城监狱。至少有两名目击者说，为首的枪手留着一抹铅笔粗细的小胡子，而萨科没留胡子，万泽蒂的胡子又是出了名的茂盛粗乱，垂下来时盖住了整个下巴，只露出了嘴。萨科和万泽蒂被带着从目击证人面前走过，警方并未按程序要求的那样将他们混入人群，而是单独让证人看，并明确告知目击者这两人就是主要的嫌疑犯。即便如此，主要证人中的一位妇女在随后的审讯中站在萨科和万泽蒂面前也未能指认出两人。

一开始，没有人把他们二人被捕看成一件大事。一位从纽约被派到马萨诸塞州做采访的记者向编辑报告说："没什么可报道的——只逮到了两个可怜的南欧人。"在波士顿，1920年春天的头条报道是红袜队会怎样打完第一个没有贝比·鲁斯的赛季。

让万泽蒂震惊的是，他不光被指控参与布伦特里一案，还被控参与了1919年圣诞前夕发生在布里奇沃特的L. Q. 白鞋工厂的抢劫案。萨科没有遭到起诉，因为他拿出了一张时间卡，证明事发当天自己在值班。万泽蒂并非没有不在场证明，有3名证人都做证说，事发当天曾跟他在普利茅斯的贩鱼车前说过话，做过买卖。对许多意大利人而言，鳗鱼是一种传统圣诞美食，所以圣诞节的前一天，很多人都记得从万泽蒂那儿买过鳗鱼。而不利于万泽蒂的证据却显得说服力不强。记者问一个年仅14岁的目击证人，他是怎么知道劫匪之一是外国人的，小证人回答："我可以从他逃跑的样子看出来。"

但陪审团显然相信"所有南欧佬都是一伙的"（万泽蒂事后苦涩地说），无视所有有利于万泽蒂的证词，将他定了罪。若能有个新教牧师或是小学校长为万泽蒂做证，或许他就能脱罪了，只可惜，圣诞前夕没有这样的人来买过鳗鱼。

据说审理万泽蒂一案的法官韦伯斯特·塞耶（Webster Thayer）讲过这样一句话："这个人尽管实际上可能并未犯下被指控的罪行，但无论如何他在道德上都是有罪的，因为他的无政府主义意识形态就是原罪。"这句话多次被人引用，但审判记录里其实并没有类似说法，也没有证据表明塞耶真的这么说了。不过，法官明显对无政府主义者没好感。法官判处万泽蒂入狱12～15年，这对一个没有犯罪记录的人来说过分严厉了。很多观察家认为，初审太过滑稽，可惜二审又让情况变得更糟。

对20世纪初的意大利移民来说，美国常常让他们震惊。历史学家伦纳德·迪纳斯坦（Leonard Dinnerstein）和大卫·赖默（David M. Reimer）评论说，大多数移民"对美国人待自己的冷漠态度感到措手不及"。很多时候，他们发现自己会因国籍问题在就业和教育机会上受到排挤。政府还出台了不让他们搬到特定街区的限制性契约。住在美国最南部诸州的意大利人有时只能去黑人学校，而在最初，他们被允许使用白人的饮水机和厕所都很成问题。

其他移民群体，包括希腊人、土耳其人、波兰人、斯拉夫人，或各国的犹太人都碰到过类似的偏见。对亚洲人和美国黑人来说，偏见和限制性举措更残忍、更离谱，但意大利人差不多被划成了特殊的一类：比其他种族更难缠、更喜怒无常、更爱惹麻烦。每当出现什么问题，意大利人似乎总是置身旋涡中央。美国社会对意大利人的普遍看法是，他们不是法西斯就是无政府主义者，如果真的两者都不是，那一定是黑帮分子[1]。

就连《纽约时报》也在一篇社论中称："要想教化这些意大利人，让他们守规矩，除了动用法律之手，恐怕毫无希望。"威斯康星大学的社会学家E. A. 罗斯（E. A. Ross）坚信，意大利本土的犯罪率下降完全是因为"坏人都来这儿了"。所以，露丝·斯奈德和贾德·格雷才虚构出是两个意大利无政府主义者杀害了斯奈德先生这套说辞，指望利用社会的这一成见进行误导。

对工人阶层的意大利人而言，他们很难融入社会。数百万意大利移民基本上跟美国其他族裔是完全隔绝的，萨科和万泽蒂来到美国已经12年了仍然说不好英语，就很有说服力地证明了上述观点。审讯记录表明，对于法庭提出的问题和别人说的话他们经常无法完

1　其实，这种看法十分轻率，意大利人并不特别惹是生非。1910年，意大利人占移民人口的11%，但在服刑的外国出生罪犯里仅占7%。约翰·凯柏勒（John Kobler）指出，以每10万人入狱率而论，意大利人在17个种族里排第12位。

全理解。哪怕他们理解了问题的实质，也难于自我表达。有人说，与其说他们讲的是带意大利口音的英语，倒不如说他们是用英语单词拼意大利话。以下节选了萨科站在证人席上，试图解释自己为什么既可以持无政府主义立场，又仍然热爱美国：

> 来到这个国家后，我看到的跟我之前想象的非常不同。其中最大的不同是，我在意大利工作不如在这个国家那么辛苦。我在意大利可以过得自由自在，在同等条件下工作没那么辛苦，每天只工作七八个小时，但吃得更好。我说的是真心话。当然，这里也有好食物，因为这个国家更大，但这只是对有钱可花的人来说的，对劳工阶层就不一样了。在意大利，工人有更多的机会可以吃蔬菜，也更新鲜，但我选择来了美国。

在许多美国人看来，萨科一口蹩脚的英语足以证明意大利人懒散落后、不可救药。许多美国人也真心感到困惑，真心觉得受了冒犯：美国朝贫穷衰弱的欧洲打开大门，给他们提供更好的生活机会，可这种慷慨大度换回的却是外国人罢工、埋炸弹、煽动暴乱。萨科和万泽蒂成了忘恩负义的鲜明象征。当时美国人的普遍观点是：哪怕他们在布伦特里一案上无辜，仍然应当受到惩罚。本案陪审团里的一名工头据说在审讯之初说过这样的话："该死的，他们就该被绞死。"

对萨科和万泽蒂的起诉书在马萨诸塞州公开之后，一辆马车停在了位于曼哈顿百老汇和华尔街路口的J. P. 摩根公司总部门口。推测起来，驾车人拴好马后迅速离去。片刻之后，车厢突然爆炸掀翻了整个街区，几条街之外一栋32层建筑的窗户都被震碎了。这是一枚烈性炸弹：弹体内塞满了弹片，目的就是要炸伤人。而且，它是在街上挤满午休的工人时被引爆的。30人当场死亡，数百人受伤。爆炸产生的热力极大，大量受害者都有严重烧伤。J. P. 摩根公司的一名文员在办公桌上被一截飞来的玻璃切断了脑袋，可理论上是炸弹的主要目标的公司的高层却无人受伤。J. P. 摩根本人当时在国外。摩根公司的其他合作伙伴正在会议室开会，包括林德伯格的岳父德怀特·莫罗。这个房间没有面朝着炸弹爆炸一侧的窗户，所以人们安然无恙。到这天结束时，爆炸导致38人死亡143人受重伤。室外最幸运的人里有未来总统的父亲约瑟夫·P. 肯尼迪，他离炸弹的位置很近，几乎被气浪掀翻在地，好在他没受重伤。

摩根公司第二天就照常营业了，并以此感到自豪。他们悬赏10万美元来征求嫌犯线索，但前来请赏的人都说不清投弹人的样子，也提供不出有用的线索。警探和联邦调查员访问了芝加哥城东的每一名铁匠，走访了四千多个马厩，希望能找到投弹者所用的马、马车或马蹄铁。弹片是用窗帘吊锤制造的，警方联系了美国所有的窗帘吊锤经销商和制造商，希望找到金属块的来源。侦探们整整查了3年，没有找到任何蛛丝马迹。没有任何人遭到指控。

1991年，历史学家保罗·阿维里奇（Paul Avrich）在《萨科和万泽蒂：无政府主义背景》（*Sacco and Vanzetti: The Anarchist Background*）中宣布，他有充分但不够详尽的证据认为，投弹人就是马里奥·布达，也即逮捕当晚与萨科和万泽蒂在一起的那个人。不过，纽约的警察并不知道布达，也不曾怀疑他，更没有调查他。不管布达是否参与了投弹，在爆炸发生之后，他匆匆忙忙回到了意大利那不勒斯。

人们后来还发现，尼古拉·萨科曾经是卡罗·维尔迪诺切的密友，而当维尔迪诺切死于帕尔默爆炸案之后他的妹妹住进了萨科家。现在看来，萨科和万泽蒂似乎并不像历史所妆饰得那么无辜。

1921年5月31日，萨科和万泽蒂的南布伦特里谋杀和抢劫案开庭审理，仍由韦伯斯特·塞耶担任主审法官。塞耶约60岁，身形憔悴，有气无力的。他长着鹰钩鼻，嘴唇很薄，留着白胡子，身高只有1.57米。但年轻时塞耶是明星运动员，差一点儿就成了职业棒球运动员。他一辈子都有点好斗，可能因为他生在一个讲究血统的州，父亲还是个屠夫。

庭审持续了差不多7个星期，问询了160名证人，打出了2000页的证词。按照马萨诸塞州检方提起的控诉，萨科和另一名身份不明的男子对受害者进行拦截，并开枪射击。警方并未努力追踪另一名枪手或劫案的其他参与者。把事情一股脑儿栽到萨科和万泽蒂身上，检方似乎就心满意足了。哪怕用最糟糕的情形推测，就算万泽蒂参与了劫案，他也仅仅是逃跑车辆里的乘客。并且只有一名目击证人认为车里有他。有44人发誓说案发当天在其他地方看见过万泽蒂，大部分人都说他在普利茅斯卖鱼，或者断言他不在疑犯当中。普罗维登斯有个叫"莫雷利"的犯罪团伙，他们素来爱抢劫制鞋厂，但警方并未调查他们。警方从来没在萨科或万泽蒂处找到本案中被抢劫的钱，也未发现两人与此有任何关联。检方没有为钱的下落提供任何理论支持，也不曾尝试寻找或确认另外三名参与抢劫的男子。

很多不利于被告的证词相当可疑。一家工厂的工人刘易斯·佩尔塞（Lewis Pelzer）做证说，他看见了萨科枪击贝拉德里。但他最初告诉警方的是，听到枪响他就钻到了一张桌子下面，什么也没看见。而他的3名同事也做证说，佩尔塞压根儿没朝窗外看。

关键证人玛丽·斯普莱恩（Mary Splaine）说，她看向窗外时嫌犯的车辆正扬长而去。她的观察时间不超过3秒钟，而且隔着18.3～24.4米的距离。但在审判中，她说出了萨科外貌上的16处细节，包括他眉毛的阴影，他头发长及脖子的部位。她甚至肯定地说出了萨科的身高，哪怕她只见过萨科坐在车里。而13个月前，萨科近距离与她相对时，她未能辨识出萨科。萨科曾短暂任职于赖斯及哈钦斯鞋厂，好几名员工都还记得他，但除了玛丽·斯普莱恩之外没人说尼古拉·萨科在案发现场。

只有一名证人认为万泽蒂在案发时就在现场——是坐在逃跑车辆里的乘客。没有任何人证实他开了枪，或者直接参与了抢劫行动。

在向陪审团做结案陈词时，法官韦伯斯特·塞耶特别强调了法律界所谓的"负罪感"：萨科和万泽蒂在问讯时有躲躲闪闪的可疑行为。塞耶提出，无辜的人没必要编造答案。所以，他们一定是有罪的。陪审团认同此看法。1921年7月14日，经过5个小时的审议，陪审团宣布萨科和万泽蒂有罪。处决方式是电刑。

不能说检方匆匆忙忙就处决了他们两人，毕竟上诉过程持续了6年，萨科和万泽蒂的辩护律师团队提交了7次复审动议，理由是塞耶存在偏见，审判不公，并向马萨诸塞州高等法院又提出了两次上诉。但是所有上诉均遭否决。在1925年，亚速尔居民塞莱斯蒂诺·马德罗斯因另一起罪行被关在死囚牢房时做了忏悔。"我自认参与了南方布伦特里鞋厂一案，萨科和万泽蒂不是真凶。"他写道。经审讯，马德罗斯含糊地证实了布伦特里抢劫案的一些关键细节，比如案发时间，但塞耶以口供不可信（其实是可信的）为由将其驳回。塞耶还公布了一份25 000字的详细声明，解释为什么他驳回了所有再审动议。

对此举愤怒不满的第一批迹象并非来自美国，而是在法国。1921年10月20日，一枚被伪装成礼物的炸弹送到了迈伦·赫里克大使手里。由于惊人的好运，有个人竟然辨认出了包裹里装的东西（这样的人在巴黎极少），并采取了恰当的处置方式。赫里克的英国助手劳伦斯·布兰查德在第一次世界大战时曾研究过炸弹，意识到包裹里嗖嗖的响声出自米尔斯手榴弹。在手榴弹爆炸前，他飞快地把包裹扔进大使的浴室。炸弹炸毁了浴室，一块弹片还钻进了布兰查德的腿里，但他基本上没怎么受伤。如果是赫里克本人打开包裹，那么1927年在巴黎迎接林德伯格的就是另一位驻法大使了。

几天后，在一场有关萨科—万泽蒂案的集会上，另一枚可能是意外爆炸的炸弹炸死了20人。接下来的两个星期，里斯本、里约热内卢、苏黎世和马赛的美国大使馆或领事馆轮番有炸弹爆炸事件发生。

在美国，作家等文化界人士首先发起了抗议，其中有小说家厄普顿·辛克莱（Upton Sinclair）和约翰·多斯·帕索斯（John

Dos Passo），短篇小说作家凯瑟琳·安·波特（Katherine Anne Porter），诗人埃德娜·圣文森特·米莱（Edna St Vincent Millay），评论家刘易斯·芒福德（Lewis Mumford），记者海伍德·布鲁恩（Heywood Brown），以及"阿尔冈琴圆桌会议"（Algonquin Round Table）的若干参与者，包括多萝西·帕克和罗伯特·本奇利（Robert Benchley）。他们中的大多数人都曾以"游荡和闲逛"罪（这似乎是波士顿的一项奇怪罪名）遭到逮捕和指控。本奇利还发誓说曾听到塞耶在马萨诸塞州伍斯特市的高尔夫俱乐部里夸口："要好好教训教训那些混蛋。"这进一步激怒了自由派人士。

国外传来了更多呼吁重审的请愿书。有一份请愿书征集了50万人的签名，另一份也有超过15万人签名。世界各地都有街道和咖啡馆改成了这两个意大利人的名字。阿根廷出现了一种名叫"萨科&万泽蒂"的香烟，另外还出现了一首同名热门探戈舞曲。

文化界人士和外国人的参与使某些领域的人们极为愤怒。以爱尔兰裔为主的工人在波士顿举行了反示威活动，要求迅速将两名意大利人处死。作家弗朗西斯·拉塞尔（Francis Russell）在这时还是波士顿的一个小男孩，他回忆说当时的公众舆论大多是反对萨科和万泽蒂的。中产阶层的一些人尤其认定他们有罪。爱达荷州参议员、外交委员会主席威廉·博拉（William Borah）说："对外国抗议者的些许重视就是我们国家的耻辱，也是无耻的、懦弱的妥协。"他还称外国抗议者"鲁莽且固执"。

未来的最高法院大法官、时任哈佛大学教授的费利克斯·法兰克福特（Felix Frankfurter）审查了此案，他相信萨科和万泽蒂的罪名属于捏造，这让事情出现了真正的转机。法兰克福特在1927年3月号的《大西洋月刊》（*Atlantic Monthly*）上详尽阐明了自己的反对意见。"尽管我深怀遗憾，却毫不畏惧别人的反驳。在当代社会，案件记录所揭示的情况和舆论所传达的内容存在差异，而我敢断言，塞耶法官的观点与此不符。"他写道，"要准确形容他25 000字的文章，我只能说，这里面充满了种种错误的引用、误导性陈述、蓄意打压、断章取义……论证错误比比皆是，有违司法精神的论断充斥全文。"

法兰克福特系统性地且极具说服力地驳斥了萨科和万泽蒂一案的庭审结论，但波士顿的掌权人物却不大欢迎他的研究成果。许多哈佛校友要求开除他，同事和老朋友也冷落他。法兰克福特发现，每当自己走进房间或餐厅总有人起身离席。据说，他的文章让哈佛少了100万美元的校友赠款。

但在其他地方，愤怒和不公正的感觉似乎渐渐多了起来，连贝拉德里都要求重新审判。持保守立场的《波士顿先驱报》（*Boston Herald*）此前支持判决，在重读了塞耶25 000字的声明之后转变了立场。

对本案给予最多关注的人要数马萨诸塞州州长埃尔文·富勒（Alvan T. Fuller）。富勒似乎是个特别正派的人。他早年是自行车销售员，后来从巴黎带回了两辆汽车，也是最初一批出口到北美的汽车。最终，在帕卡德成为全美最优秀汽车品牌时，富勒成了新英格兰地区唯一的帕卡德分销商。这样的合作关系让他成为了千万富翁。他住在波士顿的豪宅里，收集19世纪的英国画作，尤其是托马斯·庚斯博罗和乔治·罗姆尼的画作。他当了14年的民选官员，但从不领薪水。

1927年5月10日，也就是南杰瑟和科利失踪的时候，一枚炸弹被匿名寄给了富勒，好在被及时截获拆掉了引线。同月，富勒任命3位杰出人物哈佛校长阿伯特·洛厄尔（Abbott Lawrence Lowell）、麻省理工学院校长塞缪尔·斯特拉顿（Samuel Stratton）、退休法官罗伯特·格兰特（Robert Grant），来郑重考虑萨科和万泽蒂是否获得了公正的审判，是否应被执行死刑。他们都不年轻了，洛厄尔71岁，斯特拉顿66岁，格兰特是75岁。

与此同时，富勒也对案件进行了私人研究。他阅读了庭审记录的每一个字，让人把所有的物证，包括手枪、子弹和衣物送到自己家里研究。他还亲自给活着的11名陪审员（有一人去世了），以及两次审讯出席过的所有证人打去电话询问。他曾多次专心致志地花十几个小时专心研究萨科—万泽蒂案。

富勒曾两次访问萨科、万泽蒂和倒霉的塞莱斯蒂诺·马德罗斯，他也去探望了他们三人的亲人。富勒发现自己特别喜欢万泽蒂。万泽蒂在监狱里通过函授课程学习英语，表达能力极大改善。在监狱里的最后岁月，他写了许多清晰动人的信件与文章，见者莫不为其流露出的多愁善感和才情所动。万泽蒂的律师弗雷德·穆尔（Fred Moore）说，他从来没有见过这样"杰出温婉"的人。州长富勒跟万泽蒂初次见面时就情不自禁地说："这是个多么有魅力的人哪！"

1927年7月，林德伯格访问波士顿的当天，富勒先到查尔斯顿监狱会见被定了罪的萨科、万泽蒂和马德罗斯。他跟萨科、马德罗斯各谈了15分钟，但跟万泽蒂谈了整整1小时。人人都清楚地意识到富勒并不希望处决这两人，尤其是万泽蒂。

就在林德伯格出访期间，洛厄尔委员会公布了调查结果。它的结论是，萨科毫无疑问是有罪的，万泽蒂可能有罪，但改判死缓没有根据。自由派人士燃起了万丈怒火。海伍德·布鲁恩称之为"合法的谋杀"。他讽刺地写道："不是所有犯人都能荣幸地被哈佛大学校长按下电钮处死的。"

萨科和万泽蒂的命运就这样决定了。8月3日，富勒带着隐约的遗憾宣布，他找不到宽大处置两人的理由，死刑必须执行，萨科和万泽蒂将在下周上电椅。

这个消息并未像人们预料中那样引起轰动，因为在遥远的南达科他州，柯立芝总统发布了一份连他自己都很意外的公告，让全美上下目瞪口呆。

21

不想当总统的总统

柯立芝认为当总统让他代价巨大

在南达科他州，8月2日是寒冷潮湿的一天。30多名总统记者团的成员们惊讶地发现，总统传唤他们到拉皮德城高中等候中午发布特别公告。他们被带进一间教室，更惊讶地发现柯立芝总统坐在一张办公桌后。这天是沃伦·哈丁去世4周年，也是卡尔文·柯立芝继任总统的第4年。柯立芝一副高深莫测的表情，似乎正为什么事情感到挺开心。

记者听命排成一列，逐一走到桌前，柯立芝递给他们一张小纸条，上面写着："我选择不参加1928年的总统竞选。"全部内容就是如此。这个决定让所有人都猝不及防。"就算用晴天霹雳这个词来形容柯立芝的消息也不算夸张。"罗伯特·本奇利在《纽约客》上这样写道。就连第一夫人格蕾丝也显然没听说过丈夫的打算，而是事后从一位在场人员那儿得知这个消息的。

柯立芝在新闻发布会上只说了几个字，先是开场前问："所有人都到了吗？"之后，记者问他是否会对此公告做进一步解释，他回答说："不。"众人随即冲出教室，把这个新闻传向世界。消息本身无非是几个字，但记者们当天和次日从拉皮德城的西联电报公司发送了近10万字的报道。

柯立芝为什么选择不参选让人们费了80多年的脑筋了。可能的原因有很多，他和妻子都不怎么喜欢华盛顿，尤其是恼人的闷热夏天。所以，1927年能休一次超长的假期他感到很高兴。他任总统期间也没有需要继续给予资金支持的大型项目。不管卡尔文·柯立芝留给这世界的馈赠是什么，再多4年任期似乎也不会带来太大改变。柯立芝似乎对经济也有一定的先见之明。"爸爸说，大萧条马上就要来了。"丈夫宣布不竞选连任之后，格蕾丝·柯立芝曾对一位熟人这样说。

但还有一个从未被提及的事，或许才是最重要的理由。卡尔文·柯立芝长期情绪低落，因为他认为自己造成了家庭悲剧。3年前，即1924年6月的最后一天，柯立芝的两个儿子约翰和小卡尔文在白宫的球场上打了一场网球。小卡尔文没穿袜子就套上了运动鞋，脚上打起水疱。水疱感染了，不到一天小卡尔文就发起高烧，失神胡言乱语起来。7月3日，在父亲生日的前一天，他被匆忙送往沃尔特·里德总医院。

柯立芝写信给他的父亲说："小卡尔文病得很重……他的脚趾打起水疱，感染了血液。脚趾看起来没问题，但毒性侵入了整个身体……当然了，他能享受到一切医学治疗，但他或许会因溃烂长期卧病在床，但也可能几天就好转。"事实上，3天之后这孩子就去世了。

柯立芝这时才刚当上总统11个月，两星期前才被提名为下一届总统候选人。他和妻子伤心欲绝，似乎失去了对一切国家大事的兴趣。"他（小卡尔文）走了，就任总统职位的力量和荣耀也都随他而去。"柯立芝后来写道。

柯立芝确信，儿子的死都怪自己担任总统。他在自传中写道："如果我不是总统，他就不会在白宫南院打草地网球，他的脚趾就不会起水疱，水疱就不会引起血液中毒……我不知道，住在白宫为什么竟然要我付出这样沉重的代价。"柯立芝自传的最后一句话很奇怪，但发自内心："当总统让我付出了太多代价。"

在全美各地的媒体上，总统公告引发的疑问不是柯立芝为什么不参选，而是他为什么要用这样一种模棱两可的说法"我选择不参加……"而非更直截了当的"我不参选"或者"我决定不参选"。许多人认为，这不是拒绝参选，而是恰恰相反：如果人民要他参选，他便可勉为其难。幽默作家威尔·罗杰斯在自己大受欢迎的报纸专栏里简洁地做了说明："我认为柯立芝先生的说法是历年来总统候选人接受提名时所用的最佳措辞。他一定花了很长的时间在字典中寻找'选择'这个词，而不是直接说'我不'，不需要太多政治知识也知道，一个人应人民要求而不是自己主动参选可获得更多选票。柯立芝先生是有史以来最精明的政客。"

在美国看了公告最激动的人是胡佛，他认为自己是柯立芝当之无愧的接班人——虽说其他人并不这么认为，至少并不这么肯定。

消息传出时，胡佛正在加利福尼亚北部的红木林度假，他跟所有人一样都为柯立芝的措辞困惑不解。"在新英格兰，'选择'这个词有不同的内涵，"他后来回忆说，"我决定眼下什么也不说，等到跟总统谈过以后再看。"胡佛在1952年出版的回忆录这样说，一直等到9月他和柯立芝才在华盛顿见上面，但也有人说他们在发表声明之后没多久就碰头了。等两人终于面对面时，胡佛为了弄清楚事情原委，或许也是为了得到祝福，他问柯立芝自己是否应该参加竞选。对此，柯立芝只说了一句："为什么不呢？"

如果说，柯立芝暗地里希望他所属的党派恳求自己留任，共和党却从没这么做过；而如果柯立芝为此感到困扰，他又从来没表现出来过。我们只能说，他以"人应该自己拿主意"为由，拒绝为胡佛或其他任何候选人背书。此外，公告发布之后，他立刻看起来比之前更轻松、更和蔼了。

几天后，他高兴地接受了印第安苏族人授予的名誉酋长头衔，还起了个印第安名字叫旺布利·托卡汗（Womblee Tokaha），意思是"群鹰之首"。在授衔仪式上，印第安人给他献上了一顶大大的羽毛头饰，他当即自豪地戴上供记者拍照。他看起来有些可笑，但不知为什么又显得很可爱。全美人民都挺高兴。

由于兴致极高，5天后柯立芝乐呵呵地前往37千米外条件艰苦的乡村，代表20世纪最桀骜不驯的一个人为一个看上去很轻率的项目奠基。这个项目就是拉什莫尔总统雕像山，而这个人就是格曾·博格勒姆（Gutzon Borglum）。

拉什莫尔山原本人迹罕至，只是块巨大的花岗岩罢了。直到

1885年，纽约一个叫查尔斯·拉什莫尔（Charles Rushmore）的人碰巧骑马经过此地，把自己的名字送给了这座山。最先想出要建一座宏伟纪念碑的人是历史学家多恩·罗宾逊（Doane Robinson），他认为这是个吸引游客的好办法。一如《时代周刊》史诗式地描述，纪念碑将成为"公元后最大的雕塑"。哪怕用最留情面的话来说，这个称谓也过分夸张了。项目没有找到资金，没有任何政府力量的支持。到底有没有人能够在一面山上完成雕塑还是个问题，而且这里尚未通路，人们很难看到它。

地球上只有一个人掌握着执行这一项目的必要技能和经验，他也是有史以来使用电钻的堂吉诃德式的狂躁人物。结果显现，他就是最完美的人选。

1927年夏天，格曾·博格勒姆61岁。他生活中的几乎所有细节都必须谨慎地辨别，因为博格勒姆喜欢随着时间推移随意改变它们，他偶尔会给自己安个新的出生年份或月份，还经常把跟别人的成就挂在自己头上。他在《名人录》的条目下称自己是个航空工程师，他当然不是。1867年，他出生于爱达荷州大熊湖，但有时候，出于某个说不清的原因他会说自己来自加利福尼亚。他将两位不同的女性视为自己的母亲，尽管这么做的理由倒是说得过去，他的父亲是丹麦出生的摩门教徒，娶了一对姐妹。一人生下了博格勒姆，但随后离开了这个家庭；另一人便将他视为己出，抚养长大。博格勒姆脾气火暴，胸围宽大，有一种病理性的好斗气质。"我的生活，"他曾说，"就是一场一个人的战争。"

博格勒姆基本上是在内布拉斯加长大的。年轻时他当过机械师，做过石版工学徒，但后来决定追求艺术道路。他报名参加了洛杉矶一个名叫丽莎·普特南（Lisa Putman）的女性开设的艺术课，最终还跟她结了婚。虽然老师比他整整大了18岁。两人一起移居巴黎，博格勒姆在此接受了雕塑训练[1]。博格勒姆在欧洲生活了11年，之后抛弃妻子回到美国，迅速以雕塑家身份站稳了脚跟。

第一次世界大战期间，博格勒姆莫明奇妙的为航空工业缺乏效率一事着了迷。没有他人鼓励也未获得官方授权，他就跑去若干工厂进行视察。在此过程中，他也真的发现了几处重大缺陷。伍德罗·威尔逊总统让他写一份报告，博格勒姆以此为由在华盛顿的陆军部大楼拥有了一间办公室。最终，博格勒姆惹怒了威尔逊总统，被下令开除——虽说他并没有可被开除的职位。

战争结束后，博格勒姆说服邦联女儿联合会（United Daughters of the Confederacy）让他在亚特兰大附近斯通山的岩面上雕刻122米高402米长的组画，赞美南部邦联的英雄气概和勇敢无畏。斯通山是个能产生影响力的地方，1915年三K党就在此重生。博格勒姆也曾是三K党成员。靠着邦联女儿联合会的资金支持，博格勒姆做了大量的准备工作。但最终，他跟联合会的成员发生了纠纷。1925年离开时他留下了大堆有趣的草图和大把未付的账单。联邦女儿联合会对他提起控告，起诉他故意损害他人财产并附有两项盗窃罪罪名。此时，博格勒姆已经受多恩·罗宾逊的邀请，来南达科他州考察拉什莫尔山的情况了。

---

1 奥古斯特·罗丹（August Rodin）是他的老师之一。

博格勒姆对拉什莫尔山一见钟情。拉什莫尔山的轮廓宏伟，岩面坚固耐蚀。地质学家估计，侵蚀的速度每10万年不超过2.6厘米，事实证明，这仅针对某些岩面成立。为了实现梦想，博格勒姆动用了大量的聪明才智和灵活性来设计雕像的布局。

预算定为40万美元，其中包括付给博格勒姆的78 000美元佣金。除了雕塑本身，博格勒姆还在雕像脑袋后面的悬崖缝中构思了一座巨大的文献堂，可借助一部大型电梯从下面到达此处。文献堂里将展出《独立宣言》和美国宪法。

在山腰上雕刻与其说事关精巧凿刻，倒不如说更讲究工程与炸药的应用。雕像的大部分脸部特征是靠神奇地炸开岩石形成的，即使是最精致的整理工作也得靠风钻来完成。创作者有着惊人的野心，如今迎接游客的4张面孔每张都超过18.3米高，嘴巴有5.5米宽，鼻子6米长。你可以把一辆汽车纵向插进每个眼窝。一次爆炸计算失误就能让一张总统雕像的大脸变成缺了鼻子的狮身人面像——外界始终兴致盎然地关注着这种可能性。再加上博格勒姆不管面相还是行为上都有点疯癫，很难打交道，所以媒体一直对他颇为关注。事实上，失误确实出现过。杰斐逊头像的鼻子形成了一道不祥的裂纹，所以必须从另一个角度将脸部"复位"，将其再朝岩石里打进1米多。找到质地足够好的石头是最大的一项挑战。4颗脑袋都朝着不同的方向，杰斐逊几乎是有点调皮地插在华盛顿头像的后面，这都是由可用石材的位置决定的。华盛顿面孔的大部分切入岩石表面9米深，杰斐逊的头像则是这个数字的两倍。加在一起，博格勒姆和工人们为创造出这些雄伟雕像炸掉了40万吨岩石。

这项工程最大的问题是资金。南达科他州节俭的议会希望整个项目的每一分钱都能当成两分来花，私人捐款也只略微慷慨一点点。于是，项目经常陷入停工状态。最终，项目的大部分资金都来自联邦政府，但即便如此，整个工程也用了14年才完成，差不多是必要工时的两倍之长。捐款人里包括查尔斯·拉什莫尔，他已是纽约的一名富有的律师，赠予了5000美元。

博格勒姆选择华盛顿、杰斐逊、林肯和西奥多·罗斯福作为雕像的主人公。选择罗斯福引起了全国上下的恐慌，人们认为博格勒姆不是因为罗斯福伟大而选他，而是因为两人过去曾是密友。

奠基的那一天，上述一切都还未发生。一条公路正在建设当中，但离竣工还早得很。这意味着，大约1500名观众都要跋涉3.2千米长的陡峭小道才能参加仪式。柯立芝骑在马背上完成了部分行程。他穿着西装，但戴着牛仔帽，脚上穿着牛仔靴。抵达后，柯立芝总统用社区公用长柄勺舀了水喝，给所有人留下了深刻印象。仪式的部分内容包括，工程师在总统途经路线两侧的树根下埋下炸药，以21响树桩礼炮向他致敬。讲演完毕国旗升起，博格勒姆拴着一根绳子降到拉什莫尔山的岩面上，用风钻打了几个洞。博格勒姆的简单劳动并未雕刻出什么可辨认的实质性内容，但它象征性地代表工程开动了，大家走的时候都挺开心。

博格勒姆和柯立芝相处甚欢。博格勒姆打算在总统头像下刻一段巨大的题词，作为"柱顶线盘"，用5千米外都可看清的巨大字母刻出500字的美国历史简介。在奠基仪式上，博格勒姆一时冲动邀请柯立芝来撰写这段文字，而柯立芝则以罕见的热情接受了这一请求。

接下来的几个月，柯立芝为这件事绞尽脑汁，费尽工夫，但等最后他拿出成品时却压根没法用。大部分段落读起来像是备课笔记，而非经过深思熟虑的文本。柯立芝这样论述宪法："宪法，主权国家的自由人民为建立有限权力政府而缔结的永久性联合章程，下设独立的总统、国会与法院，保障所有公民均可安全享有法律规定的自由、平等与正义。"柱顶线盘提议悄悄地搁置下来，这让柯立芝极为烦恼。但在1927年夏天，此事尚未发生，总统和博格勒姆友好地告别了。

从拉什莫尔山回到州立度假区，一份有关萨科和万泽蒂的上诉请愿书摆到了柯立芝的办公桌上，他视若无物。

林德伯格的全国巡演仍在进行。8月10日，他飞到底特律，亨利·福特和埃兹尔·福特从新款A型车的设计和检验工作里抽出时间登上"圣路易斯精神号"短程兜了几圈——这是一项很少有人享受到的荣誉。虽然福特汽车公司也制造飞机，但不管是亨利还是埃兹尔之前都没坐过飞机。因为没有乘客位置，亨利·福特只好坐在扶手上，跟其他所有搭乘这架飞机的人一样，弯着腰回到地面上，亨利夸口说自己"摆弄了一阵操纵杆"，神情非常得意。新闻记者问埃兹尔新车的进展如何，他说一切进行顺利，随时准备投产。说不清他到底是太乐观还是上了当，不管怎么说，他这一回错得离谱。因为真正投产还得等上好几个月。

林德伯格在底特律逗留了一天，主要用来陪伴母亲，之后他继续向西穿过密歇根，于8月13日抵达伊利诺伊州。反聚会联盟的韦恩·惠勒及其妻子和岳父此刻正一起在惠勒位于密歇根湖小塞布尔角的湖畔小屋度假，他们很可能到场欢迎了林德伯格，甚至在林德伯格短暂停留的本顿港，这一家说不定就挤在人群里。

现在所知的是，当天晚上惠勒太太在小屋里准备做晚饭点油炉时，炉子突然爆炸，她从头到脚都被淋上了燃烧的油。惠勒太太81岁的老父亲从隔壁房间冲了过来，看到女儿裹在烈焰当中，当即心脏病发作。正在楼上休息的韦恩·惠勒片刻之后才赶到，他用一条毯子扑灭火焰，叫来救护车，但妻子烧伤过重，当天晚上就在医院里去世了。这起事故带来的冲击超过了惠勒的承受能力，3个星期后他自己也因心肌梗死过世。

惠勒一死，禁酒运动不光失去了精神象征和发展势头，还失去了主要的筹款人。3年内，反聚会联盟就声势大减，其华盛顿办事处连订阅的报纸都取消了。6年内，禁酒令废止。

8月18日，在俄亥俄州的克利夫兰市，庞大的车站塔楼建设项目的最后一段钢架悬挂到位，从象征性和现实意义来看，其重要性都超出了当时任何一件事。此前还从没有过类似的事物。这栋复合建筑不光是一座全新的火车站，还整合了酒店、邮局、百货商场、小商店、餐馆等功能，更有一栋52层高的办公大厦——美国这一年里修建的最高建筑，在克莱斯勒大厦建成之前它一直是全世界第二高的建筑。该项目的所有部件都是相互连通的，这一点史无前例。

车站塔楼的修建者也同样令人瞩目，开发商是范斯韦林根兄弟，其中一位叫奥里斯（Oris Van Sweringen），另一位是曼蒂斯（Mantis Van Sweringen）。在20世纪初诞生的所有商业巨头中，再没有谁像这兄弟俩一样非凡出众却又被历史遗忘得一干二净了。两人出生在低调而正派的家庭，父亲是会计，他们从小规模房产开发起家，坚持不懈，同时也涉足其他领域。到20世纪20年代，两人跻身全美最富有的人之列，但也绝对是最奇怪的两个富人。

没有人知道他们奇怪的名字是怎么来的，很明显，他们的父母就是因为喜欢那样的发音，凭空造出了他们的名字。这对兄弟面色苍白、身材瘦小，形影不离。用他们传记作者的话来说，两人"几乎完全依赖对方"。他们住在一座拥有54个房间的豪宅里，但却睡在主卧里并排的两张床上。他们不抽烟不喝酒，也不熬夜。他们害羞得简直病态。兄弟俩很少参加公共活动，更回避拍照。他们从不以自己的名字为项目命名，也没有出席8月18日车站塔楼的封顶仪式，甚至未在事后的晚宴上露面。

奥里斯比曼蒂斯大3岁，但却是两人关系里偏弱的那一方。曼蒂斯基本上帮着奥里斯经营生活——为他收拾行李，照料他的零花钱，跟踪安排他的日程。奥里斯爱睡觉，通常一天睡12个小时。曼蒂斯有时骑马，但除此之外，没有什么为人所知的爱好。他们从不休假。

他们的庄园叫作"菊花山"，占地面积193公顷。屋里装有80台电话机，以便跟自己的商业帝国时刻保持联系。房里另有两间餐厅，但从未款待过宾客；有一间健身房，也从来没人用过；还有23间客卧，同样从未住过访客。他们没有朋友，虽然曼蒂斯终于爱上了一个名叫玛丽·斯诺（Mary Snow）的寡妇并与之建立了亲密关系，但他始终瞒着奥里斯。庄园的空地有时用来举办马球比赛，偶尔也当作简易机场。据两兄弟的传记作者赫伯特·哈伍德（Herbert H. Harwood Jr.）所写，林德伯格曾在庄园里降落并搭上曼蒂斯兜了一圈，奥里斯留在地面上焦躁不安。哈伍德没说这是什么时候发生的事，反正不是1927年夏天的事。

就算曼蒂斯不是金融投资中杠杆收购（leveraged buyout）的发明人，也一定属于第一批运用它的大师级人物。他们兄弟俩用大比例借款收购一家企业，之后又用现有企业抵押贷款继续收购更多企业。他们的生意是一系列错综复杂、互有联系的控股网络，到20世纪20年代末他们已经有了275家独立子公司。由于公司太多了，光是起个原创的名字就让他们煞费苦心。比方说，他们拥有一家"克利夫兰车站塔楼建设公司"，一家"车站建设公司"，还有一家"车站酒店公司"。他们用850万美元买下了镍牌铁路公司（Nickel Plate Railroad），但自掏腰包的部分仅为35.5万美元——所有的借款都来自克利夫兰守护者银行（Guardian Bank of Cleveland），这银行最终因为没拿到一分钱的还款而倒闭。他们用不到2000万美元的个人投资（几乎全是借来的）建立起了庞大的商业帝国。没有谁在杠杆收购方面比范斯韦林根兄弟更出色了。

然而，曼蒂斯真正热爱的是铁路。铁路行业支离破碎得让人难以置信：1920年时美国有近1100家不同的铁路公司。很多铁路始自莫名其妙的地方，也结束在莫名其妙的地方，要么是因为沿线的城镇或行业并未按计划发展起来，要么是因为最初的施工人员没能将线路延伸到大都市。伊利湖到西部的铁路竟然从俄亥俄州的桑达斯基修到了伊利诺伊州的皮奥里亚；佩雷·马凯特铁路则稀里糊涂地在中西部地区的北边兜圈子，就像在寻找丢失的物品似的。这些被遗弃的线路（业内称为"孤儿"）一般很容易收购，范斯韦林根兄弟却不遗余力地这么做。他们喜欢收购铁路，当奥里斯被问及最喜欢的作家是谁时，他明快地回答："兰德—麦克纳利（地图绘制公司）。"

短短8年，范斯韦林根兄弟就建立起了全美第三大铁路帝国。1927年他们控制了差不多4800千米的铁路线，占全美总里程的11%左右，从大西洋到盐湖城都有他们的列车。他们还顺便抄底了许多仓库、码头，以及西弗吉尼亚州的绿蔷薇度假中心。在事业顶峰时期，他们俩拥有10万名员工，20亿~30亿美元的资产。他们的私人财富总计在1亿美元以上——而10年前，他们几乎一无所有。

在建立自己帝国的同时，他们也无声无息却又波澜壮阔地改变了世界。在克利夫兰城外一个叫火鸡岭的地方，他们凭空修起了一座新城，叫它"谢克海茨"（Shaker Heights）。谢克海茨是美国第一个规划性住宅区，成为日后兴建其他所有郊区的蓝本。同样的道理，车站塔楼差不多就是现代美国购物中心的前身。

不幸的是，他们的帝国是一个倒三角形，只要根基的任何部分出了问题，整座宏伟的大厦就将轰然倒塌。实际情况也正是如此。虽然他们两人当时并不知道，但8月18日车站塔楼的封顶仪式从种种意义上来说都是他们事业的最高点。

大萧条时代到来后，他们两人就无望地暴露在了风险之下。他们的钱几乎全部投在了铁路和房地产上（这是投资链条中最脆弱的两个环节），并且扩张过度。他们以每股101美元的价格购买了密苏里太平洋铁路公司的股票，但到20世纪30年代初，该只股票的交易价仅为1.50美元。他们无法还清到期的债券和贷款利息，密苏里太平洋铁路公司、芝加哥和东伊利诺伊铁路公司统统破产，并连带拉垮了他们整个风雨飘摇的商业帝国。

范斯韦林根兄弟最完美地体现了20世纪20年代的轻率、冒进与浮夸。1935年，曼蒂斯承受了太多的压力与失望，年仅54岁就因心脏衰竭过世。在他生命的最后90分钟，奥里斯陪在他身边，曼蒂斯意识清醒，但两人一个字也没说。在这一刻，曼蒂斯的全部身家仅为3067.85美元，其中一半是7匹马的价格。失去了弟弟，11个月零10天后奥里斯也因心脏衰竭而死，他的遗产比弟弟的还要少。

兄弟俩合葬在克利夫兰的湖景公墓。墓碑上除了他们的名字和生卒日期，就只刻着"兄弟"一词。

22

奇迹年代：飞跃太平洋

林德伯格的追随者们

"美洲号""哥伦比亚号"和"圣路易斯精神号"成功飞越大洋后，人们对航空事业的未来产生了一种不切实际的过高期待。

几乎立刻就有人梦想着把夏天这几次英雄壮举变成商业实践。在巴黎，查尔斯·莱文宣布，他准备投资200万美元在美国和欧洲之间开展固定的客运航空服务，一时间吸引了大批记者的关注。在从欧洲向西飞越大西洋尚无成功案例的条件下，他要怎么做才能安全地双向运输乘客，这个问题他无法回答。再加上类似的计划一时间出现得太多，它很快就被人们遗忘了。

加拿大出生的工程师爱德华·阿姆斯特朗（Edward R. Armstrong）从相反方向着手处理这个问题。他的设想不是增加飞机的航程和承载能力，而是把航线分割成若干段，比如在整个大西洋上每相隔563千米建立一座水上机场，一共建8座。这些"海上机场"每座长约335米，重达5万吨，用钢索固定在海底。每一座机场都将修建餐厅、礼品店、休息室和观景甲板，有些机场还附带酒店。每座机场的成本是600万美元。阿姆斯特朗计算，一趟从纽约到伦敦的行程，能在30小时内完成。

1927年，阿姆斯特朗创办了"阿姆斯特朗海上机场开发公司"，逐渐获得了资金支持。1929年10月22日，他宣布了60天内动工的计划。只可惜，就在这个星期股市暴跌，他的融资希望烟消云散。阿姆斯特朗又继续努力了很多年想将计划付诸实践，随着飞机的性能越来越好，预计平台的数量逐渐减少为5座，接着又减少到3座。当然，到了最后一座海上机场也不需要了，他的梦想从未实现，但这个概念成为了现代海上钻井平台的基础。阿姆斯特朗于1955年去世。

20世纪20年代，每年有200万人在欧洲和美洲之间乘船航行，因此空中旅客的潜在市场相当可观。以现代人的时间观念看，虽然水上越洋航行看似光鲜亮丽又浪漫，但也很耗费时间，天气糟糕时很不舒服，而且有时还极度危险。在雷达诞生之前，海上起雾往往会让人们陷入危险的境地，大多数船只都有过多次遇难的经历。"大西洋上的惊险故事可比乘客们听说的要多得多。"船舶史学家约翰·麦克斯顿-格拉厄姆（John Maxtone-Graham）在《必由之路》（*The Only Way to Cross*）中写道。船只相撞也并不少见，就在这个夏天，伯德和队员们搭乘"利维坦号"返回美国的7月15日，凌晨4点40分时，在荷兰与美国间往返的邮轮"维丹号"就跟挪威货轮"萨加兰德号"在楠塔基特岛附近相撞，"萨加兰德号"被撞成了两截，之后迅速沉没，致使一人丧命。"维丹号"虽然严重受损但幸免于难，船上无人受伤。不管怎么说，这次事故仍然清楚地表明：即便是在晴朗天气下两船相撞也十分危险，越洋航行亦然。

出于上述种种原因，哪怕能让越洋航行时间减少一天，也是个很有吸引力的话题。在8月1日，钱伯林接受了美国邮轮公司的邀请，重新登上巨大的"利维坦号"，打算开飞机从甲板上起飞。甲板上竖起了约35米长、摇摇晃晃的起飞跑道，但到底够不够长，谁都说不准。此前从未有飞机在海上从船的甲板上起飞，钱伯林认为成功的概率最多五成。起飞之前，有人问他会不会游泳，钱伯林笑着承认并不会。

好在事实证明钱伯林不需要游泳。在暴风雨暂缓之后，钱伯林钻进一架福克双翼飞机，冲上了嘎嘎吱吱作响的跑道，在腾空前获得了刚好够用的速度和升力，顺利起飞。他围着船只盘旋，还悠闲地挥了挥手，而后便飞往新泽西州的泰特伯勒寄送500封航空邮件，并害羞地摆动作拍了几张照片。受钱伯林的启发，"法兰西号"邮轮的老板在船上安装了一座弹射器，能让一架6人座飞机用较短的跑道弹出去升空。有那么几年，胆子够大、有钱又赶时间的乘客可以比乘船的乘客提前一两天上岸。

随着8月拉开序幕，林德伯格漫长的美国巡演在第二个星期就要结束了。到目前为止，他只碰上过一次故障，但很严重。离开波士顿后，他飞往缅因州的波特兰，但因为大雾无法着陆。他在空中盘旋了近两个小时，油量所剩无几，只得另外寻找安全的地方着陆。他离开了护航飞机，落在缅因州的老兰花海滩上。幸好，海滩上有个叫哈里·琼斯（Harry Jones）的人为游客提供短时兜风飞行（也有可能以防发生意外，林德伯格起飞前有人告诉过他这件事），琼斯有座配备了工具的机库，乐意供林德伯格使用。

林德伯格降落在沙滩上的消息传开，人群立刻围了过来。有人蹑手蹑脚地到机库看他工作。"他从来没有抬眼看看人群，也不曾表现出意识到周围有人的样子。"在场的一名年轻姑娘埃莉斯·怀特（Elise White）写道。等林德伯格完成了飞机的修理工作，围观的人已经聚得太多，他需要拿起扩音话筒才能发言。他请人们腾出空间好让他离开，但人群非但没照做反而愈加挤上前来，跟飞机靠得更近了。"他带着厌恶的情绪扔掉了扩音器。"怀特小姐略微惊讶地说。这可不是人们从报纸上了解的那个林德伯格。

林德伯格的无奈很容易理解。他的飞机是一套敏感的设备，被蠢货弄坏的可能性是切切实实存在的，他也一直很担忧。看到人们抚摸飞机，斜靠在上面，晃动飞机上的活动零件，自然让林德伯格感到惊慌。此刻，他几乎是落荒而逃。人们还在往前挤，但他已钻进了飞机，开着它驶向海滩，他相信人们看到他前进自然会散开。谢天谢地，人群真的散开了。林德伯格滑行到海滩的尽头，顺着风向提了速。"它在沙地上平稳地前进，没过多远，不超过100米就跃入了空中。"怀特小姐写道，"他翻了个跟头，侧翼转弯，俯冲到海滩上空，之后便像一只长着银翼的鸟儿飞入了蓝天。"30分钟后，他回到波特兰，面对另一群热切渴望看到他和飞机的群众。

根本无法想象，林德伯格在那个夏天过着什么样的生活。从早晨离开房间开始，他就被人抚摸、推挤和干扰。地球上每个有幸靠近他的人都想要跟他握手，拍他的背。林德伯格没有任何私人生活，他的衬衫送到干洗店就再也要不回来，他就餐后剩下的鸡骨头和餐巾在厨房里引得众人争抢；他不能出门散步，不能进银行，不能去药店。就算他走进男厕所，也会有人跟着他。他开出的支票很少有人去兑现，拿到支票的人更愿意把它用镜框裱起来。他的生活没有任何正常的部分，也没有恢复正常状态的前景可言。至少，林德伯格发现，成名的过程比成名的状态有趣多了。

他的巡演包括69个过夜站，13个"短暂"停留站。在"短暂"停留站，他要着陆，跟迎接的官员说些话，但不搞其他活动。林德伯格还收到了许多小镇的邀请，如果当地答应在屋顶喷涂本镇的名字为其他飞行员提供方便，他就愿意前往。在无法着陆的社区，他会撒下传单。传单上是这么写的：

> 向各位致以问候。由于时间有限，且本机正进行大范围的全美巡演以激发大众对航空的兴趣，"圣路易斯精神号"无法在贵地着陆。不过，这条来自空中的消息，代表我向你致以真挚的谢意。感谢你对本次巡演，以及对推广、扩展美国商业航空事业的关注。

它敦促每一名公民为了国家着想，努力"兴建机场及同类设施"，让美国在"世界商业航空"领域获得"应有的领先地位"。

从一开始林德伯格的接待工作就一团混乱。兴奋的围观者，甚至官方欢迎队伍里的成员，都爱趁着飞机还在跑道上滑行就一拥而上地上前致意。这让林德伯格感到极为不安。他曾见过人被运转着的螺旋桨一切两半，再加上他没有前方视野，每一次着陆时什么都看不见。

在俄勒冈州的堪萨斯城和波特兰至少有两次，因为人群挤在跑道上，他无法降落在预定地点，而只能迫降在附近的农田里。还有些地方为向他致敬而鸣响礼炮，结果弄出大量烟雾，进一步模糊了他的视线。总而言之，他在美国各地飞行要面对的危险比飞往巴黎还要多。

为了尽量遵守时间表，林德伯格搭乘的敞篷车经常顺着游行路线高速疾驰，这让围观群众甚为不满，但对林德伯格发出了提醒：这些围观的人也喜欢站到路面上看个清楚。

8月15日，林德伯格到访伊利诺伊州斯普林菲尔德，这会是巡演旅程中相当典型的一天。他从芝加哥起飞，途经莫斯哈特、奥罗拉、乔利埃特和皮奥里亚，中午抵达斯普林菲尔德。他在斯普林菲尔德的地面上待了1小时41分钟，做了以下事情：在机场做了一场简短的演说，与100名当地官员见面，受邀视察伊利诺伊第106骑兵团，站在一辆敞篷车里冲过沿途8千米围观的50 000名挥舞小旗欢呼的群众，为亚伯拉罕·林肯墓献花圈，被带到当地军火库受赠一只金表，听了一长串絮絮叨叨、兴奋过头的演说。以下是市长J.埃米尔·史密斯（J. Emil Smith）向林德伯格致辞的节选：

> 在那个夏日的拂晓，他飞过了云朵的银边，星星微笑着看着他，一个多么勇敢的地球之子啊，他腾云驾雾地在天空翱翔。当他快要靠近目标，太阳、大海和无尽的时空都向他发出了胜利的赞美，歌唱道："干得好！"

斯普林菲尔德唯一特殊的地方在于，林德伯格对这里分外熟悉：他当航空邮递员期间曾在这里工作。事实上，15个月之前，是他选择了机场的现址。

最后，市长宣布，他们要将机场重新命名为"林德伯格机场"作为纪念。年轻的林德伯格不会忘记此事蕴含的讽刺意味：一年前，斯普林菲尔德的市民们压倒性地否决了在城里兴建机场的借贷提议。他们能拥有这座机场多亏了当地商会愿意为斯普林菲尔德市最基础的设施提供适当资金。

仪式过后，林德伯格又被风驰电掣的汽车送回等候的飞机处，他要继续飞往圣路易斯，听更多的讲演，见更多的群众，还要再参加一轮晚宴。置身这样持续不断的压力之下，林德伯格发现，在城市间的飞行时光，是巡演过程中最惬意的环节。有时候，他甚至故意绕长长的弯路，好让自己多享受一些平静。只要有机会，比如看到湖或者平地，他经常从距离水面或地面只有4.6米的高度飞过去，增加速度感和刺激感，但一旦事情出了岔子，他逃生的概率也近乎为零。每星期他可以休息两天，这一定是幸福的解脱。即便如此，他也离家万里，总有陌生人出现在身旁。

这时，唯一还留在欧洲的跨大西洋飞行员就只有查尔斯·莱文了，而且他尚未表现出回国的意向。在这个夏天剩下的时光里，他到处闲逛。他到了意大利，在那里觐见了教皇，并称墨索里尼是世界上最伟大的政治家。回到巴黎，他因为在歌剧院附近与一名美国同胞打架上了报纸。"我之前从没见过这个人，但他跑来侮辱我，我教训了他一番。"莱文说。"我原来当过拳击手。"他着重补充道。他没解释过动手的原因，但据说跟女人有关。

莱文还宣布，有意和法国飞行员莫里斯·德鲁安（Maurice Drouhin）一同飞回美国，德鲁安曾和人创下长时间飞行的纪录，但1927年4月被钱伯林和阿科斯塔开着莱文的飞机打破。这将是一个十分有趣的挑战，因为德鲁安不会说英语而莱文不会说法语。莱文多次宣布起飞日期，但每一次都落了空。到了8月底，莱文突然来到勒布尔歇机场，把飞机从机库里开出来，坐进去准备起飞。几个小时后，在伦敦的克罗伊登机场，地勤人员惊讶地看到一架飞机跌跌撞撞地飞了过来。"哥伦比亚号"挺出名，所以他们立刻认出了它，但很明显，不管此刻是谁在驾驶它都明显不能胜任，要么就是驾驶员根本不会开。这造成了一定的恐慌：克罗伊登是一座繁忙的机场，有定期飞往巴黎和其他地方的客运航班，塔台只能利用有限的通信手段提醒其他飞机降落时间延后。"哥伦比亚号"在机场上空盘旋了4圈，有一次还差点儿撞上了控制塔。

　　最后，飞机以别扭夸张的角度准备着陆，狠狠地撞上地面，又高高弹了起来，接着再次沉重地落地，往前开了许久才停下来。喜气洋洋的查尔斯·莱文从飞机上跳了出来。这是他第一次单独飞行。据透露，他额外多飞了209千米才抵达英国。莱文说，他突然心血来潮想要一个人飞。然而，没过多久伦敦就收到消息，原来莱文是为了赶在德鲁安申请法院传票之前溜掉。德鲁安恨恨地抱怨说，莱文欠了他80 000法郎的薪水。勒布尔歇机场的机库经理也报告说，莱文一直没支付停机费用。莱文显然也没有告诉妻子，他要把她单独留在巴黎。两人的婚姻没能撑过这个夏天。

　　为免遭逮捕，莱文这时只好做出正式承诺，他将永远不再尝试一个人在英国的领空飞行。但莱文可是个不长记性的家伙，没几天他就又宣布，要跟帝国航空公司的资深飞行员沃尔特·欣奇利夫（Walter Hinchliffe）机长从林肯郡的克兰韦尔机场飞越大西洋。在随后的日子里，莱文说了种种自相矛盾的话，一会儿说他打算跟欣奇利夫向西飞越大西洋前往美国，一会儿又说是要向东横跨亚洲和北太平洋。最终，两人哪儿也没有去，报纸彻底对其失去了兴趣。

德鲁安后来拿回了部分拖欠薪水，但没能好好享受它。次年，他在法国北部奥利的一次试飞中坠机身亡。欣奇利夫也好不了多少，在差不多同一时间，他在飞越大西洋的途中消失了，同行的还有一位女伴。

征服了大西洋，人们的视线转向了太平洋。具体而言，也就是加利福尼亚州和夏威夷之间极具挑战性的3862千米飞行距离。就在林德伯格完成横跨大西洋的飞行之后，靠在夏威夷种植菠萝、生产菠萝罐头发了财的马萨诸塞州人詹姆斯·多尔（James D. Dole）公布了一项新的挑战，称为"多尔太平洋竞赛"，奖金为35 000美元。这项活动的确是一场竞赛，所有的竞争对手们将同时（或时间尽量接近）从加利福尼亚州的奥克兰机场起飞。竞赛原本预定于8月正式开始，但还没到比赛的日子，几名飞行员就提前完成了挑战。

6月29日，两名陆军飞行员驾驶福克飞机成功地从奥克兰飞到了夏威夷瓦胡岛，用时26小时。这是一项了不起的成就，光是顺利定位到夏威夷，就是导航史上的奇迹。两名飞行员莱斯特·梅特兰少尉（Lester J. Maitland）和艾伯特·赫根伯格少尉（Albert F. Hegenberger）本应被后人铭记，只可惜他们挑战成功这天正巧跟伯德团队迫降在滨海韦尔发生在同一时间，在当时就没引起多少人注意。梅特兰与赫根伯格飞抵目的地后的两个星期，另外两名飞行员欧内斯特·史密斯（Ernest Smith）和埃默里·勃朗特（Emory Bronte）也从奥克兰有惊无险地飞到了夏威夷。因为基本耗光了燃料，他们在摩洛凯岛（夏威夷的一座火山岛）上迫降，撞到一棵树上，好在两人毫发未损。他们比梅特兰和赫根伯格略快了14分钟。因此，到8月16日多尔太平洋竞赛开始的时候，选手们就算完成了整趟行程，也没有太大的意义了。

竞赛形式极大地增加了飞越太平洋的危险。不管飞机是否准备就绪，飞行员都得按时起飞。而且，为了击败别人他们还得挑战飞机的极限，这些因素极大地增加了飞行员承受的压力。竞赛，尤其是有着巨额奖金、做了大范围宣传的竞赛，容易吸引热心但技术不够娴熟的飞行员。夏威夷置身汪洋大海，是非常小的目标地点，哪怕极富经验的飞行员也要拼尽全力才能刚好飞到。整场赛事配齐了灾祸的各种要素，也不出所料地祸事连连。

其中有3名参赛选手还没到奥克兰就坠机身亡；一架飞机在接近奥克兰机场时在海上坠毁，两名飞行员侥幸逃生未受重伤，但飞机报废了；另一架飞机的飞行员完全不知道飞到夏威夷去要消耗多少燃料，他的油箱甚至不够大，装不下足够多的油料——这架飞机并未获得起飞许可。很明显，几名有希望的选手也很危险。比赛当天，参赛飞机数量已减少为8架，有4架还没起飞就出现刮擦，或是起飞了不久就折返。在4架最终起飞的飞机里，两架飞到了夏威夷，另外两架在途中消失。有一架在途中消失的飞机上搭载着一名来自密歇根州弗林特的漂亮姑娘，她22岁，是一名学校的老师，叫米尔德丽德·多兰（Mildred Doran）。她不是飞行员只是作为陪同为媒体增加些话题和趣味。包括多兰小姐在内的6人失踪的消息传回之后，飞行员威廉·欧文（William Erwin）从奥克兰起飞搜寻，但他也失踪了。随后大规模海上搜索（据说是史上规模最大的）展开，有39艘军舰和19艘民用船只参加，但什么也没找到。海军有点酸溜溜地报道说，为了寻找失踪的飞行员烧掉了1 452 000升燃料。多尔太平洋竞赛总共导致10人死亡。整件事遭到广泛批评。伯德称它相当"草率，不明智"，许多人都认同他的看法。

尽管多尔太平洋竞赛是场灾难，各个地方的人们却突然公布了种种大胆而冒险的飞行计划。南卡罗来纳州哥伦比亚市黑人学校，贝尼迪克特大学校长的儿子保罗·雷德芬（Paul Redfern），宣布要操纵一架"斯廷森底特律人号"（Stinson Detroiter）飞机从佐治亚州布伦瑞克起飞，经7403千米前往里约热内卢。雷德芬并不像个英雄人物，他一辈子都在为飞机疯狂——爱得如痴如醉，哪怕在地面上、从事日常活动时也经常戴着飞行护目头盔。但他接受的学术训练是做音乐家。他在集市上表演了两年飞机特技，又为政府在空中巡查私酒酿制场所，这就是他全部的飞行员经验了。他跟林德伯格同龄，很矮，也很瘦（体重只有49公斤），一副紧张兮兮的表情。不过，雷德芬当时也的确有许多事情需要担心。他需要飞行近4600英里，这比之前任何人都飞得更远，飞越大洋和丛林，进入一个没有可靠地图标识、没有准确天气报告的地区。

雷德芬的行李似乎是照着不指望成功的样子来收拾的。他带着钓具、步枪和弹药、奎宁、蚊帐、手术包、备用的靴子，以及其他种种只有迫降在丛林里才用得着的东西。对于个人短期需求，他只装了20个三明治，2夸脱咖啡，500克奶油巧克力和7.5升水。8月25日，他起飞了。

按美联社援引的航空专家的说法，飞到里约热内卢至少需要60个小时。雷德芬还没飞完加勒比海域就迷路了，他朝一艘挪威货轮"克里斯蒂安·克罗格号"投下消息问路。信息筒落在甲板上弹起掉进了海里，有趣的是，一名挪威水手跳进水里把它捞了起来。上面写着："请将船指向最近的陆地，每161千米挥动一次旗帜或手帕。谢谢！雷德芬。"

船上的人照做了，雷德芬爽快地挥手离去。这是人们最后一次见到他，尽管多年以后，进入荷兰属圭亚那的传教士和其他访客都传回报告说，有个白人跟印第安人生活在一起。按这些报告的说法，印第安人把这个白人当成神来供奉，因为他是从天上掉下来的。据说，那位白人娶了妻子，跟当地人过得挺知足。几支远征探险队深入丛林，想找到雷德芬。寻找过程中至少有两人丧命，但雷德芬却从未被找到。1938年，在雷德芬妻子（他在美国的妻子）的要求下，底特律一家法院正式宣布雷德芬死亡。

几乎同样不可能但却奇迹般成功了的一次飞行是由底特律商人爱德华·施莱（Edward F. Schlee）和飞行员威廉·布洛克（William S. "Billy"）完成的。布洛克从前也是航空邮递员，性格开朗挺着个大肚子。他们决意打破前一年另外两名底特律人创造的环游地球纪录，纪录总时间为28天14小时零36分钟，使用了包括飞机、火车和轮船在内的交通工具。但这一回，施林和布洛克打算只靠飞机来完成。

施林是德国移民的儿子，原本是亨利·福特手下的工程师，但1922年他离开福特开了一座加油站。接着，他又开了第二座。5年之内，他拥有了100多座加油站。他还经营着一家小型航空公司，名叫"加拿大—美国航空"，并雇用了布洛克。1927年夏天时，施林39岁，布洛克31岁。此前布洛克已经上过新闻了，夏天时他从底特律驾机前往黑山，为总统夫人格蕾丝·柯立芝送去一只新牧羊犬，因为她原来的宠物跑丢了。

布洛克和施林两人都没有长距离飞行的经验，但他们定下了一个雄心勃勃的目标：在15天里环游地球。他们所驾驶的是一架搭载了莱特旋风引擎的"斯廷森底特律人号"飞机。他们比雷德芬晚一天出发，接下来的两个半星期里，两人的惊险故事吸引了全世界的眼球，主要是因为他们不断惊险地挑战自己的能力极限。他们成功飞越了大西洋（这本身就是一项重大成就），但到了对岸后不知道自己身处何方。他们经过一处满是游客的海滩，投下信息筒，询问当地的名称。有人友好地用小棍在沙滩上写下"锡顿"，又指了指远处长廊上飘荡的英国米字国旗。确定位置后，他们飞往伦敦，受到了热烈的欢迎。他们是在莱文到达克罗伊登机场前的几个小时起飞的，之后按照路线越过欧洲来到了君士坦丁堡（现在的伊斯坦布尔），又一路飞抵加尔各答、仰光、河内、中国香港和上海，最后因台风迫降在日本的九州。他们用19天飞完了20 591千米，可距祖国还有15 852千米。由于天气恶劣太平洋又宽广得令人敬畏，他们决定趁机结束征程乘船回国。两人受到了英雄般的欢迎，但这趟行程极大地透支了两人的身体。在底特律的庆功宴上，施林起身发言，讲演刚说了5个字，他就晕倒在地——连日来的奔波终于显现出了后果，压垮了他。

施林后来的境遇不怎么好。1929年夏天，转动的螺旋桨击中了他，他险些丧了命。螺旋桨打在他的头上，从肩膀处削断了他的右臂，他受了重伤。仅仅三个月后，他又在华尔街崩盘里失去了一切。1931年，为了抵偿债务，执法部门拍卖了他的飞机"底特律自豪号"，一个叫弗洛伊德·菲尼（Floyd M. Phinney）的人只用了区区700美元就买走了它。1969年，施林在"无助的贫困"中去世。布洛克也同样过得不好，于1932年死于癌症。

人们依然在进行着各种飞行计划。在英国，一位看起来没太大希望的62岁女士，勒文施泰因-韦特海姆王妃（Princess Lowenstein-Wertheim）挺身而出想要成为第一个向西飞越大西洋的人。她是梅克斯伯勒伯爵之女（the Earl of Mexborough），自小以安妮·萨维尔（Anne Savile）夫人的身份住在伦敦，以31岁的"大龄"跟德国的路德维希·卡尔王子（Prince Ludwig Karl）结婚。两年后丈夫去世，王妃用继承来的可观遗产热情地投入了航空事业。1912年，她成为第一位从空中横渡英吉利海峡的女性（仅作为乘客）。不久之后，她再次作为乘客，从埃及飞往法国。1927年，一个名叫莱斯利·汉密尔顿（Leslie Hamilton）的英俊机长表示愿意从东向西飞越大西洋，她出资赞助，并提出要一同前往。在他们一行三人中，中校弗雷德里克·明钦任副机长，在威尔特郡靠近索尔兹伯里的一处机场起飞。王妃头戴一顶时尚的帽子，身着豹猫皮大衣，就像要去海峡对面的法国萨瓦参加鸡尾酒会似的。在爱尔兰有人看见过这架飞机的踪迹，在他们飞越大西洋的半途上还有一艘船见过他们，但飞机未曾抵达美国，踪迹全无。

大约同一时间，威廉·赫斯特（William Randolph Hearst）持有的一架名叫"旧日荣耀号"（Old Glory）的飞机从缅因州老兰花海滩起飞（就是林德伯格最近开着"圣路易斯精神号"意外降落的那处海滩）前往罗马。"旧日荣耀号"的飞行员是劳埃德·贝尔托（Lloyd Bertaud），5月的时候，因查尔斯·莱文未能如约提供合同和保险，贝尔托曾对他申请了禁令。陪同的副驾驶员是詹姆斯·希尔（James Hill），还有凑热闹的乘客菲利普·佩恩（Philip Payne），他是《纽约每日镜报》的编辑。起飞后仅三个半小时他们就发出了原因不明的紧急求救信号。之后再也没有人见过他们。几个小时后，两名加拿大空军，上尉特伦斯·塔利（Terrence Tully）和中尉詹姆斯·梅德卡尔夫（James Medcalf）驾驶"约翰·卡林先生号"（Sir John Carling）飞机从纽芬兰起飞前往伦敦。同样，再也没有人听说过他们的消息。

23

电影的黄金时代
每周卖掉1亿张电影票

　　在著名作家门肯笔下，好莱坞是"一条文化的直肠"，可对大多数人而言，这是个魔力之地。1927年，竖立在洛杉矶山顶的标志性"好莱坞"招牌，原本叫作"好莱坞庄园"。1923年，一家地产开发商竖起它作为广告，跟电影全无关系。每个字母均有12米高，当时还点缀着电灯泡做花边。"庄园"二字是1949年去掉的。

　　1927年的洛杉矶是美国发展最快的城市，这一年，按人均标准衡量也是它最富裕的时候。包括比弗利山庄和圣莫尼卡等社区在内，大洛杉矶地区的人口达到了250万，在10年里翻了一番。其中有60%的幸运市民，其经济状况比美国其他地区的平均水平要高。主要是因为南加州最著名的行业——电影。

　　到1927年，好莱坞每年拍摄800部左右的剧情长片，占全世界总产量的80%，外加20 000部左右的短片。电影作为美国的第4大产业，从业人员比福特与通用汽车公司加起来还多，为美国经济贡献约7.5亿美元——是体育和现场娱乐行业加起来的4倍多。每个星期，20 000家电影院能卖出1亿张电影票。任何一天，都有约1/6的美国人在看电影。

说这样一种庞大而受欢迎的生意在苦苦挣扎似乎有点疯狂，但的确是这样。问题出在周转时间太快上，单独的一部电影赚不了太多钱。每周上映的影片会更换3部甚至4部，所以市场不断需要更多的产品。制片厂匆匆忙忙，每个星期最多要拍出4部电影来，这样的工作速度显然无法兼顾质量。有人向米高梅电影公司的负责人欧文·托尔伯格（Irving Thalberg）指出，在一部以巴黎为背景的电影里放入海滩场景不对头，因为巴黎明明没有海岸线。托尔伯格惊讶地看着那人："了解巴黎的人可不多，我们总不能为了迎合他们拍电影吧。"

就算观众对放映内容不挑三拣四，对影院环境却变得更加挑剔了。影院老板不断修建更大、更豪华的电影院，期望以高价哄骗更多的观众入场。大型剧院在1915年左右开始出现（顺便说一句，欧洲在打仗的时候，美国却在为电影发狂），但电影院的黄金时代却始于20世纪20年代。这一时期修建的电影院规模非常大，观众席达到2000个以上，奢华程度也超出以往。据说，人们去当时最豪华的洛伊影院只是为了享受设备齐全的洗手间。

建筑师自由而充满想象力地从一切曾经大兴土木的文化里借鉴灵感——模仿波斯式、摩尔式、巴洛克式、中美洲式、意大利文艺复兴时期和镀金时代的法国建筑。1922年图坦卡蒙国王墓出土后，埃及风特别流行。在芝加哥的蒂沃里影院，大理石的大堂据说跟凡尔赛的国王教堂一模一样，大概影院里到处充斥着爆米花味道的这一点要除外。

问题在于，光是电影无法填满这么多座位。影院老板们不得不提供额外的娱乐项目：音乐会、新闻纪录片、连续剧、滑稽剧，魔术或者其他新奇活动、舞蹈演出，以及一两轮名叫"电影院宾戈"的流行游戏。一些大影院每周光是支付给乐团的费用就高达2800美元。电影越来越成为影院里的次要娱乐项目了。

1927年，一个叫哈罗德·富兰克林（Harold E. Franklin）的电影人出版了一本书，书名很沉闷但传递了令人担忧的信息：《电影院运营管理》（*Motion Picture Theater Management*）精确客观地概述了电影放映行业严峻的经济状况。一家电影院的租金占了总收入的大约1/3，广告又吞掉了剩下的大约一半；乐团拿走了总收入的15%，现场艺人一般能挣到7%以上；再扣掉员工工资、水电费、维护费、房产税等所有固定成本，哪怕按最好的情况考虑，利润也只占了整体收入的一丁半点儿。

尽管修建巨型影院的经济风险极大，甚至可谓荒唐。业主们还是说服自己继续这么做下去。光是在1927年上半年，就有以下影院开张：洛杉矶的中国剧院（Chinese Theater），顾客们可在塔式的放映厅里看电影；芝加哥3600席的Norshore影院，内部装饰是昂贵的洛可可式样；纽约第86大街同样华丽闪亮的普罗克特剧院，有3100个座席；最珠光宝气、傲视群雄的是纽约第50大街和第七大道处的罗克西剧院。罗克西剧院在方方面面都举世无双，它可容纳6200

名观众，化妆间可容纳300名演员。配有118人的交响乐团，能为每一部电影提供音效伴奏（其本身也具备视觉体验性）。管风琴大得需要3人才能演奏插曲。14台施坦威钢琴随时候命。剧院的空气由地下室的巨大机器进行制冷并循环，饮水机提供冰水，这可绝对是新鲜玩意儿。罗克西剧院甚至吹嘘自己的"诊所"，宣传资料上骄傲地写道："如有必要，可进行大手术。"它的基础设施炫目得连《科学美国人》杂志都派出了记者采访撰写特稿。《纽约客》刊登了一幅漫画：罗克西剧院大厅里一个孩子充满敬畏地问她母亲："妈妈，上帝是住在这儿的吧？"

修建罗克西剧院据估计耗资700万到1000万美元。这些钱来自电影制片人赫伯特·卢宾（Herbert Robin），因为这个项目他破了产，但剧院的名称和愿景则来自塞缪尔·洛瑟菲尔（Samuel Lionel Rothafel）——"罗克西"就是他的别名。洛瑟菲尔是明尼苏达州人，出生在圣保罗以东32千米的斯蒂尔沃特，是鞋匠的儿子，起初本想从事职业棒球运动，却意外地通过一桩浪漫纠结转入了剧院管理。他很快因为擅长拯救陷入困境的业务运营脱颖而出。把电影展示和现场演出结合起来的概念就是洛瑟菲尔最先提出的。关于洛瑟菲尔最值得一提的地方是，他其实并不喜欢电影。他住在罗克西剧院5层高圆顶上的一间隐形公寓里。

罗克西剧院的开幕仪式极其隆重，连柯立芝总统和副总统查尔斯·道斯（Charles Dawes）都致电祝贺。不过，柯立芝以他一贯的奇怪表达方式赞扬了他捐赠给华盛顿沃尔特·里德医院的部分设备的制造商，只字未提罗克西剧院。

1927年夏天，《纽约客》在"城中闲话"栏目里提到，光是纽约的3家影院（派拉蒙、罗克西和国会剧院）每天就提供70 000个座席。一方面，电影院挣扎着维持观众量；另一方面，电影制作方面的事情进展也不太顺利。前一年的11月，画家、木匠、电工等手工业联合会发布了所谓的"电影制片厂基本协议"，制片厂做出了代价高昂的让步。制片人现在很担心受到演员和作家的共同压榨。考虑到这一点，1927年1月，电影行业的36名创意人员聚集在洛杉矶大使酒店共进晚宴，成立了一个类似行政俱乐部的组织来推广和保护制片厂。他们自认为此事极具重要性，便将这一组织称为"美国电影艺术与科学学院"，把电影从大众娱乐升级为更郑重的艺术、科学。5月的第二个星期，全世界正为失踪的飞行员南杰瑟和科利担心，在洛杉矶比特摩尔酒店召开的宴会上，学院正式成立。举办颁奖典礼的设想直到1929年学院成立两周年纪念晚宴时才提出来。

电影行业却突然遭遇了挫折。7月9日，美国联邦贸易委员会责令电影行业立刻停止所谓的"包场"制度，即电影院必须接受一家制片厂的全部或大部分作品，不能只选择自己喜欢的电影。多年来，好莱坞都是靠包场制度维持生存的。在包场制度下，院方为了得到两三部潜力影片，有可能被迫吞下多达50部可怕或平庸的电影。美国联邦贸易委员会的裁决让一切东西都陷入了不确定状态，把电影行业推到了极其古怪的位置：既辉煌成功，又摇摇欲坠。

必须来些激进举措才能把电影行业推回正轨。在洛杉矶，一家不起眼的名叫华纳兄弟的电影制片厂挺身而出，准备揽下历史的重任——它推出了一部名叫《爵士歌手》（*The Jazz Singer*）的全新有声电影。

无声电影正达到创造力与想象力的光辉顶点时，也恰好是它快要灭亡的日子，这真是充满了痛苦的讽刺。所以，一些最优秀的无声电影其实也是最后一批无声电影。纽约标准剧院（Criterion Theatre）8月12日上映的《铁翼雄风》（*Wings*）是最生动的体现，它是一部向林德伯格致敬的电影。

构思这部电影的是约翰·桑德斯（John Monk Saunders），这个来自明尼苏达州的聪明年轻人拿过罗德奖学金，文采飞扬，外表英俊，性格放荡且嗜酒。20世纪20年代初，桑德斯跟电影制片人杰西·拉斯基（Jesse Lasky）及其妻子贝茜（Bessie）相识，他们成为了朋友。桑德斯有着不同寻常的魅力，他说服拉斯基买下了自己写的有关第一次世界大战空战的半成品小说。拉斯基大感兴奋，以前所未有的高价39 000美元买断，并请桑德斯完成剧本。如果拉斯基知道桑德斯睡了自己妻子，大概不会这么大度了吧。

拉斯基看中的导演让人很意外，但富有灵感。30岁的威廉·威尔曼（William Wellman）没有参与大成本电影的经验，而《铁翼雄风》的拍摄预算达到200万美元，是派拉蒙公司规模最大的一项投资。当时，像恩斯特·刘别谦（Ernst Lubitsch）这样的顶级导演拍摄一部电影可拿到175 000美元的酬劳，威尔曼却领着区区250美元的周薪。但跟好莱坞其他导演比起来，他有一项巨大的优势：他是第一次世界大战的王牌飞行员，深知飞行的美妙与魅力，也了解空中作战有多混乱、多可怕。没有哪位电影导演具备这么大的技术优势。

威尔曼本身的生活已足够忙碌了。他出生在马萨诸塞州布鲁克莱恩的一个富裕家庭，高中辍学后做过职业冰球运动员，又到法国外籍军团当过志愿军人，是著名的拉斐特飞行小分队的队员。法国和美国都表彰过他的英勇战绩。战争结束后，他跟道格拉斯·费尔班克斯（Douglas Fairbanks）成为朋友，在高德温制片厂找了份演员的工作。威尔曼讨厌表演转行干了导演，他当上了所谓的"合同导演"，拍摄低预算的西部片和其他B级电影。他总是喜怒无常，频频遭到解雇。有一回被炒的原因是掌掴女演员。让他负责这样一部极具挑战性的史诗级大作，是个令人吃惊的选择。而更让所有人吃惊的是，他拍摄出了一部有史以来最有灵性、最动人、最惊险刺激的电影。

没有任何一幅画面看起来是假的，飞行员在现实中看到的情形是什么样，观众在屏幕上看到的情形就是什么样。飞机窗外出现的云朵和爆炸的飞行物是实时拍摄的真实物体。威尔曼把摄像机架在驾驶舱飞行员的身后，让观众感觉就像是坐在了飞行员身后。他还从机舱外往内拍摄，让观众能看到飞行员的表情特写。电影的两位男明星理查德·阿伦（Richard Arlen）和巴迪·罗杰斯（Buddy Rogers）要亲自出任摄影师，用遥控按钮激活摄像机。

摄制工作是在得克萨斯州的圣安东尼奥完成的。摄制场景规模庞大而复杂，整个战场都在得克萨斯平原上得到了仔细还原。在某些场景下，威尔曼安排了多达5000名群众演员和60架飞机——这是极为庞大的后勤团队。军方从密歇根州塞尔弗里奇机场派出了最优秀的飞行员，也就是跟林德伯格一起飞到渥太华的那些人。一些更危险的场面还使用了特技飞行员。威尔曼向飞行员们询问了许多细节问题。拍摄过程中一名飞行员丧生，另一名弄断了脖子，还有几人也都受了重伤。威尔曼亲自上场完成了若干危险的特技飞行。这一切让电影的空中场面极具真实感和现场感，许多人看后都觉得喘不过气来。威尔曼捕捉到了以前的电影从未表现过的飞行特点——飞机掠过地面时投下的阴影，从烟雾中飞过的感觉，炮弹沉甸甸地落下后爆炸带来的毁灭性硝烟。

就连地面场景也拍摄得贴切而富有独创性，这是《铁翼雄风》的一大特点。为引领观众进入巴黎夜总会，威尔曼使用了大半径转移拍摄：摄像机保持与桌面一样的高度在整个房间里运动，穿过饮料和狂欢的人群来到阿伦和罗杰斯的桌上。就算是现在，这也是相当引人入胜的拍摄手法，在1927年就更是新颖得出奇了。1971年，著名影评人佩内洛普·吉里亚特（Penelop Gilliatt）在《纽约客》上写道："《铁翼雄风》拍得真心漂亮。"1929年《铁翼雄风》被第一届奥斯卡金像奖评选为最佳影片，威尔曼却未曾受邀出席颁奖礼。

尽管有着让人目眩神迷的空中场面，有讲述英勇、友情和失败的动人故事，但许多去看《铁翼雄风》的人却并不是为了感受空战而是带着仰慕和向往去看迷人的女主角克拉拉·鲍（Clara Bow）的。

1927年时，年仅22岁的鲍却已经是好莱坞的资深演员了。她的出身背景再艰辛不过了，她生于布鲁克林湾脊社区的一个贫困家庭，她的母亲经常酗酒，情绪也总是处在危险的不稳定状态。小时候，鲍有一天在夜里醒来，发现母亲正拿着一把刀对准自己的喉咙。她的母亲最终还是在救济院里自杀身亡。

1923年，鲍来到好莱坞，在一场摄影比赛里胜出，迅速成了明星。与她共事的人都很喜欢她，她拼命工作，经常每天工作15个小时，这个片场收工就赶去下一个片场。光是1925年她就拍了15部电影，1925—1929年她总共拍了35部电影。她还曾同时在3部电影里担纲。身为演员（毫无疑问，平时为人也一样）的才华在于能传达一连串的情感，一眨眼工夫她就能从天真无邪切换到妖娆妩媚，然后还能再切换回去。"就算她不动脚也能跳舞。"制片显贵阿道夫·朱克曾这样形容她，"她身上总有一部分在运动，哪怕只是大眼睛在顾盼也能生姿。正是这种天生的磁性、动物一般的活力，让她到任何一家公司都能成为焦点。"

可鲍的个人生活不太成功，放荡得叫人眼花缭乱。据威尔曼说，在《铁翼雄风》拍摄期间，鲍跟巴迪·罗杰斯、理查德·阿伦、一名特技飞行员、两名普通飞行员和一个"气喘吁吁的作家"都有染。20世纪20年代有一段时间，她4年里跟5个人订了婚。同一时期，她还和其他许多人有瓜葛。罗杰·卡恩（Roger Kahn）记述，有一次她的男朋友回家，发现浴室里藏着人。"快点出来，我要打碎你的狗牙！"男友大叫。门开了，走出来的是面红耳赤的杰克·登普西。1927年夏天的大部分时候，鲍像条湿毛巾一般紧紧缠着加里·库珀（Gary Cooper），他们俩是在《铁翼雄风》摄制组里相识的，库珀扮演一个倒霉飞行员的小角色。

鲍最初的花名叫作"布鲁克林焰火"，之后改为"电影里最热辣的爵士妞儿"。但在1927年，她永远成了"《它》里的姑娘"。《它》（*It*）原本是红发的英国小说家埃莉诺·格林（Elinor Glyn）

所写的一篇文章，后来扩充为小说。格林以撰写活色生香的浪漫爱情故事出名，主人公爱做各种风流之事（"她像波浪一般在他身上起起伏伏，像蛇似的缠绕着他"），鲍自己也曾是前印度总督寇松勋爵多年的情妇。"它，"格林解释说，"是极少数人具有的一种才能，一种生命的磁力，能吸引所有的人。有了它，如果你是女人，你能赢得所有男人；如果你是男人，便能赢得所有女人。"一个记者请格林说说哪些名人拥有"它"，格林举了鲁道夫·瓦伦蒂诺（Rudolph Valentino）、约翰·吉尔伯特（John Gilbert）[1]和野马之王雷克斯（Rex the Wonder Horse，一匹当时经常出现在电影里的马）为例。后来，她又补充了名单，把洛杉矶大使酒店的门卫囊括了进去。

小说《它》里有两个主要角色，艾娃和拉里，两人血脉里都涌动着"它"。他们两人用"火辣辣的眼睛""狂热的目光"凝视着彼此，而后一起"激情跃动"。多萝西·帕克在《纽约客》上概述了书的内容："两人像蒸汽快艇一般跃动了差不多300页。"

电影却完全不同。虽然大银幕上向格林致谢，但电影故事跟她写的东西毫无关系。格林所做的一切贡献留在电影里的就是"它"这个名字。鲍扮演了影片中的贝蒂·卢（Betty Lou）一角，这是个活泼善良的百货公司销售员，打定主意要把公司帅气的老板赛勒斯·沃尔瑟姆（Cyrus Waltham）拿下来。

这部电影成为1927年的大热门。之后又凭借《铁翼雄风》，鲍

1　默片时代好莱坞最受欢迎的风流人物，当时片酬最高的男明星之一。

成为好莱坞最顶尖的女明星。她每个星期收到4万封信件——比一个中等城镇里的人都多。1927年夏天，她的职业生涯似乎还有无限前景，但其实马上就要走到末路了。不管她多迷人，多脱俗，可她的布鲁克林口音却像是用指甲在黑板上划过那么尖利刺耳，在有声电影的新世纪，这可行不通。

自19世纪90年代，电影和录音就已分别问世了。但人们用了相当长的时间才想出怎样把两者结合起来。问题出在两个方面，首先是声音投射的问题。那时候不存在任何技术能在挤满了观众的礼堂（尤其是20世纪20年代巨穴似的全新空间）里播放清晰、发音自然的讲话。音画同步也是同样顽固的挑战。人们怎么也没办法设计出一台让声音与画面中嘴唇的运动准确匹配起来的机器。从实际情况来看，让一个人飞越大西洋比在电影里捕捉到他的声音要容易。

如果有声电影有父亲的话，那一定非李·德福雷斯特（Lee De Forest）莫属，他是个很有才华但情绪多变的人，发明了各种电器设备，拥有216项专利。1907年，在寻找方法提高电话信号的过程中，德福雷斯特发明了一种叫作真空三极管的东西。德福雷斯特的专利申请上将之描述为"一种放大微弱电流的系统"，它将在广播电台以及其他涉及声音传送的技术发展中扮演关键角色，但后面对它的真正开发来自其他人。很遗憾，德福雷斯特总是为业务问题分心，他创办的几家公司都破产了。还有两次，他受了出资人的欺诈，要不断地上法庭为了金钱或专利而与人争执。出于这些原因，他未能继续推进自己的发明。

同时，其他满怀希望的发明家展示了各种声音和图像系统，但它们真正原创的地方只有名字而已——"影院风"（Cinematophone）、"摄像机风"（Cameraphone）和同步示波器（Synchroscope）。所有这些东西产生的声音都很微弱、浑浊，或是需要放映员把握几乎达不到的完美时机。让投影仪和音响系统完美地同步运行基本毫无可能。活动影像是用手摇摄影机拍摄的，速度上略有变异，任何声音系统都无法自动调整。为了修补破损的胶片，放映员大多需要剪掉若干帧，把剩下的胶片重新粘起来，这显然也会把录音给剪掉。即使胶片完美，投影机有时也会跳帧或短暂地卡顿。所有这些事情都让音画同步变得异常困难。

德福雷斯特想出了把声音直接录入胶片的办法。这就意味着，不管胶卷发生什么变化，声音和画面总是完全一致的。他在美国没找到出资者，就在20世纪20年代初搬到了柏林，开发出一套"有声电影胶片"（Phonofilm）。1921年，德福雷斯特摄制了自己的第一部有声胶片电影。1923年，他回到美国公开展示。他拍摄了柯立芝总统发表讲话、著名喜剧演员埃迪·坎特（Eddie Cantor）唱歌、作家萧伯纳发表长篇大论、演员德伍尔夫·霍珀（DeWolf Hopper）朗诵诗歌《强棒凯西》（*Casey at the Bat*）的场景。按任何标准看，这都是第一批有声电影，可没有一家好莱坞制片厂愿意投资。音质仍然不理想，录音系统无法很好地展现多种声音，任何有意义戏剧场面必然包括的运动类型也无法呈现。

德福雷斯特这时候无法利用自己的真空三极管，因为专利在AT&T下属西电公司（Western Electric）的手里，公司正利用真空三极管开发公共广播系统，向人群播放讲演或向棒球场等地的球迷发布公告等。但在20世纪20年代，公司里某个已遭历史遗忘的工程师想起真空三极管同样可以用在影院里投射声音。结果，1925年华纳兄弟从西电公司手里采购了该系统，并称之为"维他风"（Vitaphone）。到《爵士歌手》上映时，它已经多次用在戏剧表演场合了。事实上，1927年3月罗克西剧院开业时，就曾用维他风播放过乔瓦尼·马蒂内利（Giocanni Martinelli）演唱《卡门》的片段。"他的声音从银幕上迸发出来，跟他嘴唇的动作完全同步。"《时代周刊》评论员莫道特·霍尔（Mordaunt Hall）惊叹道，"它的声音回响在整个大剧院，就好像他本人站在舞台上似的。"

尽管有霍尔的热烈好评，维他风技术实际上已经过时了。维他风的声音要像唱片专辑那样预先录制在磁盘上，一台电机要同时带动投影机和留声机，只要磁盘和胶片都定位正确，完全从同一刻开始播放，两者就能保持同步。但这件事做起来可比说难度大得多。这套系统的最大优势在于能提供丰富、响亮的声音，充斥最大的礼堂，而这也是观众们觉得神奇的地方。

维他风很快就被更优秀的声音系统取代了，而它们全都以德福雷斯特最初的概念（把声音直接录入胶片）为基础。如果德福雷斯特能更专注些，他去世时一定会富裕得多。

总而言之，《爵士歌手》绝不是第一部有声片。它甚至不是第一部说话的电影——但对崇拜它的观众而言，这只是一个美好的遗憾。在大多数人看来，《爵士歌手》把有声电影付诸了现实。

《爵士歌手》本来是塞缪尔·拉斐尔森（Samuel Raphaelson）

的一部百老汇戏剧，原名为《赎罪日》（*The Day of Atonement*）。华纳兄弟公司决定把它制作成自己的第一部有声电影作品，他们请来了当时演艺圈最大腕的明星阿尔·乔尔森来热心参与。

1885—1886年（乔尔森自己一直没弄清楚到底是哪一年），乔尔森出生在立陶宛，本名艾萨·约尔森，是一位犹太拉比的儿子，4岁时跟随家人搬来美国。9岁时，他离家出走四处打零工，还在马戏团工作过。最终，他在巴尔的摩一家酒吧工作时，被青少年管理局的人发现后送到了圣玛丽工业男校，也就是10年后贝比·鲁斯视之为家的那所学校。和鲁斯不同，乔尔森在这儿没待太久。

乔尔森不是个可爱的家伙。在他看来，好玩的事情就是朝别人身上撒尿，这在一定程度上解释了为什么他有4个妻子，但没有一个朋友。他拥有美妙的嗓音，外加精湛的舞台表现力，成了美国最受欢迎的歌手。华纳兄弟公司知道，请到他实属走运。

经常有人撰文说，在《爵士歌手》拍摄前华纳兄弟公司十分潦倒，需要阿尔·乔尔森借钱给公司支付音响设备的费用，但真实情况并不是这么回事。

华纳兄弟的确是一家小制片厂，但经营得并不凋敝。事实上，在1927年，它旗下拥有好莱坞仅次于克拉拉·鲍的大明星——表演狗任丁丁（Rin Tin Tin）。这只备受人们喜爱的德国牧羊犬出演了一部又一部成功的电影，光是1927年就有4部，并在民意调查中被评为美国最受欢迎的表演艺术家。按苏珊·奥尔琳（Susan Orlean）为这只狗所作的传记记述，任丁丁还曾入围了奥斯卡最佳演员，直到电影学院反思了一下到底什么是人类明星的天赋，才坚持将奖颁给了一个人，即埃米尔·杰宁斯（Emil Jannings）。

这一切最具讽刺的地方是，任丁丁似乎不是一只狗，而是许多只。1965年，杰克·华纳向一名记者承认，他的制片厂因为害怕失去真正的任丁丁，所以养了18只外表相似的狗，在拍摄电影时随意替换。许多跟任丁丁共事过的人也说，这只狗的真身是他们见过的脾气最为暴躁的动物。不管任丁丁到底是一只狗还是许多只，华纳兄弟靠着专营权赚了不少钱。

不过，《爵士歌手》仍然是一场相当大的赌博。它的摄制费为50万美元，而且在拍摄期间，全世界仅有两家电影院可以播放它。对乔尔森本人来说这也是一场赌博：他赌上了所有的明星气质。此前，他从未在镜头前表演过，这还不是关键，重要的是他没有出演无声电影的天赋，但现在，他着实光彩照人。

《爵士歌手》拍摄了4个月。影片的声音部分只用了短短两个星期就全部完工（8月17日至30日），用时这么少是因为要录音的内容并不多。这部电影一共只有354句台词，几乎全都是乔尔森说的。可以这么说，电影的对话不怎么精致。举个例子："妈妈，亲爱的，如果我的这次演出成功了，我们就从这里搬出去。哦，是的，我们会搬到布朗克斯去。那儿有许多漂亮的绿色草地，还有很多你认识的人。有金斯伯格、古滕伯格，还有戈德伯格。哎哟，一大堆的伯格，我不见得全都认识。"乔尔森的话到底是他自己临场想出来的，还是按照剧本说的，各方记录不同。

乔尔森在洛杉矶录制对白期间，在萨克拉门托以北644千米，巴斯特·基顿（Buster Keaton）正在拍摄默片历史上最令人难忘、最完美也最危险的喜剧场面。这是《小比尔号汽船》（*Steamboat Bill, Jr.*）里的一幕：一栋房子正面的墙砸向基顿，但他活了下来，因为他站在一扇打开的窗户处。为了让场面最大限度地惊心动魄（的确如此），窗口仅比基顿左右各宽5厘米。只要墙稍微扭曲或变形，或是冲击落点出现小小的计算错误，基顿就没命了。默片演员为了表现好笑的场面，经常心甘情愿地拿性命冒险。有声电影却无须如此。

《小比尔号汽船》是基顿最优秀的电影之一，但票房却很失败。它问世的时候人们已经放弃无声电影了。拍摄《小比尔号汽船》的时候基顿的年收入超过20万美元，到1934年时，他已倾家荡产。

有声电影是好莱坞的救赎，代价也很客观——明星和制片人陷入焦虑，制片厂和电影院需要为新设备买单，上千名为默片伴奏的乐手丢了饭碗。电影行业一开始最担心的是有声电影只是昙花一现的风潮。考虑到转入有声电影所需要花费的设备投资，这种可能性的确让人不安。全美每一家想要上映有声电影的电影院都需要投资10 000~25 000美元采购新设备。对制片厂而言，设备齐全的舞台音响至少要耗资50万美元：这还是建立在有声电影很快会供不应求、制片厂已经拥有必备录音设备的前提下。一位绝望的制片人因为弄不到足够的录音设备，曾经认真考虑过以下做法：在加利福尼亚州照常拍摄影片，再通过电话线用位于新泽西的设备来录音。幸运的是，他总算找到了一些音响设备，不用落到最后才发现远距离录音方案行不通的下场如果该计划付诸实践，几乎必然如此。

有了齐全的设备，制片厂又频频发现他们必须要寻找更安静的新地点，并且在这些地点创造更更安静的工作环境。"在拍摄一个场景的时候，木匠不得敲敲打打，场景画家也不得哼哼小曲。"一名旁观者认真解释道。送货车不能按喇叭，不能狠踩发动机，不能关门，哪怕是拼命压抑的喷嚏声也会破坏现场。起初，很多电影都是在深夜的死寂中拍摄的，只有这样才能把嘈杂的背景噪声控制在最低限度。

另一项重大冲击是失去了海外市场。好莱坞有1/3的收入来自海外。一部无声电影要销往海外，只需要用当地语言配上新的片名就行了，可因为配音和字幕尚未出现，有声电影只能卖到跟电影所用语言一致的地方去。解决办法之一是一部电影拍摄不同的版本，使用若干组（最多可达10组）操持不同语言的演员一版又一版地分别拍摄。

所有这些问题当然都将被克服，有声电影会迅速获得超乎任何人想象的成功。到1930年，美国的几乎每一家电影院都是有声的了。电影观众从1927年的6000人万跃升至1930年的1.1亿人。华纳兄弟的身家从1600万美元飙升到了2亿美元。它持有或控制的影院数量就从1家暴涨到了700家。

有声电影最初叫作"说话电影"，有时也叫"对话电影"。有一段时间，有声电影的构成元素到底包括什么还有些不太确定。最终，人们达成了共识。如果一部电影包括录制的音乐，但没有对话，叫作"配乐"；如果电影还有一些额外的声音效果，叫作"配音效"；如果电影包括了任何录音对话，那就是有声电影了；如果这是一部得体的电影，提供全方位的对话和声音，就叫作"全有声电影"。第一部真正的全有声电影是1928年的《纽约之光》（*The*

Light of New York），但声音效果不尽理想，但仍然配了字幕。

1927年夏天，《综艺》（*Variety*）杂志指出，好莱坞约有400名外国人在演员和其他创作岗位上工作，电影的主角有一半都是外国出生的演员。只要观众听不见口音，许多来自德国和中欧的演员都成了大明星，如波拉·尼格丽（Pola Negri）、维尔马·班基（Vilma Banky）、利亚·德·普提（Lya De Putti）、埃米尔·杰宁斯（Emil Jannings）、约瑟夫·席尔德克劳特（Joseph Schildkraut）、康拉德·维德（Conrad Veidt）等。环球和派拉蒙两家制片厂都以德国明星和导演为主。有人半开玩笑地说，环球公司的官方语言是德语。

少数欧洲演员，如彼得·洛尔、玛琳·黛德丽、葛丽泰·嘉宝适应了有声电影的新规则，发展势头很好，但大部分带外国口音的演员都找不到工作。第一届奥斯卡表演奖得主杰宁斯回到了欧洲，二战期间为纳粹制作宣传影片。幕后的欧洲电影人仍然春风得意，但在银幕上，电影彻彻底底成了美国人的天下。

尽管美国本土对这一转型的影响并未过多留意，但放眼全球意义深远。世界各地的电影观众突然发现，自己（大多也是第一次）暴露在了美式腔调、美式词汇、美式韵律、发音和文字面前。西班牙的征服者、伊丽莎白女王的臣子、《圣经》里的人物全都说着美式英语——不仅仅是偶然为之，而是一部又一部的电影里全都如此。这种情形（尤其是对年轻人）造成的心理阴影再怎么夸张也不为过。伴随着美式语言、美式思维、美式态度、美式幽默感和情感——到来，美国在近乎偶然、近乎无人意识到的情况下和平地接管了全球。

24

骗局和"冤案"的蝴蝶效应

庞氏骗局

罗伯特·埃利奥特（Robert G. Elliott）本性并不是一个嗜杀的人，但事实证明他相当精于此道。毫无疑问，此事连他自己都大感意外。他有一头精心修饰的银发，手持烟斗，一副深思熟虑的博学模样，若是换了其他环境，人们恐怕会以为他是大学教授呢。他当然有当教授的脑袋，不过，在1926年，时年53岁的他成了美国最顶尖的刽子手。

埃利奥特生长在纽约州北部的一个富裕家庭，家里有座大农场。他在布鲁克波特师范学校（现布鲁克波特纽约州立大学）学习数学和物理，但他年轻时钟情的是电学，决意要当一名电气工程师。19世纪末期，电力传输是一项激动人心的新技术。埃利奥特受雇在纽约和新英格兰地区架设市政照明设备时，突然琢磨起了用电椅处死罪犯的挑战。这当然也是一种新生事物，但进展不怎么顺利。

表面上看，电刑是一种人道的快速处死犯人的方法，但在实践中它并不优雅，也不够直截了当。如果电压太低适用时间不够长，犯人一般只是晕过去却死不了，会成为一具虚弱的、喘息着的躯体。如果施加更强烈的电流，结果又往往过分让人不快，血管有时候会爆开。有一回特别可怕，犯人的眼球炸裂了。至少有一次，受刑人是活活被烤死的。烤肉的味道"让人无法忍受"，一位在场者回忆说。很显然，电刑处死是一门科学，如果想让它执行有效、相对人道，必须进行严肃、专业的管理。这就是罗伯特·埃利奥特的切入点。

受纽约州征召埃利奥特成了行刑顾问，他阅读了到目前为止所有失败、痛苦的处刑资料，他意识到成功行刑的奥妙是，在整个过程中不断谨慎地调整电力，就像麻醉师为手术病人控制麻醉剂那样。这样一来，就可以用一个相对平和的渐进方式让犯人先失去知觉，再处死他。

1926年1月，他执行了两次电刑，证明了自己精通此道。很快，东部各州都开始聘请他，这并不是说埃利奥特在杀人过程中发现了满足感（完全相反），而是说他多多少少算是掌握了一种温柔地处决犯人的能力。到1927年，他的处决速度大约是每个月3人，每次150美元，是纽约及新英格兰地区唯一的官方刽子手。

由于缺乏专业设备，埃利奥特只好自己动手。每名犯人在被执行死刑时都会戴上一顶头盔，是他从体育用品商店买来的皮革橄榄球头盔改装的。

以下画面想起来很惊悚，但也很准确：萨科和万泽蒂在迎接死亡时，打扮得像个橄榄球运动员。

尽管有许多文艺工作者抗议萨科和万泽蒂遭到了不公正的审判，对他们的不公命运由衷表示哀叹，但证据表明大多数美国人认为这两人很可能有罪，剩下的人则根本不在乎。据作家弗朗西斯·拉塞尔（Francis Russell）的说法，到1926年，大部分人都记不清萨科和万泽蒂到底是活着还是已经被处死了。新闻记者海伍德·布鲁恩很肯定地说，普通人"对此事毫不关心"。他绝望地说，他的《世界报》（*The World*）报道斯奈德-格雷谋杀案的篇幅比萨科—万泽蒂案要多得多。甚至连支持萨科和万泽蒂的人也不见得对其怀有多大同情心。凯瑟琳·波特曾在一次抗议活动中大感震惊，她向罗莎·巴伦（Rosa Baron）表示，希望政府能赦免萨科和万泽蒂。巴伦厉声回应："让他们活着？为什么？他们活着对我们有什么用处？"有些出人意料的是，在1927年夏天，萨科和万泽蒂并不是查尔斯顿监狱里最出名的犯人。这份殊荣属于另一位移民，他的名字虽然已逐渐从报端消失，但讽刺的是，自此以后的几十年他的名号比萨科和万泽蒂的响亮得多，这人就是查尔斯·庞兹（Charles Ponzi）。8年前他设计了一种骗局说是可让人迅速致富，吸引了全世界的关注。这类骗局也继承了他的名字。

庞兹是个矮小精悍的家伙，身高不到1.52米。1903年时他21岁，从意大利帕尔马来到美国，他做过各种工作，打杂小弟、办公室文员，甚至蔬菜批发商。但1919年，他住在波士顿时想出了一种本身完全合法的方案，即用国际邮政票据套利赚钱。这些票据的作用本来是为了帮助个人或企业收发海外邮件和包裹。这套制度的目的是要促进各国之间的小规模交流。庞兹意识到他可以在欧洲货币贬值期间购买邮政票据，然后在币值坚挺的美国将之兑现。每投资一美元，他最多能赚到3.5美元。

1919年秋天庞兹推出了自己的项目，他向投资者许诺90天的投资回报率可达50%。到第二年春天，也就是帕门特和贝拉德里在南布伦特里被枪杀，萨科和万泽蒂在布罗克顿被捕的同一时期，热切的客户简直要把庞兹淹没。在庞兹位于波士顿北端的办事处外面，每天都聚集着好几千人，想把钱塞给他管理。这些钱大多是客户一辈子的积蓄。因为流入的钱太多庞兹无法迅速将之存入银行，他把钱塞进鞋盒和抽屉。第二年4月，他到手了12万美元，5月时有44万美元，6月时则有250万美元，7月更是达到了600万美元，大部分都是小面额的钞票。

庞兹这套体系存在的问题是，单张的邮政票据只值很少的钱，一般仅为5美分。因此，为获得合理的回报必须交换海量的票据。庞兹连试都没去试过。用新投资者的钱去偿还初期投资者的利息要简单得多，只要资金不断流入这套方案就运转良好，但就算你不是金融天才也看得出一切不可能无限持续。可惜庞兹自己却真心相信。他在新英格兰各地开设了更多办事处，吸收更多资金，还发起了一轮雄心勃勃的扩张和多元化项目。在倒台的时候，他正跟人谈判购买轮船航线、银行和连锁电影院——他沉迷在一个甜美的妄想念头里，即自己是个合法经营的商业巨头，就跟约翰·洛克菲勒一样。值得指出，庞兹本人并没有从这巧妙的操作里受益太多。他用投资者的钱买了一套漂亮的房子和一辆新车，除此之外他最大的一笔支出就是向孤儿院捐款10万美元了。

有新闻记者跑去邮局的票据部门打听怎么应付这样庞大的业务量，邮局方面回答说，压根没有业务狂潮，庞兹的宏伟骗局就此穿帮。原来，庞兹只兑现了价值30美元的邮政票据，其余全是拆东墙补西墙的方法偿付。据估计，庞兹总共捅出了一个价值1000万美元（约合如今的1亿美元）的大娄子，大约有4万人把钱投给了他。

从开始到结束，庞兹的骗局仅持续了短短8个月。庞兹的罪名成立，被送往联邦监狱关押了3年半。出狱后因为面临着马萨诸塞州的额外指控，他便弃保潜逃到了佛罗里达州。佛罗里达州正处在那场著名的房地产热潮中，庞兹自然把持不住，又设计了一套虚假的房地产计划，并几近成功。他提供的土地是真实的，只可惜没告诉投资者这些土地全都在深深的海底。1927年夏天，他又进了监狱，被关在查尔斯顿等待驱逐。

如果说大多数美国人对萨科和万泽蒂的命运无动于衷，那么少数藏在黑影里的人可不是这样。8月5日，纽约的两座地铁站、费城的一座教堂、巴尔的摩市市长的家，被炸弹轰隆隆地炸上了天。地铁爆炸案中有一人死亡，数人受伤。巴尔的摩爆炸案让很多人感到困惑，因为萨科和万泽蒂跟该地区没有任何关系，市长威廉·布罗宁（William Broening）也从未对案件发表过任何看法。

一如既往，警方对投弹人的去向毫无线索。有一段时间，纽约爆炸案的主要犯罪嫌疑人是个牙医助理，警察曾发现他态度可疑地窥视纽约圣保罗大教堂，便对其进行了搜查，在他身上找到了一本无政府主义的宣传小册子。于是他被逮捕了，关押期间不得保释。

除此之外人们对他的命运就一无所知了。检方并未对他提起与爆炸案相关的控诉，也没有其他任何人为此受控。

萨科与万泽蒂的死刑定于8月10日执行，即柯立芝总统到拉什莫尔山参加奠基仪式的那天晚上。监狱外面，愤怒的群众聚集在街道上，骑警紧张地维持着秩序。"空气里似乎都带着电。"罗伯特·埃利奥特在傍晚抵达时注意到了这点。顺着监狱围墙摆放着一排机枪，似乎射击手已得授权，如果场面失控就可以向人群开火。监狱里面，萨科、万泽蒂和另一名受控的囚犯塞莱斯蒂诺·马德罗斯（也即自认参与了南方布伦特里鞋厂抢劫案，1925年却被塞耶法官驳回的那个年轻人）正吃着最后的晚餐，做最后一次祷告。马德罗斯受刑与萨科—万泽蒂案完全无关，他参与了多桩犯罪，现在是因为在另一桩抢劫案中杀死了一名银行职员要被处死。

晚上大约11点行刑见证人到场，埃利奥特准备好了自己的装置，但在预计行刑的36分钟之前富勒州长的缓刑令传来，他批准了辩护律师团（基本上只有弗雷德·穆尔一名律师）的申请，将处决推迟12天，让法院重审或检视新证据。马德罗斯虽然与此没有关系，但为了方便也一道推迟了。

更多炸弹炸开了花。8月16日半夜，马萨诸塞州东米尔顿一名陪审员的家被炸，好在无人伤亡。在美国另一端的萨克拉门托，炸弹把一家电影院的屋顶掀翻。为什么是在萨克拉门托，为什么是电影院，当局无法回答。

弗雷德·穆尔再也无法找到救助萨科和万泽蒂的人。最高法院大法官路易斯·布兰代斯（Louis D. Brandeis）本来是可行性最大的人选，但因为"跟利益相关人存在私交"被迫回避。大法官的妻子同情萨科的妻子，与其结下了友谊。审判长威廉·塔夫脱（William Howard Taft）不愿从加拿大的避暑山庄回来做裁决。审判员哈兰·斯通（Harlan Fiske Stone）同样不愿意从缅因州海边的小屋回内陆。

8月22日晚，萨科的妻子和万泽蒂的妹妹前往州议会大厦向州长富勒请愿。富勒跟两位女士谈了一个半小时，但不愿改变自己的立场。"我的职责受法律所限，"他伤心地说，"我很抱歉。"按法律规定，处决将在当天午夜执行。

人群再一次聚集起来，尽管这一次规模明显小得多，气氛也轻松得多。熟悉的步骤重复一遍，见证人重新召集起来，埃利奥特摆开刑具。人们看着钟表一秒一秒地嘀嗒前行，最后的时刻到了。在半昏迷状态中，马德罗斯被选中第一个进入行刑室。很奇怪，他竟然是因为吃得太多而陷入半昏迷的查尔斯顿监狱郑重履行了一贯的传统，死囚最后一餐想吃什么都满足其要求，马德罗斯显然太放纵了。埃利奥特轻快地忙碌起来。12时2分，马德罗斯被绑上电椅，7分钟后宣告死亡。

萨科是第二个。他拒绝了最后祷告，不用他人搀扶从自己的牢房走了17步进了行刑室，但他脸色明显发白。被架到椅子上时，他用意大利语叫道："无政府主义万岁！"接着又用英语说："永别了，我的妻子和独子，我所有的朋友们！"萨科其实生了两个孩子，这个口误是因为太紧张所致。

这时出现了不幸的拖延：萨科要戴的蒙头布找不到了。埃利奥特和其他官员到处寻找，萨科则继续跟亲友们喋喋不休地紧张道别。后来，人们发现头罩被压在走廊上担架里马德罗斯的尸体下面，匆匆拿了出来，检查一番后套上了萨科的脑袋。

"晚上好，先生们。"萨科声音里带着微微的颤抖。最后，他平静地说道："永别了，妈妈。"电椅的开关推了上去。12时19分2秒，他被宣告死亡。

最后上电椅的万泽蒂也拒绝了最后祷告。他充满尊严镇定自若地从囚室走了21步到行刑室，比萨科多4步。他跟警卫握了握手，之后转向典狱长威廉·亨德利（William Hendry），也跟他握了下手。"我感谢你为我所做的一切，典狱长。"万泽蒂说。亨德利太过震惊，没有作答。接着，万泽蒂转向见证人，用清晰而流利的英语说："我想告诉你们，我是无辜的，我从未犯过任何罪行，虽然在上帝眼里我也是罪人。我感谢你们为我所做的一切。我是清白的，我没有犯过这桩罪，也没有犯过其他任何罪。我是无辜的。"他想了一会儿，又补充说："但愿我能原谅那些对我做如此之事的人。"他镇定地坐上椅子，平静地被绑起来戴上头罩。片刻之后，开关合上了。"房间里一片沉默，只有电火花在噼啪溅射。"1940年，埃利奥特在回忆录《死神代言人》（*Agent of Death*）中说。12点26分55秒，万泽蒂被宣告死亡，只比萨科晚8分钟。

美国人对此桩处决的反应惊人地沉寂。按《纽约时报》的说法，纽约的人群在"凄厉的沉默"中接受了事实。在波士顿，一切平和得怪异。人们等来官方的确认，之后在夜里静静地散去。对大多数人而言，再抗议也毫无意义了。军队和警察也离去了。到第二天，城市生活恢复了正常。

在其他地方，反响则全然不同。抗议活动席卷全球：布宜诺斯艾利斯、墨西哥城、悉尼、柏林、汉堡、日内瓦、莱比锡和哥本哈根。许多示威活动演变成了暴力冲突，德国有9人丧生。在伦敦的海德公园，抗议者和警察发生了冲突，有40人受伤，有些则需要住院治疗。在哈瓦那，美国大使馆被炸。在日内瓦，骚乱者袭击了联合国大厦，还砸破了商铺和酒店的窗户，混乱中有人开了枪，致使一名男子死亡。纽约市市长吉米·沃克正在欧洲进行友好访问，却在柏林遭到暴力威胁。有好长一段时间，美国人在任何地方都没有安宁可言。

法国人特别慷慨激昂。没多久前才欢乐地成群结队迎接了林德伯格、伯德、钱伯林和莱文的巴黎人如今又涌上街道暴打美国人。如果找不到美国人，骚乱者就作弄那些有钱的本国人。许多路边咖啡馆的顾客都遭到了殴打，有些时候，仅仅因为长了一副资产阶级的样子就被野蛮地殴打。在顾客与暴徒的激战当中，好些咖啡馆被砸得稀烂。在城市的其他地方，到处乱窜的暴徒盯上了一切包含美国主题的东西——上映美国影片的电影院、美国酒店、销售美国商品的店铺。据《泰晤士报》记者报道，不知什么原因，暴徒对美国鞋店尤其看不顺眼。让很多人厌恶的是，骚乱者还亵渎了无名烈士墓。为恢复秩序，近200名警察受伤，还有人被刺伤。

《时代周刊》趁机在人类学偏见里小小放纵了一番。"在南美，"它说，"巴拉圭和阿根廷的居民情绪不稳又懒惰，很容易说服他们停止一切工作……瑞士激进派暴力得近乎滑稽，英国人含糊，德国人蠢，法国人歇斯底里地好动粗。"

处决当天，柯立芝总统一家搭乘火车西行前往怀俄明州和黄石国家公园，他们欣赏了好几天风景，观看间歇泉，被路边做出乞求样子的熊逗乐。当时公园管理方也有意鼓励熊这么做，总统还努力抽出时间钓了会儿鱼。他对处决萨科和万泽蒂一事以及其他所有公务事，都没有发表任何意见。

萨科和万泽蒂真的无辜吗？事隔数十年后已经不可能做出任何确定的论断，但有理由认为，两人或许并不像他们表现出来的那么无辜。首先，他们跟臭名昭著的投弹手卡罗·维尔迪诺切关系亲密。他们还自称是最残暴无情的反美激进分子鲁奇·加里尼（Luigi Galleani）的追随者。加里尼是个虚张声势的人物，他因激进活动被关押在意大利，后逃狱。据说是勾引了典狱长的妻子。最终来到美国。刚在美国扎下根就立刻开始呼吁暴力推翻政府。加里尼出版了一份名叫《颠覆者纪事》（Cronaca Sovversiva）的激进杂志，拥有一小群忠实的读者，大约有四五千人。巴特·万泽蒂是定期撰稿人。这一时期大部分甚至全部的著名爆炸案件，据信幕后之手均为加里尼的信徒。盛传万泽蒂就是炸弹制造者之一，但不一定负责投弹。历史学家保罗·阿维里奇（Paul Avirch）指出，万泽蒂"可能参与了"俄亥俄州扬斯敦爆炸案（这场爆炸炸死了10名警察），并肯定是要为此事负责的人之一。

很多积极关注此案的人也都或迟或早地得出结论，认为萨科和万泽蒂肯定犯了事。小说家厄普顿·辛克莱起初完全同情两人，后来逐渐相信这两人最起码参与了制作炸弹。凯瑟琳·波特跟无政府主义运动的内部知情人士进行长谈后也得出了类似结论。根据若干记述，萨科和万泽蒂的律师弗雷德·穆尔相信萨科在布伦特里劫杀案中有罪，万泽蒂可能也有罪。同是意大利无政府主义者的卡洛·特雷斯卡（Carlo Tresca）跟萨科和万泽蒂都很熟，同样认同律师的观点。弗朗西斯·拉塞尔写了两本关于此案的书，长久以来都认为他们是清白的（"这两个人，不管是从本性还是习惯上看，都不是罪犯那种人"），但最终，他得出的结论是：两人有罪。1977年，哈佛大学校长阿伯特·洛厄尔的私人文件解密，文件内容表明，他同样希望还两人清白，但证据说服他相信两人有罪。冷静地考察庭审记录，可以看出：两次审判的陪审员并没有明显的偏袒，此外，不管法官塞耶在法庭之外有什么样的信念，他仍主持了公正的审判。

纽约市立大学教授、已故的历史学家保罗·阿维里奇在萨科和万泽蒂案（以及两人置身的险恶世界）上投入了比任何人都更多的时间调查研究。1991年，他在《萨科和万泽蒂：无政府主义背景》（*Sacco and Vanzetti: The Anarchist Background*）一书中反问：万泽蒂是否参与了布伦特里劫杀案呢？接下来，阿维里奇写道："虽然证据不尽如人意，但几乎可以肯定地回答：是的。这一论断同样适用于萨科。"阿维里奇相信，就算在这桩案件上无辜，他们也肯定犯有其他谋杀罪行，包括1919年的总检察长帕尔默住宅被炸一案。他说，此事"板上钉钉"。

事件的最终结论或许来自阿维里奇留下的一句话。"（我）不免沮丧地想，"1991年时他写道，"至今还活着的人，其中包括萨科的遗孀，至少应该揭露部分真相吧。"可惜没人这么做。

如今，他们全都死了。

25

美国马上就要起飞了

腾飞的航空业和洋基队

　　贝比·鲁斯在成名之后发现，名人有个很明显的不便之处，尤其是他没法不受打扰甚至偶尔还很危险地进入许多公共场所。1921年，他在新泽西一家非法经营的酒吧小酌时，遭到了喝醉的酒客骚扰，他们争吵了几句后，就去了屋外。同为棒球手、当晚陪鲁斯喝酒的哈利·胡珀走出洗手间时发现鲁斯不在了，他朝屋外一看，但见鲁斯僵硬地站着，一把枪顶着他的脑袋。好在胡珀及时赶来把骚扰鲁斯的人给吓跑了。此后，鲁斯就只在自己的住处喝酒了。

　　1927年，鲁斯住在安索尼亚酒店。这是一座奇妙而怪诞的巨大宫殿，呈现法国布杂艺术（Beaux Arts）建筑风格，位于第73和74大街之间的百老汇大道上。安索尼亚是公寓式酒店，这也是在20世纪20年代流行起来的一个新概念，也就是说它既有公寓宽敞和持久的特点，又像酒店那样方便：提供清洁服务、礼宾接待、每天更换毛巾等。按各方记述，安索尼亚酒店的特色在于大堂里有一座喷泉，酒店管理方在"屋顶农场"养着牛和鸡，可为特殊住户提供牛奶和鸡蛋。它设有三家餐厅，有一家能容纳550人，此外地下室里还有世界上最大的室内游泳池。气动管道输送系统可将信件从前台送到任意房间。

安索尼亚酒店厚厚的墙壁隔音效果极佳，对音乐家很有吸引力，意大利男高音恩里科·卡鲁索（Enrico Caruso）、指挥家阿尔图罗·托斯卡尼尼（Arturo Toscanini）便是这里的杰出房客。它也颇受作家、戏剧界人士、棒球运动员以及其他习性懒惰之人的喜爱。著名小说家西奥多·德莱塞（Theodore Dreiser）也在此地住过一段时间。百老汇顶级制作人佛罗伦斯·齐格菲尔德（Florenz Ziegfeld）在一楼有个13个房间的豪华套间，他和妻子共住，又在楼上另开了一套较小的房子，供自己的情妇住。

安索尼亚酒店还见证了棒球界最黑暗的时期。1919年9月21日，黑帮头目阿诺德·罗斯坦率领手下会见了芝加哥白袜队的几名低薪球员，后者答应接受贿赂，操纵世界职棒大赛。鲁斯当时并不住在安索尼亚，他在1926年搬进了一套有着八九间或者12间屋（具体是多少间，取决于你相信哪位传记作家）的公寓。不管它到底有多大，总之是个非常舒适的地方。

1927年时鲁斯是薪水最高的棒球选手，他也为之感到自豪。赛季开始前，他提出了一份对待遇要求更高的合同，雅各布·鲁珀特看到鲁斯年龄渐长、肚皮渐大，又加上自己去年秋天因为飓风在佛罗里达州吃了经济上的大亏，本来很不愿意。但最终鲁珀特还是屈服了，他跟鲁斯签了为期3年、每年70 000美元的合同，同时又表现出一副因这份合同元气大伤的样子。报纸极尽夸张地形容着鲁斯丰厚的薪水，记者们计算出，鲁斯的薪水可供他每个星期买一辆新车，每个月买一栋房子。按棒球界的标准，鲁斯的薪水优厚极了——占洋基队总薪资的近一半，比俱乐部里其他薪水最高的5名球员的收入加起来还多。然而，与其说这是在反思鲁斯是多么富得流油，倒不如说更是在反思为什么20世纪20年代大部分棒球选手的薪水都那么微薄。

跟其他明星，尤其是好莱坞影星相比，棒球运动员的收入的确微薄。鲁斯的周薪是1350美元，相比之下克拉拉·鲍和巴斯特·基顿的则是4000~5000美元，汤姆·米克斯15 000美元，道格拉斯·费尔班克斯20 000美元，哈罗德·劳埃德的周薪更是叫人心生向往：30 000美元。可跟阿诺德·罗斯坦、瓦克塞·戈登等黑帮头目所挣的数目比较起来，这些又全都微不足道了。据说这些黑帮头目们每个月能到手20万美元可以肯定，鲁斯不知道就连电台广播员格雷厄姆·麦克纳米的薪水都比他高。鲁斯的收入根本就说不上惊人，而且球队老板给他开的薪水一分钱都没多给。

鲁斯大部分的钱来自赛场之外。1926年到1927年的冬天，据算他已从压根不是自己执笔的报纸专栏、基本不熟悉的代言产品、利润诱人的短期杂技巡演，还有他心爱的电影《贝比回家》上挣到了25万美元。尽管如此，他仍然不得不找鲁珀特借了1500美元偿付自己1927年的税单。金钱总是无法长久地陪伴鲁斯。

8月8日，洋基队开始了本赛季最漫长的客场之旅——到费城、华盛顿、芝加哥、克利夫兰、底特律和圣路易斯，每个地方要待3到4天；之后回到纽约跟红袜队补赛一场，接着又要前往费城和波士顿待6天以上。此外，鲁珀特还设法让球队在8月15日挤出时间前往印第安纳波利斯，跟一支小联盟球队打一场表演赛。对鲁珀特来说表演赛很赚钱，只要有可能他就会往球队的日程安排里加塞。总而言之，洋基队要在30天里出行5954千米，打27场比赛，完成十多趟不同的列车旅程，有些行程还不是一般的长。

贝比·鲁斯挺喜欢客场比赛的。他能借机换个环境，结识新的性伴侣。客场比赛还为他复杂得叫人担心的个人生活提供了可喜的喘息机会。鲁斯爱上了一个名叫克莱尔·霍奇森（Claire Merritt Hodgson）的模特兼演员。霍奇森小姐是佐治亚州人，有着丰富而多姿多彩的过去。她14岁就结了婚，16岁当了母亲，23岁成为寡妇，后来北上谋求名声与财富时看上了棒球运动员。在她最知名的几次征战里，最引人注目的是要数泰·柯布。可鲁斯对她甚是仰慕，他俩很快住到了一起。鲁斯到底是什么时候、以何种方式向妻子（她此时仍住在马萨诸塞州乡下的家里）透露自己新恋情消息的我们无从得知，但肯定是在1926年灾难性世界大赛之后的某个时刻：那是两人最后一次在公开场合露面。所有这一切带来的结果是，1927年鲁斯的生活变得异常复杂。一如作家利·蒙特维尔（Leigh Montville）所写："他现在有一个妻子、一个全职情妇、一家农场、一间公寓、一间情妇的公寓、一个养女，外加一户收养的家庭。"所以，从这一团混乱里逃开一段时间的机会，不免对鲁斯颇具吸引力。

洋基队的经理米勒·哈金斯也很喜欢客场出行，虽然理由完全不同。他并不渴望接近球员，球员们也不渴望接近他，他们双向都没太多情感流动。而是因为客场比赛让他有空沉浸在自己最喜欢的消遣里：去滑冰场坐坐。哈金斯自己不滑冰，但他梦想着有一天能开一家自己的滑冰场。看人玩滑冰是生活中唯一让他感到快乐的事情。

哈金斯是个怪胎。首先，他个头非常矮，就像个小孩，有时还会被人误当作球童。到底有多矮各方意见并不统一，但大致在1.6米左右，他出生于辛辛那提，1927年时48岁。他的父母是英国移民，父亲曾是一流的板球运动员。哈金斯在辛辛那提学习过法律，威廉·塔夫脱是他的教授，也就是那个拒绝插手萨科—万泽蒂案的最高法院首席大法官。

1902年哈金斯取得了律师资格，他的父母很高兴也很骄傲，但他拒绝执业，这让他们颇为沮丧。相反，他走上了职业棒球的道路，在他父母眼里这跟去妓院干活只有两步之遥了。接下来的十几年里，哈金斯在辛辛那提红人队和圣路易斯红雀队担任内野手，表现相当出色，后来转而出任球队经理。1917年，受邀请接手洋基队时，他心存疑虑不太情愿。洋基队是一支平庸的球队，他认为球队很快就会降级。但在1921年、1922年、1923年和1926年，他率队拿下了冠军锦旗。到1927年仲夏，显然马上要再攻一城。虽然球员们不喜欢他，尤其是鲁斯不断跟他争吵，叫他"跳蚤"，哈金斯始终对他们很好，相信他们能在赛场上做出正确决策。不像巨人队的约翰·麦格劳那样觉得球员"不具备思考能力"。他对鲁斯的宽容有时简直不亚于圣人。

在纽约，哈金斯跟自己的姐姐和阿姨一起住在洋基球场附近的公寓。他从未结婚，也没能实现自己开溜冰场的梦想。没有谁能预知1927年8月时，哈金斯离死亡只有短短的两年时间了。

球队里大部分队员都比较清贫，他们同样期待客场出行，因为他们大多数花销都由队里负担，还能得到每天4美元的客场津贴，可以过潇洒日子，也可以省吃俭用把其余的钱存下来。靠着一个赛季的客场比赛，朱利·维拉这样的球员每年能存下2400美元的可观存款。

林德伯格的越洋飞行之后，宾夕法尼亚铁路公司重新启动了圣路易斯和东海岸之间的车次，并不能免俗地把它称为"圣路易斯精神号"。必须指出，有时候列车的名字比列车行程浪漫得多。从圣路易斯开往科罗拉多州普韦布洛的"风景特快号"列车，行程主要是穿越堪萨斯州北部。在很多人眼里，这不是个风光秀丽的地方，哪怕在堪萨斯州内也算不上。有些名字更是彻底的误导。纽约—芝加哥—圣路易斯铁路实际上并不以这三个市为终点，而只连通芝加哥与布法罗（水牛城）。同样，"大西洋特快号"也并不在带着海水咸味的空气里穿行，而仅仅只是明尼苏达州北部和密歇根州之间的短途列车。

部分列车以缺乏乘坐舒适性著称，加利福尼亚州的"黄金海岸号"，就是众所周知的"冷烤乘客号"列车。但大多数列车都在提供优质服务上付出了心血，其中的佼佼者更是让人赞叹。最优秀的代表是"20世纪快车"，每天晚上6点从纽约中央车站出发前往芝加哥，快车自带理发师，配备热水浴、洗衣设备，有一节观景车厢配有书桌和信纸，甚至还有速记员可帮人听写记录。这趟列车能在18小时内跑完1545千米，但几次撞车事故发生（1916年的撞车事故甚至导致26人死亡）后管理方做了调整，20小时抵达成了列车行驶的规范。即便如此，"20世纪快车号"仍然是美国甚至全世界最快捷、最舒适的交通工具。

列车旅行最不寻常之处在于选择奇多。范斯韦林根兄弟虽然费了很大努力在行业内进行兼并，但它仍然支离破碎得令乘客眼花。1927年，顾客需要从1085家运营公司的2万趟定期车次里选择合适的一趟车。不同的公司往往使用不同的车站、轨道和票务系统，彼此之间又缺乏必需的协调。光是克利夫兰，就有7种不同的轨道线路。

火车要到哪儿去由铁路公司的轨道决定，而这就意味着，它们不见得总会选择最短或者最快捷的路线。纽约发往芝加哥的"湖岸快车"先向北朝着加拿大方向行驶241千米，再猛地向左转向奥尔巴尼——就好像突然记起了自己是谁。长途列车通常要以复杂的方式对沿线进行分割与合并，这样才能跟其他的车次相连。萨沃尼河特快每天从圣彼得堡开往芝加哥，但这一路上车厢要不停地脱钩，再挂上驶往布法罗、克利夫兰、底特律和堪萨斯城的火车头。湖岸快车在奥尔巴尼暂停，挂上从波士顿、缅因州开来的车厢；又在布法罗停下，挂上来自多伦多的车厢；到了克利夫兰放下一些车厢，它们会继续往南前往辛辛那提和圣路易斯，而主车继续西进前往芝加哥。本来要去奥马哈或者密尔沃基的乘客，很可能早晨会在丹佛或者孟菲斯醒来。因此，每一趟漫长的旅程都增加了许多不确定性。而凌晨时分的转轨接轨意味着，几乎没人能睡一晚好觉。经常旅行的人往往很难体会到旅行的浪漫。

为了分散乘客注意力，并从竞争激烈的市场里获取额外收入，几乎所有的列车都极为重视车上的食物。虽然餐车没有多余的空间翻转煎饼，厨师们却变出了花样极多的菜肴。在联合太平洋公司的列车上，光是早餐，挑剔的客人就可以从近40道菜品里挑挑选选——牛腩、牛排、炸牛肉、羊排、小麦饼、烤鲭鱼、半只童子鸡、奶油土豆、玉米面包、培根、火腿、香肠，以及任何做法的鸡蛋。其余两餐也同样丰盛。往返芝加哥和圣路易斯的"午夜特快号"上的过夜乘客，甚至能在寂寞夜晚的铁轨哐哐声中有一场奢侈的"午夜加餐"。

洋基队的出行采用将一节特殊包厢挂在普通列车的尾部的做法，这么做一部分是为了避免球迷干扰球员，一部分也是为了让球员别去干扰旅客——因为球员的车厢常常是列车上最吵闹的。20世纪20年代的火车没有制冷设备，炎热天气里球员们一般只穿着内衣内裤到处坐。贝比·鲁斯有一个私人隔间，哈金斯也有。球队其余人睡上下铺，只用窗帘隔着——也就是俗称的"滚动帐篷"。如果鲁珀特和球队一起出行，他会为自己再加一节额外的车厢。在所有的客场之旅中，总有很多时间聊天、打牌和鬼混。鲁斯特别爱打桥牌和扑克，打扑克时下注很疯狂。球员里比较严肃、爱钻研的人则读书、写信。本尼·本戈喜欢操练他的萨克斯管。

洋基队在客场之旅中分为两个社交阵营。鲁斯、鲍勃·穆塞尔、韦特·霍伊特和本戈是一群；还有行为安静低调的一群（有时也叫电影帮），包括厄尔·库姆斯、威尔西·穆尔、塞德里克·德斯特、本·帕斯卡、赫布·彭诺克和卢·格里克。

《纽约时报》的记者理查兹·维德默也经常加入热闹一方的阵营。棒球选手一般跟记者少有深交，但维德默是个特例，因为他是个富有吸引力、爱好运动的年轻人。跟球员们差不多，只是维德默的生活和背景比任何5名球员加在一起还更精彩、更潇洒。维德默是陆军准将之子，从小在世界各地长大，在上流社会圈子里能来去自如。读者们大概还记得，就是维德默看到哈丁总统在白宫的壁炉里小便的。第一次世界大战时，维德默接受了飞行员训练，跟远东地区最富有的人之一沙捞越土王的女儿结了婚，从事新闻业之前打过职业高尔夫和棒球。他精神亢奋，对女性有着不可抗拒的魅力，也是热门小说《曼哈顿青年》（*Young Man of Manhattan*）中主人公的原型。小说作者凯瑟琳·布拉什（Katharine Brush）曾是维德默的恋人。

维德默或许也是有史以来最不靠谱的体育记者。退休多年后，他接受了一次采访，高兴地承认自己难得能在一场比赛的第3局或者第4局到达球场，有时候甚至要到第5局、第6局才现身。他的文字让人抓狂且极不可靠。他这样形容格里克打出两记本垒打、鲁斯一无斩获的日子："带着不同程度的沮丧，鲁斯和其他洋基队在打了5小时棒球后离开球场，只有一个叫'卢'的小伙子兴高采烈、蹦蹦跳跳、吹着欢快的小曲。"别的不说，格里克可一辈子都从没做出过能称为"兴高采烈、蹦蹦跳跳"的举动。在维德默的笔下，鲁斯挥出球棒，只要没打出本垒打，那就是"聪明的一击"，空中飞着的球不是球，而是"活泼的皮革"。老虎队成了"丛林大猫"，左胳膊是"左舷炮塔"。洋基队总是"哈金人"，也即米勒·哈金斯的人。鲁斯打出职业生涯里第400记本垒打时，维德默写了一篇动人的文章：引座员想把球从看台上一个男孩的手里要回来，男孩不愿意放手，因为他想自己拿给贝比，鲁斯得知此事后就邀请孩子到了球队的会所。在会所里，他欣然接受了礼物，并给了男孩半打崭新的亲笔签名棒球作为回礼。"这个故事是我的独家特稿，"多年后，维德默吐露实情，"因为这是我编出来的。"

像几乎所有体育记者一样，维德默从不写任何球员的不恰当举止。在报道贝比·鲁斯时，也就意味着要压下许多内情。除了不愿危及友谊之外，他的圆滑处理还有另一个原因。大联盟球队会向随队体育记者支付费用，这对记者的忠诚度产生强大的影响。从本质上看，他们成了球队的公关人。

再没有哪支球队在客场能像1927年夏天的洋基队那么受欢迎。在芝加哥，有20 000人来看他们在星期五下午跟白袜队的比赛，这是3天后白袜队与运动家队比赛现场观众数量的10倍。洋基队在克利夫兰吸引了21 000名观众，底特律22 000名，就连在没有什么球迷的小地方圣路易斯，也吸引了8000人，并且全是在工作日。劳动节那天，洋基队漫长的客场之旅在波士顿画上了句号，近70 000人出现在了芬威球场，远远超过了球场的客容量，尽管主场的红袜队正输得一塌糊涂：49连败。所有这些城市的每一名球迷都为同一样东西所吸引：有机会亲眼看到活生生的贝比·鲁斯，最好能看到他把一个球高高地打入苍穹。鲁斯跟年轻新秀卢·格里克的本垒打冠军拉锯战，能让人们兴奋、专注得捏碎自己的帽子。从来没出现过这样的事情，真的。8月中旬，格里克——不可思议、前所未有地领先于鲁斯：格里克38个，鲁斯36个。但8月16日和17日，鲁斯状态回归，把差距扯平。8月19日对白袜队比赛时，格里克再次领先；但第二天在克利夫兰，鲁斯又把数目追平，此时两人均为39个本垒打。

这一下，人们紧张得心脏病都快发作了。8月22日，鲁斯打出了自己的第40个本垒打；两天以后，格里克追了上来。8月27日、28日，鲁斯打出了自己的第41个和第42个本垒打。8月2日，格里克在圣路易斯轰出了一个三垒安打。两天后，洋基队回到纽约，主场迎战红袜队，鲁斯打出了这个月的最后一个本垒打。到8月结束，鲁斯有了43个本垒打，格里克41个。两人一共轰出了84本垒打。相比之下，红袜队整个赛季只打出了28个本垒打，印第安人队为26个。在此前的赛季，除了洋基队，没有任何一支球队打出过84个本垒打。而这一年，整个赛季才进行了4/5。

不得不说，鲁斯此时距离他1921年创下的全赛季59个本垒打的纪录还差得远，但他很幸运地打出了50个——这是他第3次打出这样杰出的里程碑式成绩。如果格里克的手气继续热下去，他也可能上50个。所以，随着8月结束，9月的棒球赛前景似乎会相当令人兴奋。事实上，任何人都猜不到它会兴奋成什么样。

洋基队在地面穿行于一个又一个中西部城市的过程中，林德伯格也从空中在同一区域里往来穿梭。他从底特律飞到芝加哥、圣路易斯、堪萨斯城、威奇托和密苏里州的圣约瑟夫，接着向北前往莫林、密尔沃基和麦迪逊，最后又飞去期待他凯旋的明尼苏达。只可惜，事情进展不太顺利。首先，他收到消息说他在罗斯福机场出于好心但没帮上什么忙的助手乔治·斯顿夫（那是飞往巴黎之前的事了）刚在密苏里州坠机身亡。斯顿夫搭乘的是军方飞行员哈钦森（Hutchinson）的飞机，有人看见他们的飞机在圣路易斯一座湖边度假村因为擦到了旗杆而坠毁。哈钦森被抛出了机舱，伤势并不严重。斯顿夫则被一根电线缠住了脖子，残忍地勒死了。

在明尼阿波利斯和圣保罗，乘载林德伯格游行的车辆风驰电掣，大多数围观者只看到一个模糊的身影。对带着兴奋的孩子、站了几个小时的人们来说，这真是一件痛苦又失望的事情。"群众都不能好好地看一看他们的英雄，这样的游行完全不可取。"《明尼阿波利斯论坛报》（*Minneapolis Tribune*）在社论里抱怨说。

报纸上开始报道，扒手和小偷跟随林德伯格巡游全美各地，利用林德伯格访问带来的分心优势大捞一笔。林德伯格在芝加哥游行期间，枪手闯进街上的一家珠宝店，随随便便就抢走了价值85 000美元的现金和物品。此外还传出了令人沮丧的消息，纪念品搜寻者们闯进了林德伯格家在利特尔福尔斯的房子，那里自从他父亲去世后就空置无人。他们拿走了书籍、照片和其他珍贵的私人物品。也许是出于这个原因，林德伯格在故乡访问的大部分时间，都一脸严峻的表情，虽然这也许只是因为疲惫罢了。不管怎么说，他不带情绪地礼貌听完了6场冗长的讲演，包括驻明尼阿波利斯市瑞典领事的高度赞扬，之后就回到了飞机上。他明显如释重负驾机向西朝着北达科他州的法戈飞去。他的行程还不到1/3，也难怪他神色茫然。

然而，林德伯格的这次巡游造成了远远超出他想象的影响。各地的报纸都精心记录了他在各城市间的飞行时间：从大急流城到芝加哥，2小时15分钟；从麦迪逊到明尼阿波利斯，4小时；从圣路易斯到堪萨斯城，3小时45分钟。对任何曾在任意两地往来过的人来说，这么短的时间都可谓神奇。更何况，林德伯格日复一日地重复这些壮举，安全、准时、常规，没有半点意外发生，就仿佛空中飞行是全世界抵达某个目的地最自然、最合理的方式一样。日积月累，这对人们的观念造成了深远影响。夏天快要结束时，美国成了一个迫切起飞的国家，极大地扭转了4个月之前的局面：当时，大多数民众还把飞行看成是县城集市上的杂耍，美国似乎永远赶不上欧洲。无论林德伯格是否确知，他的全美巡游对航空事业的未来有着比勇猛飞向巴黎更具革命性的影响。

极具讽刺意味的是，等到美国真正准备好升空的时候，林德伯格却不再是任何人的英雄。

1927年
9月

少量犹太人兴许能增加国家的优势和个性，但过犹不及。

我们国家恰恰就是犹太人太多了。

——查尔斯·林德伯格

26

群体性疯狂

偏激的20年代

　　爵士时代、咆哮时代、鼓吹时代、浮华时代，除了这些人们赋予20世纪20年代的所有标签之外，还有一个更为贴切的标签：嫌恶时代。在美国的历史上，或许再也没有哪个时期有这么多人毫无理性、全方位地嫌恶他人。

　　人们的偏执几近常态且随处可见，如同条件反射。《纽约客》的老板哈罗德·罗斯（Harold Ross）以品位为由，禁止杂志使用"厕纸"一词，但却不禁止"黑鬼""黑崽"这些词。林德伯格飞往巴黎的前一周《纽约客》刊登了一幅漫画，配了一句遗臭后世的对白："黑鬼在我看来都长得一样。"犹太剧作家乔治·考夫曼（George S. Kaufman）年轻时曾在华盛顿一家报社当记者。有天晚上老板突然走进来说："那个犹太人在我的报社里干吗？" W. C. 菲尔兹（W. C. Fields）则形容黑人喜剧演员伯特·威廉姆斯（Bert Williams）是"我见过的最有趣的人"。威廉姆斯受数百万观众喜爱，自己也有钱，他在曼哈顿租下一间豪华酒店公寓居住，但公寓管理方却要求他进出只使用服务入口和货用电梯。最高法院大法官詹姆斯·麦克雷诺兹（James C. McReynolds）对犹太人充满偏见，甚至轻视同为大法官的路易斯·布兰代斯，每当布兰代斯在法庭中致辞，他就看报纸、研究文件以示立场。他对时任副总检察长的梅布尔·维勒布兰特同样粗鲁，只因为其是女性。

三K党的死灰复燃可谓准确地呈现了这一时期愈加膨胀的嫌恶精神。本来已奄奄一息的三K党到了20世纪20年代却带着一股在内战鼎盛期都未有过的凶猛势头和吸引力登上了美国的舞台。三K党讨厌所有人，但它根据地区偏见，行事相当有策略：它在中西部地区专门针对天主教徒和犹太人，在更远的西部地区针对东方人和天主教徒，在东边针对犹太人和南欧人，在所有地方都歧视黑人。在巅峰时期，三K党有500万名成员，也有人说是800万，75名国会议员要么是其成员，要么公然与之结交。在几个城市，都有三K党成员当选市长。俄克拉荷马州和俄勒冈州还选出了是三K党成员的州长。在俄勒冈州三K党差一点儿就成功地取缔了天主教学校，在全美许多地方，他们规定天主教徒不得出任学校或医院管理委员会的职位，天主教会的生意也遭到了抵制。

在很多人看来，三K党不光是一个种族主义的代表性组织，也具有社交的功能。在底特律，数千市民兴高采烈地参加了在市政厅外举行的圣诞集会，在燃烧的十字架的光芒映衬下，圣诞老人身着三K党长袍为孩子们派发礼物。印第安纳州的一场三K党集会野餐

（也即所谓的"三K秘密会"）很有特色，包括会员穿着三K党长袍骑马赛枪、两人三足比赛（同样是全副长袍）、一只手举着十字架一只手挥舞美国国旗同时在钢丝上表演特技。

在胖乎乎的初中辍学生大卫·斯蒂芬森（David C. Stephenson）领导下，印第安纳州的三K党发展特别迅速，号称有35万名成员。在一些社区多达一半的白人男性都是缴纳会费的三K党徒。在斯蒂芬森及其爪牙的煽风点火下，印第安纳州人轻信了狂热的反天主教流言。许多人认为天主教徒毒死了哈丁总统，南本德市圣母大学的教士们都是天主教起义的预备部队。1923年出现了最离奇的谣言：教皇打算把圣地从梵蒂冈迁往印第安纳州。根据各方记录，北曼彻斯特镇的居民听说教皇在某趟列车上，1500人涌上了车企图抓住教皇，粉碎其阴谋。因为没找到特别像教皇的人，暴徒就把注意力转向了一名卖胸衣的列车推销员，此人差点儿就要倒大霉，好在他及时说服了暴徒：他只有一手提箱内衣，不可能发起武装暴动。

三K党的垮台也来得出乎意料，而它正是胖乎乎又不可爱的斯蒂芬森一手导致的。1925年3月的一天，斯蒂芬森跟一名品行端正的年轻姑娘玛奇·奥伯霍尔策外出约会。奥伯霍尔策当晚没回家，第二天晚上也没回家，她的父母感到极其不安。等斯蒂芬森把这位姑娘放回来时，她已经遍体鳞伤了。她遭到了野蛮的殴打和虐待，乳房和阴部的皮肤都被撕裂了。医生和家人得知，跟奥伯霍尔策见面后，斯蒂芬森就喝醉了，行为变得非常暴力。斯蒂芬森逼着她去酒店并多次粗暴地强奸了她。在羞愧和绝望中，奥伯霍尔策吞下了致命剂量的氯化汞。等她到家时，家庭医生已无能为力。奥伯霍尔策挣扎了两个星期，最终还是死去了。

斯蒂芬森信心满满地认为，自己是印第安纳州三K党头目，能被免予起诉。结果，他惊讶地发现自己被判绑架、强奸和二级谋杀罪罪名成立，要被终身监禁。为了报复，他公布了印第安纳州最高层涉及贪腐的文件，印第安纳波利斯市市长和该州共和党党魁因此双双入狱。州长本来也免不了服刑的下场，但他靠着技术细节侥幸脱身。印第安纳波利斯的整个市议会遭到解散，并被处以罚款，一名重要法官遭到弹劾。整件事情让人深恶痛绝，三K党的形象在各地彻底崩塌，再次退回到了美国人生活的幕后，也再也没能成为一股全国性势力。

值得注意的是，这一时期三K党并非美国褊狭主义最危险的前哨。说起来叫人难以置信，这份"荣誉"原属于学者和科学家组成的一个联盟。20世纪初以来，一大群杰出、博学的美国人陷入了执念，即危险的低劣民族充斥了全美，必须采取紧急的补救措施。

纽约顶尖的医生威廉·罗宾逊（William Robinson）博士为激进的种族主义代言，他宣称天性低劣的人"从一出生起就没有权利，但既然他们生了下来，理当没有权利再繁育后代"。另一位医生、《遗传和人类进步的关系》（*Heredity and Human Progress*）一书的作者W. 邓肯·麦金主张："为防止那些我们认为毫无价值、不该享有人类权利的人繁衍后代，最简单、最善意、最人道的方法就是将之温和、无痛地处死。"

大多数人认为这个问题是由两方面原因造成的，疏忽大意、不节制生育的美国人生出了太多有缺陷的孩子；同时，政府又不限制从落后国家来的移民，增加了无穷无尽的低劣人口。

几乎所有人心目中都有一个自认为特别可怕的种族。作家麦迪逊·格兰特讨厌犹太人，因为他们"身材矮小，思维怪异，无情无义，只看重个人利益"。犯罪改革总统委员会的成员弗兰克·洛希认为，问题在于犹太人和意大利人结合到了一起，"犹太人的脑子加上意大利人的力气"。当时最杰出的一位科学家查尔斯·达文波特（Charles B. Davenport）对许多种族都持怀疑态度，他认为波兰人、爱尔兰人、意大利人、塞尔维亚人、希腊人和"希伯来人"都不聪明、不可靠，较之正常的盎格鲁–撒克逊人和日耳曼人，更容易堕落、更容易发生暴力犯罪。按达文波特的观点，这些人无法摆脱自己的坏习惯，因为他们受自己的基因限制，注定爱惹麻烦、爱搞破坏、迟钝无趣。他们使美利坚民族"肤色更黑、体格更矮小，充斥更多盗窃、绑架、殴打、谋杀、强奸和缺乏性道德的犯罪行为"。麦迪逊·格兰特称接纳他们为"种族自杀"。

所有这些观点捆绑到一起，变成了"优生学"这款聪明的"新科学"，简单概述也就是科学地培育优越人种。在世界上大多数国家，优生优育是个无害的目标，是一种生育出更健康、更强壮、更聪明后代的善意愿望。但在美国，优生学的面目要严厉得多。它带来了更为阴险的信念：生育应当加以规范和指导。美国优生学学会的一位官员指出："美国人重视牛马的繁育甚于自己生孩子。"政府推出了种种限制性政策，规定什么种族可以住在什么地方并实施强制驱逐，打压公民自由，对数万无辜的人进行强制绝育，这些举措都打着优生学的旗号。它使美国大幅削减外来移民数量，甚至彻底限制了世界某些地方向美国移民。它甚至多多少少导致了林德伯格这位从不犯错的飞行员最终走下神坛。

消极优生学的圣经是麦迪逊·格兰特所著的《伟大种族的消逝》（*Passing of the Great Race*）。这本书出版于1916年，内容恐怖却极为流行。作者格兰特是纽约的一名律师（他接受过律师训练，但从未执业）兼博物学家（他以此为业，但从未接受过训练）。格兰特认为，真正优秀的人种是所谓的"北欧人种"，基本上指的是除了爱尔兰外所有北欧地区的人。他将欧洲人分为三个等级，北欧人种、阿尔卑斯人种和地中海人种，越靠南的人种越低劣。

格兰特的理论有一个最明显的问题：他必须解释这些低劣人种怎么产生了有柏拉图和苏格拉底的古希腊、罗马帝国，文艺复兴运动以及其他所有古典时代的奇迹。格兰特的解释是，古希腊和古罗马的统治阶级是北欧的亚该亚人，他们不是真正的地中海人种，而是从北欧迁移到南方的。格兰特还主张，所有伟大的文艺复兴时代艺术家都是"北欧人……基本上是哥特和伦巴第血统"。所有其他人（也即真正的意大利人）迟钝、发育不良、骨骼矮小，并且在基因上注定永远如此。

格兰特认为，劣等基因无法被稀释不能变好，而会永久性地玷污整体。"即使跟欧洲三大种族的任意一支通婚，犹太人也始终是犹太人。"格兰特冷酷地解释说。

就算以当时所知极少量的遗传学知识来看，这些论调也是完全不符的，但格兰特似乎正说中了许多人的心声。他的书得到了《美国历史评论》(*American Historical Review*)、《耶鲁大学评论》(*Yale Review*)、《美国政治和社会科学学院年鉴》(*The American Academy of Political and Social Science*)的赞赏。美国自然历史博物馆负责人、全美顶尖的人类学家亨利·奥斯本(Henry Fairfield Osborn)还为这本书撰写了前言。

其他全盘或者部分支持格兰特意见的人，包括耶鲁大学经济学家欧文·费雪(Irving Fisher)、哈佛大学神经病理学家索瑟德(E. E. Southard)、哈佛的劳伦斯·洛厄尔(Lawrence Lowell，就是他主持的委员会认可了萨科和万泽蒂的死刑)，妇女节育运动先驱玛格丽特·桑格(Margaret Sanger)，还有一辈子反感棕色皮肤人种的胡佛。1909年，在一份提交给雇主的报告中胡佛声称，应该避免雇用黑人和亚裔工人，因为他们"心智状况低下"，病态地"缺乏协调性，工作不积极主动"。胡佛强调了他的亲身经验并得出结论说："一个白人男子顶得上两到三个有色人种，哪怕是在最简单的铲土、拉煤等矿井工作中。"没有证据表明胡佛在未来岁月里修正了这些观点。1921年，他受《伟大种族的消逝》启发赞助了美国自然历史博物馆在纽约主办的优生学大会。

一时间，随着消极优生学在美国的推广，其身影几乎随处可见。1926年，在费城举办的万国博览会上，美国优生学学会设立了展台，用一台机械计数器显示：美国每48秒就出生一个"低等"人，而每7分半钟才出生一个"高等"人。计数器上循环显示的相对速度生动地表明了低等人是何等迅速地充斥全美，让它成为博览会上最受欢迎的展台。

美国优生学运动的精神总部是优生学档案室。1909年档案室设于长岛北岸的冷泉港，资金主要来自那些希望像自己这么天生优秀的人更多一些，而其他人则更少一些的富人。档案室紧靠著名珠宝大亨蒂芙尼家族的庄园，第一任所长是哈佛大学生物学家查尔斯·达文波特。达文波特认为，人类状况的方方面面都可用优生学解释：包括肥胖、犯罪，撒谎或欺骗倾向，甚至对海洋的热爱。在达文波特的领导下，优生学档案室还对种族混合的有害影响做了一些研究。达文波特解释说："人们常常发现混血儿有着蓬勃的雄心和内驱力，但智力低下，这让他们很不幸福，对自己的命运不满，叛逆感强烈……混血儿是混合不当的人，是不满足、不安分、效率低下的人。"达文波特认为，为安全起见，对低劣和存在缺陷的人不光要绝育，还要阉割，以消除其欲望，断绝其繁殖能力。

然而，跟自己年轻的弟子哈里·劳克林（Harry M. Laughlin）比起来，达文波特可谓开明人士了。劳克林有可能是20世纪对科学的尊严践踏程度最大的美国人。他于1880年出生于艾奥瓦州奥斯卡卢萨，在北密苏里州立师范学校受训，大学毕业后担任教师和学校行政人员，到普林斯顿大学学习生物学期间对生殖学产生了兴趣。1910年，遇到了达文波特后，劳克林对优生净化的热情和献身精神打动了前者，于是他被任命为优生学档案室的负责人。

劳克林的信条很简单："不惜一切代价净化种族。"埃德温·布莱克在《反弱者之战》（War Against the Weak）一书中指出，劳克林的攻击计划从三方面展开："绝育、大规模监禁、全面限制入境。"为推进这些目标，劳克林创办了名字威风凛凛、充满复仇气息的"切断美国人口缺陷遗传最佳实践手段研究及报告委员会",并为自己设定了任务:一劳永逸地根除美国低劣人口的繁殖。

劳克林的委员会由斯坦福大学校长大卫·乔丹(David Starr Jordan)主持,包括了来自哈佛、普林斯顿、耶鲁、芝加哥等诸多一流大学的科学家和学者。

委员会里还有一个来自纽约洛克菲勒研究院的法国外科医生亚历克西·卡雷尔(Alexis Carrel),此人极有才华但性情古怪。卡雷尔在优生学上的极端观点(在某些方面几近疯狂)对林德伯格产生了显著甚至危险的影响。不过谢天谢地,那悲惨的一幕还要再等些时候才会发生。

与此同时,劳克林还不懈地努力根除、限制各地的低劣人种。美国众议院移民归化局任命他为专家顾问,指派他判定不同种族的优劣。为让议员们相信改革需求多么迫切,劳克林在会议室里挂满了流着口水的精神缺陷人士的照片,说他们都是新近的移民,并在照片上写下一行字:"他们携带了美国未来人口的遗传物质。"

美国国会抵挡不住委员会的压力,也抵挡不住劳克林的可怕宣传,于是迅速推出了1921年《限制移民法》(*Dillingham Immigration Restriction Act*),紧接着又是1924年的《民族来源法》(*National Origins Act*)。这一切加在一起结束了美国的开放移民政策,到1927年,美国移民管理局从埃利斯岛上赶出去的人比放进美国的人更多。

上述举措多多少少地解决了海外输入低质人口的问题,但国内出生的低质人口仍然很多，尚有待处理。

劳克林及其支持者带着更大的热情将注意力转向了这一挑战。他们对大量人口进行测试，一次又一次得出了令人不安的结果。他们报告说，多达80%的囚犯和一半的军人都是低等的人。据计算，光是纽约就有多达20万弱智人口。总而言之，他们相信，约有1/3的美国人口处于极端危险的落后状态。

在劳克林看来，解决方案是大规模绝育。他相信，不光要对疯子、智力缺陷者绝育，还要对孤儿、流浪者、乞丐、重听者和盲人绝育。"这是我们当前人口里最无价值的1/10。"他毫无同情心地说。

1927年，州政府拥有多大自由以行使绝育权的问题在司法领域显露出来，代表案例是巴克诉贝尔案。弗吉尼亚州有个名叫卡丽·巴克（Carrie Buck）的17岁女孩智力低下，因为生了一个私生子而被关进设在林奇堡的弗吉尼亚州癫痫及低能患者收容所。她的母亲早就被关在那里了。1924年，收容所的负责人约翰·贝尔（John H. Bell）医生选中卡丽·巴克做绝育手术，故此案名为巴克诉贝尔。

案件的核心是，不光卡丽·巴克智力低下，她的母亲也和女儿也一样——也就是连续三代人存在智力缺陷。有人主张，这样的家庭显然生不出智力正常的后代，为她们自己也为了社会好，应当实施绝育。对巴克一家不利的证据排山倒海。州政府的主要证人劳克林连见都没见过当事人，更不曾为之进行智力测试，就站到了反对她们的一方。他宣称，卡丽·巴克来自一个"无能、无知、无价值的南方人阶层",就凭这一点她也应该接受绝育手术,不再生育更多同类人。

巴克的女儿叫维维安,人们说她智力低下,只因为有个社工看了她一眼认为她"有些地方不太正常"。但该社工接着又主动补充说:"我应该说,或许我对她母亲的认识使得我在这方面心存偏见。"维维安才刚6个月大,当时没有任何测试能判定这么小的孩子的心智能力。事实上,维维安后来表现出了正常甚至高于一般人的智力。她8岁时因肠道疾病死了,但她当时的学习能力完全不弱,有一次甚至还上了光荣榜。从任何意义上看,卡丽·巴克都不是弱智,她每天读报纸,还喜欢填字游戏。后来曾有一位学者探访了巴克,并形容说:"虽然她不是一个成熟的女性,但也不是精神病患者或弱智。"

然而,根据斯坦福的比奈-西蒙测试量表(Binet-Simon test,最终成为了现代智商测试的标准,智商测试的发明不是为了判断人有多聪明而是有多笨,想到这一点还蛮有趣的),卡丽·巴克的心智年龄仅为9岁,而她母亲的甚至还不到8岁。从官方角度看,她们属于"低能者"。

1927年春季,此案上诉到了美国联邦最高法院。法院以8票对1票裁定巴克应当进行绝育。多数意见判词的撰写人是86岁的奥利弗·霍姆斯(Oliver Wendell Holmes)——他是南北战争时期的步兵,寿命相当长。

霍姆斯简明扼要地概述了以下情况。"卡丽·巴克是一个低能的白人妇女。"他写道,"她的母亲同样低能,并与她同在低能患者收容所;同时,她也是一个低能私生子的母亲。"他认同劳克林："为避免我们被无能者淹没"，绝育"为社会所必需"。然后他提出了解决方案："为让整个世界变得更好，与其坐等日后处决那些犯了罪的堕落后代，或者眼睁睁地看着他们因为愚蠢而饿死，社会应当预防明显不合格者繁衍后代。维持强制免疫制度的主要措施，是包括切断输卵管在内的。"

接着，霍姆斯得出了惊心动魄、此后被人无数次引用的结论："三代弱智足矣（别再继续生了）。"

只有一名大法官皮尔斯·巴特勒（Pierce Butler）不同意多数意见，但他没有为自己的异议提供书面解释。霍姆斯得到了其他所有法官的支持，包括首席大法官及美国前总统威廉·塔夫脱，以及持自由派立场的路易斯·布兰代斯。

基于这一裁决，美国各州现在有权违背健康公民的意志对其进行绝育手术了——任何先进国家的政府都从未获得过这样的权利。然而，此案几乎无人关注。《纽约时报》在第19版上进行了很小篇幅的报道。事发地弗吉尼亚州里士满的《新闻领袖报》（*News Leader*）根本没有报道。

慢慢地，人们开始反对消极优生学。许多严肃的遗传学家，如哥伦比亚大学的托马斯·摩尔根（Thomas Hunt Morgan）不愿跟优生学扯上任何关系；1927年夏天，哈佛大学也悄悄拒绝了一份请学校增设消极优生学教职的赠礼。

然而，哈里·劳克林似乎势不可当。他变得越来越敌视癫痫患者，回想起来非常古怪，坚持认为要对其进行绝育，要么就以某种形式拘禁处于育龄的患者。古怪的地方在于，我们现在知道，暗地里，劳克林本人就是癫痫患者。他有时在冷泉港发病，同事们不是没察觉，就是帮他打掩护——哪怕他们正在声讨其他地方的患者。

20世纪30年代，劳克林开始与德国新崛起的纳粹势力热络地建立联系，播下了自己垮台的种子。一些纳粹还来到冷泉港学习美国人的方法和发明。1936年，德国海德堡大学因劳克林致力于种族净化而授予他荣誉学位。次年，劳克林及冷泉港为一部纳粹纪录片在美国的推广做出了不可磨灭的贡献。这部电影名为《遗传病患者》（*Hereditarily Diseased*），主题是让智障人士继续活下去是愚蠢的自作多情。这超出了许多人的容忍限度。在纽约召开的美国犹太人大会上，主题发言人伯纳德·多伊奇（Bernard S. Deutsch）用最尖锐的言辞批评了劳克林："劳克林博士的'种族精华'理论跟纳粹提倡的纯雅利安种族理论一样危险、虚伪，而且两者神似得令人怀疑。"优生学档案室的主要资金来源方卡内基研究院指定由约翰·霍普金斯大学受人敬重的遗传学家赫伯特·詹宁斯（Herbert Spencer Jennings）审查劳克林的工作。詹宁斯认为劳克林伪造数据、操纵结果以支持其种族主义的结论，在长达25年的时间里进行蓄意欺诈。劳克林被迫辞去了优生学档案室负责人的职位，1938年，档案室被撤销。劳克林告老还乡回了密苏里州，但大范围的伤害业已铸就。

由于劳克林的努力，总共至少有60 000美国人进行了绝育。在20世纪30年代的高峰期，近30个州设有绝育法，虽然只有弗吉尼亚州和加利福尼亚州大范围地实施了法案。或许，还有一点值得一提，时至今日仍有20个州书面上存在绝育法。

1927年9月下旬，按法律判决卡丽·巴克的绝育手术安排好了日子，一个月后正式执行。她的妹妹也被绝育，但其本人毫不知情。人们告诉她，那是在给她治疗阑尾炎。

27

被遗忘的电视之父

中学生法恩斯沃斯

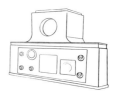

1927年春天，就在斯奈德-格雷谋杀案的审讯吸引全球关注之前，《纽约时报》头版登出了一条令人注目的消息，位置仅次于头条。《纽约时报》给了它多级文字标题，足以说明其重要性。标题这样写道：

一场有关电视的实验

尽管说话的人远在天边，却感觉近在眼前

就像照片有了生命	史上第一次	商业用途存疑
胡佛被拍到在华盛顿演讲时脸色苍白	用线路传播影像，用无线电同步声音	经多年研究，AT&T负责人认为这是征服自然的又一步

下面的新闻报道说，在曼哈顿白求恩大街的贝尔实验室里，记者和公司官员惊讶地看到，商务部部长赫伯特·胡佛在华盛顿的现场影像呈现在了眼前的玻璃屏幕上。大小跟现代的正方形便利贴差不多。

"说话人和观众之间隔着320千米的空间，但在这一刻它消弭于无形。"记者惊叹道。听众甚至可以听到胡佛的讲话。"人类的才智已经摧毁了距离的障碍。"商务部长庄严吟诵。

"每个音节都听得到，说话人的嘴唇和他表情的细微变化，都闪现在演示厅的屏幕上。"《时代周刊》记者解释说，"就好像一张照片突然成了活的，开始讲话、微笑、点头，朝着四处看看。"

胡佛先生演说完毕后上来一个名叫多兰的喜剧演员，他先用爱尔兰腔说了几个故事，接着迅速变成黑色面孔，用"黑人口音妙语连珠"。这在当时也是视觉上的奇迹。

不过，在场的记者或许有点太感情用事了，因为美国电话电报公司的设备还无法投射真正清晰的图像。认识到这一点之后，公司没多久放弃了攻克电视的一切尝试，向各路英豪开放了这个领域。一时间，想一试身手的人颇多。

电视的理论依据已经出现许久了。早在1880年，法国工程师莫里斯·勒布朗（Maurice LeBlanc）就提出，可以用间断的方式传输图像，由于眼睛能保留图像大约1/10秒，故此，可以欺骗眼睛让它认为间断的图像是连续运动的。这就是为什么我们看到的电影画面是连续的，而不是成千上万张独立的图像。这让传输影像的挑战变得简单了许多。

4年后，德国人保罗·尼普科夫（Paul Nipkow）发明了一套系统，他用打有孔的旋转圆盘来扫描图像，提供给光感元件。这些孔的间距是经过计算设置的这一主张颇有些可疑，尼普科夫本人也未能使其运作，但尼普科夫圆盘成为日后几乎所有人尝试制造电视时所依据的标准。"电视"（television）一词是法国人康斯坦丁·波斯基（Constantin Perskyi）为1900年巴黎万国博览会创造的，但初期人们其实使用过许多其他的名字，比如光电摄像管、光电监视器、电眼，甚至电望远镜。

到20世纪20年代有4支队伍据信接近了突破口：贝尔实验室和通用电气公司的团队，巴尔的摩的发明家查尔斯·詹金斯（Charles Francis Jenkins），以及英国的约翰·贝尔德（John Logie Baird）。

尽管人们付出了这么多的努力，饱含期待，但没有人知道电视能用来干些什么。民众普遍以为它会以实用为主。《科学美国人》在一篇题为《无线电动态影像》（*Motion Pictures by Radio*）的文章中，预测电视可以用来作为预防犯罪的设备："犯罪嫌疑人可以同时出现在上千个警察局以供辨识。"美国电话电报公司也不认为电视会成为娱乐媒介，而是一种让人们通过电话看到对方的途径。

但在20世纪20年代的狂热乐观情绪鼓舞下，詹金斯组建起了一家公司，估值很快会超过1亿美元。尽管他当时没有任何产品可卖，除了模糊（最终还无法实现）地指望自己的系统有朝一日能发展出商业吸引力外别无一物。

相似膨胀的乐观情绪也充斥在身处伦敦的苏格兰人约翰·贝尔

德身上。贝尔德住在位于伦敦苏活区的阁楼里，创造出许多基本上毫无用处的发明，包括充气鞋子、玻璃（所以不会生锈）制成的安全剃须刀。他的私人生活同样不够正派，竟跟另外一个男人共享同一女性的爱情。此女之前是贝尔德的女友，现在则是人妻，她觉得自己无法从两人中做出选择。按照地道的英国方式，三人在一杯茶的工夫里对这套三人行方案达成了一致意见。

发明家贝尔德有着强烈的灵感，不知疲倦，但总是痛苦地缺乏资金。他的大部分工作模型都是用破碎零件和其他废料组装起来的。他的第一台尼普科夫磁盘是女装帽盒的盖子。镜头是自行车前灯改造的。为了钻研怎样提高图像在真人眼中的分辨率，他打电话给查令十字眼科医院询问有没有多余的眼球。有医生以为他是解剖学家，就给了他一颗。贝尔德搭乘公交把眼球带回家，却发现没有供血视神经就没用。而且，当他把眼球固定在自己的装置上时，更是弄得一团糟，眼球的样子让他感到恶心，只好全丢进了垃圾桶。

贝尔德仍然坚持不懈，到1925年，贝尔德在实验室里设法传输了世界上第一幅可辨识的人类脸部图像。贝尔德是个多才多艺的公关专家，他的噱头之一就是把电视安装到了塞尔弗里奇百货公司的窗户上，吸引了足以阻拦交通的围观人群，也为自己带来了一轮热情的融资。到1927年，贝尔德成为了一个拥有近200名员工的公司负责人。他不是个优秀的企业家，痛恨向董事会报告。

他尤其讨厌爱德华·曼维尔（Edward Manville）爵士，此人是主要投资人强加给贝尔德的董事长，其言行格外浮夸。贝尔德便故意给实验室修了一道非常狭窄的入口。曼维尔大腹便便，初次拜访就卡在了门口，只得让别人用力从背后把他推进去。贝尔德自豪地回忆道，"在跋涉过程中，他的西装马甲掉了好几颗扣子，雪茄也掉了"，曼维尔再也没来过实验室。

贝尔德在无止境的失败中发现，尼普科夫系统存在一个不可避免的缺陷：它需要一对又大又吵的呼呼转动的磁盘，一个磁盘用来发送信号，一个用于接收，而且最多只能产生小图像。100平方厘米的画面就需要直径1.8米的旋转磁盘，这样大的东西可没有太多人愿意摆在自己的客厅里。磁盘还可能很危险：一位到访贝尔德实验室的科学家惨痛地发现，当他俯下身、靠近磁盘仔细观察时，长长的白胡子猛地被卷进了运转的设备里。

贝尔德和其他所有研究机械式电视的人永远无法克服的现实问题是：旋转磁盘根本不能提供足够清晰的图像，从而让电视变得具有商业用途。从实际意义上来看，它不可能产生超过60条扫描线的图像，观看屏幕的面积永远超不过一张杯垫。但贝尔德还是继续坚持，到1927年夏天，他的系统基本上能当作工作模型用了。

9月8日，在贝尔德实验室的赫伯特·胡佛讲话演示不到5个月后，《纽约时报》报道了另一次令人兴奋的电视演示，这一回来自英国。记者看到贝尔德用自己的机械系统从320多千米外的利兹发送了动态图像到伦敦。他的图像清晰，但也小得让人着急，面积只有63mm×76mm那么大；等用特殊透镜放大到更大尺寸时，图像就完全模糊了。

事实上，贝尔德、《纽约时报》及世界上其他所有人都不知道，早在一天前电视就真正诞生在了遥远的加利福尼亚州：一个有着华丽名字的年轻人，也是大多数人从未听说过的伟大发明家费罗·法恩斯沃斯（Philo T. Farnsworth），他用阴极射线管和电子束生成了真正有望让电视变成现实的图像。

"被遗忘的电视之父"费罗·法恩斯沃斯生于1906年犹他州的一座小木屋。他的父母是虔诚的摩门教徒，此后不久便把家搬到了爱达荷州，法恩斯沃斯在斯内克河谷地田园诗般的环境中度过了幸福的童年。他聪明得不同寻常，如饥似渴地吞噬自己能找到的一切科学和技术知识。1921年夏天，为父亲犁田时15岁的法恩斯沃斯产生了科学顿悟。他一直在攻读爱因斯坦的电子和光电效应理论，此时突然想到电子束可以用跟犁田一样的往复模式扫描到屏幕上，也就是从交替的方向逐行扫描。短短几个月内，他就设计出了一套可行的电子图像传输方案。他画了一张草图，给自己的高中化学老师贾斯汀·托尔曼（Justin Tolman）看。法恩斯沃斯很幸运，因为托尔曼深为所动，把草图保留了下来。靠着这幅图，人们日后才确认是法恩斯沃斯首先发明了电子电视。

由于缺乏资金，法恩斯沃斯对这一设想未再做深入探索，而是跟心上人结了婚，到盐湖城的杨百翰大学深造。有一天，法恩斯沃斯有机会跟两名旧金山来的年轻商人进行了一番谈话，对方对他的设想印象深刻，愿意为项目投资6000美元（也就是两人加起来的积蓄），并帮他拉到了银行贷款。靠着这笔钱，法恩斯沃斯在旧金山绿街开了一家小小的实验室。这时他才20岁，因为太年轻都不够资格在银行贷款合同上签字。

1927年1月，法恩斯沃斯申请了自己的第一项电视专利。构建可行的电视系统是一项难到近乎荒谬的挑战。零件买不到现成的——因为大多数根本就不存在，全存于法恩斯沃斯多产的大脑里，所以几乎所有发光真空管、扫描用的电子管，全都要从无到有设计并制造出来。法恩斯沃斯和他组建起来的小团队狂热地投入工作，到9月初就已准备好使用电子设备传输第一幅图像了。图像只是一条简单的水平线，法恩斯沃斯最远也只把它传到了隔壁房间，所以它不像贝尔德和AT&T传输的图像那么让人感觉浪漫、充满敬畏。但它确实具备对手没有的一样东西：前途。

法恩斯沃斯系统的核心是一个叫作"析像管"的摄像机，它能一次一行地用电子形式扫描图像，将图片画到屏幕上，而它扫描的速度极快，眼睛会误以为自己看到的是连续影像。这套系统哪怕最初期的版本也足有150条扫描线的解析度，这是之前任何机械系统都实现不了的。

虽然更宽广的世界对法恩斯沃斯的成绩一无所知，了解电子的人很快就得到了消息，对他的工作赞叹不已。物理学家欧内斯特·劳伦斯（Ernest Lawrence）参观法恩斯沃斯的装置之后，对名为"电子倍增器"（multipactor）的零件喜出望外，该零件的作用是集中电子束并以爆发形式射出以提高电子束强度。受此启发，劳伦斯回到加州大学伯克利分校制造出了全世界第一台粒子加速器。

最终，法恩斯沃斯获得了165项专利，囊括了现代电视的所有重要元素，从扫描、图像聚焦到远距离投射现场图片。但有一件事他怎么也没能做到：让整个发明商业化。

这时，大卫·萨尔诺夫出场了。萨尔诺夫从事的行业是收音机。从技术角度来看，他完全不了解电视，他对收音机其实也懂得不多，但他拥有法恩斯沃斯明显缺乏的两点素质：商业头脑和眼光。要把电视机从新奇有趣的实验品变成人人都想要摆在沙发前的东西，得靠这样的人。

萨尔诺夫出生于俄罗斯的一座贫困村庄（现位于白俄罗斯），在1900年9岁时和家人一起搬到了纽约下东城。他是个地道的乡巴佬，来美国之前连柏油马路都没见过，现在他住在了全球最活力无限的城市。萨尔诺夫学会了英语后，在14岁时放弃学业走出校门闯事业。他在美国马可尼电报公司找了份办公室打杂的工作，后来成为了熟练的无线操作员。回顾他的一生时，他说自己第一个从沃纳梅克百货公司的电报室接收并转发了"泰坦尼克号"沉没的消息。按萨尔诺夫的说法（萨尔诺夫的说法跟实际情况总是差得有点儿远），他连续72小时在岗，多多少少一手完成了救援活动的协调工作。

1919年，美国马可尼电报公司被重组成一家新公司，改名为美国无线电公司。年轻的萨尔诺夫雄心勃勃，对机会有着本能的嗅觉，迅速成了运用这一新媒体的大师。他让无线电流行起来，还能赚钱——这在20世纪20年代可不是什么容易事。当时无线电是一种令人兴奋的新玩意儿，但收音机很贵，人们无法肯定这笔支出物有所值，如果只能收到当地银行、保险经纪或养殖农场的节目，那就太不划算了。

只要收音机卖得出去，制造收音机的公司就不在乎人们想听什么或者听不听了。但如果没有什么值得听的内容，用户也并不会买收音机。值得注意的是，似乎只有萨尔诺夫看出了这一症结，他意识到要想成功，无线电需要组织化、职业化，并且具有娱乐性。为了展示电台的潜力，他安排广播1921年7月2日登普西与卡彭铁尔的拳赛。萨尔诺夫认为，如果人们意识到自己可以收听精彩活动的现场直播，就会一窝蜂地购买收音机。为此，他在不同的地方架设了扬声器，让人们免费收听拳赛广播。数万名听众涌到了时代广场和其他架设了扬声器的场所。拳赛当天，因为出现技术故障，广播电台无法在擂台边上进行现场直播。取而代之的做法是，将拳赛细节用电报发送到曼哈顿的录音室，让播音员根据粗略的细节，靠自己丰富的想象进行再创作。群众听到的就是这个。但无关紧要了，他们认为自己听到的是拳赛的现场广播。在许多人看来，光是能在事发当时就知道发生了些什么，似乎就是无法实现的奇迹。

自此以后，无线电发展一飞冲天。登普西–卡彭铁尔拳赛进行之时，每500户美国家庭仅有一台收音机，5年内，这一比例就变为了1/20，到20世纪20年代末，市场饱和度近乎100%。还从没有哪种消费类产品这么快就让民众普遍接受。

为了改善广播标准，确保美国无线电公司的霸主地位，萨尔诺夫说服老板与西屋公司、通用电气公司联手构建广播网络：全美广播公司（以下简称NBC）。NBC对重大活动的成功广播给人们留下了深刻的印象，第二套广播网络（哥伦比亚广播公司，CBS）旋即组建起来，于1927年9月正式开播。这一网络的主要投资者是哥伦比亚留声机公司，它希望销售更多的留声机唱片。

事实证明，广播网络的运营费用极高。在各娱乐媒体中收音机十分独特，因为它的内容不收费。只要有人买了收音机，就可以永远免费地收听所有节目。最重要的是，节目生命力短得令人错愕。电影可以重新放映，戏剧可以反反复复地上演，但广播剧、音乐会和综艺节目只播出一次就再也没用了。就算可以把它录制下来，也没人想每晚都听相同的节目，所以电台不得不持续地生产新内容，付出惊人的成本。NBC的高管们惊恐地发现，两套常规歌剧节目每个星期就要花费6000美元。这种情况赚钱太难了，一些业内人士开始怀疑电台是否真有商业前途。

卖广告本是显而易见的解决方案，却迟迟无法平稳获利。一开始，节目里的商业内容只不过是提一下赞助商的名字，却不采用任何形式的公开兜售。商业电台还要跟控制电波、持强烈反对态度的商务部长赫伯特·胡佛做斗争。胡佛认为广播适用于崇高、清醒的事业："如果把总统讲演当成两种药物广告之间夹的肉，那任何电台都不得留存。"他威胁说，电台要是滥用广告，就取消许可证。好在1927年夏天胡佛正为其他事情忙得焦头烂额——先是密西西比河流域的抗洪，接着是竞选总统，他没有再跟进的意愿或者精力了。

萨尔诺夫正巴不得利用这一机会。他发现就跟自己猜测的一样，听众根本不介意广告。到运营第二年，NBC一年就卖出了价值1000万美元的广告。到20世纪30年代初，电台广告的市场价值超过每年4000万美元，而这一市场还因为大萧条而大幅萎缩过。随着电台广告崛起，报纸广告下降了1/3，杂志广告跌了近1/2。广播网络诞生之后的10年里，有近250份日报歇业。听收音机成了家家户户的消遣，大卫·萨尔诺夫几乎是此种局面的唯一功臣。1929年，就在股市大跌之前，美国无线电公司的股价比5年前上涨了百分之一万，大卫·萨尔诺夫成为了无线电广播行业的宠儿。

正当此时，萨尔诺夫发现了电视。1929年，萨尔诺夫参加无线电工程师在纽约州罗切斯特召开的一场大会时，见到了发明家弗拉基米尔·兹沃里金（Vladimir Zworykin）所做的演示。和飞机设计师伊戈尔·西科尔斯基一样，兹沃里金本是俄罗斯富家子弟，十月革命后逃到了美国。虽然兹沃里金刚到美国时几乎不会说英语，但很快在匹兹堡的西屋公司找到了工作，并给董事们留下了深刻的印象，他很快被获允成立自己的实验室。

兹沃里金跟法恩斯沃斯的想法完全一致，即预见了电子电视的可能性。他在罗切斯特谈的就是这样的电视，让萨尔诺夫目瞪口呆。萨尔诺夫立刻看到了电视作为娱乐媒体的巨大潜力，并能为美国无线电公司创造更多的财富，便立刻怀着惊人的热情支持电视的开发。

兹沃里金告诉萨尔诺夫只要有10万美元，自己就能在两年内研发出一套可行的系统。萨尔诺夫雇用了他，为他提供了一切所需。但结果，美国无线电公司为了搞出可行系统花费了5000多万美元——对一项未经证实的技术来说，这是一场惊人的赌博。更糟的是，萨尔诺夫发现，最关键的专利以及与之相关的诸多洞见都来自住在旧金山的一个年轻人费罗·法恩斯沃斯。

法恩斯沃斯这边的事情进展不太顺利。传送一条扫描线的清晰图像是一回事，把它变成一套成熟的娱乐系统就完全是另一回事了。哪怕是最基本的设备也需要数百万美元的投资，显然法恩斯沃斯没有这笔钱。听说了法恩斯沃斯的进展后兹沃里金前去拜访，法恩斯沃斯以为美国无线电公司想要购买自己专利的授权，高高兴兴地把所有东西都给兹沃里金看了，包括怎样制作析像管，这是他系统的核心元件。靠着这一帮助，美国无线电公司快速开发出了自己的析像管。萨尔诺夫轻描淡写地告诉法恩斯沃斯，说美国无线电公司其实并不需要他的专利（这是说谎），但愿意慷慨地向他提供10万美元以换取一切发明元素：专利、图表、工作模型和他实验室里的其他所有东西。法恩斯沃斯断然拒绝了这一侮辱性的提议。

因为对资金的需求越来越迫切，法恩斯沃斯把自己卖给了费城蓄电池公司，并迁往东部。当然，这家公司更为人熟知的名字是"飞歌"电器。这段合作关系并不愉快，法恩斯沃斯讨厌当领薪雇员。他尚在襁褓中的儿子死了，他想请假回犹他州把孩子埋葬在家族墓地。飞歌拒不准假，不久后双方便分道扬镳。与此同时，飞歌开始相信美国无线电公司试图贿赂、要挟员工泄露商业秘密。它提起诉讼，控告美国无线电公司"在酒店、餐馆和夜总会用违法酒精"收买飞歌员工。该案件最终达成庭外和解。

这一切让法恩斯沃斯变得愈加偏执，压力也更大了。一两年前，他是个信心满满、阳光热情的青年，到了这时，却整天神色紧张，格外憔悴，连他的头发都是怒气冲冲的样子。他跟自己的原始股投资人争吵，断然拒绝与任何外人合作。最终他以专利侵权为由，跟美国无线电公司打起了官司。

萨尔诺夫从来不能忍受屈居人后，对那些胆敢挑战自己的人也从不手软。电气工程师埃德温·阿姆斯特朗（Edwin H. Armstrong）发明FM收音机[1]之后，萨尔诺夫便全力以赴地打压新产品，甚至让联邦通信委员会限制它的可用带宽。阿姆斯特朗上诉，结果被美国无线电公司愤怒的大锤打了个鼻青脸肿，律师也在法庭上把他牢牢拖住了好几年。这场战斗花光了阿姆斯特朗的每一分钱，还让他失去了健康。1954年，失意又破产的阿姆斯特朗自杀身亡。

　　现在，美国无线电公司向法恩斯沃斯挑起了相似的战争。它声称，法恩斯沃斯不可能在1922年就构思出了电子电视，因为那时他还是个15岁的中学生，没有能力拿出这样一个连顶尖科学家和技术人员奋斗多年都劳而无功的概念。幸好，法恩斯沃斯的化学老师贾斯汀·托尔曼在法庭上拿出了原始的草图。这一证据再加上法恩斯沃斯拥有相关专利的事实，让法庭不再怀疑。1935年，法庭判定，法恩斯沃斯是"电视无可争议的发明人"，这对孤独的发明家来说是一个惊人的胜利。

　　美国无线电公司基本上对判决采取了无视态度。在1939年的纽约世界博览会上，该公司展示了一台完全基于法恩斯沃斯专利的试行电视机，但完全没有支付专利使用费，也没有获得许可。经过多年的扯皮，美国无线电公司答应付给法恩斯沃斯100万美元，外加每卖出一台电视机的专利税。可法恩斯沃斯最有价值的专利到20世纪40年代末就到期了，而此时电视行业尚待起飞，他从没获得理当拥

1　FM能比AM提供更清晰、更有力的信号。

有的大笔财富。

1950年，萨尔诺夫从美国无线电及电视制造商协会获得许诺，自此以后将他称为"电视之父"，称弗拉基米尔·兹沃里金为"电视的发明者"。法恩斯沃斯被从记录里一笔抹杀。

法恩斯沃斯在缅因州退休后成了无可救药的酒鬼。1971年3月，他在酗酒、抑郁中去世，世人彻底遗忘了他。这年他64岁。《纽约时报》在讣告里没有称他为电视机的发明者，而是"设计出电视的先驱"。同年，萨尔诺夫以80岁的高龄去世。

发明了电视之后，弗拉基米尔·兹沃里金又帮忙发明了电子显微镜。他比萨尔诺夫和法恩斯沃斯多活了11年，1982年在自己93岁生日的前一天过世。1974年，他在接受采访时说自己从来不看电视，因为电视节目太没脑子，又说自己对电视技术的最大贡献就是发明了开关按钮。

事实上，开关按钮也是费罗·法恩斯沃斯发明的，是他最早期的专利之一。

28

低俗小说井喷式发展

滞销的《了不起的盖茨比》

　　给你一沓纸、一支笔和几分钟思考时间，我们大多数人或许能列出一长串20世纪20年代正当创作盛年的作家：斯科特·菲茨杰拉德、欧内斯特·海明威、威廉·福克纳、弗吉尼亚·伍尔夫、T. S. 艾略特、格特鲁德·斯泰因、多萝西·帕克、埃兹拉·庞德等。

　　但可能不会有人把哈罗德·赖特（Harold Bell Wright）这个名字囊括在内。可当时赖特比上述任何人都更受欢迎，说不定他的书卖得比以上所有人加在一起还要多。1925年，他的小说《父亲的儿子》（*A Son of His Father*）第一次在芝加哥印刷，装满了27个火车车厢。他出版于1911年的《芭芭拉·沃斯的胜利》（*Winning of Barbara Worth*）深受粉丝喜爱，人们用它命名了一座宾馆、一条公路和一座学校。赖特的书伤感而忧郁，预测性很强——总是写一个人历尽生活艰辛，但从工作中和基督教友那里找到了幸福、找到了成功，但读者就是百看不厌。

其他许多作家早已湮灭于历史之中，如科斯莫·汉密尔顿（Cosmo Hamilton）、阿瑟·罗奇（Arthur Somers Roche）、科宁斯比·道森（Coningsby Dawson）、斯特里布林（T. S. Stribling）、赫维·艾伦（Hervey Allen）、弗朗西斯·斯塔克·扬（Francis Stark Young）、赫尔曼·凯泽林（Hermann Keyserling）、瓦维克·迪平（Warwick Deeping）、赛拉·温斯洛（Thyra Samter Winslow）、克努特·哈姆森（Knut Hamson）、朱莉娅·彼得金（Julia Peterkin）、吉恩·斯特拉顿-波特（Gene Stratton-Porter）、佐娜·盖尔（Zona Gale）和玛索·德拉罗奇（Mazo de le Roche），他们当时全都有比第一段里提到的后世知名作家更好的销量，甚至更大的名气。

可没有谁能跟另外两位美国作家的成功相提并论——连火力全开的哈罗德·赖特也不行。这两位作家在数十年的时间里作品销量无人可比，他们就是赞恩·格雷（Zane Grey）和埃德加·巴勒斯（Edgar Rice Burroughs），几乎可以肯定地说他们是20世纪全世界最流行的两名作家。

这两人有不少共同之处，他们都来自中西部地区，相对较晚才开始了职业写作生涯（格雷30岁，巴勒斯35岁），获得成功就更晚了。两人在任何尺度上看都是相当糟糕的作家，如今没什么人再读他们的书没什么稀奇，稀奇的是当年竟然有那么多人读他们的书。批评家伯顿·拉斯科（Burton Rascoe）评论格雷说："很难想象还有哪位作家比格雷在文风和内容上都如此乏善可陈，却仍能留住读者的。"巴勒斯因为是通俗作家，连遭到蔑视的资格都不够，所以基本上没得到过这样的羞辱。但是，世界各国的读者对他们的作品趋之若鹜。没人知道他们的书卖了多少本——如果算上各国译本、遗作及杂志出版物，估计册数在2500万册到6000万册。不管实际总数到底是多少，对他们两人来说那都是一个令人深感欣慰的数目。

格雷是两人中比较有趣的那一个，他行迹有些鬼祟，挺好玩的。当时的报纸和杂志将他描写成来自俄亥俄州、生活愉快、不事张扬的牙医，闲暇时间写写冒险小说。1912年凭借《荒野情天》（*Riders of the Purple Sage*）找到了致富之路，接着在近30年的岁月里，接连不断地炮制出了大量畅销西部小说。至少就他所处的市场而言，他开创了这一小说流派的许多套路，比如黑心恶棍、仗势欺人的牧场主和他纯洁漂亮的女儿，沉默寡言、身强体壮的牛仔。"除了格雷养的那匹鼻子暖乎乎的母马，他的心不属于任何女性"，一位作家曾这样恰到好处地指出。

格雷有个惊天的秘密，在私生活上他性欲极为强烈。他热心户外运动，经常带着意气风发的漂亮年轻姑娘（他妻子的两个年轻表妹和他的朋友）一起到旷野长途旅行，并且把她们睡个遍。有时候，他会一次性地带着4个女人。偶尔，他事后还把她们带回家。帮他作传的托马斯·保利（Thomas H. Pauly）说："格雷拍摄了数目庞大、总量未知的裸女和他进行各种性行为的照片，这些照片还配有10本小册子，是格雷用自己编的密码所写，内含图片描述他的性冒险活动。"

在这些兴致勃勃的小插曲中，格雷平静地和妻子在宾夕法尼亚州拉克瓦纳市生活着。后来搬到了加利福尼亚州的来阿尔塔迪纳。

他的妻子是个有着坚韧气质的女性。他每年写上两本或者三本书，一生共写了差不多95本书，1939年因心脏病发作突然去世，留下了大量手稿，在他死后14年，哈珀兄弟出版社仍在出版赞恩·格雷的新书。在巅峰时期，格雷一年能挣50万美元，1927年时他的收入是32.5万美元左右。为便于比较，当时菲茨杰拉德收入最丰厚的一年也才赚到37 599美元。

埃德加·巴勒斯的生活比格雷要平淡些（谁能跟格雷比呢），但写的东西更生猛。巴勒斯比格雷小3岁，在1875年出生于芝加哥的一个小康家庭，但他跟周围有些格格不入，一直挣扎着寻找自己在生活里该扮演什么角色。年轻时，他曾到西部当过仓库管理员、放过牧、淘过金，还做过铁路警察，但都不成功。后来，他发现自己有几分写故事的天赋。1912年时他35岁，出版了一本热卖小说《人猿泰山》（*Tarzan of the Apes*）。

巴勒斯没有什么玄妙的写作手法。他使用低俗小说的情节，但写得很优雅，仿佛不怎么明白这一流派的风格似的。以下是《人猿泰山》的开场白：

> 这个故事我是从别人那儿听来的。他其实不该讲给我，也不该讲给任何人。这得归功于一瓶陈年佳酿在那位讲故事的人身上产生的奇妙作用，才引得他开了头；也得归功于我对这个奇异故事的后半部分持怀疑态度。

这样的文字或许跟托尔斯泰的没法比，但显然跟当时廉价小说常见的文字简单、开门见山式开场白相去甚远。巴勒斯的写作生涯持续了近40年，共写了80多本书，包括26本泰山系列，大量科幻小说和几部西部小说。他所有作品都以爽快的动作、衣着清凉的女性、对优生理想坚定的支持为特点。泰山本人可以充当优生学运动的代言人。想必很多读者都知道，泰山是英国贵族遗留在非洲丛林里的孤儿，由猿猴抚养长大。幸运的是，因为他是白人，是盎格鲁-撒克逊人，他天生勇敢、坚强、果断、善良，发自本能地讲究道德，能聪明地解决一切问题。他甚至教自己阅读——考虑到他不说人类的语言，初次看到书时甚至不知道这是什么东西，此事可谓惊为天人。感谢上天赐予他的种族优越性。

创造或者维护优越人种，是巴勒斯一辈子的努力方向。他写的几乎所有外太空故事都讲的是到火星或金星培育高贵种族[1]。在《迷失金星》（*Lost on Venus*）一书中，他以仰慕的口吻描写了这样一个社会："有缺陷的婴儿不得活下去"，"在身体上、道德上或精神上存在缺陷"的公民"接受处理，不能将类似的下一代带到这世上"。反观现实，他为《洛杉矶先驱考察家报》（*Los Angeles Examiner*）撰文主张，如果把所有"道德低能者"系统化消灭，世界会变得更好。他甚至将自己的一本书取名为《大桥和奥斯卡卢萨之子》（*Bridge and the Oskaloosa Kid*）。奥斯卡卢萨是哈里·劳克林的出生地。

1　在地球附近的行星上设置先进社会，对1927年而言并不是一个太荒谬的概念。《科学美国人》3月号就刊登过一篇文章，郑重讨论火星上是否存在比人类更优越的文明。它还刊登了一篇文章，认为人类可能会进化成独眼怪兽。其他严肃出版物也针对金星提出了类似的问题，认为金星厚厚的云层下是可供居民生活的热带天堂。

随着时间的推移，巴勒斯的写作愈加草率。他反复使用相同情节，行文漫不经心得令人诧异。他在1927年只写了《酋长》（*War Chief*）这一部小说。小说的开头是这样：

> 野人战士全身赤裸，只裹着一片遮羞布，脚踏一双粗糙的草鞋，披挂着少许兽皮，头戴水牛饰物，随着鼓声跳动起舞。

四段之后，读者又看到：

> 野人战士全身赤裸，只裹着一片遮羞布，脚踏一双粗糙的草鞋，披挂着少许兽皮，头戴水牛饰物，在参天大树的缝隙间无声前行。

偶尔，他干脆陷入了说胡话状态。在1920年的《火星少女》（*Maid of Mars*）一书中，名叫杰达的火星战士向火星少女图瓦娅倾诉甜言蜜语：

> 啊，潘塔斯的图瓦娅啊，哪怕看着我炽热的爱情爆发迸射，你也是这么冷漠无情！再没有什么东西比你的心更坚硬，也没有什么比这张支撑你神性与不朽身躯的幸福长凳更冰冷！

这样的段落还能持续颇长篇幅。几乎完全不影响销量。1950年3月，他因心肌梗死在加利福尼亚过世，时年74岁。即便在那时，人们仍分外投入地购买他的作品。

1927年夏天，严肃小说家里只有辛克莱·刘易斯的书卖得火爆。《埃尔默·甘特里》（*Elmer Gantry*）无疑是当年最畅销的小说。在书中他讽刺传教士，遭到了全国各地以传教士为主的严厉谴责。福音传道教士比利·桑戴（Billy Sunday）听说了书的内容，呼吁上帝"赐刘易斯一死"，这话听起来可不像是基督徒说的。在刘易斯的故乡，明尼苏达州索克森特公理教会的牧师斯帕克斯（C. S. Sparkes）恨恨地将刘易斯与圣洁的林德伯格相对比，说刘易斯的思想"死了，对上帝、对纯洁和正义的人来说，死了"，而林德伯格则"思想和灵魂都干净无瑕"。

好几个城市查禁了《埃尔默·甘特里》，在波士顿，销售此书是可遭到公诉的罪行，而不是较轻微的行为失当，足以说明它有多么令人不快。当然了，这样的禁令只不过让那些想要一睹为快的人更想看它了。小说上市第一天就卖出了10万册，夏天结束时正朝着25万册迈进，这个数字连格雷和巴勒斯也望尘莫及。

《埃尔默·甘特里》是刘易斯获得一连串商业成功的第5本重要作品，这让他成了当时最受人崇拜的作家。其他几本书分别是1920年的《大街》（*Main Street*）、1922年的《巴比特》（*Babbitt*）、1925年的《阿罗史密斯》（*Arrowsmith*）和1926年的《捕人陷阱》（*Mantrap*）。1930年，他将成为美国第一个获得诺贝尔文学奖的作家，但也不是人人都喜欢他。欧内斯特·海明威在写给编辑的一封信里说:"如果我写得像那个雀斑崽子那么草率、蹩脚,我能年复一年地每天写上5000字。"虽然刘易斯本人不知道,但1927年是他写作生涯成就的顶峰。他后来的小说跟时代脱节,他最终会变成绝望的酒鬼,患上严重的震颤性谵妄,被送进精神病院。1927年,海明威没有写出新的长篇小说。他主要在专注于个人事务,夏天的早些时候,就是林德伯格飞到巴黎那阵子,他跟妻子离了婚,不久后又再婚。但他写了一本短篇小说集,叫《没有女人的男人》(*Men Without Women*)。多萝西·帕克在《纽约客》上说:"这是一本真正的杰作……我不知道还能在哪儿找到更精彩的短篇小说集了。"但这本书并未激起公众像对他前一年的小说处女作《太阳照常升起》那样的兴趣。同样深受好评,但商业上不太成功的还有两位新秀作家的作品:桑顿·怀尔德(Thornton Wilder)的《圣路易斯雷大桥》(*The Bridge of San Luis Rey*)和威廉·福克纳的《蚊群》(*Mosquitoes*)。

斯科特·菲茨杰拉德,我们这个时代的另一位美国大文豪(可惜他同时代的人并不这么认为)在1927年没出新书。相反,他第一次到访好莱坞接受委托为一部叫《口红》(*Lipstick*)的电影写剧本,费用是2500美元,如果剧本得到采纳还可以另外再拿到12 000美元。但这一回,他的剧本被认为存在缺陷,遭到了拒绝,所以大部分的费用从未支付。菲茨杰拉德还去参加了一轮选角,但也没做好。最后,加州之行的花销远远超过了他赚到的钱。1927年,菲茨杰拉德正迅速过气。两年前出版的《了不起的盖茨比》已经失败了,没卖出的库存本囤积在查尔斯·斯克里伯纳出版公司的仓库里，到1940年菲茨杰拉德去世、破产、彻底被人遗忘时都没卖完。直到20世纪50年代，世界才重新认识了他。

1927年，出版行业处在一种有趣的波动状态，这在很大程度上是由一个长期存在的偏见导致的。传统上，出版行业对犹太人是不开放的（除了最底端、最边缘的行业）。所有老牌出版公司，如哈珀兄弟、斯克里伯纳、道布尔迪、霍顿米夫林和普特南，都是纯白人（且多为新教徒）开的公司，他们的产品一般谨慎保守。1915年起局面开始发生变化，广告公司高管之子、年轻的犹太人阿尔弗莱德·克诺普夫（Alfred A. Knopf）开办了一家以他的名字命名的出版公司。克诺普夫为美国带来了弗洛伊德、卡夫卡、萨特、加缪、安德烈·纪德、D. H. 劳伦斯、E. M. 福斯特和托马斯·曼等人的作品。他出版的书大多出自外国作家之手，原因倒是很简单，许多美国经纪人不愿跟犹太出版商做生意。

所有这一切都跟老牌盎格鲁–撒克逊新教白人出版商的保守主义形成了鲜明的对比。斯克里伯纳出版公司是一家成立于1846年的家族企业，自诩多年来从未出版过任何能叫姑娘看了脸红的书，但如今它发现自己很难跟上眼下不断变化的社会风气了。1927年年初，出版社里最资深的编辑马克斯维尔·帕金斯正着手研究前文所说海明威的短篇小说集，他觉得自己必须要提醒公司老板查尔斯·斯克里伯纳（Charles Scribner）二世：书里有不少可能冒犯他的话。帕金斯是个老派人，他自己说不出那些话来，只好把它们写了出来。有一个词，他连写都没法写。这些词到底是哪些，它们后来是否出现在最终出版的书中，没有记录流传下来。

有趣的是，虽然斯克里伯纳公司在低俗语言方面过分拘谨，但在1927年，它毫不犹豫地出版了那个年代美国最具种族主义色彩的一本书，即业余优生学家洛思罗普·斯托达德（Lothrop Stoddard）所著的《重铸美国》（*Re-forging America*）。斯托达德先生在斯克里伯纳出版的前一本书《有色人种上升趋势威胁了白人的优势地位》（*The Rising Tide of Color Against White World Supremacy*）中更明确地透露出了他的立场。在《重铸美国》中斯托达德认为，美国应该建立一个"双种族"社会，他的意思不是人们和谐混杂相处，而是恰恰相反：白人与非白人从出生到死亡都保持隔离，以免交叉混血而玷污两方血脉。许多人都对此书做出了赞赏性的评价。

在克诺普夫利用外国作家为自己创造出一个利润可观的生存环境之时，另一家新创办的犹太公司又凭借发掘（有时是重新发掘）美国作家大获成功，这家公司就是伯尼–利弗莱特出版公司（Boni & Liveright），由艾伯特·伯尼（Albert Boni）、查尔斯·伯尼（Charles Boni）兄弟两人与贺拉斯·利弗莱特（Horace Liveright）共同成立。此前，伯尼兄弟在麦道格大街上经营着左翼立场的华盛顿广场书店，而利弗莱特是债券推销员。虽然3位创始人并没有太多出版专业知识，但公司却迅速走红。

这三人争执不休，到20年代初伯尼兄弟离开，只留下了利弗莱特作为唯一负责人。从1925年到1927年的3年时间里，他集中出版了一长串质量上佳的辉煌作品，就一家出版公司而言可谓登峰造极。这些书包括西奥多·德莱塞的《美国悲剧》、舍伍德·安德森的《阴沉的笑声》、海明威的《在我们的时代里》（后来他投奔了斯克里伯纳出版公司）、威廉·福克纳的《士兵的报酬》、多萝西·帕克的《足够长的绳索》、格特鲁德·阿瑟顿的《水晶杯》、伊莎多拉·邓肯的《邓肯自传》、伯特兰·罗素的《教育与美好生活》、埃米尔·路德维希的《拿破仑传》和曾获诺贝尔文学奖但遭遗忘的罗杰·加尔尤金的《蒂博一家》，还有刘易斯·芒福德的《黄金岁月》及尤金·奥尼尔的三部戏剧，以及 T. S. 艾略特、庞德、卡明斯（E. E. Cummings）、埃德加·马斯特斯（Edgar Lee Masters）和罗宾逊·杰弗斯（Robinson Jeffers）的诗歌集，还有好莱坞编剧安妮塔·卢斯的流行作品《绅士爱美人》（*Gentlemen Prefer Blondes*）。《绅士爱美人》假托是迷茫的淘金者罗雷来·李的日记，不是什么了不起的文学作品，但它非常畅销。据说，连詹姆斯·乔伊斯都被它迷住了。

利弗莱特是个了不起的出版人，但却是个糟糕透顶的商人。他迈的步子太大，雇用了太多的员工，又付给他们超乎其能力的薪水。由于糟糕的经营决策，在1927年伯尼-利弗莱特出版公司只赚了1203美元，遭遇了重大的停业危机。

利弗莱特在股市和百老汇做了大量投资，都不太成功，问题进一步恶化了。1927年，他从一个出乎意料的源头找到了临时救世主。利弗莱特从伦敦引进了一出极为成功的喜剧：《吸血鬼德古拉伯爵》（*Dracula*）。针对美国市场，他选择了名不见经传的匈牙利演员贝拉·卢戈西（Bela Lugosi）。卢戈西虽已在美国待了6年，但英语还是说得不太好，他背台词只记读音，却并不明白台词的意思，这让他的措辞表达颇为有趣。卢戈西的职业生涯本始于浪漫爱情角色，但1926年他在一部名叫《奶酪里的魔鬼》（*The Devil in the Cheese*）的难忘小制作电影里扮演了一个恶棍。靠着这一优势，他似乎领悟了德古拉的精髓。

9月19日，《吸血鬼德古拉伯爵》在康涅狄格州纽黑文的舒伯特剧院登场。为期两星期的试映十分成功，10月5日，它来到纽约的富尔顿剧院正式首映。利弗莱特想出了他这辈子最精彩的宣传噱头：在每场演出时让护士在剧院照护，以强调这出剧有多么惊悚。这套把戏可谓神来之笔，《吸血鬼德古拉伯爵》大受欢迎，在纽约上演了一年多又巡回表演了两年多，在利弗莱特最需要钱的时候给他挣了许多钱。

这出剧也成就了贝拉·卢戈西，因为在他剩下的职业生涯，他除了扮演德古拉什么也没做。1931年他主演了同名电影，以及大量的衍生续集。他经常换老婆（他结过5次婚）并沉迷于毒品，但在职业上，他专攻此道近30年。他对德古拉伯爵专注达到了这样的程度：1956年去世后，他穿着德古拉伯爵的装束下了葬。

对于贺拉斯·利弗莱特的经济困境而言，《吸血鬼德古拉伯爵》并不是最终的解决途径，而只是让他的公司多延续了几年，公司在1933年破产，到那时它的杰作基本上也出完了。几乎完全靠着克诺普夫和利弗莱特两人的努力，到20世纪20年代末美国出版业比10多年前更国际化，也更加大胆了。

经过了沉闷的春天和夏天，百老汇总算有望热闹起来了。有两场备受关注的剧目要在9月上演。其一是乔治·格什温（George Gershwin）、艾拉·格什温（Ira Gershwin）作曲填词的《甜姐儿》（*Funny Face*），主演是弗雷德·阿斯泰尔（Starring Fred）、阿黛尔·阿斯泰尔（Adel Astaire），还有市长吉米·沃克的情妇贝蒂·康普顿（Betty Compton），它将成为大热门，演出了250场。剧中流传至今的曲目包括My One and Only和S'Wonderful。剧中加塞了一个"林德伯格式的飞行员"角色，以迎合时尚（1957年的电影版完全不同，删掉了飞行员一角并且只保留了原作中的4首歌）。

另一部更有影响力的电影是杰罗姆·科恩（Jerome Kern）和奥斯卡·汉默斯坦（Oscar Hammerstein II）创作的，讲述密西西比河船上生活的复杂音乐剧，名叫《演艺船》（*Show Boat*），而且它将彻底改变音乐剧的演出程序。一位戏剧史学家说："美国音乐剧的历史非常简单，分为两个时代，《演艺船》之前和《演艺船》之后。"

《演艺船》改编自埃德娜·费伯（Edna Ferber）前一年出版的小说。费伯是新近（不过在她的人生里却算是很晚）才获得巨大成功的作家。1927年夏天时她42岁，来自威斯康星州阿普尔顿，是个犹太店主的女儿。她个子矮小身材滚圆，从未结过婚，也从未有过伴侣，为人尖酸刻薄。旅行作家迈克尔·阿伦（Michael Arlen）看到费伯穿着一件双排扣外套就问："埃德娜，你怎么看起来跟个男的似的？"费伯回答："迈克尔，你还不是一样，你又是怎么回事呢？"因为机智聪慧她受到了"阿尔冈琴圆桌会议"的欢迎，这个非正式的聪明人午餐俱乐部定于每个工作日在阿尔冈琴酒店聚会，由当时最成功的喜剧剧作家乔治·考夫曼（George Kaufman）专业承办。他们非常成功地合作了一系列喜剧作品。

不管费伯在喜剧上多么有才华，她的小说技能却磨炼得还不够好。评论家约翰·拉尔（John Lahr）坦率地说，《演艺船》就是"糟糕作品的热闹大集合"。为说明她的文风就像"嗑减肥药的少年"，拉尔引用了如下段落："密西西比河本身成了一头黄褐色的老虎，刚清醒过来，狂怒、嗜血，摇晃着巨大的尾巴猛烈攻击，用它残忍的爪子撕扯抓挠，在岸边用它长长的獠牙吞噬大片的土地、房屋、树木、牛、人，甚至……"但在那个时代许多人都觉得这本书饶有情致。作曲家杰罗姆·科恩就是它的热情拥护者，他恳求费伯允许自己将它改编成音乐剧。费伯担心其可行性，但答应让科恩试试，结果弄出了戏剧史学家口中的"百老汇有史以来最成功、影响最深远的音乐剧"。

跟埃德娜·费伯同年，科恩于1885年出生于纽约市的一个富裕之家。他的父亲是个成功的商人，让科恩接受了良好的教育。科恩在纽约音乐学院学习了音乐理论和作曲，但早年一直在叮砰巷[1]搞流行音乐。他原来的专业是为引进的戏剧（业内叫作"插入剧"）创作新歌曲，但很快就开始写原创歌曲了。科恩本来永远没有成名的机会。1915年5月，他曾订了"卢西塔尼亚号"[2]邮轮的船票出洋，但

1　叮砰巷：Tin Pan Alle，是指以美国纽约市第28街为中心的音乐出版商和作曲家聚集地。——译者注
2　当时，大西洋上正处于无限制潜艇战的高峰期。德国大使馆在美国登报警告乘客不要搭乘这条船，即使如此，"卢西塔尼亚号"依然在1915年5月1日于纽约出发。5月7日下午，该船在属于战区的距爱尔兰南部海岸线11海里处的外海上，被德军潜艇用鱼雷击沉。——译者注

446

睡过了头所以没上船，而这一次恰好也是"卢西塔尼亚号"的最后一次航行。

这是百老汇异常繁忙的一个时期，20世纪20年代每年平均会上映50部新音乐剧。科恩很高产，光是1917年他就为5部音乐剧作了曲，还额外编写了大量歌曲。同时他也腾起了勃勃雄心，就在这一年他写道："以我之见，乐曲要能推进剧作的进程，表现演唱者的个性。"虽然今人难以想象，但这是一个极具革命性的概念，而《演艺船》要把它付诸实践。

科恩本可能遭受另一次打击的，在1927年他已经遭遇一次重大失败了。

《幸运》（Lucky）于3月22日开演，两个月后就下映了（就是林德伯格到达巴黎那一天）。这出剧有一首美妙的曲子叫《春天来了》（Spring Is Here），但科恩忘了将它单独发行，现已散佚。科恩最近的5部剧里只有一部《好天气》（Sunny）是真正的热门剧，其余的大多令人失望，《亲爱的先生》只上演15场就下映了。所以，《演艺船》既是他的关键作品，也是一场大胆的赌博。

《演艺船》有着复杂的情节，时间跨度长达40年，直指高度敏感的种族问题——而不是一晚上都在轻松逗乐。《演艺船》从9月的第二个星期开始排演，

比在百老汇的预定开幕日早了差不多3个月，虽比正常情况提前得多但它数目庞大的乐曲需要精心准备。科恩负责作曲，奥斯卡·汉默斯坦填词，萨米·李（Sammy Lee）编舞，约瑟夫·厄本（Joseph Urban）设计舞台背景。11月15日《演艺船》在华盛顿国

家大剧院上演，之后转到费城继续演出，到12月27日终于来到了百老汇在全新的齐格菲尔德剧院公演。林德伯格一直无缘欣赏的《里奥·丽塔》为了给《演艺船》让路只好搬到其他地方演出。总之，各地的反响都很热烈。

一如拉尔在1993年指出："美国的舞台上从没见过这样的东西。"它标志着整合音乐剧的诞生，即音乐剧里所有的元素，包括剧本、歌曲、舞蹈和布景都为有机的整体服务。这正是科恩早在1917年就开始呼吁的发展方向。

《演艺船》在方方面面都生动地反映了种族问题。它包括了种族通婚，黑人与白人之间的关系，并对南方黑人的困境持同情态度。它有一支96人的合唱歌曲，黑人和白人演员人数一样多，是美国戏剧史上第一出黑人与白人一同登台的剧目。就在3年前，有关部门听说尤金·奥尼尔的戏剧《上帝的儿女》（*All God's Chillun*）提议让黑人和白人的孩子共同玩耍，曼哈顿的地方检察官竟派出警察来阻止。所以，光从这个原因看《演艺船》也非常令人兴奋。在进步人士的眼里，这似乎是个破冰时刻。

剧中包括了6首至今仍广为人知的歌曲，分别是Ol' Man River、Can't Help Lovin' Dat Man、Bill、Make-Believe、Why Do I Love You和You Are Love。Ol' Man River跟当年早些时候发行的一首歌Long-Haired Mamma太过雷同，作曲家莫里·麦迪逊（Maury Madison）也这么认为，于是对科恩提起诉讼，两人最终达成庭外和解。

这出剧并不是那种专门为了迎合观众而写的东西，除了种族通婚，它还认真地探讨了赌博和婚姻破裂。整出剧目十分长，要演到晚上11点30分才结束。但人们蜂拥而至，许多观众感动得热泪盈眶。《演艺船》从一开始就大受欢迎，上映期间每周的票房收入达到50 000美元。

对埃德娜·费伯而言，那是难忘的一周，《演艺船》开幕之后的那天晚上，她跟乔治·考夫曼合写的《王室》（*The Royal Family*）一剧也开始首映。这出喜剧巧妙地模仿了坏脾气又自视甚高的巴里摩尔表演家族，当即大卖且连续上演了10个月。巴里摩尔家族绝对值得戏仿，有一回，约翰·巴里摩尔看到一名电工没有对自己表示足够的关注，就走下舞台教训对方。如果他正在舞台上煽情时有人咳嗽，他会立刻停下对观众大叫："有劳哪位给咳嗽的那个家伙扔条鱼去塞他的嘴？"埃塞尔·巴里摩尔使出浑身解数想停下表演，却没能成功。

尽管费伯和考夫曼争吵不休，而且经常互相心生怨念，但在因积怨导致散伙之前，他们一起合写了3部伟大的喜剧：《王室》《晚宴》（*Dinner at Eight*）和《摘星梦难圆》（*Stage Door*）。考夫曼临死前费伯来看望他，费伯本以为两人达成了和解，然而她离开时考夫曼叫住了她："埃德娜，你会去参加葬礼吗？"

"什么葬礼？"她问。

"你的。你已经死了，埃德娜，死了！"他叫道，随后便栽倒在枕头里。

他再也没跟她说一句话。

《演艺船》首映的那星期，百老汇总共有18出剧目在上演——圣诞节之后共有11出剧目上演，成了百老汇历史上最繁忙的一夜。剧场似乎迎来了最大的胜利，事实上这是它最后的灿烂时光。有声电影即将彻底改变娱乐行业，它不光窃取了现场演出的观众，更糟糕的是它还窃取了现场演出行业的人才。有声电影需要口头表达顺畅的演员，也需要能创造生动对话的作家。一场规模浩大的人才外流很快就将拉开序幕。1927年你还能在百老汇看到的斯宾塞·特雷西（Spencer Tracy）、克拉克·盖博（Clark Gable）、亨弗莱·鲍嘉、弗雷德里克·马奇（Fredric March）、贝蒂·戴维斯（Bette Davis）、W. C. 菲尔兹、詹姆斯·卡格尼（James Cagney）、克劳德特·科尔伯特（Claudette Colbert）、爱德华·鲁滨逊（Edward G. Robinson）、莱斯利·霍华德（Leslie Howard）、巴西勒·拉思伯恩（Basil Rathbone）、克劳德·雷恩斯（Claude Rains）、加里·格兰特、保罗·穆尼（Paul Muni）、波莱特·戈达德（Paulette Goddard）等人，然而他们很快就会一窝蜂地逃离好莱坞，大多数人再也没回过头。美国戏剧界将永远不复往日。

1929年，《演艺船》开始巡演，但表现不太好。当时，人人都迷上了"说话电影"。

29

黑帮横行的芝加哥

阿尔·卡彭

　　在20世纪20年代美国所有声名大振的人物里，再没有谁比凯纳索·兰迪斯（Kenesaw Landies）更好勇斗狠、头发更浓密、名字更叫人过目不忘的了。

　　兰迪斯是个小个子，体重不超过59公斤，站起来只有1.67米，但显得气势逼人。1927年夏天时他61岁，面容干瘪，皮肤沟壑纵横，顶着一头白发。激进派记者约翰·里德（John Reed）形容兰迪斯"有一张死了3年的安德鲁·杰克逊总统的脸"。

　　兰迪斯出生于俄亥俄州米尔维尔，也在这个地方长大。他那有趣的名字来头很古怪，在美国南北战争期间，他的父亲是北方军队的随队医生，在佐治亚州肯尼索山失去了一条腿，便决定以此处作为儿子的名字（只是拼写略有调整）纪念这件事。

　　兰迪斯最初在芝加哥接受律师培训，之后因为运气好，偶然找到了一份为国务卿沃尔特·格雷沙姆（Walter O. Gresham，是格罗弗·克利夫兰任总统的那一届政府）做私人助理的工作。为奖励他为国家勤勉工作，1905年兰迪斯当上了伊利诺伊州的联邦法官。在这期间，他因为许多不计后果的惊人判决出了名。

"卢西塔尼亚号"沉没后，兰迪斯指控德国的威廉皇帝犯下了谋杀罪，理由是德皇杀死了一名伊利诺伊州居民，吸引了全美的关注。他最出名的案件是判决标准石油公司违反了反垄断法，对其处以严厉的2900万美元的罚款。很快，上诉法院否决了兰迪斯的裁决（他的决定经常碰到这种情况）。按一位权威人物的说法，兰迪斯的裁决被上诉法院推翻的案子比联邦制度下的任何其他法官都更多。

每当出现什么有关法律的新闻，兰迪斯一贯在场。亨利·福特诉《芝加哥论坛报》的著名诽谤案早期阶段就是他主持的，审判后来转移到了密歇根州，不在他的司法管辖范围。第一次世界大战后，兰迪斯又因为起诉激进分子获得了特别关注。威斯康星州国会议员、社会党人维克托·伯格（Victor Berger）因为在一篇报纸社论上批评战争，被他判处了20年的监禁。后来，他还说更乐意把伯格送到行刑队面前。这项判决后遭推翻。

兰迪斯为101名世界产业工人工会的会员主持了一场集体审判，这些人总共被指控犯下17 022桩罪行。尽管案情复杂，但在兰迪斯的专业指点下陪审团用了不到一个小时就判处所有被告罪名成立。兰迪斯判决这些人的刑期总共超过800年，还对他们处以总计250万美元的罚款，足以终结产业工人工会在全美的影响力。

同一时期，兰迪斯又接手了棒球大联盟和新贵联邦联盟之间的反垄断案。多年来，美国联盟和国家联盟都从垄断中受惠，他们通过保留条款以合同形式强迫球员服从，但联邦联盟提供给球员更优厚的薪资以及成为自由球员的机会，对固有格局造成了威胁。兰迪斯长久地推迟裁决，拖得联邦联盟的老板耗光了钱，最终只得放弃解散了事，因此兰迪斯得到了美国联盟和国家联盟球队老板们持久的热爱。

　　没有了联邦联盟，棒球球队的老板们转过头来敲打球员们了。他们废除了联邦联盟存在期间跟球员签订的所有协议，拒绝跟新成立的球员工会接洽，到处削减工资。这一切举措令得球员们心怀怨恨，而最过分的要数芝加哥白袜队的老板、天生吝啬的查尔斯·科米斯基了。科米斯基连为球员洗球衣都要收费，他答应内野手比尔·亨内费尔德，只要他健健康康地打完100场比赛就付给他1000美元的奖金，等他打到第99场比赛之后就罚他坐替补席冷板凳，坐足了剩下的赛季。

　　在1919年，白袜队的7名队员——每个人的名字都像是电影角色分配公司报上来的："小鸡"冈迪（Chick Gandil）、"幸福"费尔施（Happy Felsch）、"瑞典"里斯贝里（Swede Risberg）、"左撇子"威廉（Lefty Williams）、埃迪·塞克特、弗雷德·麦克马林（Fred McMullin）和了不起的"不穿鞋"乔·杰克逊（Shoeless Joe Jackson），他们接受了一笔很低廉的贿赂，答应在对辛辛那提红人队的比赛中放水。总的来说，这些串谋的人不怎么聪明，里斯贝里只接受过3年小学教育，处在癫狂的边缘，他威胁说要是有人胆

453

敢告发此事就杀了告密人。别人也都觉得他的确够胆这么做。杰克逊从没上过学，不会读也不会写。这几个串谋的人似乎不太明白对方收买自己是希望自己怎么做。杰克逊在跟红人队的一连串比赛里打击率为0.375，还打出了破纪录的8个安打，其中一个球是在比赛第10局两队处于平手状态时他仓促出手，结果打出了一个令人惊喜的短打。格兰迪尔以一个再见本垒打赢下了一场比赛。最后，白袜队在这一轮系列赛里确实输掉了，成绩是5负3胜，但输得似乎挺艰难。有人认为，原因在于红人队也在暗中操纵比赛，倾尽全力想要输。

几乎每一个棒球从业者早就知道是怎么回事。丑闻爆发后，大联盟的老板邀请（事实上，近乎是哀求）兰迪斯担任棒球联合会第一任主席。兰迪斯答应了，条件是老板们须授予他独断权力，并书面承诺绝不怀疑他的判断。他在芝加哥地区煤气大楼里设了办公室，门上只写了两个字"棒球"。

1921年夏天，7名共谋打假球的球员，还有另外一名没有参与但知情未报的球员巴克·韦弗上了审判台。有一件事现在人们已经记不得了，陪审员认定8人罪名不成立，审判结束后还和球员们一起吃饭庆祝。球员们能脱罪的一个原因在于，操纵棒球比赛其实并不违法，只能以蓄意欺骗公众、损害了科米斯基的生意为由提起指控，但陪审员认为此事无法证实。这个观点有点学究气，因为兰迪斯宣布对这8人终身禁赛。

最初，兰迪斯保留了自己的联邦法官职位，尽管这么做并不合法。众所周知，法官不得从私人利益集团处收取钱财，最终，兰迪斯被迫放弃法官的职位，这个结果对历史的影响可能超出了我们的想象，因为兰迪斯是禁酒令的有力捍卫者。在20世纪20年代的芝加哥，持这一立场颇显怪异，他曾把只卖了少量酒水的人判了两年徒刑。1922年年初，他当法官的最后一天判处了芝加哥的一名私酒小贩一年监禁，并罚款1000美元。这个可怜人只卖了两杯威士忌。如果兰迪斯仍然在任，芝加哥可能就不会是全世界犯罪分子最喜欢待的地方了。不管兰迪斯在棒球界进行了怎样严厉的整饬，他对阿尔·卡彭只会使出更狠的手段。

　　1927年时芝加哥是全美第二大城市、全世界第四大城市。美国以外，只有伦敦和巴黎比它规模更大。但引用《芝加哥论坛报》上的一篇社论的话来说，它也以"低能的流氓、野蛮的罪犯、得意扬扬的暴徒、明目张胆的贪污、低落消沉的公民意识"出名。

　　《芝加哥论坛报》社论没有说（显然也不能说）的是，报纸的经营者罗伯特·麦考密克（Robert Rutherford McCormick）身上就有一股流氓气质。

　　麦考密克出生于1880年，来自一个富裕但不幸的家庭。在父亲家族这一边，他跟收割机的发明人赛勒斯·麦考密克（Cyrus McCormick）是亲戚，因此跟国际收割机公司有着利益关系。他又通过母亲家族的关系继承了《芝加哥论坛报》。他母亲不喜欢男孩，总是让他穿女装，在他还不够年纪上学之前，总叫他女孩的名字"罗伯塔"。不知是否因为这个原因，麦考密克到了而立之年都不知性事为何。但在那之后，他就成了个色情狂，做了种种荒唐事，包括从表亲手里偷来了自己的第一任妻子。

麦考密克对战争有一种孩子气般的热情，听说自己被伊利诺伊州国民警卫队任命为上校，而且什么也不用做只以阔佬身份出现就行，这让他喜形于色。在余下的人生，他坚持他人称自己"上校"。妻子去世时他安排了最隆重的军事葬礼，却完全不顾她的资格问题（说不定也并不渴望）。第一次世界大战爆发后，麦考密克曾在法国短时间服役。在康蒂尼的一次战场经历让他深为所动，回国后，他便称自己在伊利诺伊州惠顿的庄园为康蒂尼庄园。

1910年，麦考密克和另一个表亲约瑟夫·帕特森（Joseph Medill Patterson）一起经营《芝加哥论坛报》。虽然帕特森是坚定的社会党人，麦考密克则离法西斯主义只有一两厘米远，他们的合作却惊人地顺利，《芝加哥论坛报》繁荣发展，10年后发行量就翻了一倍。1919年，这对表兄弟推出了小报《纽约每日新闻报》（*New York Daily News*）。值得注意的是，这份报纸在问世的最初6年是在芝加哥经营的。最终，帕特森去了纽约专注于《每日新闻报》（*Daily News*）。这样一来麦考密克就成了《芝加哥论坛报》的唯一负责人。

在麦考密克领导下，《芝加哥论坛报》迎来了自己最重要的时期。到1927年，它的发行量是81.5万份，几乎是如今的两倍。报社拥有造纸厂、船只、水坝、码头，还有约18 130平方千米的森林以及一家全美开办最早、最成功的电台WGN（World's Greatest Newspaper的缩写）。它还投资了地产和银行。

岁月流逝，麦考密克变得越来越古怪。他控股的湖滨银行总裁触怒了他，麦考密克便将其贬职，打发他去经营庄园外的蔬菜摊。他坚持要论坛报参考《时代周刊》的创办人亨利·卢斯，但同时又很嫌恶后者，总说"就是那个生在中国却不是中国人的亨利·卢斯"。他暗中提出一套理论，说威斯康星大学的男人都穿蕾丝内衣，还派出记者去查探真假。出于巧合，林德伯格当时就是威斯康星大学的学生。不知为什么，麦考密克在康蒂尼庄园仍使用东部时间，但从不告诉客人，所以第一次来的访客总会发现，本来是受邀参加晚宴，可自己到的时候连盘子都给收走了。[1]

除了亨利·卢斯，麦考密克还特别讨厌亨利·福特、移民和禁酒令。但他最痛恨的还是芝加哥市长威廉·汤普森（William Hale Thompson）。汤普森是个彻头彻尾的笨蛋，但他的支持者们从不以此为由反对他。"你可以说比尔糟糕，但说他笨一点没说到点子上。"有人喜滋滋地评论。汤普森得到支持是因为对腐败或者赚钱，他从来不挡道。他出生于芝加哥大火两年前，在富裕家庭中长大。大火之后，他的父亲从痛苦的业主们手里廉价买下房产，趁着芝加哥的重新发展加价卖出，赚了大钱。年轻的汤普森长成了个魁梧的小伙子，身高1.92米，人们都叫他"大个儿比尔"，但他不是个很有潜力的人。他辍学去了西部，做过牧场工人和牛仔，1899年他的父亲去世，他回到芝加哥接管了家族生意。虽然没什么脑子也没什么资质，但1915年他当选为市长，此后8年芝加哥在他的管理

1　1927年，麦考密克还没有出现他最为人所知的特点：全身心地投入于简化拼写运动。这种投入始于1934年，他让论坛报采用了如下新颖的拼写：fate、burocracy、iland和lam（这个单词库规模庞大，且不断变化）。论坛报将此实践贯彻了41年。

下无声无息地成为全美最腐败、最无法无天的城市。

腐败之于芝加哥，就如同钢铁之于匹兹堡，电影之于好莱坞。它寡廉鲜耻地磨炼腐败、孕育腐败、永葆腐败。1921年，一个叫安东尼·迪安德烈（Anthony D'Andrea）的黑帮头目被杀，有8000人参加了葬礼。送葬队伍长达4千米，名誉护柩人包括21名法官和9名律师，外加伊利诺伊州的检察官。

歹徒在这个城市里横行无阻。三名男子跑到黑道人物帕齐·罗洛尔多（Patsy Lolordo）家里，开枪把他打死在了沙发上，指纹留得满屋子都是。罗洛尔多太太知道凶手是谁也愿意指证，警方进行了调查，但最后遗憾地说找不到足够的证据提起检控。1927年，伊利诺伊州从未成功地检控过任何一名黑帮分子。

在这个城市，警察局局长乔治·希比（George Shippy）觉得送包裹的人长得像犹太人，认定他是在投递炸弹就开枪打死了这个可怜人。结果，死者只是一个无辜送货员。但希比没有受到起诉。

1923年，汤普森结束工作从市长职位上退了休。但他的崇拜者们害怕出现纽约检察官埃默里·巴克纳那样的人物（大搞查封等），出于安全考虑劝他1927年再度竞选。按芝加哥的标准，这次选举气氛平和。只出现了两起爆炸事件、两桩枪击案、两名民选官员遭到殴打和绑架、12起选民恐吓报案。阿尔·卡彭为汤普森的竞选活动捐赠了26万美元。据信，就是汤普森或者他阵营下的某个人创造了"早投票、多投票"的滑稽口号，而且很多人好像真的还听信了他的话。按官方统计，投票人数是100多万，跟登记选民的人数几乎一模一样。

汤普森在新的平台上展开了竞选。他发誓要废除禁酒令，让美国退出国际联盟，终结芝加哥的猖獗犯罪。前两项，他没有权力做；第三项，他没有打算做。他还出于不太好懂的原因声称，英国国王乔治五世打算吞并芝加哥。他承诺，如果当选，他会找到国王"迎面痛击"。他再选后的第一把火就是着手从芝加哥的学校和图书馆里清除所有叛逆作品。汤普森任命了剧院老板、之前以更换广告牌为生的斯波特·赫尔曼（Sport Hermann）负责本市净化工作，凡是不够"百分之百美国"的作品统统扔出去。赫尔曼指定由名为"爱国者联盟"（Patriots' League）的机构来判断哪些书招人反感，理应丢弃。但在媒体的压力下，他承认自己没有读过任何一本他主张该烧掉的书（他很可能就没读过任何书），他还进一步承认，他记不得有哪些人向自己提过建议。为了确保这番荒唐举动没有一个环节不沦为笑柄，赫尔曼宣布焚书的篝火将由库克县刽子手点燃。

值得注意的是，这一切行动得到了很多人支持。威廉·赫斯特的洛杉矶《先驱考察家报》（*Herald and Examiner*）支持汤普森的竞选活动，并希望其他城市也清理自己的图书馆书架。三K党也赞扬了焚书举措，并建议市政当局下一步可把注意力转到那些亲犹太人或天主教徒立场的书上。市政参考图书馆的负责人宣称，他已独立毁掉了自己馆藏的所有可疑图书和小册子。"我现在拥有美国最干净的图书馆了。"他自豪地说。

在这样的一个世界，阿尔·卡彭不光看上去理智，实际上也值得尊敬。他坚持自己只是个商人。"我靠着满足公众需求来赚钱。"1927年，他在新闻发布会上说（阿尔·卡彭召开新闻发布会这一点本身就值得注意）。"库克县90%的人都喝酒、赌博，为他们提供这些消遣竟然成了我的罪行！不管他们怎么说，我的私酒卖得素来很好，我的赌博摊也一直在广场上开着。"1927年，他领导着一家年收入1亿美元的组织。他切入问题的角度或许跟常理有所不同，但阿尔·卡彭无疑是美国最了不起的成功人士之一。

在1899年1月，阿尔·卡彭出生于布鲁克林，本名为阿方斯·卡彭（Alphonse Capone）。他的父亲是个善良的公民，据我们所知从未触犯过法律，他作为理发师并拥有一间自己的理发店——这对贫苦移民来说是颇值得骄傲的成就。但他的父亲从未学会英语。卡彭是父亲的第4个儿子，也是第一个出生在美国的孩子。长兄文森佐（Vincenzo）在1908年16岁时跑去了西部。卡彭一家次年收到了长兄从堪萨斯州写来的一封信，之后就再也没有音信了。其实，文森佐成了一名禁酒特工，改名为理查德·"双枪"·哈特（Richard "Two Gun" Hart）。他取这个名字效法的是牛仔明星威廉·哈特（William S. Hart），而且他还照着威廉·哈特的样子穿衣服，戴阔边高顶毡帽，胸口别着一枚锡制星星，腰间挂着一对装着枪的枪套。离奇的是，1927年夏天，他正在南达科他州担任柯立芝总统的贴身保镖。

不消说，年轻的卡彭走上了一条完全不同的职业道路。因为殴打老师（卡彭总是耐心地解释，是老师先打自己的），遭到学校除名，成了布鲁克林敲诈老手强尼·托里奥（Johnny Torrio）的徒弟。托里奥温和、细腻，但却是最先进行有组织犯罪的人。他尤其擅长夺取特定行业或生意的控制权。比方说，一座市集所有的冰块运输员，都要向托里奥支付佣金来换取特定区域的垄断销售权，以便提高冰块售价。如果有人胆敢挑战他们的垄断权，那么他的办公室可能会挨炸药，可能会被打断腿，房子会被市政府责难，或是遭遇其他各种各样的不良后果。在巅峰时期，托里奥控制了200多个不同的行会，包括苏打药剂师会及桌上舞娘兄妹会，以及面包、饼干、酵母片和囚车司机工会。就连擦皮鞋的男孩要讨生活都得提前付给他15美元，开业后则每月2美元。

在1920年，不知道为什么，也从来没有人给出过可信的解释，托里奥决定离开布鲁克林到芝加哥从头来过。他的第一步是搞掉了一个名叫大个儿吉姆·科洛西莫（Jim Colosimo）的黑帮分子（按某些说法，这人是托里奥的叔叔，还有些人说他们只是合伙关系），接管了后者的生意。有一段时间一切顺利，但随后地盘争抢就有些紧张起来。1925年1月的一个寒冷下午，托里奥正帮妻子把购物袋从车上拿到房里，敌对帮派的两个人走上前来近距离朝他开了5枪，托里奥保住了性命，但决定金盆洗手。他把芝加哥的所有生意都交给了阿尔·卡彭。美国历史上最无法无天的时代就此开始。

卡彭统治的两大突出特征是：他本人非常年轻，统治的时间又非常短暂。卡彭接手托里奥生意时年仅25岁，跟林德伯格飞往巴黎时岁数一样，他的黑帮头目生涯只有从1925年春到1927年年底的不到两年光阴。迟至1926年年初，芝加哥的报纸就开始称卡彭为"卡波尼"或者"卡普里尼"。1926年夏天，《芝加哥论坛报》的一个记者给他起了"疤面煞星"的绰号，传奇故事就此上演。

《时代周刊》的记者生动地凭想象形容卡彭"黑黝黝的脸颊上有一道伤疤"（《时代周刊》对"黑黝黝"一词真是爱不释手），"是那不勒斯的克莫拉黑帮用剃刀留下的纪念"。事实上，卡彭的伤疤来自康尼岛，一天晚上，他在酒吧里喝醉了酒靠近一个姑娘说："宝贝儿，你的屁股挺漂亮，我真心喜欢你。"只可惜年轻姑娘跟自己的兄弟在一起，那人出于荣誉感认为必须做点什么，就拿刀划过了卡彭的脸，在他左脸上留下了两道明显的疤痕，脖子上还有一道不那么明显。卡彭对伤疤总是很敏感，想方设法地遮掩甚至往脸上抹滑石粉。

毫无疑问，卡彭具备施暴的能力，但有一点必须指出：他用一根棒球棍将两名宾客打死的著名事件，完全是虚构出来的。此事出自1975年乔治·穆雷写的《阿尔·卡彭的遗产》（*The Legacy of Al Capone*）一书。但此前的半个世纪从来没人提过这事：要是他真的曾把客人打死在餐桌上，在场的其他宾客可不会忘记。还有人经常把"笑容和枪杆子能让你走得更远，比光靠笑容要远得多"这句话记在卡彭名下，但他似乎从未说过。

20年代的芝加哥，并非真的像传说中那么暴力。每10万人口中会发生13.3桩谋杀案，毫无疑问比纽约（6.1）、洛杉矶（4.7）或者波士顿（仅为3.9）要高，但比底特律（16.8）或者几乎所有的南方城市都要好。新奥尔良则是每10万人口发生25.9桩，小石城37.9，迈阿密40，亚特兰大43.4，夏洛特55.5，孟菲斯更是以69.3桩遥遥领先。而今天美国每10万人口中发生的谋杀案为6桩——听到这个数字，想必你略有吃惊但也心存宽慰。

芝加哥犯罪的一个特点，就是这里的黑帮很爱用汤普森冲锋枪，也被亲切地称为"汤米枪"。这种枪的名字来自约翰·汤普森将军（John Taliaferro Thompson），即美国武器库司长，他在第一次世界大战用了大量时间进行研发工作。汤普森的想法是设计一种轻量级的便携式机枪，一名士兵就能运走。汤普森冲锋枪有着绝妙的杀伤力，它一分钟能够发射上千发子弹，在装甲车上钻出孔来。在一次演示当中，它穿透了6.3毫米厚的钢板，打断了一棵直径近乎60厘米粗的树。只可惜，汤普森做好投产准备时战争就结束了，军队也不想要这种武器了。警察不愿用它的原因是它的动静太大，还无法准确打击目标。汤普森冲锋枪射出的子弹随机散布，成了流氓的理想武器——一旦扣下扳机，流氓就会吓坏众人。伊利诺伊州对汤普森冲锋枪的销售未做任何限制，普通公众都能在五金店、体育用品商店，甚至杂货铺里买到它。出奇的是，芝加哥的死亡人数并未因此而高到离谱。

禁酒令时期芝加哥还有一样东西丰盛得异乎寻常：啤酒。而大多数城市都没有啤酒，芝加哥的啤酒需要大规模的腐败才能实现生产。因为，你不可能藏下一座啤酒厂，所以制造和销售啤酒要想不引来司法干预就需要大笔的封口费。在这座城市，几乎没有任何一个穿警服的警官没分享过这笔甜头。每天总有源源不断的警察和官员前往卡彭设在大都会酒店的总部领取报酬接收指令。光是卡彭开给警察的薪水，每周就近60万美元。芝加哥警队实际上成了他的私人军队。如果凯纳索·兰迪斯能留在联邦法官的岗位上，他会采取什么样的举措只有天知道了。

禁酒令或许可以算是政府送给地下酿酒商最好的礼物了。一桶啤酒的生产成本是4美元，售价55美元。一箱烈性酒生产成本是20美元，能赚90美元而且还不用纳税。到1927年，卡彭的组织（有趣的一点是，它从没有名字）据计收入了1.05亿美元。无疑，这一经营规模可让他跻身美国历史上最成功的商人之列。

许多人似乎也欣然把卡彭看成一位成功的商人。1927年，有人请西北大学麦迪尔新闻学院的学生列举心目中全世界最杰出的10个人，他们选择了林德伯格、理查德·伯德、墨索里尼、亨利·福特、赫伯特·胡佛、爱因斯坦、"圣雄"甘地、萧伯纳、高尔夫球手鲍比·琼斯，以及阿尔·卡彭。

对卡彭而言，1927年是个好年头。利润源源不断地涌入，芝加哥的黑帮基本上和平相处，卡彭越来越感觉自己成了一个大人物。芝加哥的送报员威胁要发动大罢工，报业老板们转身向卡彭，而不是市长大个儿比尔·汤普森求助。之后，卡彭平息了罢工，并应业主之邀参加了罗伯特·麦考密克主持的一场感谢会。

"事后麦考密克想付钱给我，"卡彭后来说，"但我告诉他让他把钱捐给医院。"麦考密克讲述的故事很不一样。"在发行商会晤上，我迟到了，"他在回忆录中语调轻松地写道，"卡彭带着几个手下走了进来。我把他赶了出去。"不管具体情况如何，罢工没有举行，芝加哥的报纸日后说起卡彭总是笔下留情。1927年夏天快结束的时候，阿尔·卡彭成了全世界最受欢迎的歹徒。

再过几个星期，15万人会挤进芝加哥的士兵球场观看登普西—

滕尼复赛。那地方会出现各路名人，但球场里人人翘首以待的是阿尔·卡彭。28岁，他似乎登上了世界之巅。可事实上，他的好时候马上就要过去了。再过不到6个月，他就会遭到追捕，他的世界也将化为乌有。

30

登上世界的舞台
世界的中心从欧洲到美国

卢·格里克在安静、有条不紊又近乎悄无声息中，迎来了梦幻般的一年。9月的第2个星期开始时，他打出了45个本垒打，161个打点，打击率为0.389。帮他作传的乔纳森·艾格（Jonathan Eig）在《最走运的人》（*Luckiest Man*）里指出，就算格里克止步于此（赛季还有一个月才结束），这也是他有史以来表现最好的一个赛季。事实上，他也基本上停了下来。

格里克的母亲患上了甲状腺肿，需要手术治疗。他内心焦虑不安。"我很担心妈妈，她什么东西都看不清楚了。"他向队友吐露。

"他所有的念头都围着妈妈转。"体育记者弗雷德·利布（Fred Lieb）后来写道，"每当打完比赛，他就冲到医院陪妈妈，直到睡觉时间。"在该赛季剩下的时间，格里克只多打出两个本垒打。他的心思已经不在赛场上了，他能想的一切就是他亲爱的妈妈。

与此同时，贝比·鲁斯却一个接一个地把球高高地击飞出球场，就好像在练习赛里接发球似的。9月2日到29日，他打出了17个本垒打。没有任何人在一个月里有过这样的成绩。

　　洋基队似乎不可能再出什么岔子了。9月10日，他们连续第21次击败圣路易斯队——这是单个赛季里，一支球队对另一支球队最高的连胜成绩。威尔西·穆尔本来是个糟糕透顶的击球手，为了看他朝着空气连连挥动木头球棒的笨拙样子，球员会走出更衣室，小贩会暂停做生意。可9月16日这一天，他奇迹般地击中了一个球把它送上了右外野墙，打出了一记本垒打，贝比·鲁斯看了惊讶得差点儿心脏病发作。在投手丘上，穆尔又轰出了7个安打，把自己的战绩分别提高到了18和7，而洋基队则以7∶2击败了白袜队。

　　在这个过程中，洋基队其实已经拿下了冠军，虽然几乎没人注意到。他们在赛季的每一天里都排名第一，这可是棒球史上的头一回。他们的领先优势太强了：就算输掉剩下的所有15场比赛，而且排名第二的费城运动家队在剩下的所有17场比赛里都胜出，洋基队仍然能排第一。事实上，洋基队剩下的15场比赛里打赢了12场（哪怕根本不需要）。他们根本就止不住赢的势头。

　　鲁斯态度威严，镇定自若。在9月16日，曼哈顿法院指控他犯了一桩惊人罪行：重拳殴打一个跛子。受害人伯纳德·尼迈耶（Bernard Neimeyer）是个名声很好的体面人，他说7月4日晚上路过安索尼亚酒店附近时，一名带了两名女伴的男子说他出言不逊，狠狠揍了他的脸。尼迈耶说自己并不认识行凶者，但围观的人告诉他那是贝比·鲁斯。鲁斯辩解说，事发当时他正和朋友一起吃饭，随后两人做了肯定的证词。在法庭上，尼迈耶似乎有点疯狂。《纽约时报》报道，他经常"兴奋地站起来，挥舞着笔记本，还时不时在聆讯过程中抄抄写写。法院的书记员多次告诫他，说话别太大声"。法庭当场驳回此案，赢得了出庭观众的全体掌声。鲁斯为一大堆照片签了名，出了法院就到球场上打出了自己的第53个本垒打。

两天后，和白袜队进行连番赛时，他在第5局里打出了自己的第54个两分炮。3天后的9月21日，对阵底特律队的第9局比赛结束时，鲁斯站上了本垒。其余垒上无人，老虎队以6∶0领先，所以老虎队的投手山姆·吉布森（Sam Gibson）用不着给鲁斯投什么好球，他也尽职尽责地努力避免投出好球。不管怎么说，鲁斯还是逮住了一个球，把它高高地打进了右野看台，拿下了自己的第55个本垒打。在本赛季创下新纪录似乎完全有可能了。

第二天，鲁斯打出了自己本赛季最辉煌的一个本垒打。第9局快结束时，马克·柯尼在三垒包，洋基队以6∶7落后，鲁斯上了本垒，把球轰进了右野看台完成了自己的第56记本垒打，以8∶7的分数一举结束比赛。害怕有人把球棒偷走，鲁斯背着球棒，围着垒包小跑起来，有个10来岁的小男孩从右野冲下来跟他一起在跑垒道上欢腾。男孩双手抓着球棒，基本上被鲁斯扛了起来，带着他绕垒包，跑进球员休息区。更多球迷雀跃地追了过来，鲁斯很快消失在了跑道上。本场比赛是本赛季洋基队的第150次胜利，追平了美国联盟的单赛季胜绩。

可洋基体育场之外，世界几乎没有注意到。在横跨半个大陆的芝加哥，更叫人兴奋的事情即将发生。

这就是登普西一滕尼之战。芝加哥比林德伯格最近到访时更加人头攒动。涌进城里的人数前所未见。宾馆里完全没有了空床，想在餐厅里弄到个座位更是不可能。专列从四面八方开进芝加哥——从阿克伦、匹兹堡、亚特兰大，甚至更遥远的西部。3天里，100多列增开的火车进了城。定期车次加得更长，有时甚至都过头了。格斗当天，"20世纪特快号"拉动的车厢，是平常的3倍长。从外地赶来的人包括阿尔·乔尔森、查理·卓别林、道格拉斯·费尔班克斯、哈罗德·劳埃德、佛罗伦斯·齐格菲尔德、格洛丽亚·斯旺森、沃尔特·克莱斯勒、泰·柯布，9名美国参议员，10位州长，市长不可计数，还有全美各地的商业巨头。大卫·萨尔诺夫也赶到芝加哥来确保电台连接就绪。即将成为飞越珠峰第一人的英国探险家道格拉斯（Douglas）及克莱兹代尔马侯爵（The Marquis of Douglas and Clydesdale）以吉恩·滕尼嘉宾的身份出席，英国作家毛姆也享受了同等待遇。

民意压倒性地支持登普西。滕尼拥有英雄人物应具备的一切要素：他爱干净，很聪明，有礼貌，相貌堂堂，但和卢·格里克一样他没有那种能让人心波荡漾的化学反应。他出身贫寒，长在格林尼治村，是爱尔兰移民的儿子，从事职业拳击时体重只有63.5公斤。哪怕他努力把体重提高到了68公斤，他也缺乏力量。为了弥补，他只好依靠灵巧的佯攻和刺拳。滕尼曾说过，登普西是个斗士但自己只是个拳击手——这种说法很科学。他打赢拳赛靠的是深入研究对手并损耗对方的气力。这一战略几乎总能奏效。在66场职业较量中，滕尼只在

1922年被哈里·格雷伯（Harry Greb）打败过一次。之后从来没有谁将他击倒过。

滕尼宣扬自己是个知识分子，是个绅士。他不喝酒，不说脏话，拒绝为香烟做广告，但他靠代言其他东西，比如汽车、帽子、鞋子、睡衣和手杖等，都赚了大钱。他有一种轻浮的做派。他喜欢随身带一本书，有记者问他这是什么，他会轻描淡写地回答："哦，是一本鲁拜集，我一直带着。"基本上，这就是为什么大多数人受不了他的原因。一如《每日新闻报》的典型拳击迷保罗·加利科所说："真想看到这个爱读书的势利小人被揍，去见莎士比亚。"

在芝加哥举办这场拳赛，有不少人担心城市的腐败名声会对营销不利。阿尔·卡彭多年来崇拜登普西。他讨厌滕尼的优雅举止，形容滕尼是"见鬼的娘娘腔"。卡彭让人传话说他要保证登普西这一回不会输。得知这个消息，登普西惊恐地写信给卡彭，恳求他切莫干预。"只有我出于真正的体育精神打败滕尼，或者滕尼打败我，才能证明胜利者不愧为冠军。"登普西解释说。第二天，他收到300朵玫瑰和一张没落款的卡片："致登普西，以体育精神的名义。"据说，卡彭押注5000美元赌登普西赢，还以40美元一张票的价格买下了体育馆里最好的100张座位。

大战这天，滕尼和登普西都慢跑了8千米，然后就自由放松进行备赛。滕尼带着自己的新朋友萨默塞特·毛姆到图书馆查阅稀有手稿度过了这段时间。登普西的消遣不为人知，但推测起来想必不如滕尼那般知性吧。

到了傍晚时分，士兵球场逐渐装满了人，气氛越来越高亢。拳赛正式开场前，人们靠着分辨擂台边上的名人打发等候时间，必须要说的是，坐在最遥远位置的人几乎看不到擂台，也根本不在乎围在边上的那些人。有些座位离擂台足有700英尺。

最热烈的赛前预热时刻是阿尔·卡彭的到来，他穿着大衣头戴软帽，身边一如既往地围着一圈身材魁梧的保镖。"除非用上野战炮，否则什么东西都穿不过他的双层人肉堡垒。"事后《纽约客》写道。陪伴卡彭的特邀嘉宾是达蒙·鲁尼恩。

进场的观众多达15万人，足以填满洋基体育场两次。为疏导观众，主办方安插了6000名引座员。每名引座员都戴着袖章，上面写有"滕尼—登普西拳击展"——滕尼坚持要用这一文雅说法。还从没有哪处场馆一次性地塞进了这么多的体育迷。

人头攒动的汪洋大海中，夜幕笼罩之下有一个小小的明亮缺口，那就是擂台了。擂台沐浴在44盏1000瓦大灯的照射下，每侧各留12米，给了滕尼更大的闪躲空间。登普西—菲尔波之战的一个关键特征是，每次菲尔波挣扎着站起来，登普西总能冲上去再度把他放倒。这让滕尼阵营坚决要求应用新的规则：击倒后，对手必须退到无关的角落去。结果，当天晚上这一考量为拳击带去了史上最大的争议时刻。

为形成全国性广播，美国国家广播公司连接了82座电台。这天夜里，收听拳赛的听众超过了历史上任何其他事件。林德伯格6月回国时，听众有3000万人，而这一回达到了5000万人。

与以往一样，全美有一半的人转向了格雷厄姆·麦克纳米的热情嗓音。拳赛的最大特点是它推迟了很久。预定开始时间为芝加哥晚上9点45分，也即东海岸的晚上10点45分。两名身披赛袍的对手最终出现，在人群震耳欲聋的欢呼声中钻进亮得耀眼的擂台上，进度晚了15分钟。两位拳手看起来都很镇定，做好了准备。

裁判戴夫·巴里（Dave Barry）在擂台中央进行例行讲解，两名拳手退回各自的角落，铃声敲响，当年（兴许也是有史以来）美国最受期待的战斗开始了。登普西晃动着身子，出拳很重，麦克纳米说他看到擂台都在颤抖。但滕尼娴熟地闪躲跳跃，登普西的攻击大多落在他胳膊处，没造成什么伤害。

几乎同一时间，滕尼开始挑拨逗弄登普西——他猛击一下，迅速回挡之后跳到了一边。这一策略带来了毁灭性的累积作用，每过一轮，甚至每过一招，登普西的脸都越来越肿。他的眼皮裂开了口子，嘴里流出了血。但他仍然继续挺进，用《纽约时报》记者詹姆斯·道森的话来说就是："不倦，不懈，野蛮，恶毒，拼命。"

就在滕尼朝着胜利推进的第7轮，登普西把他从轨道上截停了，他用一轮突如其来、狂风骤雨般的组合拳，打得滕尼头昏眼花、无助地摊在了擂台上，左胳膊耷拉在绳圈上。15万人惊讶地站了起来。几乎可以肯定，再来一两拳他就会失去知觉。"我必须说，我那时候只是觉得擂台坐着挺舒服。"事后滕尼对记者开玩笑。但事实上他陷入了大麻烦，5000万美国听众也都知道。据后来报道，至少有10名电台听众在第7轮时因心肌梗死去世了，当然，这个数字肯定是无中生有编出来的。

登普西热血沸腾，没能按规定及时退回中立角落，而是在一旁徘徊等滕尼站起身时继续揍他。裁判巴里不得不把他赶回中立区，才开始计数。这给了滕尼少许可贵的休息瞬间，这多出来的时间具体是多少一直存在激烈的争议，但也不过就是五六秒。

数到9时滕尼站了起来，并以惊人的轻盈步伐跳着远离了更深的困境。事实上，他几乎不知道发生了什么事。"我忘了……发生了什么事，是后来别人告诉我的。"多年以后他承认道。

登普西错过了机会，这一轮猛攻让前任冠军精疲力竭。接下来的一轮，滕尼用一记突然的锋利勾拳把他打倒在地。登普西站了起来，但似乎跟不上节奏了。此后，滕尼轻松地占据优势，在评委的一致裁定下获胜。

登普西的支持者一直觉得他们的英雄受骗了，登普西自己也这么认为。"不管是有意还是无意，我的冠军被剥夺了。"赛后，他在更衣室里告诉记者，"我不是个爱找借口的人，但我的灵魂深处知道，我今天晚上击倒了滕尼，追着他满擂台跑，就算按点数算，我也应该胜出。"

据罗杰·卡恩（Roger Kahn）在1999年所著的登普西传《纯净火焰》（*A Flame of Pure Fire*）中记叙，登普西倒下时裁判并未强制执行中立角落规则。卡恩说，第一次观看拳赛两个关键时刻的录像时他"气炸了肺"。"两次击倒，只拉开一次，应用的是两套不同的规则。我相信，解释其实并不复杂。我从1927年芝加哥的录像里看到了一位偏袒的裁判。"卡恩写道。

事实上，从录像看情况并不这么明确。滕尼在第7轮倒下时，巴里把登普西推开，清楚地命令他回到自己的角落，登普西还在后退时，裁判已经转身立刻开始倒数。巴里几乎不可能行动得更快、更果断了。接下来登普西倒下的回合里，巴里没有把滕尼推到中立角落，因为根本就没时间。登普西立刻就跳了起来，就像跳蹦床那样，而且裁判还来不及迈步向前，或者举起胳膊，登普西就又开始出拳了。

倒数时间长，这很遗憾，但除了杰克·登普西谁也怪不了。滕尼选择从更宏观的整体角度来看。"我们打了20轮，我想，我有19轮都打赢了他。"他对记者说。

这场拳赛滕尼赚了99万美元，有人算出，他躺倒在地的加长倒数时间价值7700美元。登普西赚了还不到45万美元。滕尼热切盼望再比一场，但登普西拒绝了。登普西再也没有上过擂台。滕尼自己也只多打了一场比赛。他回避了最明显的挑战者杰克·沙基，而是在洋基体育场跟新西兰人汤姆·黑尼打了一场。滕尼用11轮胜出，获得了50万美元奖金，但这场拳赛最大的看点是只卖出了一半的门票。没了登普西，拳击的吸引力也没那么大了。比赛筹办人亏损了15万美元以上。

9月初，南美洲传来了一个有趣的故事。法国工程师罗杰·库特维尔（Roger Courteville）开着一辆汽车从里约热内卢前往立马，这是第一次有人搭乘机动车横穿南美洲，本身就是个了不起的故事。他说在途中顺着巴西的马托格罗索州一条寂寞公路行驶时，碰到了失踪的英国探险家珀西·福塞特。福塞特最后被人看见是在福特城外丛林里寻找失落之城Z时。双方相遇的时候，科特维并未意识到福塞特是什么人，所以没有报告自己的发现。

按科特维后来为《纽约时报》所写的文章来看，在一个前不着村后不着店的断头小路上，他被当地人带去短暂见到了一个头发花白的白人男性，大约60岁。"他穿着短裤，卡其衬衫，一双破旧的厚底鞋，鞋子用沼泽植物的纤维绑在他没穿袜子的脚上。"科特维说，"因为发烧，他的手在颤抖。"科特维特别注意到，蚊虫蜂拥扑向这人裸露在外的腿上。科特维先用葡萄牙语跟他说话，但没有得到回应，便改用了英语。他问那人，为什么让蚊子随意地叮咬他的腿。

"他们饿了，可怜的魔鬼。"那人用纯粹的英国口音回答。值得一说的是，两人对话的范围就这么多了。

"这个陌生人秉持英国人的傲慢态度，反应迟钝且拒绝谈论自己的事情。"科特维接着说。所以，科特维没做任何努力确定这人的身份，也没提供协助甚至没问问他在做什么就回到了自己的车上。他只是继续上路，几个月后，到了利马才随意地把这次相遇报告给了一位官员。

官员兴奋极了，因为福塞特是南美洲最出名的失踪人士。

事实证明，科特维遇到的人不可能是福塞特。首先，福塞特是秃顶，这个男人却留着长发。所以，他是什么人，他怎么去巴西内陆的是个很大的谜团。没有人知道还有哪个英国人钻进丛林再也没出来。

科特维发现的虽然不是福塞特，但却重新掀起了人们对福塞特的兴趣。英裔美国人冒险家乔治·迪奥特（George Miller Dyott）公布了率领搜查队深入蛮荒丛林129 499平方千米的计划。这片丛林也正是福塞特失踪的区域。迪奥特靠着10头骡子、64头牛、一小队向导和挑夫的支援,披荆斩棘地进入内陆找了几个月,他自己也差点儿送命,但没有发现福塞特也没有找到科特维所说的神秘英国人。甚至,没有碰到其他任何不该在的人。之后又有一个瑞典人及一个美联社的记者各自踏上了远征,但再也没有传来消息。福塞特的妻子从英国发出消息说人们应该停止搜索。她告诉记者,她已跟丈夫通过心灵感应联系上了:他很好,等他做好准备自会走出丛林。当然,福塞特始终没走出来。

9月2日在飞往怀俄明州首府夏延途中,林德伯格路过了拉皮德城高中和被柯立芝总统在夏季视为家的州立度假区。柯立芝总统走了出来,朝他挥舞着手帕。林德伯格在两个地方投下了消息筒,投在州立度假区的一直没人找到过。

因为看出林德伯格疲惫不堪,负责巡演的人定下了一条规矩:他每天的个人出场时间不超过4个半小时。白天两个半小时的游行和讲演,晚上两个小时的宴会。一切活动必须压缩配合这套时间表。

报纸继续报道他在全美各地的巡游,但这更多的是出于责任感,而不再是热情了,消息几乎总是刊登在内页,除非偶尔出现了一些超乎寻常的情况。在得克萨斯州的阿比林,林德伯格到达后发现当地主办方在游行车辆上安装了一把王座。林德伯格对这庄严的东西感到尴尬,不肯就范,主办方只好又把它拆了。这就是迄今为止林德伯格巡演途中发生的最有趣的事情了。

登普西—滕尼之战结束后,体育迷们把注意力转回了棒球,观察贝比·鲁斯能否打破自己的本垒打纪录。鲁斯跟早前的纪录越来越靠近了。9月24日和25日，鲁斯打了两场比赛却没能打出一个本垒打，故此，在剩下的4场比赛里他还差4个本垒打才能破纪录。

9月27日，在剩下的4场比赛里的第一场，鲁斯在对阵费城运动家队的左撇子格罗夫时，抽出了一记满垒本垒打，也是他自己的第57个本垒打——在本赛季，格罗夫只吃过6个本垒打，这就是其中之一。鲁斯打出的满垒全垒打并不多——在本赛季这是头一个。放眼他的整个职业生涯，他总共也只打出过6个。

9月28日，洋基队休息了一天，这显然对鲁斯起到了好的作用，因为第二天在跟华盛顿参议员队的三场系列赛的一开始，他首次上场持棒，就对本赛季表现出色（也是他唯一的好年头）的新秀贺拉斯·利森比（Horace "Hod" Lisenbee）打出了第58个本垒打。就像左撇子格罗夫一样，利森比整个赛季也只吃过6个本垒打，其中2个来自鲁斯。

鲁斯现在只要再来一个本垒打就能追平自己的纪录了。在第5局的尾声鲁斯上了击球区，垒包已满，有两人出局。参议员队的经理巴基·哈里斯朝着候补区打了个手势，要求让右撇子投手保罗·霍普金斯上场。

霍普金斯是个意外人选，毫无疑问，许多观众都转向最靠近的记分员打听线索。霍普金斯刚刚从科尔盖特大学毕业，以前从没在大联盟里当过投手。现在，他竟然要在洋基体育场登场首秀，对手还是贝比·鲁斯，而且垒包已满，鲁斯又正在努力追平自己单赛季的本垒打纪录。

如你所料，霍普金斯出手谨慎，努力投出了3个好球2坏球，此刻想投一个慢速曲线球绕过鲁斯。这是一个出色的投球。"速度非常之慢，"94岁时霍普金斯对《体育画报》回忆70年前的情形，"鲁斯开始挥棒，接着犹豫了一下，把球棒往回拉，接着反拧手腕，甩出了球棒。他的眼睛可真是锐利啊！他在恰当的时刻击中了球，把它送上了天。我至今都能听到球棒的脆响。我至今都能看到球棒的飞舞。"这是鲁斯的第59个本垒打，追平了一个月前看起来遥不可及、绝无可能追平的纪录。

球飞到了右外野手37岁的萨姆·赖斯（Sam Rice）头上。赖斯现在基本上已被人遗忘，但当时却是一个伟大的球员，也是最神秘的一个，因为他似乎是从职棒大联盟凭空冒出来的。

15年前，赖斯本是个有前途的年轻人，他加入了伊利诺伊州盖尔斯堡的小联盟球队，刚进入职业棒球第一个赛季。当年夏天他离家时，妻子带着年幼的两个孩子搬到了他父母家在印第安纳州多诺万附近的农场。4月下旬，一场龙卷风席卷多诺万周边，造成75人死亡。赖斯的妻子、孩子、母亲和两个姐姐都是遇难者。赖斯的父亲被人发现时也身受重伤，怀里还抱着一个死去的孩子，在震惊中失魂落魄地游荡着。9天后，赖斯的父亲死在了医院里。一眨眼的工夫，赖斯失去了整个家庭。他悲痛不已，失魂落魄地流浪全美，做些打杂的工作。最终，他应征加入了海军。在海军球队里打球时，他表现出了非凡的天赋。华盛顿参议员队的老板克拉克·格里菲斯（Clark Griffith）辗转听说了这个消息便邀他试用，因为赖斯的表现给他留下了足够深刻的印象便签下合约。赖斯加入了参议员队，在

30岁的年纪成为了棒球领域最优秀的一名球员。没有任何人知道他的个人悲剧，直到1963年他入选名人堂，此事才公之于众。

在鲁斯的本垒打之后，霍普金斯三振了卢·格里克，结束本局比赛后回到替补席放声大哭。在大联盟生涯中，霍普金斯总共只在11场比赛中出场，这就是其中之一。1928年，他因伤病错过了整个赛季，1929年赛季后，他带着无胜无败的成绩退役。他回到了故乡康涅狄格州，成为了一名成功的银行家，活到99岁。

9月的最后一天，纽约天气闷热，气温高至30摄氏度，空气潮湿。临近本赛季的倒数第二场比赛中，鲁斯在第8局的尾声站上击球区，对阵北卡罗来纳州烟草农场来的31岁左撇子投手汤姆·扎卡里。扎卡里虽是个虔诚的教友派信徒，但也诡计多端。他有一手花招是在投手板的表面覆盖泥土，以便更靠近本垒，据说有时能拉近多达61厘米的距离。1927年是他的第10个赛季，全年他只丢掉过6个本垒打，其中3个都来自鲁斯。

这是鲁斯那天第4次踏上本垒击球。他保送了一次，一垒安打上垒了两次，跟本垒打还差得远。比分陷入胶着的2∶2。一人出局，一人在垒上，马克·柯尼在三垒。

"人人都知道他马上就要破纪录了，所以他不会从我这儿捞到什么好处。"1961年，扎卡里对记者说。扎卡里紧张地盯着球跑着，投出了一记火热的快球，这成为了一个裁定好球。扎卡里再次绷紧身子掷出了球，这个球飞得又高又远，鲁斯认为这是个坏球。扎卡里的第3投是曲线球，"我倾尽了所能。"他回忆说。鲁斯用一记高尔夫挥杆动作击中了这个球，把它朝着右外野标志杆的方向高高送上了天。洋基体育场的8000名球迷在无声中看着球飞到极高的地方，接着下落了好半天，落点离看台只有十几厘米远。扎卡里懊恼地扔掉手套。人群爆发出如潮欢呼。

鲁斯用他那精致好玩的小碎步围着垒包跑了一圈，就好像是踮着脚尖加速跑一样，接着从休息区钻出来行了一连串活泼的军礼，向人们的掌声致意。那场比赛所有的4分都是鲁斯拿下的。《纽约时报》第二天说，比赛得分是"鲁斯4分，参议员队2分"。

一个鲜为人知的事实是，贝比·鲁斯打出自己第60个本垒打的那场比赛，也是当时最伟大投手沃尔特·约翰逊（Walter Johnson）在大联盟的最后一场比赛，没有人投得比他更刁钻。多年后运动家队的吉米·戴克斯（Jimmy Dykes）回忆自己还是新人时被送上本垒跟约翰逊过招，约翰逊的前两个投球，他连影儿都没看到，只听到球落在捕手手套里的闷响。第3个投球之后，裁判告诉他上一垒。

"为什么？"戴克斯问。

"你被球击中了。"裁判解释说。

"你确定？"戴克斯问。

裁判让他看看自己的球帽。戴克斯伸出手，发现球帽因为约翰逊刚才的投球旋转擦到了帽舌歪到了一边。他赶紧扔下球棒，心怀感激地冲上了一垒。

在长达21年的投手岁月中，约翰逊只吃过97个本垒打。1920年，鲁斯对他敲出一记本垒打时，那是他近两年来的头一回。1927年，约翰逊在春训时被一个直线飞球击中弄断了腿，始终没能完全恢复。此刻，他的40岁生日就快到了，他决定退役。他在第9局比

480

赛开始时最后一次出场为扎卡里做替打。这也是他职棒生涯里的最后一次出场。他把球击向右野，鲁斯抓到球结束了比赛，也结束了约翰逊的职业生涯，结束了一个辉煌时代的重要组成部分。事后，在会所里鲁斯自然为打出了60个本垒打而兴高采烈。"让我们看看有哪个狗娘养的能超过这个纪录！"他不停地说。队友们报以祝贺、热情的回应，但回想起来却令人惊讶地并不太喧闹。"没你想象的那么兴奋。"球队的装备经理皮特·希伊（Peter Sheehy）多年以后回忆说。谁都认为鲁斯不会停在60个本垒打上，人们觉得他明天至少还能打出一个，来年说不定还能达到更高的高度。毕竟，单个赛季30个、40个、50个和60个本垒打的记录，都是鲁斯创下的。天晓得1928年他会不会打出70个来？

事实上，无论是鲁斯也好还是别的什么人，在很长一段时间里都达不到这么好的成绩了。在本赛季的最后一场比赛里鲁斯松懈了，3次轮击都无安打只得到了一个保送，他的最后一次持棒被三振出局。不过，卢·格里克打出了自己本赛季的第47个本垒打，较之他先前的步伐这或许是个令人失望的数字，所以各位读者有必要记得：除了鲁斯，这个数字超过了其他任何球员。

在打出60个本垒打之后，除了红雀队、小熊队和巨人队，鲁斯的个人本垒打成绩比大联盟其他所有球队都要高。他在美国联盟里的每一个球场都打出了本垒打，而且他客场打出的本垒打比主场更多（客场32个，主场28个）。他对33个不同的投手打出了本垒打。他至少有两个本垒打是所在球场里飞出最远的。鲁斯每握棒11.8次就打出一个本垒打。他对美国联盟里的每一支球队都至少打出了6个本垒打。除此之外，他的打击率是0.356——他得了158分，164个打点，138个保送，甚至还盗了7个垒，打了14个牺牲短打。很难想象会有比这更非凡脱俗的一年了。

鲁斯和格里克在本垒打、打点、长打率、得分、总垒数、多垒安打和四坏球数据上均排名第一和第二。库姆斯和格里克在打击总数和三垒安打上把持第一和第二名。4名球员——鲁斯、格里克、拉泽里和穆塞尔每人都获得了100以上的打点。库姆斯在得分和总垒数上排名第三，拉扎里在本垒打上排名第三。从球队整体来看，放眼美国联盟洋基队有着最高的打击率、最低的自责分率。他们平均每场比赛得6.3分，击中11个球。他们这个赛季总计得了911分，比美国联盟里任何其他球队在此前的任何一个赛季都要多。他们获胜110场，也创下了全联盟的纪录。整个赛季，只有一名球员在一场比赛里被赶下场，全队跟其他球队不曾有过打架事件。棒球界还从来没有出过这么完整、优势这么明显又这么纪律森严的队伍。

贝比·鲁斯的全垒打纪录保持到了1961年。这一年，同样来自洋基队的罗杰·马里斯（Roger Maris）打出了61个本垒打。不过，跟1927年鲁斯的相比这个赛季更长，马里斯多打了10场比赛，多了50次持棒机会。20世纪90年代，许多棒球选手突然变得无比强壮，有些人甚至进化出了全新的身体形态，击出了大量的本垒打，让鲁斯和马里斯的纪录显得相形见绌。原来，在新一代的球员里有许多人都在服用类固醇药物。根据2003年迟来的随机药检，服药球员的比例高达5%~7%。使用药物辅助击打远超本书想要涵盖的范围，所以我们只想顺便说一句，即便借助了类固醇，大多数当代球员仍然打不出像贝比·鲁斯单纯靠吃热狗打出的那么多本垒打。

实事求是地讲，1927年夏天结束的时候没什么可说的。10月时迎来了这一年最酷热的日子，纽约的温度接近29摄氏度，东海岸的其他地方高达32摄氏度。秋天渐渐来临，可说不清是在具体的哪个日子到来的——季节更替总是这样。

洋基队在世界大赛里遭遇了匹兹堡海盗队，在4场比赛中轻松取胜，这坚定了许多人的信念：洋基队是有史以来最优秀的球队。

柯立芝总统夫妇从西部回到了整修一新的白宫，但总统宣誓不再竞选连任。赫伯特·胡佛未能得到柯立芝的支持，但公开表示自己想要接替总统职位。11月，一场特大洪水肆虐了新英格兰的大部分地区，使100多人丧命。柯立芝拒绝视察灾情，而是派胡佛前往。

尽管电影票高达10美元，《爵士乐手》在纽约上映时也吸引了大量观众。剧本的原作者塞缪尔·拉斐尔森（Samuel Raphaelson）认为这是一部糟糕的电影。"我简直没见过比这更糟糕的了。"他说。但大多数人并不同意他的看法。出演了本片的女演员梅·麦卡沃伊（May McAvoy）日后回忆自己站在电影院凝视到场观众时的情境说，乔森说话的时候，观众的反应几乎是狂喜，"你还以为他们听到了上帝的声音"。在该片发行当年，片方就获利150万美元。

经过了5年半的施工建设，霍兰隧道开通了，拉什莫尔山的工作也紧锣密鼓地开展起来。在英国伦敦工作的美国医生多萝西·洛根（Dorothy Cochrane Logan）被控犯有伪证罪，她自称游泳横跨了英吉利海峡并借此申领到5000美元的奖金，事实上她大部分行程都搭乘了救生艇。这似乎结束了游泳横渡海峡和相关的宣传噱头。在底特律，为全力生产新的A型车亨利·福特开始重新招聘工人。

林德伯格终于完成了他漫长的巡演。最后的一个月他匆匆到访了俄克拉何马州、阿肯色州、田纳西州、亚拉巴马州、密西西比州、路易斯安那州、佐治亚州、佛罗里达州、南卡罗来纳州、北卡罗来纳州、弗吉尼亚州、哥伦比亚特区、马里兰州、新泽西州、特拉华州和宾夕法尼亚州，10月23日降落在了长岛的米切尔机场。3个月内，他飞了35 968千米，走访了82座城市，发表了147轮演讲，游行了2068千米，据估计有3000万民众看到了他的英姿，这占全美人口的大约1/4。他的最后一次正式见面会是雷蒙德·奥泰格在曼哈顿发起的晚宴。

到了这时，林德伯格终于自由了——这简直像是个奇迹。5个月随时被人围观的日子结束了。只可惜，远远还没有结束，永远也不会完了。林德伯格被名声缠住了，永远也摆脱不了。他不清楚接下来该做什么，他该如何填补接下来的生活，这成了一个大问题。

10月27日，林德伯格意外在柯蒂斯机场现身，说自己"最近都没怎么飞"——考虑到他4天前才刚刚结束了一趟35 969千米的旅程，这个说法很是有趣。"圣路易斯精神号"正在接受保养维护，林德伯格便问能否借用一架飞机。柯蒂斯机场的地勤人员非常乐意，林德伯格安安静静地独自在天空里度过了惬意的一个小时。

着陆后，林德伯格发现夏天里最恐怖的经历找上了自己。20个合唱班的姑娘来机场拍照。她们的到访纯属巧合，也跟林德伯格毫无关系，但听说全世界最合格的单身汉正在机库大门的另一边自然兴奋异常。姑娘们雀跃着包围了机库，透过窗户往里瞅，隔着门板的裂缝喊话求林德伯格出来，让她们摸摸他的头发躺在他身上。林德伯格表情严肃，一脸随时要死掉的样子。看到他的痛苦，机场管理员把一辆车开到了机库的后门。林德伯格长出了一口气，怀着感激跳进了车加速逃走，勉强回避了一场无法忍受的遭遇：被20个心怀崇拜的年轻女人缠住。

就算你提醒林德伯格在刚刚过去的夏天他见过了总统与国王，向规模庞大、无论多宽敞的会场都被挤满的群众致辞讲演，接受此前任何人都不曾收到过的丰盛献礼，恐怕都没什么用。归根结底，这个全世界最出名的人似乎还只是个孩子。

这里有一个合乎情理但不太容易回答的问题：林德伯格及其1927年的跨大西洋飞行到底凭借什么惊呆了全世界呢？很明显，林德伯格自己就是很好的答案：他孩子气，人格健全，孤身完成壮举，之后又表现出谦虚与沉着。此外，单是知道大洋可以飞越也具有一种纯粹的魅力。一架飞机离开纽约，几个小时后在巴黎、洛杉矶或者哈瓦那重新出现，就仿佛从稀薄的空气里直接钻出来似的——这个想法看起来跟科幻小说差不多。

美国人还很喜欢新生事物带来的新鲜感。20世纪20年代的美国人生活在一个大多数重要事情都发生在欧洲的世界（这一点现在颇难想象）。可突然之间，美国在几乎每一个领域都占据了优势：流行文化、金融信贷、军事实力、发明和技术。地球的重心转移到了世界的另一半，林德伯格的飞行在无意中成了这一点的终极表达。

当然，上述几点无法解释10万巴黎人踏破勒布尔歇机场的草坪，欢迎正在滑行的"圣路易斯精神号",也无法解释纽约的庆典上出现了400万人,更无法解释高山、灯塔和林荫大道都改成了林德伯格的名字。我们只能说,出于某个不可知的原因,林德伯格的飞行让全世界产生了一种前所未有的、发自内心的崇高喜悦之情。林德伯格要永远成为这种感觉的象征,这当然是一种凡人无法承担的责任。

1927年夏天已经过去了快90年,留存至今的东西并不太多。长岛机场早已不复存在,罗斯福机场于1951年关闭。今天,这里是纽约州最大的购物中心,占地面积45公顷。林德伯格和其他飞行员的起飞地点竖起了一块牌子,就在迪斯尼专卖店门外。在停车场的交通岛,一座名为"精神号"的林德伯格飞行雕像神情落寞地伫立着。

当年的记忆留存下来的也不多了。那个夏天许多最重要的名字——理查德·伯德、萨科和万泽蒂、吉恩·滕尼,甚至林德伯格如今都很少有人记得。而其他的大多数名字,人们甚至听都没听过。或许,我们不妨暂停一下想一想那个夏天发生的一些事情:贝比·鲁斯打出了60个本垒打,美国联邦储备委员做出了令日后股市崩盘的错误决定,阿尔·卡彭享受着自己最后一个辉煌的夏天,《爵士歌手》上映,电视机发明问世,收音机的时代到来,萨科和万泽蒂被处决,柯立芝总统选择不竞选连任,拉什莫尔山的雕像开始动工,密西西比河发了一场史上未见过的大洪水;密歇根州的一个疯子炸毁了一所学校致使44人丧生,酿成了美国历史上最恶劣的儿童大屠杀案;亨利·福特停止生产T型车,并答应不再侮辱犹太人;明尼苏达州的一个小伙子飞越了一道大洋,让整个地球心醉神迷。

其余不论,那是一个美好的夏天。

486

尾　声

　　1928年4月30日，在"圣路易斯精神号"第一次试飞整整一年后，林德伯格把自己视若珍宝的飞机（林德伯格总称它为"船"）捐赠给了华盛顿的史密森尼学会。它在为期一年的服役生涯中完成了175趟飞行，滞空时间长达489小时28分钟。5月13日，它在学会的艺术暨工业大楼展出，这时恰好是它完成历史性飞行一周年纪念日的前一个星期。林德伯格坚持"圣路易斯精神号"永远不得在别处展出，它从未离开过史密森尼学会的照管。

　　"我不知道为什么他那么坚持这一点。"2011年我到史密森尼学会参观时，活泼的资深策展人亚历克斯·斯宾塞博士对我说，"我想，当时也没人会问他吧。"

　　斯宾塞和我站在夹楼上，俯瞰着史密森尼国家航空航天博物馆通畅的入口大厅，就在我们面前，"圣路易斯精神号"被细细的金属线悬挂在天花板上，永远地凝固在了想象的飞行场面中。它看上去很小，单薄得叫人不安。它前方视野的缺失一目了然，很难想象林德伯格是怎样把自己挤进这么狭小的空间里的，更难想象他又是怎么把亨利·福特等乘客给塞进去的。那必定是一场极端"亲密"的体验。靠近了还能清楚地看出飞机用薄薄的织物覆盖着，更突显了几分脆弱姿态。难怪林德伯格那么害怕别人对自己心爱的飞机动手动脚了。

我是来博物馆请教斯宾塞关于林德伯格的飞行在航空史上有何意义的。"哦，太多了！"他语气强烈地回答，并带着我到了邻近的展厅，即"空中的美国"。这是一个巨大的立方体房间，近乎拥挤地摆满了各种闪闪发光的老式飞机。在没受过训练的人看来，这些飞机似乎没有太多共同点，但事实上，馆方是精心挑选它们展出的。"如果你从制造顺序来看，它们讲述了一个相当了不起的故事。"斯宾塞说。

斯宾塞首先指向了一架福特三引擎飞机，制造日期可追溯至1928年。它的外观呈灰色，四四方方的，由波纹铝板制成，看上去像是一个没有充分理解空气动力学的人在家庭作坊里造出来的。这也许解释了为什么亨利·福特拒绝乘坐自己出产的飞机上天。

"现在跟这架飞机比较一下。"斯宾塞带着我们走向了一架波音247D。波音飞机外形较大，表面更光滑，每一处都呈诱人的流线型。悬臂翼没有了金属线和支柱，引擎汽缸头藏在亮闪闪的整流罩里，引擎本身内置在机翼内不再光是用螺栓固定在机翼下方。这架飞机显然来自一个更时尚的全新时代。

"接着又出现了它。"斯宾塞骄傲介绍着最为重要的道格拉斯DC-3。DC-3于1935年制造、1936年推出,是第一架真正的现代客机。它有21个座位,能以近321.8千米的时速巡航,飞行2414千米左右。如果乘客下午4点在纽约登上一架DC-3,第二天早上就能到洛杉矶用早餐了。现代航空旅行的时代真正开始了。"而这一切发生还不到10年,"斯宾塞指着我们周围的所有飞机说,"这就是林德伯格飞行带来的结果。"

"但要发生的不是总归会发生吗?"我问。

"没错,"斯宾塞同意,"但不会发生得这么快,也不会始终是美国保持领先了。"

据计算,林德伯格的飞行激发了对美国航空行业高达1亿美元的投资。20世纪20年代中期,波音只是西雅图的一家小型飞机制造商,订单量极少,为了维持经营有时只能做家具。林德伯格飞行后不到一年,它就雇用了上千人。航空对于20世纪30年代的意义就跟收音机对于20世纪20年代一样。林德伯格本人也不遗余力地推动飞行业的发展。他刚刚结束全美巡演,新上任的美国驻墨西哥大使德怀特·莫罗就邀请他到墨西哥进行友好访问。这是一个大胆的请求,墨西哥正处在革命爆发的边缘。土匪最近袭击了一列从墨西哥城开往洛杉矶的火车,杀害了几名乘客,包括一个名叫弗洛伦斯·安德森(Florence Anderson)的年轻美国教师。莫罗和妻子则开着装甲车出行,这里没有地方可供迷航的飞行员降落。

然而,林德伯格毫不犹豫地接受了邀请,而且立刻着手制订中美洲和加勒比地区巡演计划,这趟巡演跟"美国之旅"同样雄心勃勃，事后看来还更加惊心动魄。值得一提的是，林德伯格是自己出钱做这趟巡演的。

12月13日，完成美国巡演后6个星期，林德伯格从华盛顿特区的波林机场起飞，前往墨西哥城。飞行总距离虽然只有到巴黎的2/3，却同样是场史诗般的经历。因为找不到墨西哥的精细地图，他只好依靠一页比高中地理教科书上撕下来的示意图好不了多少的地图。他顺着墨西哥湾沿岸飞行时问题都不大，但当他从坦皮科转往内陆以后，就再没有大型地标可充当指引了，他只能依靠本能。他经过的唯一城镇在地图上并没有显示；他遇到的零星铁路不能带他前往任何有意义的地方。最终，他想起自己飞过的一座孤零零的高山应该就是托卢卡山，从而意识到此时已飞过目的地相当远了。等他掉转方向找到沃尔布纳机场时，已在空中飞了27小时15分钟，比预定到达时间晚了几个小时。

下午2点30分，林德伯格的飞机降落，15万人狂喜地冲上去举起了飞机，把它扛进了机库。西半球最如释重负的一群人是从早上8点钟起就等候在一张讲台前的德怀特·莫罗和墨西哥总统普卢塔科·卡列斯（Plutarco Calles）及其他政要。

接下来的两个月林德伯格巡演了多个地区，经常在恶劣的天气里飞行，在设施简陋且不齐全的机场危险起降。他所到之处都有人群等候，并将他奉为大英雄。道路、学校、河流、鸡尾酒和许许多多新出生的孩子都以他的名字命名。他访问了危地马拉、伯利兹、萨尔瓦多、洪都拉斯、尼加拉瓜、哥斯达黎加、巴拿马、哥伦比亚、委内瑞拉、维尔京群岛、波多黎各、多米尼加共和国、海地、古巴和巴拿马运河区域。在莫罗一家的陪伴下他在墨西哥城度过了圣诞节。节日期间，莫罗的女儿安妮也在场。她此刻正在马萨诸塞州北安普顿（碰巧也是柯立芝总统的故乡）史密斯学院上大学。安妮很害羞，有魅力也聪明，而且同样沉默寡言。林德伯格对她一见钟情，于是他有了自己的第一个女朋友。很快他们就会订婚，16个月后他们就结婚了。

回到美国，林德伯格几乎又立刻被传召承担一起英勇行动。一架从爱尔兰飞来的飞机（飞行员是两名德国人，一名爱尔兰人）在加拿大东部拉布拉多海岸外，一座名叫格伦利岛的遥远弹丸之地迫降。这是从东往西飞越大西洋的第一支队伍，但眼下飞行员们被困住了。弗洛伊德·贝内特和伯恩特·巴尔肯前往援助。或许读者们还记得，贝内特差不多一年前险些和理查德·伯德一起死在"美洲号"处女航的坠机事故里。贝内特要么是非常倒霉，要么就是尚未完全康复，因为还没到加拿大他的肺炎就发作了，人也随之垮掉了。听到了这个消息，林德伯格冲到洛克菲勒研究院拿了一瓶血清，开着飞机顶着暴雪和大风把它送到了贝内特床边。只可惜，事实证明这瓶血清型号不对，贝内特最终还是死了，时年37岁。

在跟洛克菲勒研究院的交往中，林德伯格碰到了亚历克西·卡雷尔，两人结下了多年的友谊，卡雷尔还为林德伯格提供了许多糟糕的建议。"林德伯格成年后，亚历克西·卡雷尔对他的思想造成了最深刻的影响。"1998年，斯科特·伯格在林德伯格的传记中这样写道。卡雷尔是土生土长的里昂人，也是当时最有天赋的一位外科医生。在法国学医期间，他就以精巧过人的技艺出了名——他能只用两根手指把两条羊肠线拴起来，或是在一张卷烟纸上密密麻麻地缝上500针。这些不仅仅是有趣的杂耍表演，因为卡雷尔正是依靠自己的针线能力设计出了有益的医疗缝合新方法。他发明了保持内表面光滑、无血凝块的拼接动脉的方法，拯救了无数人的生命。1906年，他接受了洛克菲勒研究院的职位，6年后又获得了诺贝尔医学奖，成为了美国第一个获此殊荣的人。在漫长的职业生涯中，卡雷尔还（在一只狗身上）进行了第一次冠状动脉搭桥手术，为铺平器官移植和组织移植的日后道路做了开创性的工作。

然而，卡雷尔是个满脑子古怪概念的人。他深信阳光是坏东西，并坚称世界上最落后的文明总是来自阳光最耀眼的热带地区。他手术室里的所有东西，从手术服到敷料都必须是黑色。他断然拒绝跟任何令他第一印象不愉快的人结识。卡雷尔尤其出名的是他对优生学的可怕观点，他认为凡是有缺陷或者落后的人，都应该"在毒气室里安乐处死"。在他看来，这样的人应该放弃自己的生命，以便换取整个人类的更大利益。"牺牲的概念，以及它在社会里的绝对必要性，必须引入现代人的心目中。"卡雷尔主张。

卡雷尔在1935年出版的畅销书《未知之人》（*Man the Unknown*）中坦率但不太连贯地概述了自己的观点。他在书中问道：

> 我们为什么要留下这些无用且有害的生物呢？犯了谋杀罪的人，手持自动手枪或机枪抢劫的人，绑架儿童的人，掠夺穷人积蓄的人，在重大事务上误导公众的人，都

应该投入小型安乐室，放入合适的气体，人道又经济地安乐掉。对犯了重罪的疯子施以类似处置，也有极大的优势。

卡雷尔主张想解决地球的问题应建立一个"医生最高理事会"，他明确表示，这个机构应由自己领导。其主要作用就是确保地球的事务始终处在"占主导地位的白种人"控制下。

有一段时间，人们尊重地顺从卡雷尔的观点。他在纽约医学会讲演时，本来只能容纳700人的报告厅涌进了5000人。林德伯格对他尤为着迷。"他（卡雷尔）思想的深度和广度，似乎都没有止境。"林德伯格感叹道。

通过卡雷尔，林德伯格对制造一台能让人在手术过程中保持器官存活的机器产生了极大兴趣。他详细地设计了一种叫作"灌注泵"的器具，"一根螺旋状盘绕的玻璃管，就像热水器那样的东西"。《时代周刊》如此形容。基本上，这是一种复杂的过滤器。林德伯格的参与为卡雷尔带来了极大的曝光度，这让他欣喜异常（此事恰好与《未知之人》的出版发生在同一时间），他让记者们相信灌注泵代表了医学上的历史性突破。其中一期《时代周刊》的封面就是林德伯格和卡雷尔骄傲地展示着两人的设备。林德伯格的灌注泵无疑是一套精巧的装置，但公平地说，如果它是其他人发明的绝不会吸引到什么关注度。实际上，这一设备没有什么用处，在手术中就更没有一席之地了。虽说灌注泵制造了若干台成品，但据信，到1940年已无一台仍在使用。

在外面更广阔的世界，林德伯格所到之处仍频频遭人围观。

1928年春天的一个星期天，他从柯蒂斯机场驾机起飞兜圈，结果来了大量的围观者。林德伯格马上要着陆的消息在人群里传开后，2000人蜂拥冲上跑道，用《时代周刊》的话来形容，那就是一阵疯狂的踩踏，造成了两名女性受伤，几个孩子跟父母失去联系，很多人被撞伤、衣服也被撕破了。林德伯格困在飞机里长达15分钟，这就是他如今的生活。就连他和卡雷尔前往哥本哈根在一场科学会议上展示灌注泵时，警察也不得不竖起路障隔开人群。

重获隐私权成为一件不可能完成的任务。1929年5月，林德伯格和安妮·莫罗结婚，他们借了一艘11.5米长的游艇从缅因州海岸线启航去度蜜月。出海第二天，一架飞机就嗡嗡地找了上来，摄影师趁机抓拍图片，把两人气坏了。没过多久，一艘满载记者和摄影师的船也赶上来开始了不懈的追逐。"整整8个小时，他们都围着我们的船。"林德伯格事后带着丝毫不曾消退的苦涩回忆说。

林德伯格夫妇坚定不移地努力过尽量正常的生活。林德伯格接受了洲际航空运输公司（环球航空公司和泛美航空公司的前身）的职位，并逐渐成为航空工业的顶尖人物。可就在这期间，他和安妮的生活却遭到了最具破坏力的打击。1932年年初，有人闯入他们在新泽西州霍普韦尔的家，爬进二楼窗户绑架了他们尚在襁褓中的孩子。虽然他们支付了5万美元的赎金，但两个月后孩子还是被害了。

在百般担心和千般哀痛中，一场最怪诞的媒体马戏将林德伯格夫妇包围。低空飞行的飞机搭乘着围观者，每人一趟2.5美元反反复复地掠过他们的房子，他们连门都无法出。两位摄影师设法钻进了太平间，拍下了死婴的照片。这些照片太过可怕无法公开，他们就私下流通，花上5美元还可以购买。德国移民布鲁诺·豪普特曼在新泽西小镇弗莱明顿为此谋杀案接受审讯，庭审第一天引来了10万人旁听。1935年2月，豪普特曼被判有罪后送去行刑。为他行刑的，是罗伯特·埃利奥特。

到了这个时候，林德伯格和安妮受够了。他们搬到欧洲，首先是在英格兰的肯特郡，后来又搬到了布列塔尼北部海岸一座小岛上。亚历克西·卡雷尔和妻子的避暑屋就在邻近的一座岛屿上。林德伯格夫妇常常在欧洲旅行，深深地喜欢上了德国。1936年，林德伯格以纳粹党嘉宾身份出席了奥运会，自己感觉甚是享受。事后，他写信回国对一位朋友说，德国人"有一种远远超过我们的尊严和价值感"——这样形容当时的纳粹德国可算是非同凡响。

1938年，林德伯格接受了纳粹政军领袖赫尔曼·戈林颁发的勋章，这件事让很多人都觉得受了冒犯。安妮苦涩地开脱说，授勋仪式是在美国驻柏林大使馆的一场晚宴上举行的，戈林当时是美国政府的客人，林德伯格并不知道自己要被授勋，也并不想在正式的活动中引发不当喧闹。事实的确如此。另外，哪怕德国和美国之间开战，林德伯格也从未退回过勋章。

没有证据表明林德伯格支持纳粹德国的暴行，但同样的道理，如果一个人公开对世界说某一种人（即犹太人）太多了，他跟施加暴行的人相距就并不太远。有一点千真万确：林德伯格和安妮无条件地崇拜希特勒。安妮形容希特勒是"一个真心为自己的国家着想的远见卓识者"。林德伯格认为希特勒"无疑是个伟人"。他承认纳粹经常陷入狂热，但他坚持公正地看"希特勒的许多成就，没有一点狂热是做不到的"。

　　林德伯格夫妇认真考虑过移居德国，就在他们打算这么做的时候，德国爆发了臭名昭著的"水晶之夜"[1]：全国各地的公民攻击犹太人的商店和财产。"水晶之夜"有一种几近喜庆的语感，就好像这夜里只是搞搞恶作剧，充满了欢乐。事实上，它是国家纵容下的恐怖行为。安德鲁·纳戈尔斯基在《希特勒的土地》（*Hitlerland*）里讲述过一件事：一个小男孩被人扔出了窗户，落在下面的大街上，受伤的男孩试着爬起来，人群却不断伸出脚踢他。一个路过的美国人搭救了他。"水晶之夜"惊呆了全世界。

　　林德伯格夫妇当然也大感震惊，但方式很独特。安妮在日记里写道："你只是觉得，当这些人做出如此愚蠢、野蛮、散漫的事情时你仍然理解他们，可以跟他们共事。我大感震惊非常不安。我们怎么能到那儿去生活呢？"这段话里有两点很叫人惊讶。首先，尽管林德伯格太太显然为这件事情感到困扰（"如此愚蠢、野蛮、散漫的事情"），但就德国对犹太人的整体态度，她却并未表达不适。其次，从她自己的话来看，"水晶之夜"并未让在德国生活变得不可容忍，只是变得很棘手。

　　这是人们第一次开始怀疑林德伯格是不是真的适合以英雄身份代表美国了。更糟糕的情况即将出现。

　　据说，柏林为林德伯格夫妇提供了一座从犹太人手里没收的房子，但两人最终决定回国。林德伯格密切参与了一家名叫"美国优

1　水晶之夜（Crystal Night）：也称"玻璃之夜"，指的是暴徒离开后，总留下一地破碎的玻璃。

先"（America First）的孤立主义组织，该组织成立的目的是反对美国卷入另一场战争。1941年9月，他前往艾奥瓦州得梅因发表讲演并经电台在全美转播，解释为什么他认为美国参战是错误的。当晚，8000名群众挤进了得梅因体育馆。林德伯格的讲演未能按预定计划开始，推迟到了晚上9点30分，这样一来，听众首先听到的是富兰克林·罗斯福在白宫发表的全美广播讲话。虽然记得的人不多，但1941年9月美国其实已十分靠近战争了。德国的U型潜艇最近击沉了3艘美国货轮，袭击了一艘军舰"格里尔号"。许多支持"美国优先"的人认为美国军舰蓄意挑衅，但这个论断其他人都觉得离谱。这一切意味着，罗斯福的广播结束后林德伯格站起身走到中央舞台的讲台上时，空气里弥漫着极为紧张的情绪。林德伯格用他常被人形容为"芦苇般"的声音讲道，有三股势力——英国人、犹太人和富兰克林·罗斯福，故意歪曲真相引导美国走向战争。"我在这里说的只是那些鼓动战争的人，不是那些真诚的男男女女，他们是受了误导，面对错误的信息感到困惑，又被宣传所吓才跟随了战争煽动家的领导。"他说。

林德伯格的言论，激起了大致同等程度的嘘声和掌声。每次被打断他都停顿一下，直到杂音平息。他的目光从未看向观众，眼睛始终紧紧盯着预先准备好的发言稿。"犹太人，"他继续说，"是一股尤其有害的势力，因为他们拥有并主导我们的电影、媒体、广播和政府。"他承认犹太人为德国的种族迫害感到不安是有理由的，但仍然主张亲战争政策不光"对我们"有危险，"对他们"也有危险。他没有详细说明自己为什么这样认为。

林德伯格说，英国"不足以赢得这场对德国的战争"。最后，他提出了一条卡雷尔式的古怪的理想主义建议。"与其和德国开战，"他说，"美国不如和德国、英国携手构建一道神圣的'西方'人种'长城'，阻挡劣等血统的渗透。"这场讲演非同小可，彻底结束了他的"美国英雄"身份。

第二天早晨，《得梅因纪事报》（*Des Moines Register*）发表社论，尝试敲打出正确的基调："林德伯格上校把自己脑袋里的'正确'想法说出来，或许很有勇气。但即便从最好的角度来看，他也太罔顾后果了，他没有资格再在美国政策制定层面担当领袖人物。"

当天晚些时候传来消息：德国击沉了从格陵兰出发的1700吨货轮"蒙大拿号"。美国各地的民众对林德伯格一下全翻了脸。即将成为共和党总统候选人的温德尔·威尔基（Wendell Willkie）说，林德伯格的讲话"是我听过的具有全国性声望的一代人里最反美的"。林德伯格的名字从各地的街道、学校和机场消失了。科罗拉多州的林德伯格峰改名孤鹰峰。芝加哥的林德伯格灯塔改名棕榈灯塔。环球航空公司不再自称"林德伯格航线"。就连林德伯格的家乡利特尔福尔斯，也把他的名字从水塔上给抹掉了。罗斯福总统私下表示："我绝对相信，林德伯格是纳粹。"3个月后，日本偷袭珍珠港，美国进入战争状态。

美国参战后，林德伯格立刻全情投入地支持战时活动，可为时已晚。他的名声永远无法恢复了。战争结束后，他成为忠实的环保主义者，在世界各地做了大量慈善工作，都没能重新赢回公众的心。1957年，吉米·斯图尔特拍摄了一部讲述林德伯格飞往巴黎的电影，票房惨败。随着岁月的流逝林德伯格基本上从公众生活里消失了。1974年，他因癌症在夏威夷过世，时年72岁。他把自己的一切安排得井井有条，甚至连死亡证明都早就填好了，只有死亡日期一栏空着。林德伯格从未收回自己在《得梅因纪事报》上的讲话。

林德伯格去世30年后，在2003年有人披露林德伯格的私生活比之前人们所知的更为复杂。从1957年到他死之前，林德伯格与德国慕尼黑的一个女帽设计师布丽吉特·赫塞迈尔（Brigitte Hesshaimer）秘密交往了很长一段时间，他们育有两个儿子和一个女儿。他的孩子们告诉记者，林德伯格作为"神秘访客每年会出现一次或两次"，他们知道这个男人就是他们的父亲，但一直以为他叫卡勒·肯特（Kareu Kent）。

据进一步研究，林德伯格还同时跟布丽吉特·赫塞迈尔的妹妹玛丽埃塔（Marietta）有染，育有两个孩子；跟一个只知道名叫瓦勒斯卡（Valeska）的德国秘书还生有两个孩子。而这一切，都被林德伯格遮掩得严严实实。林德伯格在美国的家人以及为他作传的斯科特·伯格都完全被蒙在鼓里。至于林德伯格是怎么做到这一点的，只能等未来有人将之揭晓了。

我们只能说，20世纪最伟大的英雄人物无限地接近一团谜，他的英雄味儿比任何人想象中都更少。

这一切，让本书中其他主要人物的后续生活显得不怎么精彩，有点虎头蛇尾，但在这里，我有必要简单地按时间记录一下他们在1927年漫长夏天之后的情况。

拉开这篇故事序幕的法国飞行员南杰瑟和科利再也没有人见

过，但绝不曾遭到遗忘。1927年11月，媒体稍显尴尬地报道说，本应由纽约市市长吉米·沃克移交给定居巴黎的南杰瑟夫人的30 000美元凭空消失了。这笔钱来自罗克西基金，也就是6月林德伯格在罗克西剧院短暂出席的那场慈善音乐会上筹集到的钱。现在，没有人知道钱到哪儿去了。美国其余地方筹集到的近70 000美元捐款还在，但来自纽约市的部分似乎永远丢失了。

今天，在诺曼底风光宜人的小型海滨度假胜地埃特勒塔，海风悠悠的悬崖边伫立着一座白色混凝土纪念碑，样子有点像一支插入地球的巨大笔尖，笔尖指向美国，而英勇的法国飞行员就是从纪念碑所在的地点最后一次起飞离开故乡的。全世界只有这一座纪念碑，纪念那个夏天里一轮又一轮可歌可泣的越洋飞行。

往西再走几千米，就是理查德·伯德团队在海上迫降的滨海韦尔村。一座小型市政博物馆保存了那晚留下来的一些残骸，包括飞机蒙布的一小块残片，也是那架飞机至今仅存的部分。

在飞越大西洋后，伯德又向南极洲发起了另外两轮远征，其中一轮获得了洋基队老板雅各布·鲁珀特的慷慨资助（这一点有些叫人吃惊）。第一轮远征（无可争议地）飞越了南极点。伯德被晋升为海军少将，沉浸在英雄的光环下愉快地度过了余生。他于1957年68岁时去世。

伯恩特·巴尔肯，"美洲号"探险的无名英雄，陪同伯德完成了跨越南极极点飞行。他后来成为美国空军上校，收获了一个杰出的职业生涯。不过，一如先前所说，由于他在自传中暗示伯德1926年并未如其所述的到达北极点，而被伯德家人泼了脏水。巴尔肯于

1973年去世。乔治·诺维尔参加了伯德的第二次南极远征。南极洲的诺维尔半岛和诺维尔山都以他命名。诺维尔于1963年在加利福尼亚州去世。除此之外，对他的报道就很少了。

阿科斯塔，1927年"美洲号"的第4名成员就没这么走运了。他变成了不可救药的酒鬼，因为流浪、未能按时支付赡养费，蹲了好几次监狱。20世纪30年代，他突然为理想主义着了迷，振作起来前往西班牙为反法西斯的共和党人执行飞行作战任务，但战争结束后，他回到美国恢复了往日放荡的生活习惯。1954年，他凄凉去世。

同样惨淡地走了下坡路的还有神秘莫测又奇怪的查尔斯·莱文。1927年10月，离家近5个月后莱文回国。官方为他安排了第五大道上的游行欢迎活动，但几乎没人参加。在阿斯特酒店举办的午宴上，市长吉米·沃克直言不讳地提及了莱文受到的糟糕待遇。莱文逗留欧洲迟迟不归的原因人们后来搞清楚了，司法部向他追索高达50万美元的欠税。莱文的余生里麻烦不断，这是浮出水面的第一个。1931年，警方以盗窃罪名对他开出了逮捕证，因为他涉嫌违规贷款25 000美元却又未能按时到场接受调查。此后不久，他在奥地利被捕，被控意图伪造货币和赌博筹码。这些指控后来不了了之。1932年莱文因违反劳工赔偿法被判缓刑。1933年，他又在新泽西州被控意图使用假币，虽然后来指控也撤销了。1937年，他因从加拿大走私900千克钨粉到美国被定罪，在刘易斯堡监狱服刑18个月。

1942年，他因帮助一个人从墨西哥偷渡到美国被判150天监禁。那人是犹太难民，所以当时这应该算是一起合乎情理的人道主义行为，但不管怎么说，法院不这么看。

此后莱文从公众视线中消失了。1971年，《美国传承》杂志（*American Heritage*）上刊登了一篇关于"哥伦比亚号"飞行的文章，说莱文失踪下落不明。事实上，他默默无名地生活在贫困当中。1991年，他以94岁高龄在华盛顿特区过世。

莱文的飞行搭档克拉伦斯·钱伯林，在1927年夏天之后活了近半个世纪，但没有做什么特别值得一提的事。他曾担任航空顾问，有一段时间还主持了布鲁克林的新弗洛伊德·贝内特机场（传承了那位倒霉飞行员的名字），这是纽约的第一座公共机场，于1930年开张。1976年，他在康涅狄格州过世，还差几天就到自己的83岁生日了。

贝比·鲁斯和卢·格里克在巡回演出中过完了1927年的秋天。他们的巡回演出就是组织一支大联盟球员的表演队伍，专门打表演赛。这种活动非常赚钱。在21场比赛的巡演后，鲁斯和格里克的收入相当于其他球员的年薪。

巡回表演赛注重友好，但场面相当混乱。球迷经常跑到赛场里追逐落到外野的滚地球，外野手很可能会跟一群热心的观众一起争抢还在空中飞的球。1927年的21场比赛中，由于人群失控有13场比赛都提前结束了。在艾奥瓦州的苏城有2000名球迷进入球场，据说卢·格里克还救下了一个被踩踏在地的球迷。

事实证明，正是巡回表演终结了格里克和鲁斯的友谊。1932年，格里克开始跟一位名叫埃莉诺·特威切尔（Eleanor Twitchell）的年轻女性约会，让众人大吃一惊。次年，两人结婚。1934年，埃莉诺陪同格里克和另外几名队友在赛季后出访日本。搭乘轮船越洋期间，有一天下午埃莉诺消失了一段时间。格里克心慌意乱得害怕她失足落海，到处寻找。最终，他在鲁斯的船舱里找到了她，埃莉诺和鲁斯都喝了酒，埃莉诺醉意明显。至于那里还发生了什么事，没人知道。但多年来传言都说，反正两个人肯定不只是聊天。多年后，有人向洋基队的捕手比尔·迪基（Bill Dickey）打听此事，他承认"确实出了点事儿"。但没有进一步吐露内情。他只说："我不想跟你谈这个。"人们只知道从那天起格里克和鲁斯就基本上完全不说话了。

1939年初，在打了将近14个完整赛季、没有缺席一场比赛之后，卢·格里格出问题了。他变得笨手笨脚，似乎没有力气。8场比赛后，他主动要求下场，结束了他连续参赛2130场的纪录。接着便去了明尼苏达州罗切斯特的梅奥诊所。检查发现他患上了肌萎缩性脊髓侧索硬化症，这是一种退行性致命疾病。他的职业生涯也就此告终。

诊断结果公开后不久，洋基队为卢·格里克举办了一场感谢日活动，人们为他颁奖送上礼物。洋基队的新经理乔·麦卡锡一边描述格里克的美德一边抹眼泪。人们本来以为格里克不会当众发言（他面对人群时就会紧张），但他走到话筒前，做了一番美国体育史上最动人的讲演。他这样开场：

> 球迷们，过去两个星期，你们大概一直在看有关我的坏消息。今天，我认为自己是地球上最幸运的人。我已经在球场度过了17年，除了你们的善意和鼓励，从未接受过球迷的任何东西。看看这些了不起的家伙。哪怕只跟他们结交一天，你们中有哪个不觉得这就是他职业生涯的亮点所在呢？

他的讲话不超过一分钟，主要是赞美队友和家人。话语中的真诚模糊了球场上每一个人的眼睛。他说完之后，人群爆发出由衷的欢呼，热烈程度在洋基体育场上空前绝后。贝比·鲁斯上前在他耳边低声说了些什么，给了他一个拥抱。这是两人近6年来第一次说话。不到两年的时间，在1941年6月2日格里克去世了。这时他才37岁。

1935年鲁斯退役。他想当洋基队的经理，但鲁珀特断然拒绝了这个想法。"你连自己都管不好。"鲁珀特语出伤人。鲁斯被交换到了波士顿勇士队，这是棒球界最糟糕的一支队伍。他只在那儿打了28场比赛，但仍打出了鲁斯式的蓬勃精神。1935年5月25日，他在自己的最后一场对阵海盗队的比赛里打出了3个本垒打。他退役的时候保持着56项大联盟纪录。

1948年6月13日，贝比·鲁斯在洋基体育场告别球迷，就跟9年前的格里克一样。他患上了癌症即将过世，身体虚弱无力。洋基队的球衣松松垮垮地耷拉在他消瘦的骨架上。他靠近本垒前架着的话筒说了几句话，但癌症让他说话都很艰难。

两个月后他去世了，时年53岁。老队友哈利·胡珀说鲁斯是"一个备受热爱的人，而且，人们对他的感情之强烈前所未有"。韦特·霍伊特说得更干脆："天哪，我们都很喜欢那个大块头狗崽子。他是快乐之源。"

12月初，亨利·福特终于投产了众人期待已久的A型车。为了让所有人都知道这一具有里程碑意义的事情，福特公司在2000份日报上刊登了整版广告。人们络绎不绝地来到展厅，惊叹于这款有着奇妙异域色彩的福特新型车——阿拉伯沙黄色、玫瑰金色、青铜蓝色、尼亚加拉蓝色和红柱石蓝色。它非常时尚，设备齐全而舒适，按不同配置售价在385到1400美元之间。每一座城市，只要看到聚集的人群，就能认出那是福特的展厅。据统计，这款车开卖前36个小时，至少有上千万人参观。

上市后人们最初的反响非常有利，12月的前两个星期就预订了大约40万辆A型车。但福特并未告诉心急如焚的买家，如今的产量仅为每天100辆。所以几个月都没顾客上门的福特经销商，眼下虽然有了许多顾客，却没车能卖。此次转型用心良苦，但损失巨大。

最终，A型车只勉强算得上个小成功，它4年后就停产了。因为，很明显美国的汽车用户们希望车型每年都换。到20世纪30年代，福特的市场份额下降到了第3位，勉强达到通用汽车一半的销量，比克莱斯勒还低。它的雇员从1929年的17万人降到了1932年的46 000人，福特各地工厂的总产量从150万辆降到了23万辆。当然，公司活了下来并且仍然是美国最重要的一家制造企业，但它绝不会再次成为当年那样的主导者。

埃兹尔·福特在1943年就因胃癌过早去世，还来不及摆脱父亲的影子。亨利·福特也迅速衰老，4年后，他在83岁时过世，他始终没能让位于巴西的橡胶企业福特城走向成功。

1928年1月，A型车首次亮相后一个月，露丝·斯奈德和贾德·格雷在新新监狱接受了最终的命运。处决他们的是刑场上无处不在的罗伯特·埃利奥特。

斯奈德太太最先被送上电椅。"她的眼睛落到死亡仪器上时，她就差不多垮了。"埃利奥特在回忆录里说，"女狱警轻手轻脚地帮她上了椅子，她被绑上时彻底崩溃了，她哭了起来。'主啊，可怜可怜我这个罪人。'她呜咽着祈祷。"埃利奥特把电极温柔地贴在她的右腿和颈背部，用布袋蒙上了她的头。出于未说明的原因，她没有戴通常用的皮革橄榄球头盔。随后，埃利奥特向后退了几步，合上了电闸。两分钟后，露丝·斯奈德死了。这是全世界第一个电刑处死女囚的案例。

格雷紧跟着走向电椅，步伐带着有条不紊的奇特轻快感，就好像是要去拜访牙医。他一脸平静，在受绑和接线时都礼貌地保持合作态度。"他是我见过受法律处死的人里最勇敢的一个。"埃利奥特写道，"这个人抛妻弃子，就为了刚才死掉的那女人，我对他感到极端遗憾。我相信房间里的每个人恐怕都是这样的心情。"两分钟后，格雷也死了。

次日一早，《纽约每日新闻报》的读者们迎来了一幅煽情的图片。整个头版只有一个大字标题："死了！"下面就是略微模糊过的露丝·斯奈德处刑时的照片。她的头被蒙着，而且显然是被绑起来的，但其他方面看起来都算相当舒服。这幅照片来自日报记者汤姆·霍华德，他当时以官方见证人的身份在场且偷偷藏了一台微型照相机在小腿上。到了合适的时候，他谨慎地掀起裤腿，用夹克口袋里藏着的快门线激活了照相机的快门。这一版报纸上市之后几分钟就卖光了，报纸内页用共计7.3米长的篇幅报道了行刑过程。就连《时代周刊》也为这一故事分配了1.6米长的篇幅。

行刑后两个月，罗伯特·埃利奥特和妻子正在位于皇后区里奇蒙山的家里酣睡，巨大的爆炸把他们从床上掀飞了。投弹人（大概是萨科和万泽蒂的同情者）在他们的前门廊留下了一枚巨大的爆炸装置。爆炸的向上力量把屋顶炸飞到了30英尺外的草坪，但好在埃利奥特夫妇并未受伤。当然，这座房子必须彻底重建。这起爆炸案没有逮捕到任何疑犯。埃利奥特一直活到1939年10月，这年他66岁，死于心肌梗死。

赫伯特·胡佛的白宫之路经历了少许波折。1927年秋天，他的对手们开始四处宣扬说胡佛参选不合法，因为此前14年他都不住在美国，不符合宪法的要求。开国元勋们设立这条规定，是为了保证总统职位只能由那些在革命期间忠诚地留在美国的人担任。此外还有流言说，胡佛曾经申请过英国公民身份，然而他并没有。

最终，没有人再纠缠这些细枝末节了。1928年11月4日，胡佛人生中第一次竞选公职就以破纪录的大幅优势当选了美国总统。他获得了近2/3的普选票，80%以上的选举人票。为他背书、支援他的人中包括林德伯格。

胡佛于1929年3月上任，10月股市就崩盘了。胡佛再也没有从这轮打击里恢复过来。崩盘之后的3年，美国失业率从3%上升到了25%，而平均家庭收入下降了33%，工业生产下降近50%，股市贬值90%。有11 000家银行倒闭。为刺激经济，胡佛做了不少尝试。他在公共工程上开支了35亿美元，其中若干项目我们至今都应当感谢他，尤其是金门大桥和胡佛水坝。他甚至把自己的工资捐给了慈善机构。罗斯福总统的一名助手曾坦白说："其实，整个新政都是以胡佛发起的项目继续扩展罢了。"但这一切，都无法克服他缺乏讨喜的性格。1931年的棒球世界大赛上，观众对他发出了哄然的嘘声——这对现身世界大赛的总统来说还是有史以来的第一次。

以创纪录的大幅优势赢了1928年选举之后，胡佛又以创纪录的大幅劣势输掉了1932年的选举。败选过后，他在剩下的总统任期里继续努力工作。他一度同时撰写4本书，每本书单独用一张办公桌。1964年，他以90岁高龄过世，下葬在艾奥瓦州西布兰奇，虽然他80多年都没在那儿住了。今天，西布兰奇的胡佛总统图书馆下设了一座优秀的博物馆，并收藏了胡佛1927年4月发表著名电视讲话的那台电视机。

总统任期结束后，卡尔文·柯立芝携妻子格雷丝住进了马萨诸塞州北安普顿一座租来的房子里。他出任纽约人寿保险公司的董事，按时出席在纽约举行的月度董事会，领取50美元的薪酬外加费用报销。他还写了自传并同时为报业联合组织撰写专栏稿件。1933年刚过完新年，一天下午他上楼去刮胡子，格雷丝随后发现他倒在浴室里因心肌梗死过世了。这时他60岁。应他自己的请求，他的大多数文件在他死后直接销毁了。

本杰明·斯特朗，可以说是他给世界带来了这一轮的股市和经济大崩盘，但却没能活着看到这一切。他于1928年10月因肺结核去世，时年55岁。1927年夏天过后，迈伦·赫里克也没撑多久，1929年3月，他参加法国战争英雄斐迪南·福煦（Marshall Ferdinand Foch）的葬礼时，因为站在雨中着了凉几天之后就去世了。这时他74岁。

赫里克去世半年后，洋基队经理米勒·哈金斯的眼睛里长了疙瘩，感觉发烧。他到纽约圣文森特医院就诊，病情随即恶化。他得了一种叫作丹毒（俗称圣安东尼火）的皮肤感染病，在如今可以用抗生素治疗，但1929年却尚未出现有效的治疗方法。哈金斯死于1929年9月25日，时年50岁。

德怀特·莫罗担任驻墨西哥大使3年后卸任，回国竞选新泽西州共和党参议员。他的立场是反对禁酒令，因此大幅获胜，但就职不久后于1931年10月5日因中风在睡梦中突然过世。这时他58岁。5个月后，他的外孙被人绑架。林德伯格的孩子被绑架后6个月，法官韦伯斯特·塞耶的房子也遭人投弹（作案者可能是萨科和万泽蒂的支持者），再次短暂地让他成为新闻焦点。

塞耶在波士顿俱乐部受警方保护下度过了余生，其实他剩下的日子并不多了。6个月后他便去世了，时年75岁。萨科—万泽蒂案的另一位主要人物埃尔文·富勒，在1929年从马萨诸塞州州长职位上退休后接受警方保护长达数年。迈伦·赫里克去世后，富勒本有望接任法国大使的职位，但法国人以无法保障其安全为由拒绝了他。富勒在剩下的29年岁月里致力于商业和慈善事业。1958年，他在波士顿电影院因急性心肌梗死去世。

杰克·登普西在华尔街崩盘后损失了大部分财产。1935年，他在百老汇开了一家餐厅，到1974年结业之前的40多年里都充当着纽约穷人的救济所。登普西活到了1983年，去世时87岁。

1929年，吉恩·滕尼和卡内基家族的女继承人波莉·劳德（Polly Lauder）结婚。兰德尔从来没有见过滕尼跟人动手。两人到亚得里亚海的布里俄尼岛上度蜜月，滕尼和萧伯纳"散步，游泳和聊天"，他大概也花了些时间陪伴新娘。滕尼写了一些回忆录，担任了若干大公司的董事。"说起任何话题，都带着压倒性的权威和沉着态度。"1950年约翰·拉德纳在《纽约客》上的一篇人物小传里略带嘲讽地说。滕尼的儿子约翰在1965—1971年担任加利福尼亚州参议员。1978年，81岁的滕尼去世。

不过，20世纪20年代最成功的拳击手是"野牛"路易斯·菲尔波。菲尔波抵达美国时身无分文，在擂台上打了6年后就赚到了百万身家。他把家产明智地做了投资，最终创建了一家商业和牧业帝国，占地面积超过8万公顷。1960年他去世时，拥有了大约500万美元的财富，这年他65岁。

1930年，网球明星比尔·蒂尔登在37岁时赢得了第3个温网冠军。纵观他的职业生涯，他创下了907场胜62场负的纪录，胜率达93.6%。从网球场上退役后他转而从事演艺事业，在重新上映的《吸血鬼德古拉伯爵》（1927年的热门剧）里成功扮演主角。但他有一个悲剧性的弱点：喜欢苗条的年轻男孩。1947年，他因为骚扰未成年人，在洛杉矶被判处一年的监禁。出狱后不久他又被人逮到做同样的举动，再次入狱。他失去了所剩不多的朋友，陷入了衣衫褴褛、恶臭肮脏的贫穷境地。1953年，他60岁，因心脏病发作而死，死时仅有80美元的净资产。

在滕尼一登普西拳赛后不久，芝加哥市长大个儿比尔·汤普森盯上了阿尔·卡彭，出于明显的妄想他认为卡彭损害了自己成功走上国家一级政治圈的前途。他认为自己说不定是共和党总统候选人。为了自我保护，1928年初卡彭搬到了佛罗里达州，住在迈阿密海滩上。次年，他在费城换乘列车时被捕，因私藏武器罪被判处一年监禁。1931年，他又因逃税罪入狱11年。

　　卡彭的监狱生涯过得并不太辛苦。他有一张铺了弹簧垫的床，还有家常菜专门送到他的囚室。在感恩节，特聘的管家为他端上火鸡晚餐。他获准保留酒精，能用狱长的办公室接待客人。狱长坚决否认卡彭获得了特别的优待，后来却被人逮到他开着卡彭的车。1934年，旧金山湾的阿尔卡特拉斯监狱岛投入使用，卡彭的待遇就没那么美好了。1939年底，卡彭出狱，此时他正受着晚发性梅毒的痛苦折磨。1947年，他在佛罗里达州去世。

　　阿尔·卡彭转到监狱岛的时候，在美国的另一端，查尔斯·庞兹被驱逐出境回到意大利。之后他搬到了巴西，1949年在贫困中死于布宜诺斯艾利斯的一家慈善医院。

　　想出以逃税为由对付阿尔·卡彭等罪犯的律师梅布尔·维勒布兰特一直活到了1963年，在74岁生日之前逝世于加利福尼亚州。她在1929年离开政府后接受了水果实业有限公司的高薪职位，担任其首席法律顾问。这家加利福尼亚公司的业务是种植葡萄，而且素以帮助顾客暗地里酿制葡萄酒出名。这反映了维勒布兰特是个嘴上说一套、暗地里做一套的伪君子。此举看似小事但给民众造成的心理影响极大，更加快了禁酒令结束的步伐。

　　1933年初，废除第十八修正案的动议呈交国会。众议院就此法案只辩论了短短40分钟就予以通过。在参议院，按丹尼尔·奥克伦特的禁酒令史里所说："16年前投票支持第十八修正案的22名参议员里，有17人一改初衷投了撤销票。"1933年12月，禁酒令正式结束。

　　1933年，另一个早已被遗忘的飞行员弗朗西斯科·皮内多也回到了媒体的视线。1927年回到意大利后，皮内多重返意大利皇家空军并鲁莽地密谋想要废黜航空大臣伊塔诺·巴尔博。知悉此事后，巴尔博把皮内多打发到了自己权责所辖最遥远、最没有意义的地方——布宜诺斯艾利斯。皮内多一直默默无闻，直到1933年9月他出人意料地现身布鲁克林弗洛伊德贝内特机场，打算飞往10 139千米之外的巴格达。

虽然这会成为距离最远的一轮飞行，但出发当天皮内多到达机场时打扮得就好像只是去轻松购物一样：穿着蓝色哔叽西装、一件薄毛衣，头戴灰色软呢帽。人们注意到他脚上穿的是一双拖鞋。皮内多明显误入了歧途，但没人试图阻止他。皮内多的飞机沿着跑道开始滑行，最初偏来倒去之后转向了站了一小群人的行政大楼。它让过了人群，但机翼擦到了障碍物上，机鼻一歪撞到了一辆停着的汽车上。皮内多被抛出了机舱。有人说，他从停机坪上站了起来试着重新回到飞机上——想必是处在意识不清的状态下。其他目击者则说他一动不动地躺在地上。不管怎么说，人们还来不及去救他飞机就爆炸了。在熊熊大火中皮内多送了命。那天早晨他到底是怎么想的，看到事情明显不对劲他又为什么不放弃起飞，现在自然成了永远无法回答的问题了。

电影行业从无声过渡到有声的过程快得超出了任何人的想象。1929年6月，距《爵士歌手》上映还不到1年半，百老汇的17家电影院里就只有3家还在继续放默片。但大萧条给电影行业带去了重创。到1933年，全美近1/3的电影院关门，许多制片厂陷入困境。派拉蒙破产了，雷华（RKO）和环球也差不多要破产。福克斯挣扎着重组，最终不得不靠规模小得多的二十世纪制片厂搭救。

1932年，在纽约，塞缪尔·洛瑟菲尔在洛克菲勒中心设立了无线电城市音乐厅。著名的"火箭女郎"（Rockettes）舞蹈团最初叫"罗克西女郎"，她们便发家于此。但他的时间同样所剩无几，5月份罗克西剧院宣布破产。两年后，洛瑟菲尔到费城整饬失败的马斯特鲍姆剧院，据说他10个星期花了20万美元，但无济于事。巨型电影院的时代走到了末日。1936年，洛瑟菲尔因急性心肌梗死死于纽约一家酒店，时年53岁。罗克西剧院于1960年拆除。

克拉拉·鲍作为《铁翼雄风》里的明星，在1933年告别演艺事业日益深居简出。1965年，在她60岁时去世。影片导演威廉·威尔曼又执导了65部影片，在1958年退休。他的许多电影都是失败之作，但也有一些很出名的，包括《公敌》（*Public Enemy*，1931）、《龙城风云》（*Ox-Bow Incident*，1943）和《情天未了缘》（*The High and the Mighty*，1954）。他死于1975年，时年79岁。约翰·桑德斯，构思《铁翼雄风》的原作者就没这么走运了，他跟女演员费伊·雷的婚姻失败了，事业生涯也因为酗酒、吸毒走上了下坡路。1940年，他在佛罗里达州自缢而死。

《演艺船》之后，杰罗姆·科恩虽然数次尝试但再没能在百老汇搞出热门剧目。最终和其他许多人一样，他转到了好莱坞。他死于1945年。奥斯卡·汉默斯坦似乎也在《演艺船》之后走上了末路，十多年里他没有一部热门剧上映，但后来他跟理查德·罗杰斯联手推出了音乐剧历史上一系列最成功的剧目：《俄克拉何马》（*Oklahoma!*）、《旋转木马》（*Carousel*，也译作《天上人间》）、

《南太平洋》（*South Pacific*）、《国王与我》（*The King and I*）、《花鼓歌》（*Flower Drum Song*）和《音乐之声》（*The Sound of Music*）。汉默斯坦于1960年去世。

纽约洋基队的老板雅各布·鲁珀特于1939年初心脏病发作，9天后去世，时年69岁。外界惊讶地发现，他把自己的大部分地产（最初估价在4000万到7000万美元）留给了一个名叫海伦·维耶特（Helen W. Weyan）的歌女。维耶特小姐向记者承认，自己跟鲁珀特有一段持续多年的秘密友谊，但坚持说只是友谊而已。最终，鲁珀特的遗产竟然只值650万美元——大萧条对房地产造成了沉重打击，他还有100万美元的个人债务未还。为了还债、缴纳房地产税，洋基队和鲁珀特啤酒厂都必须卖掉。

同样死于1939年的还有久病缠身的雷蒙德·奥泰格，也就是设立奥泰格奖的和蔼酒店老板。

格曾·博格勒姆没能活到看见拉什莫尔山雕像竣工的那一天。1941年3月，他因几个月前完成的前列腺手术并发症过世。时年73岁。

英国央行行长、本杰明·斯特朗的密友蒙塔古·诺曼在1944年碰上了一场离奇的事故，结束了他的职业生涯。他到赫特福德郡的乡村庄园去拜访弟弟，在斜阳下散步时，似乎被一头躺在地上的牛给绊倒了。受惊的牛有可能在起身时踢到了诺曼的脑袋。诺曼始终没能完全康复。1950年，78岁的他去世。

亚历克西·卡雷尔因为所持观点日益尴尬，被排挤出了洛克菲勒研究院。卡雷尔回到法国创办了一家专攻主流科学之外事物的机构，包括心灵感应和占卜。他公开支持维希政权，几乎可以肯定曾尝试通敌，但在受审之前的1944年死掉了。此时，他71岁。战后的纽伦堡审判中，有人曾援引卡雷尔的《未知之人》为纳粹的优生做法辩护。

1944年去世的还有芝加哥的两位头面人物。先是大个儿比尔·汤普森在3月份以76岁之龄过世。其后的一个月，凯纳索·兰迪斯在78岁时告别尘世。

兰迪斯后半段职业生涯的大多数时间都用来阻挡黑人参加大联盟比赛了。这场不光彩的战斗在1947年打输：第一位黑人职业棒球大联盟选手杰基·罗宾逊为布鲁克林道奇队登上赛场。

林德伯格的母亲，伊万杰琳·洛奇·林德伯格在1954年因帕金森病去世，享年78岁。林德伯格的遗孀安妮·莫罗·林德伯格除了被绑架并遭杀害的孩子，又生了另外5个孩子，并成为一位受人尊重的成功作家，作品以回忆录为主。她2001年以94岁的高龄过世，在那个了不起的漫长夏天故事落幕后，她是活得最久的一个相关人物。

致　谢

与以往一样，我非常感谢好心协助本书准备工作的大量机构与个人。我特别要感谢华盛顿史密森国家航空航天博物馆的亚历克斯·斯宾塞博士、罗伯特·林登先生、多米尼克·皮萨诺博士；我至善至爱的好编辑玛丽安·温尔曼、格里·霍华德和克里斯汀·科克伦；我在英国的经纪人卡罗尔·西顿；我尊敬的朋友拉里·芬利；我格外聪明、勤奋的文字编辑诺拉·莱卡德和德博拉·亚当斯，他们俩让本书减少了至少1000个粗心失误，当然，如果还有什么错那都怪我自己。

我也非常感谢伦敦图书馆的好心工作人员，达勒姆大学图书馆的乔恩·赛尔和同事们，艾奥瓦州德雷克大学图书馆的巴特·施密特和同事们，纽约和波士顿公共图书馆、乔治敦大学图书馆、华盛顿国家地理学会图书馆的工作人员。

谢谢以下各位的建议、鼓励、介绍和好心款待：布莱克莫尔夫妇、芬比夫妇、波特夫妇、加尔布雷斯夫妇、克里斯·哈金斯、詹妮弗·怀特、安妮·海伍德、斯科特夫妇、帕特里克·詹森-史密斯、帕特里克·加拉格尔、布拉德·马丁、奥利弗·佩恩、福林夫妇、奥玛夫妇、怀尔斯夫妇和艾丽卡夫妇，以及戴维森一家的乔、多娜、马克斯和黛西。

我的孩子凯瑟琳和山姆为我的研究工作提供了大量协助，还有多年来饱受我折磨却毫无怨言的好妻子辛西娅。谢谢你们！

马上扫二维码，关注 "**熊猫君**"

和千万读者一起成长吧！